第一卷

文化专题

赤峰记忆

刘淑华　刘锦山　主编

文化艺术出版社
Culture and Art Publishing House

《赤峰记忆》
编委会

主　任
黄　河

副主任
吴立新

主　编
刘淑华　刘锦山

编　委
黄　河　吴立新　薛　瑞　刘淑华　刘锦山　陈晓洁　方向灵　鞠红耘
乌云高娃　邢小兰　刘锦秀　周明璇　祁鹏莉　刘罡宇　张艳玲　刘剑英
罗显伟　陈　荣　刘　聪　杨玉婷　刘　敏　刘　帅　周　岚　白嘎力
李卫东　刘　昊　刘锦丽

速　写
刘　敏

"赤峰记忆"项目网站首页

吴立新

白显林

宋英达

乌国政

朱嘉庚

杨义

予舒

傅智勇

李宝祥（左）

张向午（左）

宫先义（左）

尹洪英（右）

阿斯哈图石林（白显林摄影）

20 世纪 60 年代赤峰市区全景（杨义摄影）

各族观众热烈欢迎乌兰牧骑

1965年，乌兰牧骑全国巡回演出时在上海"南京路上好八连"参观，"好八连"指导员王经文向乌兰牧骑赠送草鞋（左二为乌国政）

1965年，乌兰牧骑在青海巡回演出

1974年，牧民马队欢迎王冬梅旅大知青到草原（杨义摄影）

1980年5月6日，"昭乌达风光"摄影展在呼和浩特市新城美术馆举办，图为白显林参展作品《昭乌达盟火车新站》

1980年5月6日,"昭乌达风光"摄影展在呼和浩特市新城美术馆举办,图为谢道渝参展作品《白音塔拉草原》

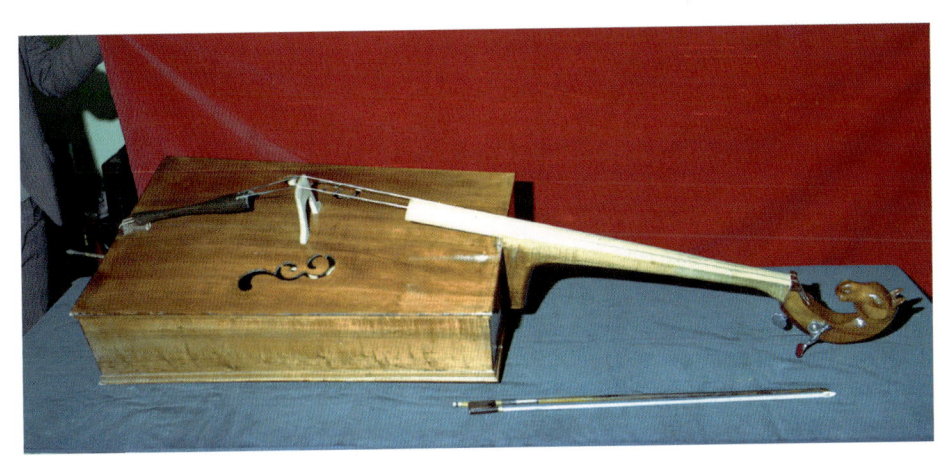

1985年夏,赤峰市民族歌舞团研制成功的蒙古族民族民间乐器倍大马头琴

1986年，赤峰市民族歌舞团演员演出筚篥和胡笳合奏节目（白显林摄影）

1986年5月，文化部、国家民委在北京召开表彰会，向全国通报表彰赤峰市民族歌舞团

1987年10月，黄火青将军夫妇（前排右二、右三）接见赤峰晋京文物展工作人员（前排右一为予舒）
（白显林摄影）

2006年7月，首届文化部创新奖第二届文化部文化艺术科学优秀成果奖颁奖会留影

2013年7月27日，"美丽富饶的昭乌达"风光摄影展在台北开幕，图为开幕式后与会嘉宾合影（前排右四为白显林）

2013年7月27日，台湾地区摄影界朋友观看"美丽富饶的昭乌达"风光摄影展（白显林摄影）

2014年,《张向午文集》出版发行合影(前排左二为张向午)

2015年10月15日,话剧《热土》在赤峰国际会展中心演出,史学顾问李宝祥(左二)与导演宋国锋(左三)等人在演出后与观众见面并合影留念

美丽的赤峰火车站（白显林摄影）

赤峰市玉龙广场主雕塑"飞龙在天"

目 录

前 言	001
吴立新：赤峰记忆　传承久远	001
白显林：光影传奇著春秋	006
宋英达：情系桑梓绘新篇	054
乌国政：扎根泥土育芬芳	087
朱嘉庚：草原艺术放光彩	115
杨义：瞬间记忆成永恒	162
予舒：百花齐放春满园	202
傅智勇：笔走游龙续诗篇	236
李宝祥：不尽歌舞颂盛世	297
张向午：大漠纵笔著华章	390
何文生　宫先义　宫建元：全民抗战济苍生	417
尹洪英：鱼水情深留佳话	428
后 记	445

前言

习近平总书记高度重视文化遗产保护，指出"历史文化是城市的灵魂，要像爱惜自己的生命一样保护好城市历史文化遗产"。党的十八届五中全会提出了"构建中华优秀传统文化传承体系，加强文化遗产保护"的要求。2015年12月，国家图书馆牵头发出《全国图书馆界共同开展记忆资源抢救与建设倡议书》，提出图书馆应成为记忆资源的汇聚之地、创造之地和传承之地。而早在2012年，国家图书馆就已经启动了"中国记忆"工程建设。

2015年，在赤峰市文化新闻出版广电局（现赤峰市文化和旅游局）领导下，赤峰市图书馆开始组织实施赤峰历史文化遗产长期保存口述历史数字工程——"赤峰记忆"，旨在以赤峰名人口述影像资料为基础，通过数字技术等手段对赤峰市近百年来有重要价值的人物、事件进行深度挖掘保存，为区域文化保存和传承做出积极贡献。

在项目论证阶段，得到了赤峰市委宣传部、赤峰市文化新闻出版广电局（现赤峰市文化和旅游局）、赤峰市发展和改革委员会、赤峰市财政局等有关部门的大力支持，有关领导对"赤峰记忆"的宗旨、目标、摄制思路以及人物遴选原则都给予了很好的指导，使"赤峰记忆"立项之初就对标"世界记忆"与"中国记忆"，视野开阔，立意高远。立项之后，有关部门在项目资金方面给予很大的支持。

为使项目尽快推进，"赤峰记忆"项目采取与文化企业合作的方式，赤峰市图书馆发挥地方文献和人物遴选方面的优势，合作企业发挥技术优势，于2016年年初完成了第一期的招标工作，确定由北京碧虚文化有限公司承担项目的摄制工作，正式拉开"赤峰记忆"项目建设的序幕。为使"赤峰记忆"项目能够全面、切实反映和记录赤峰市多姿多彩的历史文化风采，建立了由赤峰市文化新闻出版广电局（现赤峰市文化和旅游局）领导担任顾问，赤峰市图书馆与合作公司人员担任制片、导演、监制、摄影、字幕、场务等职务的领导、生产组织体系；制定了《"赤峰记忆"人物遴选标准》和遴选程序，并由赤峰市文化新闻出版广电局（现赤峰市文化和旅游局）向各区（县、旗）文旅系统主管部门下发通知，开展"赤峰记忆"项目推进工作。

为取得良好的传播效果，项目组制定了详细的传播策略。在拍摄过程中通过各种新媒体进行宣传推广，提前预热，吸引人们观看，还剪辑精彩花絮进行传播推广。为适应不同媒体，取得良好传播效果，制作了演播室访谈片、演播室访谈精粹片、文化专题片等形式多样、时长不等的作品，并通过会议、展览、报刊、电视台、网站、即时通信软件和短视频平台等多种媒介渠道对"赤峰记忆"项目进行宣传推广。专门开设了"赤峰记忆"网站，读者可以通过该网站观看视频。2017年9月，赤峰市图书馆举办"赤峰记忆"发布仪式，向社会公众推广第一期文化专题的成果，引起很大反响。2021年春节期间，"赤峰记忆"第三期非物质文化遗产专题在赤峰市广播电视台播出，在社会上引发了新一轮有关"赤峰记忆"的讨论和追捧。

截至2022年4月，"赤峰记忆"已陆续完成了六期的摄制工作，分别是第一期"文化专题"，第二期"乌兰牧骑专题"，第三期"非物质文化遗产专题"，第四期"杰出女性专题"，第五期"图书馆专题"，第六期"文化旅游专题"，共对相关领域90多位人物进行了访谈，制作了320多集5700多分钟的视频资源。此外，还拍摄制作了"烽火草原鲁艺人""清格尔泰"两个特别专题，以纪念在赤峰昭乌达草原创办的冀察热辽联合大学鲁迅艺术文学院和赤峰知名人士、我国著名语言学家、蒙古语言研究开拓者和奠基人清格尔泰先生。

随着"赤峰记忆"各专题的陆续制作完成和发布，有不少朋友建议推出"赤峰记忆"的相关书籍，以便随时品读。在赤峰市文化新闻出版广电局（现赤峰市文化和旅游局）的领导下，2021年10月，赤峰市图书馆与北京碧虚文化有限公司合作启动了"赤峰记忆"图书的编写工作。

《赤峰记忆》是在"赤峰记忆"项目的基础上进行的二度创作，力求全面、具体、系统地保存赤峰地区各领域发展变迁情况。本次出版的《赤峰记忆》共包括6卷，分别为：第一卷"文化专题"，第二卷"乌兰牧骑专题"，第三卷"非物质文化遗产专题"，第四卷"杰出女性专题"，第五卷"图书馆专题"和第六卷"文化旅游、烽火草原鲁艺人、清格尔泰专题"。

本书为《赤峰记忆》第一卷"文化专题"，收录整理了"赤峰记忆"项目第一期"文化专题"14位人物的访谈内容。这14位人物分别是赤峰市文化新闻出版广电局（现赤峰市文化和旅游局）副局长吴立新、赤峰市资深摄影家白显林、赤峰市人大教科文卫委员会原主任委员宋英达、原赤峰市文化局局长乌国政、原赤峰市文化局副局长朱嘉庚、赤峰市摄影家协会原主席杨义、赤峰市诗词学会原名誉会长予舒、赤峰市知名画家傅智勇、赤峰市群众艺术馆原馆长李宝祥、赤峰市知名作家张向午、宁城县存金沟乡老局子行政村党支部书记何文生及宫家店自然营子村村民宫先义和宫建元、宁城县存金沟乡草沟门村三组村民尹洪英。

本书所配图片，除了"赤峰记忆"项目组拍摄所得之外，还由各位被采访者提供。本书尽可能将每幅图片的摄影者一一注明，但由于时间久长，来源各异，不少图片的提供者也不能说明每幅图片的摄影者，因此本书未能将些图片的摄影者——注明，特此说明。

《赤峰记忆》的出版，是"赤峰记忆"项目二次创作的成果。希望本书的出版，能够帮助广大读者了解赤峰历史，讲好赤峰故事，弘扬北疆文化，坚定文化自信，铸牢中华民族共同体意识。

刘淑华

2023年12月1日

吴立新

赤峰记忆 传承久远

采访时间：2017年5月15日
初稿时间：2020年4月26日
定稿时间：2023年6月1日
采访地点：赤峰市图书馆"赤峰记忆"拍摄现场
版　　本：文字版

吴立新速写

  吴立新　1969年8月出生，1988年9月参加工作，1991年10月加入中国共产党，研究生学历。赤峰空军部队团政委转业，时任赤峰市文化新闻出版广电局党组成员、副局长。

  刘锦山：各位朋友，大家好！今天是2017年5月15日下午，这里是赤峰市图书馆"赤峰记忆"拍摄现场，今天我们非常高兴邀请到赤峰市文化新闻出版广电局吴立新副局长接受我们的采访。吴局长，您好。

  吴立新：刘博士，您好。

图1 吴立新（左）接受"赤峰记忆"采访

一、项目背景

刘锦山：吴局长，您好。我们知道，在赤峰市文化新闻出版广电局的领导下，赤峰市图书馆在2016年启动了"赤峰记忆"项目。首先请您向各位朋友介绍一下启动"赤峰记忆"项目的背景和缘由。

吴立新："赤峰记忆"项目是通过邀请赤峰本地重大历史事件的亲历者和参与者，以口述历史的形式讲述，通过音频和视频的形式，记录赤峰本地区历史文化遗产，使赤峰的历史文化遗产得以长期保存和传承的一项数字化工程。

1992年，联合国教科文组织启动"世界记忆"这项工程，以防止集体记忆的消失，即通过口头叙述历史的形式，使集体记忆得以保存和完善。世界各国按照联合国教科文组织的要求相继开展这项工作，我国的国家图书馆是从2012年启动"中国记忆"这个项目的。

党的十八大以来，习近平总书记也多次强调，要传承保护优秀的中华传统文化，我们的职责与任务就是要保护和传承历史文化。赤峰人杰地灵，历史文化底

图2 "赤峰记忆"项目网站（2024年5月8日网站页面截图）

蕴深厚，人文荟萃，有很多需要我们去挖掘、传承和保护的历史文化项目。和世界的情况一样，很多的集体记忆，由于亲历者或者见证者逐渐老去而消失，亟须我们去挖掘、去传承。所以，在这种背景下我们启动了"赤峰记忆"这个项目，使我们这些历史以口述的形式得以更好地保存，以数字化的形式，以更鲜活的、使大家可听可看的形式保存下来。

二、项目目标

刘锦山：吴局长，您刚才谈到"赤峰记忆"项目启动的背景和考虑。接下来请您谈一下启动"赤峰记忆"项目，希望能够达到哪些具体的目的和目标。

吴立新：赤峰市文化底蕴非常深厚，先后经历了四大文化高峰期。首先是5000多年前的红山文化。红山文化就是以赤峰红山命名的，而且红山文化在中华文明形成过程中的地位，逐渐被世人承认，这也是昔日红山给我们带来的历史底蕴。第二个高峰期就是草原青铜文化，就是我们所说的夏家店上层文化[①]和夏家店下层文化[②]，现在距离我们很近的二道井子遗址[③]，被称为"东方庞贝古城"，有保存很好的壕墓和房屋遗址，你有机会可以去看一看。

刘锦山：好的。

吴立新：接下来就是1000年以前的契丹辽文化。契丹帝国强盛了二三百年（916—1125），也是非常有影响力的一个民族，契丹人的历史功绩也被史学界和史学家认可。辽代实行五京制，辽上京在今天的巴林左旗林东镇，辽中京在今天的宁城县大明镇，辽东京在今天的辽宁辽阳市，辽南京在今天的北京市。

刘锦山：辽南京就是今天的北京？

吴立新：对。还有辽西京是今天的山西大同。接下来就是众所周知的元文化，成吉思汗铁木真家族在这一区域繁衍。所以说我们的老祖宗确实给我们留下了十分灿烂的历史文化资源。首先，启动"赤峰记忆"这个项目，可以更好地以口头叙述历史的形式，使历史文化遗产更加鲜活地保存下来。就像刚才说的，使这些历史文化可听可看，更有利于深入地挖掘区域文化和保护区域的历史，这是我们考虑的第一点。

其次，希望通过启动"赤峰记忆"这个项目使赤峰市图书馆深度参与赤峰区域文化建设，完成从保存和传播赤峰文化向深度开发的转型和提升。再者，启动"赤峰记忆"项目，有利于赤峰市图书馆与赤峰各界文化名流，尤其是与重大事件的历史参与者和见证者进行交流和沟通，使赤峰市图书馆在公共文化服务领域发挥主力军作用，这也是启动这个项目想达到的目的。最后，希望通过"赤峰记

---

① 夏家店遗址群位于内蒙古自治区赤峰市松山区夏家店乡三家村夏家店自然村北。夏家店上层文化为公元前1000年—公元前300年之青铜文化，属于晚期青铜时代文化。
② 夏家店下层文化年代为公元前2000年—公元前1500年，属于早期青铜时代文化。
③ 二道井子遗址，位于内蒙古自治区赤峰市红山区文钟镇二道井子村北部的山坡上，总面积5万平方米，属于夏家店下层文化中小型聚落，距今4000年左右，是"2009年度全国十大考古新发现"之一。该遗址是全国迄今为止所发现的保存最为完整的夏家店下层文化聚落遗址，也是目前东亚地区保存最好的土质城堡。2013年3月5日，二道井子遗址被国务院公布为第七批全国重点文物保护单位。

忆"项目的启动，与国家图书馆相关项目的平台进行衔接和对接，在国家图书馆这个平台上宣传赤峰的区域文化，提高赤峰的影响力。

三、政府支持

刘锦山：吴局长，在"赤峰记忆"项目运作的过程中，赤峰市文化新闻出版广电局对项目有过哪些具体的领导和支持？

吴立新：收到市图书馆对这个项目的申请以后，局里非常认可，也非常重视，立即把此项工作上升到全局的重点工作，并以局里的名义向各旗县区下发了相关文件，提出相关要求，征询相关线索和人物，并在具体实施中对口头讲述历史的人选提出了指导意见，对于后期制作提出了一些具体要求，尤其是在意识形态的把握上提出了相关要求，并在还原历史这方面提出一些建议和意见。市相关部门进行了人力、物力和财力的支持，为该项目得以顺利实施提供了相应的保障。

刘锦山：吴局长，现在"赤峰记忆"第一期工程已经进展了将近一年时间，马上就要结束了。据我了解，市里已经把第二期工程预算和经费下拨到市图书馆，我想请您谈谈您对"赤峰记忆"这个项目后续发展有哪些期望和考虑。

吴立新：第一，既然有了第一期，那么我们就想到第二期、第三期和更多的期次，使它进行可持续性发展，使这张名片真正成为赤峰市非常有影响力的文化名片。第二，要进行深度开发，使"赤峰记忆"这个项目在深度上、广度上，以及影响力等方面都有更大的提高。第三，希望"赤峰记忆"这个项目有更大发展，走出我们市，走向全自治区，甚至走向全国。就像刚才说的，要借助国家的平台推广赤峰文化，提高赤峰的知名度和赤峰的影响力，并把赤峰的文化和旅游相结合，把我们的文化事业做得更大、更强、更好！

刘锦山：好，谢谢吴局长，谢谢局里和您对"赤峰记忆"项目的支持。

白显林

光影传奇著春秋

采访时间：2016 年 10 月 10 日
初稿时间：2021 年 3 月 1 日
定稿时间：2023 年 6 月 1 日
采访地点：赤峰市图书馆"赤峰记忆"拍摄现场
版　　本：文字版

白显林速写

　　白显林　蒙古族，1938 年出生于翁牛特旗高日罕苏木敖包冷嘎查。大专学历，副研究馆员。曾任赤峰图片社经理、赤峰市摄影家协会顾问、赤峰市摄影艺术学会会长、赤峰摄影图书馆馆长、赤峰画报社荣誉社长等职务。

　　白显林从事摄影艺术事业 60 余年，始终是赤峰地区摄影艺术界领头人，他坚持深入生活、深入实际、讴歌时代、赞美生活。他对摄影艺术情有独钟，作品带有强烈的时代精神和鲜明的民族特色。有 500 余幅作品发表于区内外书刊、40 余幅作品荣获省级以上奖项。他积极培养摄影艺术人才，壮大摄影队伍，开拓摄影事业。

　　1984 年，白显林创办"赤峰图片社"，建立了赤峰市第一家彩色摄影洗印车间，将赤峰摄影艺术事业提升到一个新的台阶。1989 年创办《文化信息报》；1993 年创办《赤峰画报》。在 20 世纪 80 年代，白显林每年都会举办摄影技法讲习班、摄影创作辅导班，他先后从北京请来徐国兴、肖绪珊、马乃辉等10余位摄影专家辅导讲课，对赤峰摄影艺术事业的发展提高起到积极作用。当时，他还成功地组织承办以"赤峰摄影"为主题的摄影展，三进北京、两进呼和浩特、一进台北进行宣传展览，以摄影艺术手段宣传赤峰、反映赤峰、歌颂赤峰，大大提高了赤峰市的知名度和影响力。

1992年5月，为纪念毛泽东同志《在延安文艺座谈会上的讲话》发表50周年举办"白显林摄影作品展"；1997年7月，为庆祝内蒙古自治区成立50周年举办"美丽富饶的昭乌达"纪实摄影作品展；2001年6月，为庆祝中国共产党建党80周年，举办"神奇的大地昭乌达"地质奇观摄影作品展；2005年2月，联合国教科文组织确定"中国·克什克腾世界地质公园"后，4月16日，举办"人类自然奇观　世界地质公园"克什克腾风光摄影展；2008年2月，举办"塞北的雪"北国风光冰雪世界摄影作品展；2011年10月，为庆祝中国共产党建党90周年、辛亥革命100周年、中华人民共和国成立62周年，举办"旗帜照耀龙故乡"摄影图片展。2013年5月25日—6月1日，应台湾地区中华艺术摄影家学会邀请，白显林组织赤峰摄影团赴台参观交流，"美丽富饶的昭乌达"风情摄影于2013年5月27日下午在台湾地区台北市罗斯福路中国文艺协会九楼展厅揭幕展出，深受台湾地区摄影界欢迎和好评，此展于当年7、8月分别在台湾地区台北市"爵士艺廊"和台湾地区台中市"爵士影像"展出，开拓了海峡两岸文化艺术交流新篇章。白显林在退休前后共举办个人专题摄影作品展7次。

白显林出版摄影集《美丽富饶的昭乌达》《光影40年——白显林摄影艺术之路》《塞北的雪——白显林专题摄影作品集》。1991年11月，白显林荣获原国家文化部和人事部颁发的"全国文化系统先进工作者"称号（当时全国摄影界仅何廉、白显林两人获此殊荣），同时参加全国文化系统先进集体和先进个人表彰大会。其事迹还曾被编入《文化群英录》《中国摄影家全集》《走向新时代——杰出人物特辑》和《内蒙古英模录》等书籍。

1999年8月，白显林退休，退休20多年来，他始终没有放下手中的照相机，义无反顾地奋斗在摄影艺术事业的舞台上，每年仍不断有新的力作涌现。白显林用摄影艺术手段和方法不懈地宣传赤峰、反映赤峰，提高赤峰市的知名度，促进赤峰文化大市建设，为发展赤峰市文化旅游等产业做出了卓越贡献。

2008年年初，在台湾地区著名摄影家、世界环保大使吴绍同老先生的创意和指导下，白显林发起海内外摄影同仁捐书聚赤峰，创办了海内外独此一家的"赤峰摄影图书馆"，白显林任馆长，在赤峰市党政领导和赤峰市文化局的大力支持下，于2009年10月30日揭匾开馆。2010年9月，"赤峰摄影图书馆"由老城钟楼喜迁新址——赤峰市图书馆一楼，现存书万余册，这为海内外华人摄影家搭建了藏书查阅、求知解惑、交流经验心得的平台，是一件功德无量的公益事业。

2016年4月，白显林将"赤峰摄影图书馆"捐赠给赤峰市图书馆，使之成为赤峰市图书馆的一个专业主题图书馆[1]。

刘锦山：各位朋友，大家好！今天是2016年10月10日，我们现在在赤峰市图书馆"赤峰记忆"拍摄现场。今天邀请到的嘉宾是摄影家白显林老师。白老师在长达半个世纪的摄影生涯中，用自己的镜头，全面真实地记录了赤峰地区50多年来自然风光、民俗风情和社会变迁的情况，具有很高的艺术价值、历史价值和文献价值。他曾经担任过赤峰市摄影艺术学会会长、赤峰市摄影家协会顾问，他也曾经担任过赤峰图片社的经理以及（赤峰市）群众艺术馆展览部的主任。

白老师不仅创作了大量的摄影作品，而且在工作中搜集和整理了许多与摄

---

[1] 2017年，白显林开始进行"赤峰摄影图片库"的整理及编辑工作，将自己拍摄和收集到的图片进行整理，把胶片的图片转换成数字文件保存。为了查找方便，编辑有《赤峰摄影图片库索引》，索引共分20个部分，其中前19个部分的图片共计104986幅，第20个部分是影视类文章，共有23篇。

图1 白显林（左）接受"赤峰记忆"采访

影相关的实物和文献资料，如各种各样的老式照相机、老图片，还有摄影图书和期刊，利用这些资料和实物，白老师建立了国内第一家摄影专题图书馆——赤峰摄影图书馆。2016年，白老师把摄影图书馆的馆藏资料捐赠给赤峰市图书馆，为丰富赤峰市图书馆的馆藏、保存地方文献资料做出了很大的贡献。

白老师，您好！

白显林：您好！

一、创办"赤峰图片社"，推动摄影事业发展

刘锦山：白老师，请您首先给观众朋友介绍一下您的工作经历和成长经历。

白显林：好。我是搞摄影专业的，但也是半路出家。我是从20世纪60年代开始摸相机，70年代的时候就基本上会照相了。20世纪60年代，昭乌达

盟[1]经常搞一些大型活动，比如说1966年要筹备自治区（内蒙古自治区）成立20周年，昭乌达盟要出大型画册，盟里就把我借调过去搞画册。1966年"文化大革命"开始了，画册没搞成。我就又回到翁牛特旗原单位工作。

刘锦山：您以前是在翁牛特旗工作？

白显林：我在毕业以后，就回到翁牛特旗。

刘锦山：您是哪一年出生的？

白显林：我是1938年出生的。1959年高中毕业以后，我就回到翁牛特旗，在翁牛特旗干部学校教了一年半书，后来调到旗文教科当科员，分管体育、文化和科技。1977年我被调到昭乌达盟群众艺术馆[2]摄影部，从事摄影专业，成为专业摄影人员，全身心投入到摄影艺术事业了。大型的展览都由我们来承担。

图2　白显林

那时候每年都要办摄影讲习班、摄影辅导班。1982年8月20—22日，举办"昭乌达盟摄影技法讲习班"，这次讲习班有60余人参加听讲。这次讲习班是昭乌达盟摄影史上浓墨重彩的一笔。通过北京摄影家协会副主席董琦先生，他是林西人，我老乡，和工作人员郭志全同志的努力，从北京请到四位教授级摄影专业人员，分别是中国人民大学教授徐国兴、民族画报社采编部主任马乃辉、北京人像摄影暗房技师米老师和大北照相馆摄影师朱琦俊。参加讲习班的人员是旗县区文化馆摄影人员和盟直各单位摄影人员、驻军和驻赤办事处摄影人员、报社及

---

[1] 赤峰市原称昭乌达盟，"昭乌达"为蒙古语，汉译"百柳草原"之意。1949年新中国成立后，先后隶属于热河省和内蒙古自治区。1969年7月划归辽宁省，1979年7月重新划回内蒙古自治区。1983年10月撤销昭乌达盟，设赤峰市。
[2] 昭乌达盟群众艺术馆建于1975年11月，1984年改名为赤峰市群众艺术馆。

图3 1982年8月,"昭乌达盟摄影技法讲习班"课堂(白显林摄影)

图4 1982年8月,中国人民大学新闻系徐国兴教授在"昭乌达盟摄影技法讲习班"授课(白显林摄影)

图 5　1982 年 8 月，民族画报社采编部主任马乃辉老师在 "昭乌达盟摄影技法讲习班" 授课（白显林摄影）

图 6　1982 年 8 月，北京人像摄影暗房技师米老师在 "昭乌达盟摄影技法讲习班" 授课（白显林摄影）

电视台摄影人员，还有部分照相馆人员。此外，还举办相关摄影采访和去外地参观学习活动。通过这些方式培养、发展、提高赤峰的摄影队伍。这样下来赤峰的摄影就有了极大的发展。

刘锦山：您在昭乌达盟群众艺术馆工作了多长时间？

白显林：我1977年去了昭乌达盟群众艺术馆，1983年从群众艺术馆出来，创办了"赤峰图片社"。

刘锦山：您担任经理？

白显林：那时候就担任经理。赤峰图片社对赤峰的摄影艺术发展起到很大的促进作用。为什么这么讲呢？我是1983年创办的图片社，1984年租了一处地方经营照相器材。1984年年末1985年年初我就要进彩扩机，日本产的彩扩机。这里面有故事可讲了。当时的市长是才吉尔乎，他对文化艺术事业非常重视，那时候建了博物馆、钟楼这些很大的工程。

有一天，才吉尔乎市长找我，他说你来参加一个会议。我就奇怪了，让我参加什么会议呀？我们文化局的局长都没被叫。不管咋地，我去了，就坐那儿听吧。市长跟大家说："今天把白显林先生请来，有这么一件事，他要办一个图片社，图片社已经办起来了，但是还不太成功，要进一台彩扩机，推动赤峰摄影事业发展，让白显林介绍介绍情况。"那好吧，我也就讲了一下，图片社是干啥的。因为我这几年搞摄影专业，我总往北京中国图片社跑，我洗照片、冲照片、买胶卷，都得上那儿去啊。中国图片社的业务是什么，我比较了解，所以想在赤峰也办一个图片社。图片社经营点照相器材、卖点胶卷，这都是商业行为，更主要的是我想把这个事业推进一步。有了彩扩机以后，可以解决两个方面的问题，一方面对摄影人方便了，特别是那时候有很多个体照相的，在火车站、广场的个体户照相。但是彩色卷照完以后自己不会处理，赤峰没地方处理，就得寄到沈阳、寄到北京，在那儿洗好了再寄回来。另一方面是解决资金外流问题。我这么一说，于兴隆副市长说："对啊，咱们的资金咱得控制，咱们这儿用多好，不外流多好！"我再接着说："这样资金不外流了，更方便摄影事业的发展，这些个体户也方便了。白天照完了晚上就送那儿去冲洗，第二天就可以取到照片了，那么百姓不就更方便了。"

刘锦山：对。

白显林：我想通过彩扩机进一步推动摄影艺术事业的发展。才吉尔乎市长听完以后觉得有道理，就问："大家同意吗？""同意！""那好，那就进彩扩机。"才吉尔乎市长对李延圃（我们市财政局局长）说："你帮助老白解决资金问题。"买机器牵涉资金，就这么给落实到了李延圃的身上。这样李延圃就借给我37万元，我进了日本高宝牌的彩扩机。

刘锦山：那是1984年？

白显林：1984年年末了。1985年我就开始工作。这台彩扩机是赤峰市第一台，也是全内蒙古第一台。这台彩扩机进来以后，既方便了摄影人，推动了摄影艺术事业的发展，更主要的是我这儿有收入了。为什么叫我这么干，那时候国家有规定，文化系统实行"以文补文"。

刘锦山：对。

白显林：在这个精神下才吉尔乎才支持我"以文补文"，我去赚钱了。彩扩机运作起来以后，摄影人呼呼地都往那儿跑，第一年我就挣钱了，三年之内除了还上财政借给我的那些钱，年年都有余。那时候我就成（赤峰市）文化系统里面最有钱的一户了。有钱了怎么办？我就"以文补文"，因为我是文化系统的，我得扶持文化馆（站）。好几个文化馆（站），我都给它们送了傻瓜机，那时候傻瓜机就很不错了，用来开展摄影活动。"以文补文"，我也是补到"文"上。

另外，我得安排人员，文化系统的待业青年全在图片社，我们给他们安排工作，大人不也省心了、放心了？当时赤峰图片社很红火，人们都知道赤峰有个图片社。我们摄影人员在交流过程中，人家都说："老白，你们办那个赤峰图片社挺好。"我办图片社隔了四年以后，通辽也办了图片社。图片社对赤峰地区摄影事业的推动和发展确实起到很大作用。正因为图片社起了这些作用，图片社的工作量就很大了。

每年我们赤峰地区的摄影创作班、学习班都由我办，培训班、训练班组织去外地参观学习，这不都是提高嘛。办班办到1986年，我自己讲不行了，提高得慢，我就从北京请教师。通过北京摄影家协会副主席董琦请摄影教师和教授来讲课。第一次请到的实际上是照相馆的人员，人民照相馆、大北照相馆，还有东方照相馆，来了三位师傅，讲黑白摄影和暗房工作。赤峰那时候黑白洗印、暗房发展比较快就是因为这个原因。听完课以后大家都开始琢磨了，大的搞不了可以搞小的。在这个基础上，我又继续请高校的教师。中国人民大学的徐国兴来讲过课，他不是以前就来过嘛；肖绪珊来讲过课，这都是教授级的，都是新闻系的教授。从北京请教师我四年请了四次，这对赤峰市摄影事业的发展起了很大作用。

1986年11月21日，赤峰图片社和赤峰市群众摄影学会联合举办"赤峰市青年摄影讲习班"，聘请中国人民大学新闻系副教授肖绪珊及10名应届毕业的新闻系摄影专修班学员、赤峰日报社摄影记者白石同志在昭乌达剧场三楼会议室讲课。除肖绪珊教授讲专业摄影知识和摄影理论外，由5名学员分别讲了摄影基础知识、摄影史、摄影流派、摄影美学和摄影应用五堂课。这几个学员，结合自己几年的专业摄影实践和在摄影专修班所学的知识，加上毕业实习的心得，讲得很实际，很客观，这也是赤峰摄影史上的一次很好的教学，深受学员欢迎，对赤峰市摄影事业的发展和提高起到推动和促进作用。全市包括旗县区40余人参加听课，讲习班结束后，赤峰图片社和赤峰市群众摄影学会组织学员分成三个组，深入阿鲁科尔沁旗、巴林右旗和克什克腾旗等农村牧区进行了历时一周的采风创作。

1987年6月21日—6月23日，赤峰图片社和赤峰市群众摄影学会，通过董琦和郭志全，从北京请到北京电影制片厂摄影师李维明、北京美术出版社总编辑周毅、中国图片社暗房大师赵巷三位老师来赤峰讲课。周毅讲风光摄影的艺术性、风光摄影的灵魂、风光摄影与艺术构思、风光摄影技术、风光摄影的用光及几点感想；李维明讲闪光摄影、闪光指数、电子闪光、多次曝光、滤色镜的原理与应用；赵巷讲黑白暗房技术、彩色负片制作黑白照片、减薄药配方及使用。参加听课的学员有40人，主要还是各旗县区文化馆（站）摄影人员。

一个是办班培训、培养人才，再一个就是搞各种摄影活动。1986年以后，每年春节要么自己搞，要么就跟红山区文化馆合着搞，搞啥呢？迎春摄影大奖

图7 1986年11月21日,时任赤峰市文化局副局长予舒(前排中)、赤峰文联副主席王振雨(前排右)陪同中国人民大学新闻系肖绪珊副教授在"赤峰市青年摄影讲习班"的课堂上(白显林摄影)

图8 1986年11月21日,中国人民大学新闻系肖绪珊副教授在"赤峰市青年摄影讲习班"授课(白显林摄影)

图9　1986年11月21日，中国人民大学新闻系摄影专修班学员在"赤峰市青年摄影讲习班"授课（白显林摄影）

图10　1986年11月21日，教师利用多媒体在"赤峰市青年摄影讲习班"授课（白显林摄影）

图 11　1986 年 11 月 21 日，"赤峰市青年摄影讲习班"课堂一角（白显林摄影）

图 12　1986 年，《赤峰日报》摄影记者白石（左三）与中国人民大学新闻系肖绪珊副教授（左二）合影留念（白显林摄影）

图13 1987年6月，北京美术出版社总编辑周毅讲风光摄影（白显林摄影）

图14 1987年6月，中国图片社赵巷讲黑白暗房技术（白显林摄影）

赛，连续搞了13年。

刘锦山：这个图片社您是在1984年成立的，是吧？

白显林：1984年。

刘锦山：1984年成立。当时这个图片社的机制，是民营的还是公私合营的，它注册的时候是一个什么情况？

白显林：你问得很好，我也正想讲这个事。"赤峰图片社"的性质是什么？赤峰图片社是1986年市政府编委下文批的，有关于成立赤峰图片社的通知，赤峰图片社是科级事业单位，隶属文化局，是这么定下来的。

刘锦山：具体负责就是您？

图15　1987年6月，北京电影制片厂摄影师李维明讲闪光摄影（白显林摄影）

白显林：对，事业单位。它定性了。它没定性以前，也是以事业单位出现的，因为啥呢，它牵涉财务管理问题。我从财政局借的钱，我得还财政局，所以我的这个账户，财政局得管着。

刘锦山：对。

白显林：所以我那儿管理手段以事业单位形式管理。这么定了以后，这不就更好了嘛，事业单位还有一个财政拨款，每年财政还给我3万块钱的经费呢。

刘锦山：图片社后来发展情况怎么样？

白显林：后来图片社确实发展得不错，其间我搞了很多大型活动。1982年，群众艺术馆摄影部搞昭乌达风光摄影作品展，在北京北海公园画舫斋展出。为什么呢？还是通过董琦给我们找了一个展出的地方，我们把昭乌达盟摄影作品带去展出。董琦联系到北海公园画舫斋。那时候我们群众艺术馆馆长叫薛汉英，去了以后他在那儿盯着，我在这边组织，送照片，组织摄影人员到那儿参观。另外赤峰电台、电视台的记者，我全带上，到画舫斋去看展览。我们没有剪彩仪式，我们也没搞那些大型活动，但是搞了一次座谈会。

座谈会参会专家是董琦帮我请的。请来的谁啊，吴印咸先生，中国摄影界的前辈了；石少华，新华社新闻摄影部主任；徐肖冰，还有陈士荣。这么大的座谈会，盟里得去人啊！我们去的谁啊，副盟长罗进，工会主席、宣传部副部长张志刚，昭乌达报社摄影部主任杨义、孙发都去了。我就弄个面包车拉了二十几个朋友和首长去那儿参加座谈会。这次会议在北京有很大影响。这些摄影界的元老们都

图16　1982年8月，"昭乌达摄影作品展览"海报

说："这个昭乌达盟摄影不错。"得到这么一句话那就是很不容易的，是吧。这是1982年。

1986年那时候的王府井橱窗，是中国摄影家的橱窗啊！我们想在王府井橱窗里面展出，也是通过董琦，跟他们熟悉了以后，我问道："我在这儿搞一个展览，行吗？"展览部主任尚进说："行啊，你得把片子拿来，我给你审审看看。"他看完这些片子以后说："可以，这片子质量还可以，行。"就这么着《赤峰摄影》进京展在王府井橱窗展出，也是风光片，很好啊，那王府井参观的人多嘛。

刘锦山：对。

白显林：展出完总得有一个座谈会吧，当时在北京烤鸭店开了个记者招待会，请到的有哪些人呢？请到的是原中共热河省委第一书记王国权。文化部去了一个副部长，社会文化科、艺术科都去人了，实际就是开了个酒会。我们市里派

图 17　1982 年 8 月，北京北海公园画舫斋"昭乌达摄影作品展览"（白显林摄影）

图 18　1982 年 8 月，罗进（左）、吴印咸（中）、吕厚民（右）在"昭乌达摄影作品展览"座谈会（白显林摄影）

图19 1982年8月,参加"昭乌达摄影作品展览"座谈会的全体人员合影留念(白显林摄影)

图20 1986年,原中共热河省委第一书记王国权(右二)等人参观赤峰摄影王府井橱窗展(白显林摄影)

白显林:光影传奇著春秋　**023**

图21　1986年，王府井橱窗展后在北京烤鸭店举行记者招待会（白显林摄影）

了一位副市长、市政府副秘书长去参加座谈会，还有宣传部副部长。

1991年11月在民族宫一楼大厅，举办的是赤峰市风情摄影展。剪彩仪式是谁去的呢？中顾委委员李运昌、国家民委副主任文精、文化部部长助理高运甲。

《人民日报》、新华社、中央电视台都派人去参加了。特别是中央电视台蒙古文台去了很多人。他们老家都是赤峰的，都是内蒙古蒙文专科学校[①]毕业以后在那儿工作的。他们也很兴奋："我的家乡昭乌达太美了。"这是1991年。赤峰摄影是"三进北京、两进呼和浩特"，我那时候就已经意识到摄影艺术是个新型的艺术。它到现在才180年，那个时候才150多年，是不是新型的艺术？

刘锦山：对。

白显林：但摄影艺术也是个多学科的艺术。说得直白一点吧，学摄影难不？不难。拍片子难不？不难。但是想搞好摄影，拍一张好片子，也不是那么容易

---

① 内蒙古蒙文专科学校，1953年成立，2000年与内蒙古民族师范学校合并组建了内蒙古民族高等专科学校。2009年，内蒙古民族高等专科学校更名为呼和浩特民族学院。

的，它有很多知识面的东西，美学、光学、机械学、化学，这些都得懂，才能拍出好照片。

刘锦山：白老师，请您再和大家谈谈赤峰摄影两进呼和浩特的情况。

白显林：两进呼和浩特中的"一进"还是在群众艺术馆的事。1980年5月6日，在呼和浩特市新城美术馆举行了"昭乌达风光"摄影展。此次影展是由昭乌达盟文化局主办，盟群艺馆承办。摄影以黑白作品为主，彩色摄影作品较少；100幅作品，仅有12幅彩色作品。这次展出得到内蒙古摄影家协会几位老同志的支持和关照，以及美协和美术馆的无偿支持，这就是盟市影展首次进首府。没有剪彩仪式，没有发布广告，只是发了个信息。展厅服务员都是内蒙古影协给我们请的义工。这是"一进"。

"二进"是1991年在内蒙古自治区图书馆举行的"赤峰摄影"展览，内蒙古自治区人大常委会主任巴图巴根、内蒙古自治区政府副主席白俊卿、内蒙古自治区政协副主席乌力更，文化厅厅长李全喜、副厅长赵芳志，内蒙古自治区人大

图22 1991年11月，在民族宫举办"赤峰风情摄影展"，中顾委委员李运昌、国家民委副主任文精、文化部部长助理高运甲为展览剪彩（白显林摄影）

图 23 1980 年 5 月 6 日，"昭乌达风光"摄影展在呼和浩特市新城美术馆举行（白显林摄影）

图 24 1980 年 5 月 6 日，"昭乌达风光"摄影展参展作品（题目：《伙伴》，作者：萨其拉图）

图 25　1980 年 5 月 6 日，"昭乌达风光"摄影展参展作品（题目：《踏雪护林》，作者：那顺）

图 26　1991 年，"赤峰摄影"展览剪彩仪式（白显林摄影）

白显林：光影传奇著春秋　　027

图27 1991年，赤峰市市长高连元陪同内蒙古自治区领导观看展览（白显林摄影）

常委会委员才吉尔乎、赤峰市市长高连元、赤峰市副市长昭那斯图等领导出席剪彩仪式，昭那斯图主持剪彩仪式。

刘锦山：白老师，现在"赤峰图片社"还在吗？

白显林：现在不在了。我1999年退休，退休以后就交出去了。后来没有太专业的人员管理，逐渐地就不行了。2006年，图片社撤销，人员和东西归群众艺术馆。原来我创办的时候，从群众艺术馆出来的嘛。

刘锦山：又回归了。

白显林：又回到了群众艺术馆。我接着刚才那一块说。用摄影艺术手段来参与文化活动、参与旅游活动、参与其他宣传活动，用摄影手段来宣传才是最真实的、最快的、最有成效的。

刘锦山：给人影响也是最直接的。

白显林：对，最直接的、最直白的，比文字之类的要快得多。

刘锦山：白老师，摄影事业的发展，除了政府的重视推动之外，社团组织也起到比较大的作用。您曾经也担任过赤峰市摄影艺术学会的会长等社团组织的职务，所以我想请您给大家介绍一下，您参与和见证赤峰市摄影社团组织发展方面的一些情况。

白显林：好。是这样的，我刚才讲赤峰图片社的创建，得到政府的支持。赤峰图片社在赤峰地区坚持了十几年，对推动摄影艺术事业发展起到积极作用。除赤峰图片社搞的各项活动以外，有很多组织也相应发展起来了，这些组织紧密配合，联合起来推动赤峰市摄影事业的发展。

刘锦山：赤峰市摄影组织有几个系统？

白显林：在赤峰图片社成立以前，社团组织仅有一个。1982年10月，在昭乌达盟文学艺术工作者联合会第一次代表大会上，成立了昭乌达盟美术、书法、摄影协会。赤峰图片社成立以后，基本上就完成这个协会的各项工作。为什么呢？赤峰图片社是从群众艺术馆拉出来的队伍，群众艺术馆有个部叫美术书法摄影展览部，美术、书法、摄影都在这儿。所以图片社基本上就负责了这方面的各项工作和活动。1995年，成立了赤峰市摄影家协会。

刘锦山：1995年。

白显林：杨义为会长、主席，我是副主席，也是常务副主席。这是个大的组织，归中国文联的中国摄影家协会管。在这之前，1984年，也是在群众艺术馆里头，在赤峰市文化局的同意批准下，成立了赤峰市群众摄影学会，赤峰市文化局局长李凤阁亲自参加并主持这个会议，赤峰市群众摄影学会就成立起来了。赤峰图片社的创办对赤峰市的摄影事业发展起到了推动作用。在图片社的影响下，很多摄影人也就都活跃起来，包括个体户。方便了，挣钱也快了，这就都活跃起来了。

刘锦山：赤峰市群众摄影学会的会长是您担任的吗？

白显林：会长是薛汉英。薛汉英是原来赤峰市群众艺术馆的副馆长，老同志，他也懂摄影，有摄影知识，比我岁数大，他是会长，我是副会长。我们还有展览部，那顺任秘书长，在社会上我们又找了几个比较有成就的人，还有一个副会长和一个副秘书长。这是学会，归文化部管，自上而下，省有群众摄影学会，市有群众摄影学会，旗县有群众摄影学会，基本都是学术性的；协会归文联管，是社团性质的，是这么个状况。

刘锦山：当时群众摄影学会会员有多少人，是怎么样发展会员的？

白显林：我不是每年都要办培训班嘛，就是参加过我3次以上培训班的基本上就可以当会员了。当然它有章程、有程序，都要走程序，这就是基本上由我那块掌握了。学员大部分都是文化口的，文化馆的、文化站的，当然社会上也有一部分。同时，1984年又成立了两个协会，一个是赤峰市青年摄影协会，隶属共青团，这是当年4月成立的；当年8月的时候又成立了一个赤峰市老年摄影协会，归老干部局管，那时候已经成立老干部局了，所以对离退休干部、老干部很重视。青年摄影协会的会长叫史建军，是报社的一个摄影记者；老年摄影协会的会长是薛汉英，就是我的那个老班长，他已经退休了，退休以后他就到那边，又成立一个老年摄影协会。这样摄影组织就多了，摄影活动也就多了，这些组织都是互相配合，比如说我搞什么摄影活动，这些主席、会长都参加，而且号召会员都参加，赤峰的摄影队伍就这么壮大起来。

因为我这儿有条件了嘛，而且又有资金，1989年我又创办了《文化信息报》，顾名思义，还是基本上做文化宣传。1993年，我又创办了《赤峰画报》，在赤峰市像这样图文并茂的刊物是第一家，当然自治区也是第一家。那时候自治区除了《内蒙古画报》以外，别的没有，但赤峰有《赤峰画报》，很受当地领导的关心和关爱。《赤峰画报》的发行座谈会上，市委书记高再堂、市长才吉尔乎、宣传部部长昭那斯图，这些领导都参加了，他们很重视这项工作。《赤峰画报》一直坚持到现在，越办越好。现在《赤峰画报》在内蒙古影响挺大的，但是我们是地方刊号、省级刊号，全国刊号不好办、不好申请，我们也申请过。

二、发现阿斯哈图石林，助力赤峰旅游发展

刘锦山：白老师，克什克腾旗的阿斯哈图石林很有名，它的发现与您密切相关，请您谈谈这方面的情况。

图 28 《赤峰画报》

白显林：我们赤峰的旅游景点，现在打响的是克什克腾世界地质公园，这是 2005 年联合国教科文组织审批确定的中国克什克腾世界地质公园。谈起这个世界地质公园，我想详细谈谈。克什克腾世界地质公园一开始是 8 个园区，现在扩大到 9 个园区。8 个园区都是阿斯哈图石林、大青山岩臼群。

刘锦山：冰臼还是岩臼？

白显林：岩臼，一会儿我再说冰臼和岩臼的争论问题。大青山岩臼群、黄岗梁冰川遗迹、平顶山"冰斗"群、达里诺尔湖。达里诺尔湖叫天鹅湖，以天鹅为主，是火山地貌，就是围着达里诺尔湖啊，有好几十个火山口。然后是西拉木伦河，西拉木伦河最后专家学者给定名是祖母河。还有一个热水塘温泉区，克什克腾的热水塘在全国热水疗养里面，它的水质是最好的。北京小汤山，那不是很出名嘛，但是它的水质没有这个好。克什克腾的热水塘含有 47 种化学微量元素，水质非常好。这里还有很多故事，比如康熙洗过（1690）、班禅洗过（1930），等等，很多不是传说，是事实，所以都有记载。2011 年以后，将近两年的时候，

白显林：光影传奇著春秋

图29 白显林在克什克腾旗黄岗梁拍摄

克什克腾世界地质公园又加进去一个园区，加进一个乌兰布统古战场。这乌兰布统古战场，刘先生肯定知道，是吧？

刘锦山：康熙平定噶尔丹叛乱。

白显林：康熙列阵于乌兰布统，平定噶尔丹叛乱，最后打败了噶尔丹，这个地方保住了。乌兰布统古战场，为什么把它加进去呢？一是它是古战场，更主要的是现在说坝上风光，河北人用这个词大做文章，说它的木兰围场等都是坝上，实际上坝上风光就是咱们乌兰布统的风光。我知道这些情况和历史。乌兰布统就是坝上风光，也是赤峰的风光。所以克什克腾世界地质公园一共9个园区。2005年2月，联合国教科文组织批准其为世界地质公园。

外界很早就说，阿斯哈图地质公园是白显林发现的，是白显林推广的，过去我也不在乎。因为我就是搞摄影的，我就是拍风光风情的，拍了以后我就要往外发。要说这个是我发现的、我推出去的呢，也是有一定根据的。因为我搞摄影我就得转悠，到处跑。赤峰的山山水水凡是有名气的地方，我都跑过。特别是克什克腾，美景太多了，我总是往克旗跑、往草原上跑。后来草原上的这些蒙古族同胞们说："白老师，有一个阿斯哈图，您知道吗？"我说："阿斯哈图这不是蒙古语吗？哈图是山，阿斯是直立的，直立的话也可以成林啊，可以是石林啊！"因为牧民对"石林"这个词也不是那么太理解，说道："反正阿斯哈图是直立着的山。"我说："那就基本等于石林啊，我没见过啊。""有啊，我们克旗有啊。"我说："我得转转啊。"这样我就找到这个地方，这是1983年。

刘锦山：1983 年去的。

白显林：是赤峰图片社成立以前。1983 年我就找这个山，我是从南边进的。这个山的北面是白音查干、白音温都，那是纯牧区了；山的南面是农区，那块也归克旗管，归天合园乡。我就从那个沟里往上走，走到天合园。那儿有个沟，沟底下有个营子。我到这个营子后，秋天正打场呢，我就问："老乡，我想问一下，说北边有一片石林，你们知道吗？"我边说边给他比画。他说："我告诉你，你说的那个地方就这北边，从这个沟往下顺，顺到沟口那个地方，再往山上爬，爬上去你就看着了，那一个一个跟橛子似的山。"这就好了。

1983 年，那时候我们刚有车，财政局有一辆京吉普给图片社了。那时候政府也好、财政局也好，对图片社还是很关照、很支持的，就把这辆车给我们了。有车了我就更方便了，当时有个转业兵分配到我那儿了，正好会开车，我们就开上车到处转。那趟也是我和司机，我们俩上的山。顺着他指的这个方向，那京吉普上一段停一停，得凉快凉快车啊，中间停了两次，最后上去了。等上去以后我一看，哎呀，真是石林啊！我第一次上石林，只是上到东南角的那一片地方，就很惊讶了。

第二次就是第二年了。我第一年是秋天上的嘛，第二年春天，快到夏天的时候，我又从北坡上去。从南坡上和从北坡上，角度和路线不一样，从北坡上去以后那就更壮观了。我从南坡上去的时候，那是第二区，我从北坡上去的时候，第一区和第四区连接的那个地方，那就更壮观了。上去就拍，就这么拍。1983 年、1984 年，这以后我们是每年最少得上一次，有时候上两次，有时候上三次。春天上是春天景、夏天上是夏天景、秋天上是秋天景，所以我就是春、夏、秋都拍，那时候就是冬景我没拍着，因为啥呢？没有修路以前不敢上，夏天、秋天还不好上呢，何况冬天一下雪啊。所以 1985 年以前，雪景我就没拍到，但是其他的景我都拍到了，而且一区、二区那些重点突出的石头我都拍着了。

我拍了以后，当然得往外宣传啊。我有个专题展览叫"美丽神奇的昭乌达"，全是石头景，阿斯哈图的山石、大青山的山石、美丽河的山石，就这么一组一组的，全是山石的景观。这样，那时候同志们给我起名"拍石头的专家"。

刘锦山：您是1983年在老乡的指引下发现了石林，第一次把这些照片公布出去大概是什么时候？

白显林：那就是图片社的第二年、第三年了。

刘锦山：1985年、1986年了？

白显林：对，1985年、1986年，这就是整个公开地向外宣传。以前都是单张单张的，有时候给这个报纸了，给那个杂志了，只是做个奇特的东西进行宣传，没有做专题宣传。以后就有很多人重视了，包括环保局、地质局。后来这些图片谁看着了呢？地科院和地质大学。

刘锦山：中国地质科学院、中国地质大学？都在北京。

白显林：对，都在北京。他们发现以后就来赤峰了，到克旗去问，说："你们看，这是白显林先生拍的。"说："是啊，我们这儿有啊。"他们要上山去看，看完以后就要做文章了，太奇特了，太好了！这些专家学者来过三次。

刘锦山：您还记得当时第一次都来了哪些人？

白显林：叫劳什么、李什么，现在想不起来了。后来这些专家学者们就直接找我了："以后咱们就一起上山吧。"就这么着，我领他们也去拍过、看过。最后确定叫阿斯哈图石林。什么石林呢，叫冰石林。大青山的那个岩臼，叫冰臼，就这么定下了。在这个过程中，关于形成原因有争端。一派认为是冰川运动后造成的，是冰臼；另一派认为是多年的风吹造成的，是风臼。这两派开过三次学术研讨会，总是争执不下。

到2004年吧，让统一口径了，不能你说一个，他说一个。学者们最后敲定了，阿斯哈图是花岗岩石林，也不说这是冰川造成的，还是什么造成的；大青山呢，是花岗岩石臼。这么着以后向联合国报，联合国给确认的。所以阿斯哈图是花岗岩石林、大青山是大青山岩臼群、平顶山是"冰斗"群、黄岗梁是冰川遗迹、达里诺尔湖是火山地貌。

图 30　阿斯哈图石林（白显林摄影）

图 31　1990 年，白显林在阿斯哈图石林拍雪景

三、记录时代发展变迁

刘锦山：白老师，您是怎么和摄影结下的缘呢？

白显林：怎么说呢，说起来话长。那咱就多聊一会儿，好吧？

刘锦山：好。

白显林：这个摄影专业啊，不是我的本科，我不是学这个专业的。我1959年高中毕业以后就回到翁牛特旗。先是教了一年半书，后来调到翁牛特旗文教科工作。文教科嘛，就是文化、教育都在一块。那个时候翁牛特旗有乌兰牧骑了，有个京剧团，有京剧院、电影院，文化活动就这些内容。正好我们文教科有一台照相机，方匣子，捷克产的。后来一个老同志说："小白，这玩意儿你会使吗？"我说："我不会啊，我都没见过啊！""这叫照相机，你琢磨琢磨它吧，你是年轻人。"好啊，我也挺好奇，我就把这个相机拿过来，能扒拉的地方、能动的地方，我都扒拉扒拉，上面盖打开、镜头盖拿开，它还有摇把，不会使啊！老同志也不会啊。怎么办呢，这玩意儿你想"玩"它，你得学会了啊。

后来我就拿这个相机去照相馆。那时候旗里都有照相馆了，小照相馆，三五个人。我到照相馆看那位老杨师傅，我就很客气，我说："杨师傅，忙着，你看你这都是大座机，这个也叫相机，对吗？"他说："是，这个叫快匣子，拍胶卷的。我们这都是拍胶片的，你这是拍胶卷的。"后来，我就很耐心地跟他问了问、学了学，他简单教给我怎么用。我连着去了三次以后基本上就通了。通了以后我说："胶卷呢？"他说："胶卷你得上商店买去，看看百货商店没有的话，你就上赤峰买去。"翁牛特旗的商店没有，我在赤峰买了两个胶卷。这就开始学了。这个过程好长一段时间呢，因为照完了卷卸下来，还得冲洗啊，我也不会啊，我还得送照相馆去。照相馆不乐意给你弄这个活儿，他说："看你是政府的，我给你冲了吧。"冲完了以后，出了底片胶卷啊，出不来照片啊。我说："这怎么出照片啊？"他说："这我就对不起了，我没办法了。"直接他就不伺候我了，那人家是买卖人啊，人家给你弄了以后，人家不也是赔钱吗？

就这么着,我就慢慢琢磨啊、琢磨啊,琢磨了一年多。第二年我又到赤峰,也问了一些懂这个的人,这就逐渐明白了。第二年、第三年的时候,我就自己建立暗房、自己冲卷、自己洗照片了。1963年、1964年的时候,我已经拍片子、洗照片了。那时候给《昭乌达报》投了一张稿,还被用了,在一个农田操作的,我也挺高兴,这图片都上报纸了。

刘锦山:第一次投稿?

白显林:第一次投稿,上报纸了,挺高兴。

刘锦山:1963年?

白显林:1964年。所以我这就很有信心了,接着"玩"啊,"玩"就是花钱,摄影就是高消费啊,就是花钱啊。

刘锦山:人家有句话说"家有单反,倾家荡产",就说摄影这个行当比较费钱。

白显林:这就省吃俭用,买胶卷、买药、洗照片啊,就这么逐渐地就都会了。都会了,照片能上报纸了,也算是成熟了。后来好多人就都知道我了,包括盟里的。那时候杨义在报社摄影部,因为我们都是翁牛特老乡,后来他也知道翁牛特老白照相可以,不错的。所以大型活动的时候,比如说1964年以后报纸就用稿了,1964年、1965年就陆续每年都有几张片子上报纸。后来到1966年,杨义跟昭乌达盟政府说:"翁牛特有个白显林先生,把他借调来。"干啥呢?要出画册。

刘锦山:是盟里边要出画册?

白显林:对。1967年自治区成立20周年,昭乌达盟要出一本画册。所以就把我借调来,在宾馆住着,给我分配任务。《昭乌达画册》当然得拍先进单位了,是吧?当铺地是全国比较好的一个生产队,有全国劳动模范陈洪恩。什么当铺地、"五三社"了,宁城的大兴了,这都是农业先进单位,牧业的先进单位都是在巴林右旗、翁牛特旗的。这就得开始往下跑,拍片子。那时候政府给我提供胶卷,就这么着拍片子,这不就是越练越熟了嘛。

刘锦山:对,那时候是彩色的,还是黑白的?

白显林：那时候是黑白的，彩色的还没有呢。但这本画册最终没出了，1966年不就开始"文化大革命"了嘛，1967年"文化大革命"闹得厉害了。

刘锦山：您是哪年借调到盟里边的？

白显林：1966 年。

刘锦山：那就是在"文化大革命"发生之前？

白显林：发生之前。正要搞这个庆祝自治区成立 20 周年，"文化大革命"一开始就泡汤了。我就回了翁牛特旗了，因为我是在那儿行政开支的嘛。这个时候呢，我的拍摄技术已经成熟了，能跟专业人员一起搞活动了。

刘锦山：1967 年您有 30 岁吗，您是哪一年出生的？

白显林：1938 年。

刘锦山：1967 年，30 岁左右。

白显林：30 岁。这就成熟了。这样全盟里头也知道翁牛特的白显林摄影上还是不错的。就这么在翁牛特一直工作，我主要一直在科里面负责体育和文化这两项工作。1975 年，干部下派，充实基层，我又被派到红山公社，担任牧业助理，有职称啊，是助理。1977 年，我也争取了，旗里也想把我调回去。当时正在党校学习，盟里就下令了。

刘锦山：您是在哪个党校学习？

白显林：在我们旗里头。

刘锦山：旗里边，还是翁牛特旗，是吧？

白显林：翁牛特旗。4 月末，盟里下调令了："调白显林同志到昭乌达盟群众艺术馆工作，负责摄影。"我很积极，4 月末下令，1977 年 5 月 1 日我就报到了，之后就开始上班了。从 1977 年 5 月 1 日起，就从事专业摄影工作，在昭乌达盟群众艺术馆的美术摄影展览部负责摄影。那时候我们群众艺术馆一共就俩搞摄影的，我们的老馆长会摄影，退休了。我带着那顺，在群众艺术馆的美术摄影展览部参与摄影工作。部门任务也挺重啊，为啥重呢？所有的大型展览都得承担，那时候各方面都有啊，有政治宣传的、有文化宣传的、有农牧业生产宣传的。我们搞过的大型展览，有植树种草，那时候昭乌达盟的书记白俊卿，最打响的口号就是"草上飞，油上富，植树造林建宝库"。大型展览200多幅照片啊，那时候我已经成熟了，200多幅都是我放大的。

刘锦山：那是什么时候办的这个展览？

白显林：1979年。1979年、1980年、1981年，连着举办大型展览。因为1981年又是建党60周年成就展览。"党的好女儿张志新展览"，也是我们群众艺术馆搞的。那时候刚开始，彩色片子我得上北京中国图片社做去，这样我总往北京跑，中国图片社我也了解了，关系都很好了。后来我就办了"赤峰图片社"。我是半路出家，自个儿用点心，下点功夫，就把摄影技术学到手了，成专业摄影人员了。

刘锦山：您做出了很大的成绩。您哪年自己买了第一台照相机？

白显林：我不是说文化局有一台嘛，后来盟里借调我搞展览，自己带相机啊，这台我得带着啊。我们旗委宣传部有一台，盟里借我去搞画册，宣传部得把好相机借给我啊，那时候关系都不错："行行行，老白你拿去使吧。"谁那儿有好相机我都借出来，因为我能使啊，他们有的不太会使，有的根本不使。就这么着一直用着公家相机，摄影技术就这么着学成的。

刘锦山：您在这么多年的摄影生涯中，比如说盟里或者是区里的一些重大的活动需要您去拍摄。您把这方面的情况也介绍一下。

白显林：好好，咱们就随便谈吧，这里面有很多的故事。我创办图片社，才吉尔乎市长非常重视，只要市里头有大型活动，比如说北京（中央）来人了、省级来人了，视察赤峰，才吉尔乎市长、高再堂书记，甚至会说："看看人都来齐了吗？报社的来了吗？电台的来了吗？老白来了吗？"别人不可思议啊："老白咋的啊！"是因为老白那时候确实能起很大的推动和宣传作用。为啥？我有图片社、我有彩扩机啊。

刘锦山：记录。

白显林：是吧，记录啊。照相跑一天，回来以后，得连夜上我那车间里把卷冲出来，把小样都洗出来，五寸照片。第二天早晨我就拿着照片给送去了，送给来视察的领导和相关部门。

刘锦山：这给咱赤峰做宣传。

白显林：所以说那些年，政府和市委这俩大院，只要有大型活动，那非得有老白不可。所以我拍了很多片子留给赤峰。从自治区来讲，几任的书记，他们来赤峰视察，这我必须跟着拍摄，最早的周惠、王群、张曙光，后来的布赫等他们的活动照片我都留下了。还有李运昌啊，冀察热辽的那些老干部。1987年内蒙古自治区成立40周年的时候，把热河省元老、冀察热辽的这些老干部都请来了，包括周明、李运昌、段苏权。我们宁城的"小城子战役"就是段苏权指挥的，自治区党委副书记田聪明陪着他，特意上小城子看一看，这我都陪着了，这些照片我都留下了，这就是历史。

刘锦山：对。

白显林：是吧。特别是1986年，赤峰市民族歌舞团进京演出，那时候赤峰文化很出名啊，国家调你进京演出，省地级很少啊，当然我得跟着啊。市长、书记说："老白不去不行啊。"1986年4月30日，乌兰夫接见赤峰市民族歌舞团。民族歌舞团连演员和带队的，包括才吉尔乎市长、内蒙古文化厅副厅长（白朝蓉）、民委的副主任（荣胜盛），一共23个人。乌兰夫把我们请到他家里，大家演奏、唱歌，最后，连演员带工作人员一起，这20多人跟乌兰夫、乌兰夫的夫人，还有一个小孙女，在他院里合的影。很遗憾，刘先生，就是没有我。

刘锦山：因为您是摄影。

白显林：我掐着匣子不放。乌兰夫接见民族歌舞团，这是很珍贵的资料啊。我有五六十张，一直存着，很多地方都用过，包括我的书里头，每一本书里都有乌兰夫啊、布赫啊，还有自治区这些领导的形象。胡春华考察赤峰，考察博物馆，我都跟着拍了，这不就都留下了，这是历史。用摄影艺术手段搞宣传、留资料，太好了。

刘锦山：您自己有统计吗？拍了多少张照片？

白显林：我把我这辈子积累下来的摄影方面的图书、期刊、图片等资料捐给赤峰市图书馆，建了摄影图书馆。在交接过程中我统计了一下：我那里面的图片分黑白胶片、彩色胶片，彩色胶片里头分负片、反转片，反转片就是正片，这些加在一块，有 52000 张[①]。

刘锦山：绝大多数都是您自己拍的？

白显林：对，绝大部分都是我亲手拍的。当然还有一部分资料，我搜集到的赤峰的老资料。别人不重视扔了，我捡起来了，现在这些资料都非常珍贵。

刘锦山：5 万多张。您差不多摄影 50 年，平均一年 1000 张，一天有 2—3 张照片。

白显林：对啊，这是平均。我有时候下去，几十个胶卷带着，还不够用。我为什么存那么多片子？不是说就我能拍、就我会拍，不是。会拍的人多了，可是他没有条件啊，对吧？他没有车专跑啊，我有车专跑啊，对吧。我是有意识和没意识地，甚至有任务性地和没有任务性地拍啊。拍风光、拍民情、拍风俗，什么都拍。更主要的是我图片社那几年挣钱了，我有钱买胶卷了。我之所以拍这么多片子，我的努力是一个方面，还有促成我这方面成功的一个基础吧，"赤峰图片社"我创建的那是太对了。刚才刘先生您说，我是文化改革、文化产业第一人，图片社的时候"以文补文"，没资金就得想办法。有钱了以后，我就可以投到文化艺术事业上，这样文化不是越来越好吗？所以创办"赤峰图片社"，这是很好的一件事情。

刘锦山：经营得也不错啊，也需要经营头脑。

白显林：不错啊。特别是那些待业的孩子，我安排了 130 多个孩子。

刘锦山：图片社？

白显林：对，都是从我那儿走的，有当兵走的，有考学走的，还有招工走的。主要是这方面，大家非常肯定。

刘锦山：这些人都做什么工作的？您那儿招有 100 多职工。

白显林：100 多职工，我是说前后 100 多，但是我那儿始终有 30 多人。

刘锦山：大家都在做什么，冲洗胶片？

白显林：我那个彩扩机车间得用人吧，几班倒，冲洗、洗印、出图片，这有

---

① 不含数码相机照片，加上数码相机照片，总数 10 万多张。

一帮人。我还有个商店呢，照相器材商店叫新颖商店，总得十几个人吧。最后我开了两个照相器材商店，我这些都得需要人工。我用我们自己的孩子，是吧，多好。

刘锦山：当时文化局对咱们图片社是一个什么样的管理模式，让您自负盈亏，还是要上缴利润？当时怎么规定的？

白显林：当时我是自负盈亏啊。我是该纳税的纳税，财政局的钱我借了我还你。除了这以外，我都用在文化事业上，特别连文化站我都扶持，何况文化馆了。那时候文化局让我好好发展，只要符合财经纪律，别违反纪律。我那财经纪律违反不了，因为我原来讲了，是财政局帮助我把它扶持起来的，所以财政局本身就在那儿给管着呢，必须拿管理事业单位的那套办法管理。财政局的行财科科长，跟我们会计是直接联系的。文化局的会计都不管我们的会计，因为管不着，没有资金来往。

刘锦山：白老师，乌兰牧骑在草原上的名声特别响，特别大。您在摄影生涯中，肯定也给乌兰牧骑拍了不少照片，这方面情况您也介绍一下。

白显林：提到乌兰牧骑呢，这我就更义不容辞了，为什么？乌兰牧骑是在翁牛特创建的、在翁牛特发展的。第一个乌兰牧骑应该是翁牛特的乌兰牧骑，现在没给定翁牛特的乌兰牧骑，而是定锡盟的。

刘锦山：锡林郭勒盟。

白显林：锡盟的乌兰牧骑，实际它们俩就差几天，但是人家走动宣传以后，把日子定在那儿了，其实是这边先成立的，但都是同一年。最早成立的乌兰牧骑在翁牛特旗，在我的家乡，而且是在我的老家海日苏。乌国政先生，那时候是在那儿教书的，乌国政是我们赤峰蒙中师范班毕业的，回去以后就教书，后来这不就成立乌兰牧骑嘛，因为他还有点文化艺术方面特长，拉个胡胡、说个好来宝，所以就由他当队长，组织起来的乌兰牧骑嘛，1957年。那个时候我也正好在翁牛特工作，正好归我分管，我是文化教育科，他正是我的下属单位，我就跟他们接触得比较多。所以翁牛特旗乌兰牧骑下乡演出了、出去慰问了，我拍了很多照片，都是黑白的。后来我来到盟里了。盟里也好、内蒙古也好，对乌兰牧骑很重视，全市的乌兰牧骑会演、内蒙古直属队来赤峰巡回演出，还有鄂托克乌兰牧骑来赤峰演出啊、访问啊，这些片子我都拍了。都拍了这不就都留下了嘛。现在关于乌兰牧骑出了几本书啊，里面有我很多的照片。特别是《乌兰牧骑发展史》（2017）中最早的那些黑白照片，大部分都是我拍的。

文化艺术方面的这些照片，我留的就是乌兰牧骑。再就是民族歌舞团、京剧团，因为本身我是搞文化的，再加上大型活动我都参加，比如歌舞团进京演出，还有我们京剧团进京演出，全国京剧会演第一届、第二届赤峰都参加了，赤峰的京剧过去也是很出名的。归热河省那时候出名，归辽宁那时候也出名，归内蒙古就更不错了。文化艺术方面的一些片子，我确实拍了很多，这都是给赤峰留下的吧。所以出书什么的，现在好多地方一用照片都找我，那别的地方没有，只能找我这儿来。

四、创建摄影图书馆

刘锦山：白老师，您有很多代表作，介绍一些您最满意的照片。

白显林：正因为拍了那么多照片，我搞过7次个人展览。2013年我带着我那《美丽富饶的昭乌达》摄影图片去的台湾，在台湾艺术协会的大礼堂里展出。

刘锦山：是在台北吧？

白显林：在台北。为什么我去台北，而且路子这么熟，这么方便？你上我摄影图书馆看了吧，那边我说摄影图书馆，是我和台湾的吴绍同先生，我们俩创办的。这个吴绍同先生，他是台湾的著名摄影家，在世界范围也是很有名的。为啥呢？因为鹤，全球鹤类一共有15种，中国大陆和台湾一共有9种鹤，其他6种鹤都在其他国家，俄罗斯、美国、印度等。吴绍同先生拍了17年的鹤，把中国的9种鹤都拍完了以后，其他地方的鹤他也都拍到了，15种鹤他都拍到了。拍遍全世界鹤种的，世界上一共就有3个人，德国1个、瑞典1个、中国（台湾）1个吴绍同。吴绍同先生出了四本集子，《鹤》《鹤的世界》《瑞鹤》，最后一个是《摄鹤十七》，拍了17年鹤，出了4本集子。我就多说一点吧，跟吴绍同先生是怎么相识的。

刘锦山：对，我也正想问这个问题。

白显林：1994年7月的时候，吴绍同先生跟我们赤峰市的一个叫李宗宾的同志联系上了。李宗宾是搞美术的，但他也喜欢摄影，他有个少年摄影班，由他辅导。他的儿子摄影不错，在全国青少年儿童现场摄影比赛中，在浙江那个展览上展出了，出名了。吴绍同先生看了这个展览以后，他就顺着这个线嘛：赤峰的青年、姓李，父亲叫李宗宾，美术专业、在少年宫工作。后来吴先生就跟李宗宾联系了，他说："你是赤峰少年宫的、你是学美术的、少年宫的主任、你孩子在少儿影展上获奖了。"李宗宾说："是啊，对啊，吴先生你怎么知道？"吴绍同说："我看过展览。"他俩交谈完了以后，吴绍同就开始问了："你们赤峰有没有鹤？"拍鹤的嘛，他找鹤。李宗宾说："有，我们达里湖有鹤。""我能不能去赤峰拍鹤？""你来吧，我欢迎你。"就这么答应他了。

答应他以后，这不六七月嘛，到7月月末他来了，来了以后李宗宾就接待他。第二天就带着他去了克旗。还没等到达里湖呢，到克旗经棚镇里，赤峰市公安局就去克旗找他们了，他们在宾馆住着。去了以后说："吴先生，我们知道你在这儿，但你不能下去。"他说："为什么呢？""你来的时候，没经过我们相关部门允许，我们那里没给你注册。"那时候不是挺严格的嘛。后来吴绍同就走了。

之后我去找李宗宾了。我说："这事你跟我打个招呼，这些事情必须要去注册，接待台湾的什么人。你这些手续没走，当然就把你撵回来。"后来我说："你把吴绍同的通信地址给我。"就这样，李宗宾把通信地址给我了。

我马上给吴绍同打电话，我说："吴先生，你想拍鹤，你马上来，我接待你，一切手续我帮你办，连你的一切费用都我掏。"那吴先生当然高兴、乐意啊。1994年9月24日，他来了。来了以后，我到车站把他接上，晚上我就拉着他上我们克旗了，去拍鹤嘛。为啥这么痛快？我事先都办好了，一切手续全了，所以我就领着他去了达里湖拍鹤。

从1994年到2013年，基本上20年时间，吴绍同先生20次来赤峰，所以他对赤峰非常有感情，对我们赤峰的摄影人非常好，他认准赤峰这个地方了。他一来就我接待，我那时候图片社有能力接待他，就是吃、住、行，车我有，拉着他就跑了，就这么着我们俩建立了关系。所以吴绍同的摄影展在赤峰搞了两次，在北京搞完了以后，紧接着又拿到我这儿搞的。他那些作品现在都在我那个摄影图书馆图册里装着。就这么着，这不跟吴绍同先生熟了嘛。1999年，我退休了，我也有时间、有能力接待他了。

2008年，吴绍同先生对我提出一件事，他说："白先生，咱们搞一个摄影图书馆，成不成？"我说："这好事啊。"是吧，搞个摄影图书馆。我说："太好了，吴先生，我同意，你想在哪儿？"他说："就在赤峰啊！"在赤峰不可能吧，因为上海是他老家，他现在上海有家，他姐姐、姐夫都在上海。我心想他也不能建在赤峰啊。他说："我就想在赤峰，赤峰有悠久的历史、古老的文化，赤峰人太好了！白先生，我就想在这儿。"我说："那行啊，我同意啊，太好了！"只不过是呢，在这儿办，我劳累一点，这一切都得我跑。就这么着，我俩在这儿办了"赤峰摄影图书馆"。

和吴绍同先生相识这么多年，他来赤峰也是宣传赤峰。拍鹤也是宣传、展览也是宣传、交朋友也是宣传，是吧。他也知道我们赤峰摄影人，队伍挺大，设备

图32 白显林（左）和吴绍同（右）在达里湖草原拍鹤

白显林：光影传奇著春秋　　**045**

都精良，有三十几个人出画册，而且画册还都是精良的。实际上，我这儿都不算行，比我这儿精太多了。赤峰摄影之所以这样也是有多种因素的，一个是我们积极，本身的积极努力；一个是大家的学习热情；吴绍同对赤峰摄影的发展也起到了很大作用。吴绍同70多岁了还来拍鹤呢，他今年91岁，2013年是最后一次来赤峰。创办"赤峰摄影图书馆"是2008年，2009年的10月30日剪彩开馆，他亲自来了。

刘锦山：摄影图书馆是2008年创办的？

白显林：2008年创办的，2009年剪彩开馆，文化局局长去剪彩。

刘锦山：当时也是注册了，办手续了？

白显林：没注册。注册我跑过，跑过以后不太合适。是民办的，文化局不用花钱，办这个事，又有这个名多好啊。就这么着办起来了。2010年，开馆一周年，吴绍同来了；四周年时，他也来了。四周年以后，我陪他去了一趟阿拉善，回来以后到这儿住了两宿，这是2013年秋天。2014年以后就再没来，岁数太大了，眼睛不行了，他身体状况还挺好，就是视力太差了，没人领着不好出来了。要不他也想来，我们也欢迎他来，可是太困难了。①

刘锦山：摄影图书馆2008年创办到现在有8年了，馆藏是怎么来的，您也介绍介绍。

白显林：我刚刚说了，2008年，吴绍同先生提议，发出一个通告，实际就是发出一篇文章给海内外摄影人。因为他去国外这么多地方，包括联合国，联合国教科文组织都接待过他，教科文组织给他的荣誉称号是"世界环保大使"，因为拍鹤嘛。他在海内外有很多摄影朋友，新加坡、马来西亚、美国（旧金山）、加拿大都有。他这个通知就是发给这些海内外摄影人的。他发过通知以后，第一个响应的是美国旧金山，为啥呢？他姑娘在那儿呢，美国旧金山摄影界的朋友就说："吴先生，我们响应你的号召，这件事很好。"马来西亚的朋友说："吴先生，这是一件好事，我支持你。"陆续地给他反馈的就很多了。这样他就确定在赤峰

---

① 2019年4月11日，吴绍同先生因病在台北辞世，享年95岁。

办,他把第二个通知,就是把赤峰摄影图书馆在赤峰的地址发出去了,馆长白显林。第二个通知发出去以后,陆续就有人捐书了。最少的有两三本的,最多的有成包的,这书就来了。

2008年年末的时候,就有2000多本书。2009年剪彩的时候,已经有四五千本了,那就很像样子了。我在钟楼租了两间屋子,我原来有角钢焊的架子,后来我又焊了几个架子,就在那儿办起了摄影图书馆。之后吴绍同旧金山那个姑娘就说:"老爹,太好了,这样你那个书房的书有地方放了。"吴绍同先生书架上的摄影图书全发过来了。我记得可能是8包,整包发过来的。我这么多年摄影,也存了很多书,我的书当然也都得拉过来了。就以我们俩的书为主,陆续地国内各地都捐嘛。

除了海内外摄影人捐书、帮着寄以外,我们又买了很多。托人在旧书市场买书。吴绍同先生在北京找了《晨报》的一个记者,委托他到潘家园旧书市场给我找书,帮咱买。凡是我们托人在市场上买的,我们都掏钱。就那样我们也买了一大批,到现在1万多本书。

刘锦山:有期刊杂志吗?

白显林:杂志有很多种。杂志就是吴绍同先生的杂志,台湾的杂志。我这书里面三分之一是台湾的。台湾摄影技术发展得比咱们早,比咱们快。台湾著名摄影家郎静山先生,活了103岁,他是从上海去的台湾,到那儿发展摄影事业,办照相馆,最后成立协会。吴绍同1946年从上海中国新闻专科学校毕业,在上海《益世报》当摄影记者,1947年他去台湾了,去台湾以后就搞摄影。各地捐赠,再加上我们买,特别是后期数码类的资料少,我们在市场上也买一点,就这么逐渐丰富。所以摄影图书馆的书比较全,不仅有中国出版的,还有国外出版的,汉文版的、英文版的、德文版的、法文版的……整个一架子。外文出版的书,各种版本都有,现在有一部分翻译过来了,有一部分还没翻译过来。杂志这部分呢,各地方寄的杂志都有,虽然连不上,不是一年12期都有,但有100多种。很多英文版的杂志我这里都有。吴先生也好、我也好、这些摄影人也好,觉得比较好的、奇特的、早期的书都往这儿寄,图书馆给存着。摄影图书馆最早的书是

1924年出版的《柯达摄影术》，当然那时候宣传的都是柯达，有上海出的，还有广州出的。书的内容还是很丰富，很全面的。摄影图书馆也就是这么办起来的，我认为办得不错，之所以给赤峰市图书馆，就是想给它找个稳定的地方，永久地保存它。这么好的书，你得留下来啊。

刘锦山：长久保存。

白显林：我家里面没那个条件，另外我也没那个能力了。我这些孩子没有继承我的。刘淑华馆长太高兴了："白老师，给我给我。"所以是这么给的这儿。

刘锦山：白老师，摄影图书馆除了书刊这些文献资料以外，我看里边还有好多摄像器材、图片（您照的相），您收集整理的这部分东西也不少。

白显林：赤峰摄影图书馆捐赠给赤峰市图书馆，我们签协议和交接的时候，我原来就想只是把图书馆给它，后来刘馆长说："不行，白老师，你都给我。"我说："摄影器材，那是我的私产。""你给了吧，你在家搁它干啥，我给你好好保存，我给你永久保存。"我一想也对呀，我家能展开了吗？我只能在铁柜子里锁着。这么一整多好，是吧。"图片部分你也给我吧。"我图书都给了，图片库我还能建吗？后来我一想也是，就这么着我们俩达成协议，我的捐赠就分三个部分了：一个是图书，图书多少、杂志多少，我们都有清单，我过去都做过图书目录，捐赠图书目录我都有；一个是摄影器材，都给我展出了；还有就是赤峰摄影图片库，有5万多张图片[①]，绝大部分都是我拍的，当然有一部分是我从别的地方得到的，很珍贵，所以老的、新的、旧的，我拍的和不是我拍的，这样构成一个图片库。

交了三个部分，图书、器材、图片库。现在是别的都好办了，图片库这部分还有很多的工作需要做。像胶片，得转换成数码的才能用啊，不转换成数码的就只能做资料在那儿存着。转换有挺大的量，我倒是做了一部分了，还有好大一部分没做呢，下一步都转换成数码的，存到库里头。存到库里头以后谁用谁找，一点击不就出来了？都存在硬盘里头，要不现在光硬盘我就三四个，就是分类地存

---

① 不含数码图片。

着，下一步再系统地存到库里。存盘里尽量不要就存一个盘，一旦出毛病就麻烦了。

刘锦山：对，要做双备份。

白显林：对，要做双备份。图片我也觉得很珍贵。我得到的这部分，就是古老的那些黑白胶片，当然都是赤峰的了，不管谁拍的，是过去拍的，就把它留下来。再有一部分就是我早期拍的，也很珍贵，比如20世纪五六十年代的哈达街啥样？20世纪八九十年代的哈达街啥样？21世纪的哈达街啥样？作为城市建筑，对于规划局来说也好、城建部门也好，这都是资料。20世纪50年代的六道街、50年代的京剧团、50年代的京剧院，20世纪80年代的，21世纪的，这么对

图33 白显林在赤峰摄影图书馆

比的话，基本上能掌握城市的发展规模和规律了。我觉得资料这个东西很重要，一定要给后人留下。这些图片很珍贵，很有价值。比如我拍的民族风情、草原建设、草原生活、草原上的文化娱乐。草原上的文化娱乐比如那达慕，后来又有冬季那达慕。过去那达慕都在秋收季节，农区秋天是9月、10月，牧区的秋季是7月、8月。三四月下羔，等到七八月的时候，羔就稳定了，100个就是100个了，不会再死了，头几个月肯定要有死的，牧区的秋季要在七八月，所以牧区的那达慕都是在七八月开的，庆祝一年的牧业丰收，一年来大家到一块聚一聚、玩一玩、乐一乐。一年了，你有啥，我有啥……

刘锦山：交换一下。

白显林：交流交流。所以那达慕内容很丰富，庆收获、物资交流、文化交流等，喜庆欢乐。同时要比，要较量，摔跤是较量吧；比牲畜，我的马比你的马跑得快，赛马；我的骆驼比你的骆驼跑得快，赛驼。为啥我的骆驼就比你的骆驼跑得快呢？这里面不就有含义了嘛。我管理得好，我经营得好，我驯得好。这都是

白显林：光影传奇著春秋　　**049**

交流啊。你家100个母羊,生了105个羔子,百母超百子,是吧。我那个不行啊,我100个才产98个,那两个咋回事啊?这就得互相交流嘛,是吧。这几年我们草原上的项目增多了。冬季那达慕,赛马、赛驼,主要是以赛驼为主,还有摔跤,主要内容就是这些。这些内容冬天也挺好嘛,一般都是在春节前后,雪下得很厚的时候,在雪地赛,比一比是你的骆驼能拔雪窝子,还是我的马能拔雪窝子。这几年我们赤峰又增加了个内容,每年12月月末在克旗举办蒸汽机车节。

刘锦山:蒸汽机车节?

白显林:2005年告别了蒸汽机车,2005年以前集通线上是蒸汽机车,2005年以后全是电力机车了。我们特意搞过一次活动,告别蒸汽机车,冬季的一个活动。2007年以后,基本上每年都搞这项活动。这项活动能吸引好多摄影人过来,包括国外的,有日本、英国、德国的。因为啥呢?世界上没有蒸汽机车了,咱们这是在线上跑的。2005年以后不跑了,可是我们赤峰地区,大板镇有两台蒸汽机车被保存起来了。克旗集通宾馆还有一台在那儿保存起来供人们欣赏,但是蒸汽机车节的时候,它会被开出来跑一个星期,从大板镇出来到克旗,跑过来跑过

图 34 夏季那达慕女子射箭比赛(白显林摄影)

去。摄影人就拍那个蒸汽机的烟儿啊。这几年又增加了达里湖冬捕，冬天网捕嘛。草原上的文化生活现在是越来越丰富，越来越多了。

刘锦山：都是需要被记录的。

白显林：我得记录啊，记录以后就存起来，我留给后人，几年、几十年、几百年以后，看看21世纪的时候，克什克腾有过蒸汽机车节，2005年以前克旗跑过蒸汽机车，这就是给社会留下记忆。这样我就拍了很多片子，我刚才说的这是草原的民俗民情。还有建设成就，农业方面的建设成就我都拍过了。从农民用锄头，后来用小型拖拉机，到用大型拖拉机，现在又成集体农庄，这不都是个发展过程嘛，每个时期这么留下以后给后人看。我这里面很多资料都是这样的。摄影里面有着很多类，有拍鸟的、有拍人的、有拍风光的。现在拍风光的人少，风光的片子比较难买，拍纪实的多。我那时拍风光比较多，现在用的好多风光的片子也都是我过去下力量拍的。低温、高温一早一晚地拍摄，低温下拍摄不是有低温效果嘛，所以就等着、候着拍啊。我的图片多，用的地方也多，找的人也多，侵权的就不用说了，好多照片各地方都有，我都不知道他们从哪儿弄到的，人家为啥要用……

刘锦山：好。

白显林：好嘛。

刘锦山：不好没人用。

白显林：不好他不用嘛。你用了我就高兴了。人家说你得跟他要稿费啊，我说我这辈子图片上我跟谁都没要过稿费。人家认可你才用，你用了我就高兴了。当然我自个儿也出了几本书。咱们就再深谈点吧。文化艺术为社会服务，为人民服务，这是最主要的。现在有很多摄影人，他不体会这个了，因为他也不去想这个。就是"玩"，"玩"啥呢？"玩"一套好照片出来了，自个儿出个画册。现在自己出画册的都是表现啥呢？表现自己的摄影技术很高，表现自己的摄影器材很好。出的册子主题是什么、想反映什么，这很关键。有的人就是"随便玩"，花那么多钱出了书，就是表现自己。

怎么样把摄影艺术用到描写社会、反映社会，描写人的生存发展、生活等各方面，这是应该考虑的。比如我这本册子题名《美丽富饶的昭乌达》，我是用摄影图片全面地反映昭乌达盟的山山水水；我这本《塞北的雪》，反映的是赤峰冬季的雪景是什么样，所以我这本书上有阿斯哈图是啥样，大青山是啥样，农田是啥样，城市是啥样，树梢是啥样，树根是啥样……反正都是赤峰各地的，再加上其他一些内容，比如民族服饰。最后部分就是民族服饰，那是在锡盟东乌旗拍的，那儿有民族服饰表演。冬天当然是冬装啊，有狐狸皮的、有狼皮的、有羊皮的、有牛皮的，各种服装，但都是防寒的，这是民族服饰。这样呢，有标题有内容，反映啥？我反映的不是单一方面，反映的是全方面的。这样摄影艺术才能达到为社会服务、为人民服务的目的。

我的每个册子里面，都有新闻纪实，有乌兰夫接见歌舞团，布赫接见乌兰牧骑，李运昌重回巴林右旗等。那不原来冀察热辽就是重点城嘛，军政大学校长重回小城子，"小城子战役"是他指挥的，他到那儿去访一访，没解放时候的小城子是啥样，现在的小城子是啥样，他跟农民谈一谈、唠一唠，这不都是历史嘛。这我都记录了，我每本册子除了主题以外，还有配题，这样内容多一点，才能多方面反映赤峰，反映赤峰的方方面面。我现在总想发动大家，用摄影艺术手段来宣传赤峰、反映赤峰，为社会服务、为人民服务。不要仅为了自个儿"玩儿"，当然是"玩儿"，在"玩儿"的过程中尽量有主题、有具体内容，这样不就更好一点吗？

刘锦山：对。

白显林：使摄影艺术更能发挥作用。我最早拍的很多好照片，大家都认可的，这儿也用、那儿也用，各地都用。达里湖日出，多少人没拍出来，可是我那天就拍出来了。大清早出太阳以前我就去，坐着敞篷车到那儿去等啊等啊。太阳出来了，正好那天又有霞又有云，有云就有霞啊，正好遇上，遇上我就拍到了。

刘锦山：要捕捉机会。

白显林：这也算我等着了。我也是拍了多少年才拍出来的。达里湖日出、云山暮露、小桥流水。"小桥流水"你得好好体验，那"小桥"在哪儿呢？河上两根棍不就是"小桥"吗？你得好好找，不细找还找不着呢。片子拍了很多，总体来说好片子还是很多，要不现在大家都认可？啰里啰唆地说了这么多，看看刘先生还想了解哪方面的，我知道的我都讲。

刘锦山：我觉得您谈得非常好，艺术为社会服务、为人民服务，围绕这个宗旨、这个方向去做，艺术就会发挥更大的价值，也能够使自己的作品得以永恒或者常青。

白显林：对。

刘锦山：能够传承下去。

白显林：是。

刘锦山：而且您把自己的作品，还有这么多图书、摄影器材捐给赤峰市图书馆，您花了这么多心血的作品、实物资料、器材有了一个非常好的保存的地方，非常好的一个去处，能够得到长期保存、永久传承，让更多的读者、更多的人受益，我觉得非常好。

白显林：我常关注乌兰牧骑，关注朱嘉庚。我那天在会上也说了，乌兰牧骑一定要放到重点，全面细致地记录下来。特别是我提的朱嘉庚，现在内蒙古党委非常重视，他们已经看过了。昨天朱嘉庚给我打了电话，《人民日报》全版发。今年上半年乌兰牧骑进京演出，演出以后对这有个复评，朱嘉庚的方案和文章在全国得了金奖，中央非常重视。

改革开放几十年了，文化要有一个兴起的阶段，这时候内蒙古把乌兰牧骑推出去，这是个典型。要走这个路，短小精悍，演员一专多能，到哪儿都能够吹、拉、弹、唱、舞，直接为基层、为牧民服务，为农民服务。现在城市里边条件好了，这个也有、那个也有，边远的农村牧区看文化演出，还是很难的。这次内蒙古这么抓，国家这么抓，朱嘉庚全力以赴地在为这儿服着务呢。这次一定把乌兰牧骑这部分资料整理好。朱嘉庚和乌兰牧骑的很多资料，都在我电脑里存着呢。他凡是写东西的时候都上我这儿来，我这儿安静啊。我这屋可以抽烟，但在家里他老伴不让他抽烟，所以他跑我这儿来。所以他有很多的资料在我这儿存着呢，他也很想跟大家交流。

刘锦山：好的，白老师，非常感谢您接受我们的采访。

白显林：谢谢。

宋英达

情系桑梓绘新篇

采访时间：2016 年 10 月 16 日
初稿时间：2021 年 4 月 22 日
定稿时间：2024 年 1 月 15 日
采访地点：赤峰市图书馆"赤峰记忆"拍摄现场
版　　本：文字版

宋英达速写

　　宋英达　1948 年 2 月出生，蒙古族，1968 年 6 月参加工作，1971 年 10 月加入中国共产党，2008 年 4 月退休。大学文化，毕业于中国人民解放军陆军参谋学院，军事学学士学位。曾历任内蒙古军区国防教育办公室副主任、赤峰军分区政治部副主任、赤峰市人大常委会副秘书长、赤峰市人大教科文卫委员会主任委员兼人大常委会教科文卫工作委员会主任。主要社会兼职有：内蒙古自治区书法家协会理事兼篆刻委员会副主任、赤峰市书法家协会副主席。现系中国老年书画研究会会员兼创研员、中华诗词学会会员、中国契丹辽文化学会理事；任赤峰巴林印社社长、赤峰老年书画协会副会长、赤峰市文联名誉副主席、赤峰市城市景观环境建设专家委员会副主任。

　　自幼喜书画，爱篆刻。书法自汉隶、唐楷入手，遍及多体，尤以篆、隶下功最力；篆刻先攻明清流派印，并参以砖瓦泉陶，后钟情战国玺、秦汉印，形成自家风格。书法篆刻作品多次公开发表，多次参加各类各级展览。书法篆刻作品及传略，被收入《世界当代著名书画家真迹博览大典》《世界当代书画篆刻家大词典》《国际现代书画名家教授大辞典》《世界优秀人才大典》等大型辞书。在领导印社开展活动中，成绩卓著，体会深刻，曾以"有为才能有位——以赤峰巴林印社为例谈地方艺术社团的生存与发展"为题，出席西泠印社论坛并书面发言。

在军事、历史、博物、收藏等方面多有涉猎，并有著述。主编《赤峰市人民代表大会概览（1947—1997）》，参与主编《中国巴林石》《赤峰之最》等。与其女宋歌合作的《赤峰石文化研究》入选《中国古都研究（第十八辑下册）》，并在《赤峰日报》连载，产生一定社会影响。撰写的《中华龙字》获评赤峰市第三届社会科学优秀成果政府奖一等奖、自治区社科二等奖。

刘锦山：各位朋友，大家好！今天是2016年10月16日，我们在赤峰市图书馆进行"赤峰记忆"的拍摄。我们今天邀请到的嘉宾是赤峰市书画篆刻家、文化学者宋英达老师。宋老师曾先后在内蒙古军区、赤峰军分区、赤峰市人大工作过，任过赤峰市人大教科文卫委员会主任委员，还担任着赤峰巴林印社社长、赤峰市及新城区城市景观环境建设专家委员会副主任。非常欢迎您，宋老师。

宋英达：谢谢！我很高兴接受这次采访。

一、关于职业生涯

刘锦山：首先我们请宋老师给大家介绍一下您的个人生活和工作情况。

宋英达：严格来说我是一个地地道道的赤峰人，小时候在农村，四五岁的时候进过一次城，后来又回去在农村上了三年小学，然后又进城。我是1948年出生的，比共和国成立早一年。那时候赤峰已经是解放区了，所以应该是生在新社会。当时家境不好，我父亲参加了革命工作，他后来是离休干部。我就是在这样

图1 宋英达（左）接受"赤峰记忆"采访

一个环境下长大的。

我10岁的时候，投靠在城里工作的父亲，随家人搬到赤峰。在这儿念小学、念初中、念高中到"文化大革命"。我是现在说的老三届的首届，就是1966届的高中毕业生。两年后走向社会我就工作了，第一站在《平庄矿工报》，这是平庄矿务局办的报纸，我在那儿当过几个月的记者、编辑。后来又因为政策变化，同学们都下乡了，要求我们也下乡。我们当时一共有100多人，都是从盟内各个学校抽选的，由盟革委会分配到矿务局各个单位，包括机关、报社、中学、小学。但是后来说都下乡吧，就又动员我们也下乡。于是我就当了知识青年。当知识青年这两年中，我有半年是画毛主席像，还有一年多是在基层粮站工作。

刘锦山：您到矿务局报社是哪一年？

宋英达：1968年。这个矿务局是个老矿，是1958年新中国自主设计开采的大型露天煤矿，加上原来一些小煤矿，形成一个地级单位。那时候在内蒙古和东北这一片，它算是比较大的一个矿务局，和其他矿务局一样，都有一张企业报。那时候是周刊，及时反映矿工的一些活动。是这样一张报纸。

刘锦山：在那儿工作了多久？

宋英达：三四个月吧，完了就动员上山下乡。当时给我们有个优惠条件，就是可以选择随着平庄矿务局的一个中学走，它下哪儿我们跟着下哪儿，也可以选择回我们原来的学校。我是赤峰二中毕业的。赤峰二中当时下乡是去阿鲁科尔沁旗、巴林左旗，离赤峰相对很远的牧区。家里头考虑，我是老大，底下弟弟、妹妹都小，老父亲跟我商量，说那还是选择近处吧。然后我就去了赤峰县，现在叫松山区，离这儿60多里的一个地方。我户口在那儿，以知识青年的身份在乡下有两年多的时间吧。

图2　1957年，宋英达与父亲合影

刘锦山：那就到了1970年了。

宋英达：对。1970年的时候，征兵部队负责人看到我画的画了，说希望有这样一个人到部队来。就这样，让我去参加体检。我那时候就戴着眼镜，他当时也许认为这是个"人才"吧，因为我还当过报社记者，他们希望我到部队能干点啥。我去体检，眼睛不合格，但是经过请示以后，还是准许我入伍了。征兵的这个部队是沈阳军区工程兵，定了我以后，当时的县武装部也有征兵名额，县武装部的人和我还认识，想留下我。但部队不想放我，于是两家就有争执了。这个官司打到赤峰军分区，军分区的几位有关业务科长说："我们看看是什么人。"就去了我下乡的那个地方，看了我在墙上画的毛主席像、写的字什么的，他们就有主意了，就说："你们这不行，这个兵不合格，不能送。"此后又要了我的另一些画、字，再以后就通知我，来我们这儿领衣服吧。

刘锦山：是去赤峰军分区吗？

宋英达：对，是赤峰军分区，当时叫昭乌达军分区，宣传科就要我了。同时，和我一块入伍的还有一个同学，他是从《昭乌达报》过去的。这样，我们两个就算是军分区机关特征的两个特殊兵，岁数都还符合要求，但是也偏大龄了。

刘锦山：当时参军应该也很不容易的吧？

宋英达：当时是。当时当兵是最好的出路了。还有一个很重要的情况就是，你当兵了以后，你的政治地位或者说你的政治身份就明确了。

1970年后，我当兵在骑兵部队锻炼了13个月，入了党，之后就回到机关做新闻工作，那时叫报道组。部队是没有记者站的，报纸都靠各个单位新闻干事、新闻报道组来完成，我当时就参加了报道组工作。先主要是搞文字，后来随着精简整编，人员比较少，我就同时也搞摄影。最早时候报道组是5个人，最后变成我一个人，连照相带文字，连同培训各武装部及营连部队的报道骨干。再以后，做过民兵政治教育、政治部秘书等工作。一直到1990年，我提了正团职职务，

图3 部队时期的宋英达（一）　　图4 部队时期的宋英达（二）

图5 部队时期的宋英达（三）

图6 部队时期的宋英达（四）

图7 部队时期的宋英达（五）

图8 部队时期的宋英达（六）

把我抽调到内蒙古军区，组建国防教育办公室，就是内蒙古自治区的全民国防教育办公室，我是副主任，负责牵头工作，政治部的副主任和地方党委宣传部的副部长兼任主任。在那儿工作了大概两年半，我曾经为此刻过一方印叫"客居青城八百日"。这个期间也挺忙乎，比如说主编了全套的全民国防教育教材，印发了三种，在全国算是领先的；参与起草了《内蒙古自治区全民国防教育暂行规定》，后来变成了地方性法规；也参与了部分双拥及边防工作。此后，我又回到赤峰任政治部副主任。

刘锦山：您回赤峰后还是在军分区？

宋英达：还是在军分区。内蒙古军区和军分区是一个系统。我那会儿家也没

图 9 　部队时期的宋英达（七）

搬。调回到这儿以后，我就接近最高服役年限了，团职最高服役年限是 45 岁。当时考虑孩子也不大，我就服从安排，转业了，到了地方，到了赤峰市人大。

刘锦山：到地方是哪一年？

宋英达：1994 年年末。先任的是赤峰市人大常委会副秘书长，大概一年半吧。随后任赤峰市人大教育科学文化卫生委员会（简称"教科文卫委员会"）主任委员，一当就当了两届，10 年。

刘锦山：到哪年？

宋英达：2006 年，1995 年任的职。到 2006 年任期结束以后就交给别人了。

刘锦山：2006 年以后您是？

宋英达：在人大任了调研员，2008 年办的退休手续。大体上我的工作经历就这样，前期比较复杂一点，当过报社记者、当过知青，知青期间在粮站又当过业务员，还管过公社食堂。后来就简单了。从军 25 年、从政 15 年，大体就这么一个过程。

二、关于人大工作

刘锦山：宋老师，您转业到赤峰市人大工作，然后做了两届人大教科文卫委员会的主任委员。这两届 10 年中间应该做了不少事情，您把这 10 年的工作情况和做的一些事情向大家介绍一下。

宋英达：我是有这样一个情结，我前面说过，我从十来岁正式到赤峰，我对作为家乡的赤峰还是蛮热爱的。包括我到呼和浩特两年半，当时转业的话我要留在呼市也可以，但是我还是回来了。当然也有家庭方面的考虑，而更重要的是我确实非常非常热爱这个地方。我过去跟有些人也都说过这话。我说，爱国的基础首先是爱家乡、爱家人，家乡都不爱，你何谈爱国？我自己也照着这个方向努力，所以我对赤峰是蛮有感情的。在部队期间，我也大体上都在赤峰工作。我对这个地方的民兵工作，包括双拥共建方面的事，也做了应该做的工作。到地方以后，我也是这样想，尽可能地通过自己的工作促进家乡的建设，把自己的家乡建设得更富强、更美丽。

人大教科文卫委员会的涵盖面不小，它就是从人大这个角度来监督、支持政府的教育、科学、文化、卫生、广播电视、计划生育、科学技术方面的工作。我们这个委员会是一套人马两块牌子，既叫"赤峰市人大教育科学文化卫生委员会"，也叫"赤峰市人大常委会教育科学文化卫生工作委员会"；我既是主任委员，又是常委会教科文卫工作委员会主任。委员会不仅仅是进行监督，更重要的是提供支持。

比如说教育。赤峰地区是一个不发达地区，但是它的基础教育一直走在全内蒙古的前面。只是其中存在很严重的不平衡问题，12个旗县区，有的好一些，有的差一些。我在任10年期间，曾经9次组织人大代表对两级达标、普及九年义务教育和基本扫除青壮年文盲的工作情况进行了视察，有力地推动了教育的均衡公平发展。

卫生方面，也做过一些有益工作，我们重点关注了在农村建立健全医疗保障体系，包括卫生院的建设；在城里建设社区卫生服务中心。曾经有一段时间，全国刮起要把卫生院卖给个人的风气，赤峰这儿也有人鼓捣要卖卫生院。我就非常不同意，我们还去了一些先进地区考察，最后的结论是不能卖卫生院。卫生院不是医院，它大体上有4个功能，不仅仅是医疗，还有妇幼保健、爱国卫生、计划免疫。如果把卫生院卖给个人的话，就很可能忽略那三项工作。所以我们基于这一性质，极力主张不卖卫生院。后来证明我们不让卖卫生院这个决策做对了。在SARS流行期间，卫生院起了很大作用。

卫生院还有很重要的功能。赤峰地区是氟中毒高发区。氟中毒的表现，首先是牙齿变黄，珐琅质没有了，接下来是骨头变酥，甚至人都变形了。赤峰是属于高氟区。一般情况下，想改善它的状况，必须"改水"，但是这样做，病人恢复的周期非常长，不能没人管。我们就通过人大代表向人大、政府提出建议，希望重点加强做这个工作。当时我的前一任主任委员，他叫何什格图，跟我交代说："老宋你上来以后，别的工作我不管，防氟改水这个事你得抓，你只要把这事抓好了，你功不可没。"

刘锦山：叫防氟？

宋英达：叫防氟改水。这个防氟改水的工作，我连续做了10年。

刘锦山：具体是怎么做的？采取哪些措施？

宋英达：就是通过视察，争取项目。视察的时候带着水利部门、卫生部门一块下去，做防氟改水的规划。然后做具体的方案。让防疫部门研究防氟改水的具体措施，什么样的情况下打什么样的井，这有一套一系列的东西。与此同时我们也制定了规范性文件。因为那个时候的赤峰市没有地方立法权，我们就叫规范性文件，就是《赤峰市防氟改水工程建设管理办法》，通过这个来规范各地行为。同时向自治区、向国家提出人大代表的建议。那时我们分管教科文卫的市人大常委会副主任是一个党外女同志，她每次去北京开会，我们都给她带上这方面的提案，也起了很大作用。每年都有千八百万元的防氟改水项目资金落实到赤峰来，打了若干防氟改水的井。从现在的效果看，大家一说赤峰地区的地方病，它已经不是主要的了。

刘锦山：您一直做了10年？

宋英达：10年。

刘锦山：功德无量。

宋英达：应该是大家功德无量。

刘锦山：宋老师，现在这项工作人大还在做吗？

宋英达：现在已经不是作为重点来抓了。现在基本形成一个工作机制，比如说哪块的水应该怎么改、哪块的井应该怎么管、老百姓怎么来用，还是在做些工作。这几年结合精准扶贫，有的地方也采取了迁移的办法。赤峰的主要办法还是打深层水，地表水含氟量高，但是深层水含氟量不高。这样通过工程改水的办法，防氟的问题就会得到解决。

科技方面，我们也做了一些工作。比如说科协没有经费，我们通过代表视察，然后为其提供一些政策性的建议，由政府采取措施保障科学技术事业方面的发展。

刘锦山： 教科文卫委员会里边委员有多少，专职的工作人员有多少？

宋英达： 市人大现在有7个专门委员会，每个委员会编制有主任委员、副主任委员、委员，委员是兼职的。它还下设一个办公室，大体上有两三个工作人员，办公室设主任、副主任。

刘锦山： 这些都是专职的？

宋英达： 是专职的。为啥它是人大的教科文卫委员会呢？就是人民代表大会召开期间这个委员会都存在。比如说大会期间提出的一些议案、建议、批评意见，教科文卫委员会就可以审议，就可以确定它是不是议案，还是把它变成建议、意见来交给政府办。这是按照法律规定设立的一个工作机构，它的编制人员都比较齐全，选出的委员大体上也都是在这个战线上。比如说我们委员有医院的大夫、学校的领导等，都是相关方面的专家，一般是5个人左右。

三、关于文物保护工作

刘锦山： 宋老师，您再介绍一下您在人大工作的10年间，在文化方面所做的工作和取得的成效。

宋英达： 我在任教科文卫委员会主任委员期间，因为和我的个人爱好有关系，在文物工作方面，我们委员会也做了大量工作。赤峰地区历史文化厚重，历史遗存非常多。但是能像现在这么比较系统地描述它，而且有机构来做工作，全民也有意识地在保护，这也是大家努力的结果。这个努力其中包括我在人大方面的工作。我很小就喜欢文化、艺术、文学这些东西，尤喜文物。在军分区工作期间，每到旗县区，所有的博物馆我都去过。当然我也有重点喜好的，比如说古代印章、古代的书法作品、古代的碑刻，这和我从小就搞书法、篆刻有关系。与此同时，我对文物也就逐渐了解了，觉得赤峰地区的文物在全国都是很少有的，是一块文物宝地。我到教科文卫委员会当主任委员后，首先就是关注文化工作和文物工作。那个时候赤峰市的文物工作，就行政管理而言，它是不健全的，就是组织机构不健全，工作机制不合理、不健全，文物文博部门干着急。我就从人大监督这个角度切入，抓住《中华人民共和国文物保护法》的贯彻落实这么一个机制，和政府文化部门一起推动了这个工作。

刘锦山：当时文物保护应该是有专门保护机构吧？如专门的博物馆。

宋英达：是这样的，它应该是分管理机构和工作机构，比如说博物馆、文化馆自然是保存文物的地方，但是从政府的角度，应该有能执法的管理机构和人员。我当教科文卫委员会主任委员的时候，有的或者是没有，有的就是职责不清楚，比如说文化馆管文物，同时也负责文物管理。这从《中华人民共和国文物保护法》角度来讲，它不应该是那样的。比如说文化馆或者博物馆，它是文博单位，应该在政府的管理之下，如果它再去管政府的事，那就不对劲了。从这个角度来说，我们首先要健全管理机构，强化政府职能，这方面我们做了大量工作。我记得好像是1995年，我们人大听了一次《中华人民共和国文物保护法》贯彻执行的工作报告，同政府和文化局商定要解决设立文物工作部门的问题。当时文化局只有一个借调上来的业务干部在分管文物工作，叫刘冰，他是北京大学考古学系毕业的，编制还不在文化局，而是在博物馆。现在他是赤峰市文化局副局长兼博物馆馆长。1995年那次，我们就建议政府要成立文物科，要配备文物科的科长和工作人员。

刘锦山：就是在市文化局里边？

宋英达：嗯。文化局设不设什么科，必须由编制委给它解决编制，人事部门给它解决干部，它才能够有这么一个工作机构存在。所以这个应该说帮了文化局很大的忙，他们也很感谢。

刘锦山：相应的各旗县呢？

宋英达：我们这是先解决了市里的。后来我们有连续三年的《中华人民共和国文物保护法》执法检查。执法检查不是听工作报告，而是要组织人到各处去调查研究问题。我这里给你讲个有意思的事，就是松山区这边，从赤峰这儿往东走，很近，有一个战国的燕长城，很明显的一个石长城。我头一年去检查的时候，看到水地乡①八家村后边的燕长城断了。什么情况呢？是有人在那儿采石，而且越采越往里，导致长城有好几十米就没有了，和那边接不上。当年我们就跟政府提出，水地这个采石要立即取消，停止一切破坏行为。这个意见通过书面的形式给政府了，政府应该落实吧。第二年我们又连续检查，首先去了敖汉，回来时候路过这块，我看还有机械在那儿干活。第二天我们就去松山区，我跟市文化局局长说："你把你的执法队带上，我有点用处。"到了现场以后，装载机正在那儿挖石头，自然就得制止了，同时要罚款。之后不少人给我打电话求情，我很严肃地都回绝了。

刘锦山：这是哪一年？

宋英达：2000年左右吧。连续三年检查期间，巴林右旗有个叫王坟沟的地方，是辽庆陵所在地，属于全国重点文物保护单位。这个庆陵很有名气，那块儿埋了3个辽朝皇帝，而且最早发现的契丹大、小字。对这个地方的保护多年来也是失控状态。我就老想着探讨这个事。第三年我们去视察了，我看到很多棺材板子，弄得乱七八糟，散落在那个山坡上。于是我们也给内蒙古考古队提出意见，要求在这个地方为下一步保护创造一些条件，该封的要封上、该拦的拦上、该看的可以看。

像这样的事不少。比如说翁牛特旗有个张应瑞家族墓地，那里有个元代的大碑。张应瑞是元代的人，他是鲁忠武王的王傅。元代鲁王的驻地，一个在达里湖的西侧，距离位于今锡林郭勒盟正蓝旗的元上都遗址很近；另一个在全宁路（元朝时地名），就是现在的翁牛特旗乌丹镇。张应瑞是河北省清河县人，汉族，但是他常年为鲁王工作，后来他的孩子们都叫了蒙古名。他对鲁王很忠诚，有很多事迹，他死后，皇帝嘉奖他，御批让立了这么一个墓碑。墓碑的撰写者和书写者都是当时国家级的重要人物。书写碑文字的人叫康里巎巎，字子山，是当时的大

---

① 水地乡为赤峰市下辖乡，2005年12月，五家店乡、水地乡合并为夏家店乡。

书法家，与南方的赵孟頫一起被称为"南赵北康"。这个书法家留下来的墨迹很少，而这个碑有 4000 多字，还全部都是楷书。这处遗址，这通碑，是中华各民族相互交融、共创历史的有力实证，因此这个碑的文献价值、艺术价值都非常重要。这个碑在荒郊野外立着，立了六百来年，风吹雨打，碑本身都已经倾斜了二十四五度。墓原来那些地面建筑已经全都没有了，一些石像生，就是石人、石虎什么的，刻得非常漂亮，全部倒在地上，大部分都没有脑袋。到底什么年代造成这种情况，不是很清楚。我们视察的时候自然把这个作为重点了。

刘锦山：这是什么时候的事？

宋英达：就是 1998 年前后吧。我们多次到实地察看。

刘锦山：察看以后采取了哪些措施？

宋英达：之后就对它提高了保护等级，2006 年 5 月成为国家级的重点文物保护单位了。

刘锦山：墓碑还在那儿，是建了博物馆？

宋英达：还没有。我们当时赶上了高延青先生在赤峰当市长。他是书画大家，对文物方面非常重视。当时的自治区政协主席王占先生、市委书记许久勋先生也很重视，和政协的副主席黄凌云，我们一起采取措施，把碑拉起来又栽上，就是扶正了。现在这个碑仍然在那屹立着。我们还抢救性地把它捶拓下来。这个碑是往前倾斜，压到碑面了，有的字就看不清了。当时就组织一些文物工作者在那搭了架子，把全碑都做了拓片。政协副主席黄凌云先生亲自组织，找了市内顶级的文物专家邵国田先生，带着博物馆的一批人在那做。当时工作条件很困难，拓东西必须先把纸糊上去，然后还得揭下来。一般都用一个中药叫白芨，白芨水刷上以后，它既能粘住，还能揭下来。拓碑的时候在六七月份，那是天最热的时候，纸糊上去就干了，你没等捶拓呢它已经干了，为此他们采取很多措施。他们就在那种挺艰苦的情况下，完成了这个非常重要的工作。

四、关于文化遗址保护工作

刘锦山：您在人大工作的 10 多年期间，赤峰市还发生了哪些重大的文物考古方面的事情？

宋英达：赤峰是一个文物宝地。首先从史前文化来说，红山文化就在这儿摆着，这以前有兴隆洼文化。中国社会科学院考古研究所专门有支赤峰考古队，一直在这边工作，发掘兴隆洼文化有关遗址；还有一支辽上京考古队，一直在巴林左旗工作。这些年来工作成绩都很了不得。比如说在敖汉发现了中国的第一个玉制品，是玉玦，现在确定赤峰是中国玉文化最早的发源地，它和长江三角洲地区的良渚文化，是中国著名的两大用玉文化区。更重要的是，通过兴隆洼文化遗址的发掘，发现了粟文化源自敖汉旗，源自赤峰地区。这样的发现对赤峰来说应该是非常重要的，确定它是一个历史宝库。

图10　宋英达在做文物调查工作

玉文化证明赤峰也是华夏文明发祥地之一，用我们的话说，远古时期无河不文明，不仅仅是黄河有文明，那个时候遍布在中华大地上的河都孕育了中华文明。如我们这个地方的西拉木伦河、老哈河，也是中华文明的重要发源地之一。有一种研究认为，商代的商族、商人，他最早可能是从西拉木伦河走出去的。我有篇文章写过，从文字的发现来看，赤峰地区出现过商早期那样的文字，越往南走，这个文字越完整，就出现了甲骨文。它是一些文化符号，也叫刻画符号，这些文化符号和甲骨文的前期——不成熟的甲骨文非常相似，所以它可以证明商人在这儿有过足迹，逐渐地南迁以后，它的文化也逐渐地完善发达。但是回过头来看，这儿不可小看，它叫砥石地区。砥就是现在的西拉木伦河大峡谷。据学者考证，这里是商族的发祥地。像这样的一些考古发掘研究成果对于中国史、中华民族发展史都很重要。如果这些历史遗迹不加保护，引起破坏，我觉得是重大损失。

所以我在任教科文卫委员会主任委员 10 年当中，我和我的同事们是紧紧盯了 10 年，其中有的是做一些具体工作，像我刚才说的大碑的问题，更重要的是我希望通过人大促使政府建立健全一个完善的工作机制、一套完整的工作机构。后来我们逐渐地提出，旗县要设文物管理所，那不是博物馆，要和博物馆分开。文物管理所是政府的管理机构。现在全市上下我觉得比较齐全了，像红山区等都有文物局了；赤峰市在原来文物科基础上也成立了文物局，这就有人管，有了工作机构、有了管理机构。我觉得这是人大那时候做这方面工作带来的成果。

刘锦山：我们经常看到的考古队是科研机构？

宋英达：对。什么人可以当考古队的领队，有严格限制，要看是哪一级职称。像赤峰市博物馆或者是文化局，就没有权力对文物遗址进行发掘。

刘锦山：只有省以上的才能进行发掘？

宋英达：只有省以上，甚至是国家级的考古队才行。像在赤峰地区工作的考古队，大多数都是国家级的，比如说中国社会科学院考古研究所赤峰考古队。考古队应该是个临时机构，但赤峰考古队一干就是二三十年。比如说中国社会科学院考古研究所赤峰考古队在宁城大明设有库房，还和赤峰学院合作。这些考古队和地方的关系都不错，我跟他们个人关系也都不错。如我认识的中国社会科学院考古研究所的刘国祥研究员，就是赤峰人，这个人在红山文化研究上，在国内外都很有影响力。这些考古队都是按照规划，科学有序地进行发掘研究。

我当教科文卫委员会主任委员的时候，赤峰市的国家级重点文物保护单位就6处，到现在已经有四十来处了。确认为全国重点文物保护单位以后，它的保护力度就加大了。比如说要在这地方干点啥，你得向上请示，要国家文物局同意才行。

刘锦山：中央或者自治区也有资金投入？

宋英达：有。国家有若干文物保护资金，看你往哪个方向使用。有确实值得保护，或者值得抢救的，那就给拨款。我们现在还想申请更高的文物保护级别，比如像红山文化、辽文化，向联合国教科文组织申请成为世界文化遗产，让它加入世界遗产名录。在开人民代表大会期间，我们建议政府领导跟中央去汇报。那时候，赤峰市向李岚清、李长春等国家领导人做过汇报。

刘锦山：这是哪一年？

宋英达：是我退休以后。后来，红山文化遗址由辽宁和内蒙古一起申报世界文化遗产，现在已经纳入了国家申报世界文化遗产预备名录。

刘锦山：那将来就有可能申报下来。

宋英达：没问题。围绕这个，最近人大正在做一些工作，我也参与了。从2015年12月1日开始，赤峰市可以就文物保护、环境保护这些方面推出地方性法规。市人大制定了《赤峰市红山文化遗址群保护条例》，让这一遗址的保护利用工作有了具体的法律意义上的依据。申报世界文化遗产的条件非常苛刻，比如说要有核心区、有缓冲区、有生活区。非常严格，如果在不应该建东西的地方建了建筑物、构筑物，那必须扒掉；附近有河流会侵蚀它的，也必须治理。恰恰正因为它严格，我们更要申报，这个过程非常重要。这不也是对它保护了吗？是不是？

尤其这几年来，对于我们工作的进展，我还是感觉到很高兴、很欣慰。我退休以后，建设和文物部门发现了二道井子遗址，我参与了这个遗址外部环境的规划方案设计和这处博物馆展陈方案的评审，我感觉到现在真是重视文物保护工作了，国家也给钱了，也有人专门管了。

二道井子遗址是修高速公路的时候发现的。因为《中华人民共和国文物保护法》规定，在工程建设期间，如果发现文物了，应当保护现场，马上报告当地文物行政部门。当时紧接着内蒙古自治区文物考古研究所就进来人，随后在那儿工作了两三年吧。

因为发现这个遗址了，原来规划的高速公路做了调整，在遗址底下凿了个洞，高速公路就从这个洞里穿过去了。这个遗址上面现在做了一个大的盖子，把它罩起来，解决它热胀冷缩的问题。它是一个土遗址、一个聚落遗址。这个你看照片就能看得出来，这是4000多年前的一个村子，而且从这个村建筑物的形制来看，有等级、有不同的功能。举个简单的例子，有的住宅有院子，有的没有院子，这就说明有等级了；有会议室，说明有组织了。所以在考古界有的人认为它是"东方的庞贝古城"，地位绝对是非常重要的。现在的保护措施我觉得都很到位。我在参与进行周边环境保护规划时，主张尽量恢复自然植被，因为那时候听说这边是松树多，我说尽量还是种松树，不要弄成园林式的，修剪得很漂亮，那就不是那个遗址了。因为我参与了，我也就了解了，感到我们那些工作也没白做。

刘锦山：打基础了。

宋英达：不错，前人总要为后人打基础。文化工作一直是我魂牵梦绕的事，再加上在工作当中也涉及了，也算我的一个情愫。

五、关于新区建设工作

刘锦山：宋老师，最近二三十年我们国家城市化进程推进得比较快，各地城市建设可以说日新月异，经常有新的工地开建。但是我们会经常发现一些问题，比如说修马路，在公路刚修好没几天又刨开了重新埋管线。还有，有的建筑可能由于当时考虑得不是太周全，建了十几年或者楼还比较新的时候，拆掉又重新修建别的东西。所以感觉城市的建设规划也是一个比较重要的问题。我听说赤峰的新城区建设做得不错，得到了好多专家还有领导的肯定。您现在还在担任赤峰市以及新城区城市景观环境文化专家委员会的副主任，您在这方面也做了大量的工作，所以我想请您再谈谈赤峰市城市环境建设与规划景观方面的一些情况。

宋英达：就像你刚才所说的，现在城镇化建设也好、城市建设也好，确实规模很大，进展很快，但是也确实是存在着很多问题，有的是全球性的，有的是国家层面的。比如说比较严重的就是千城一面，你像我、我像你，对吧？

刘锦山：同质化。

宋英达：对。城镇建设应该是规划先行，但有的规划不是很科学，不是很准确，有的行政干预过多，擅自改变规划。也有人说这样的话，什么"张书记挖坑李书记埋，王书记来了再重来"。像这样的情况确实有，但是赤峰不是。赤峰从2002年开始规划建设新区，2003年开始动工。从效果来看，这个城市还是建成了自己的特色。从城市目前的发展规模、质量来看，确实得到了自治区领导，甚至国家有关部门的领导和群众的好评。很多赤峰市民没有想到，说这么快赤峰就将新区建设到这种程度。另外从环境来看，也建设得比较不错，没有出现"张书记挖坑李书记埋"的情况，就是说它的建设一直是一以贯之这样贯彻下来的。从城市风貌、城市规格、城市品位来看，一直还是坚持一个高标准，呈现在大家面前的虽然是一个四线城市，但是三线城市、二线城市的一些特色都有。所以我们还是引以为骄傲和自豪的。这里边有一个事，就是市里头从新区建设初期开始，就成立一个叫城市景观文化建设专家委员会，后来这个委员会扩大，多了一个"环境"，包括城市景观和城市环境文化的专家委员会，是这样一个组织。

刘锦山：这是哪一年成立的？

宋英达：这是2002年成立的。就是总规刚通过，要进入实施阶段了，就成立了这样一个委员会。因为规划要到人大来通过，我在人大，我是教科文卫委员会主任委员，就是当然的委员了。在审查规划的时候，我就提出，要成立若干个专家委员会，把领导决策与民主决策、把政府主导与群众参与有机地结合起来。这个结合最重要的一个渠道就是成立专家委员会。我倒不完全只是考虑到景观，我还考虑了其他方面，比如说市政用地方面，有专家委员会来参与，这肯定是要比光是领导决策好一些。我希望成立专家委员会，就向市里做了汇报，市里很快就同意了我们这个想法。

刘锦山：您提的建议？

宋英达：我提的建议。然后就委托当时的市委宣传部副部长兼赤峰日报社社长王燃来组建，他也是我的同学，比我年纪要小。他是诗人作家，很有魄力的一个人，因为当时他是新区建设指挥部副总指挥之一。现在赤峰市市歌《草原上有一座美丽的城》词作者就是王燃。王燃这个人很有诗性，也很有原则性，好多见地比较超前。我们在一起组建了专家委员会。这个专家委员会成员大体上是这样的，和城市建设有关系，同时又在其他方面有些专长的，不管是官员也好，还是学者也好，都纳入进来。现在这个委员会大体上是二三十人的架构，在具体工作当中，就根据工作内容选相关专家参与。比如说如果是城市规划，那就选城市规划方面的学者参加；如果是城市景观，就选一些城市景观、园林领域的人参加；城市名字，就选文学、诗人来参与。这样很随机，但是也很灵活，工作机制大体是这样子。

刘锦山：城市景观环境文化专家委员会具体是一个什么样的机构？是在人大下面的？

宋英达：不是。它算政府下边。

刘锦山：它是个虚拟的机构吗？

宋英达：对，没有编制。以前是新区有新区办，新区办下属有一个叫城市基础设施投资建设公司，叫城投公司。城投公司和我们联系比较密切。好多项目它在下手之前都要通过我们来论证，来签意见。后来新区办撤了以后，成立了一个新区管委会，它就更重视了。新区管委会下设六七个局，其中有一个叫景观委办公室，专门有三个人对这个委员会服务。平常要有事，通告它，然后它再组织我们开会，个别的事就送到我那儿，或者送到其他别的主任那里，签字什么的。这么个机制。2012 年以前没有任何报酬，一分钱都没有。

刘锦山：现在有 点了？

宋英达：对，现在有一点补助，就是根据你参加活动的次数，然后每次给你一点报酬。

刘锦山：象征性的？

宋英达：到年末，象征性地给一点钱，过去确实是一分钱也没给过。2004年新区大规模建设，2003年我们景观委员会组织出外考察，看看其他草原城市到底什么样子。我们走访了新疆、青海、宁夏，这些凡是和草原城市有关系的地方，我们都去考察了。2004年我们还去了外蒙古，这不更是草原城市嘛，看看到底它应该咋做。我们得出的结论是这样的：所有城市的优点，我们可借鉴，不可复制；所有城市的缺点，我们要避免，要克服。这样的话才能使我们立于不败之地。目前看我们基本上是按这样来做的。从景观委员会的角度来说，我们要求新城区的一砖一瓦、一草一木、一名一字都要用文化的眼光打量一番，都有这样的想法。就是要用这个试金石，来看看它的文化品位怎么样，它有没有让人很留恋，是不是很有耐人寻味的东西，不要把这个城市建成"死城"，是这样一个想法。当时出外考察，连拍照片、回来放大，全是自费。

刘锦山：这个也得花不少钱吧。

宋英达：出去的时候，不讲条件。那会儿王燃先生已经有病了，我们去外蒙古，条件非常不好。有好条件的店我们没有去住，因为考虑拿钱也不容易，就找小店，找老乡。在那儿考察，也没有经过官方，但是考察的目的我们全部达到了。有一次去西部考察，二十七八天吧，一位副市长带队，我们景观委员会的几个同志跟着一起走。将西部的好多城市，包括广场、街路、建筑物、地面，包括它的文化内涵，都一一地考察了，回来以后很有启发。比如说路灯，我们出去考察的时候，像那种芝麻花类的灯，就是一个大灯，一丛一丛的，像电子管那样的灯，所有城市都有。你看赤峰新区没有，当时是什么想法？就是我不和你一样，我就要做我自己的样子。所以就是我们说的，你的优点我们可借鉴，但不复制你，不抄袭。我们希望从全球性的千城一面这种城市建设弊端当中突围出来。

刘锦山：现在城市建设呢，有时候和地方的主要领导关系比较大，可能一任领导和一任领导的偏好不一样、爱好不一样，导致城市建设过程中间有些风格老在变，或者造成它的规划做了，但不能一直执行下去。赤峰新城区建设在这方面的情况怎么样？赤峰市开始建设新城到现在有十四五年了，市领导也换了应该有四五届。新城目前看建设很成功，是怎么处理这种关系的？

宋英达：我是这样看，领导也好，政府也好，他们来指挥建设，好处是确实能集中财力、集中人力来做成一件事情。在赤峰城市建设当中我也有这个体会，领导重视、领导参与，这不是坏事。但正像你刚才说的，有这种可能，仁者见仁，智者见智。人和人都不一样，他的文化背景、他的学识、他的偏好都不一样，不能苛责领导都和你一样的想法，是吧？怎么处理这个关系？我们是这样想的：首先有这个组织在，就可以让我们参加。比如说我吧，我首先参加规划局的办公会，各个单位上报规划的时候，我就已经参与了。我是副主任，我们主任是王燚，王燚之后，我们就推荐于建设担任。于建设是赤峰学院副书记、纪委书记，也是个学者型的干部。还有北方时代建筑设计集团董事长、高级建筑师杨忠昌，我们三个都列席规划局这个会。

接着第二层是副市长组织的市长办公会，市长办公会是需要市领导定的，规划局就给它报上来了。我们在这儿又把一次关，又参加一次这个会。我同时又是市城乡规划委员会的委员，于先生也是。这个市城乡规划委员会的主任是市长，这个会都是市长亲自主持，他不委托别人。市国土局、财政局、发改委、经信委，这都是市城乡规划委员会的重要成员，主要领导都必须参加这个会。那么在这个会上，我们就表达我们的想法，有不同意见我们就说，尽量说服他们，有些时候甚至是颠覆性的。

我举个例子，这是前几年了，松山区向市里来报告建办公楼，通过投票形式确定方案。它的方案是啥？因为松山区有夏家店文化，夏家店文化就是青铜文化的代表。不知道谁给出的主意，把整个办公楼设计成一个鼎的样子，四圈由前后楼、东西楼围起来，像鼎的四条腿，人大在这儿了、政协在那儿了，远看就是像鼎。松山区确定了这个方案向市里报，那我就当然提出问题了，这个就太牵强了，办公楼就让它是办公楼，不要再让它像啥不像啥，另外从功能来说它也不好。我们充分表达了这些想法。总的来说呢，设立专家委员会是一个高明的做法，不管哪届领导都没把景观委员会给撤了，并且会采纳我们的意见建议，这就是民主决策、科学决策的一个过程。作为我们来说，我们也有成就感，更重要的是我们有责任感。既然信任你了，咱就好好地干，是吧？我最早说了，我热爱这个城市，我就希望把这个城市建设得更好。

刘锦山：城市景观环境文化专家委员会具体在城市建设中做了哪些工作？

宋英达：这个委员会成立之初，大家在城市建设当中就有些想法，有些不吐不快的理念、理论等，希望把自己家乡建设成什么样，所以在工作当中贯穿了这些想法。比如说，建特色城市，就是针对现在全球存在的城市建设千城一面这个弊端提出来的。特色就是一个城市的生命，用我的话说就是这个城市的DNA，这是区别于其他城市最重要的地方。如果这个城市建设得和别的城市一样，你这个城市就失去了生命力。能够在人们印象当中保留得住，能够啧啧称道的，还是那些特色城市，是吧？苏州的园林，小桥流水；威尼斯的水城，四周环海。

那么我们赤峰要建成什么样的特色呢？我们就要找和任何城市都不一样的特色。王燃有一句话，叫作"一百个优点也赶不上一个特点"。当然了，特点也必须是优点。这就说明了特色的重要性，就是要建设一座非常能让人们留下记忆、能够令人流连忘返的城市。这首先是城市建设者的第一选择。所以我们确定这个城市首先是草原城市，既然是草原城市，我们就要宽敞、明亮、大气。就赤峰来说，它文化底蕴很厚，那么我们要建一个文化城市；它是草原城市，我们要建一个生态城市，要建一个宜居的城市。赤峰这个地方原来是人口净流出城市。我刚才说到了，赤峰地区尤其是赤峰这几年在自治区来说，它的基础教育非常好，考大学的人数特别多，每年都能达到自治区的四分之一或三分之一，但是回来的就没几个。慢慢地，老头儿、老婆儿跟着子女走了，这个地方就慢慢变成空壳城市了，所以我们也有这样的忧虑。在没建设新区之前，老城那个地方就是40平方千米，容纳了40多万人口，很挤。有人做过统计，那时候赤峰的人口密度相当于武汉的汉正街，到了不扩大、不建设就不能生活或者生存的地步了。所以赤峰从上到下都一直希望有一个很好的新区。

决策过程当中，在规划时，特别是在第二层级的规划，我们委员会发挥了很大的作用。一般总规划下面叫作控制性详细规划。控制性详细规划就是包括一些城市设计，比如这条街哪个地方是啥？是什么样的用地性质？是商务区，是住宅区，还是办公区？下一层规划，就是修建性详细规划，这是三级规划。修建性详细规划就说到具体设计了，这个部分涉及城市的地面，就是楼房什么样、楼体什么样。这个时候，我们委员会就提出一些要求。像总规，我们就提出一定要合理、科学，功能要齐全，功能是第一位的。在具体进行下两级的规划当中，我们就坚持这个城市要严肃，要看得出这个城市有思想，不是那种很被动的、没有活力的水泥丛林，我们拒绝那种非常怪异的异形建筑。赤峰有一些新奇建筑，比如说现在的体育馆和体育场。但是作为体育场馆来说，它应该是一个异形建筑，它不应该是四四方方，那就建一个这样的。更多的异形的，特别是怪异的方案，赤峰都不选。我在评审一些建筑设计的过程当中，没少发现建筑师提供这样的建筑方案，他以为很时尚，以为这个地方很需要，但是作为我们委员会来说，断然就拒绝了这样的东西。所以从现在赤峰的整个建筑形态看，很严肃是吧？没有那些乱七八糟的东西。我们原来想法是，楼就是楼、路就是路、灯就是灯，不要都弄得多么花里胡哨。

城市有思想，就是它首先是活的城市，是承继着先民的一些思想，同时又有自己现在的一些思想。我们就通过做广场、做公园、做一些园林小品，体现出这是一个有想法的城市。比如说对于赤峰历史，委员会很好地将历史文化融入城市建设当中，我们采取这么几个办法。一个就是要呈现历史文化。赤峰有红山，这本身就是文化遗址，绝对不能破坏。还有和它有关系的，比如现在阴河左岸有一个遗址，我们也把它留下来了，现在还没有发掘，那估计是夏家店文化遗址。原始的、原汁原味的东西只要能留下来，就尽量都留下来。再就是要有体现，比如说街路的命名，我们把历史文化融入街区名字中。赤峰的路和街很分明，东西走向都是街，南北走向都是路，这样的话，路和街都分得很清楚。特别小的我们叫巷。我们基本上都是按照这一处原来有些什么，这条路通过什么地方，特别是过去的老村子、老单位，我们就把它叫作什么。比如说桥北过去有个龙头山，那么就叫龙头山路；有个叫钓鱼台的，我们就叫钓鱼台路；原来那是一个乡镇，那就叫穆家营路。这样的话让它有记忆，知道这个方位在哪儿。那么街呢，它不好再用这些地方取了，我们就选用历史文化。你可能看到了，玉龙大街，这说的是红山文化；临潢大街，说的是辽文化；王府大街，说的是元文化。通过这个体现历史文化，实际上也是帮助大家记忆城市，记住这个地方曾经有过的文化。

还有一个办法就是通过塑造来进一步地展现。比如说通过城市雕塑，我们在一条城市景观视廊上做了一个文化景观带，叫作蒙古源流雕塑园。现在是一千七八百米吧，下一步可能再往西延展五六百米，建成两三千米的一个景观带。现在已经布置了十几组展现蒙古族文化的雕塑了，比如说我们做了一组雕塑叫草原系列，其中包括《富饶草原》《欢乐草原》《和平草原》，全方位、全时空展现蒙古族古往今来的生产、生活，包括物质生活，也包括精神生活的生动场景，套马、挤奶、勒勒车运输、唱呼麦、拉马头琴、跳舞、好汉三项等，雕塑都很漂亮。唱呼麦那组雕塑曾经获得过全国城市雕塑优秀作品奖。雕塑表现形式也很新颖，是通过浮雕加高浮雕加上圆雕组成，材料有石头的，有铸铜的。

还有一些文化元素，也要把它融入城市建设里面来。委员会大部分成员都是文化人，要发挥这个优势，比如说把篆刻的章子用于城市建设，把书法用于城市建设，将文化文学艺术用于城市建设，做了大量工作。如新区有很多新的街路，名字叫什么？我们首先向社会公布这条街、这条路在什么位置，然后向社会广泛征集意见，回头这些文化人再一起推敲确定。现在人们认为赤峰尤其是新区的一些名称很有意思，车伯尔民俗园、蒙古源流雕塑园、漠南长廊等都很有诗意，都受到市民和文化专家的好评。其他比如像书法用于城市建设，我们在蒙古源流雕塑园的一部分做了一个叫《青史放歌》的雕塑景墙。这里用的是黄凌云先生的一首长诗，分9章，说的是蒙古族的历史。我们请了自治区，还有赤峰市的一些书法家把它写下来，写完以后把它刻到墙上。它是一个呈里外三层圆环体这样的景墙，用的是勒石、嵌玉、镶铜的三个办法，有铜雕的一些器物、有玉石刻的一些器物，然后再加上碑刻的字。这样做的好处就是文化味很浓，经琢磨，是吧？"以文化人"，以文化引导市民，来影响群众的情趣，我们觉得还是起到了这个作用。

在用文化理念指导城市建设方面，我们的要求和追求，凡是广场、凡是公园，都要做主题广场、主题公园，而不是泛泛的一般的公园。你也可能看到了，我们这个大的正方形广场叫玉龙广场。玉龙广场做的主题就是玉龙文化、红山文化。主雕塑是27条"C"形龙的组合，这是清华美院中的标，根据我们的意见做的。还做了许多龙主题的文化景观，包括"中国历代龙纹"；从市政府办公大楼下来广场以后，一直通到锡伯河北岸的那条水景，用玻璃盖着，底下做了"中华龙字大观"，刻了11个单元，999个龙字，都是用玉石刻的，甲骨文、金文、楷书、隶书都有，既是龙文化知识的展现，也是书法知识、文字学知识的普及，很受市民欢迎。

还有别的，如石博园，那是一个以石头文化和石头自然为主题的大园子，占地20多公顷。石博园里头有一个很有意思的小景致，是一块3米多高的红山文化岩画石，那是真正的岩画，从野外把它拉回来的。这块岩画产自阴河的中上游，就是现在三座店水库的下边，不知道什么时候从山顶上滚到路边上来。上面有几十个红山文化时期的岩画图案，比较典型的就是太阳神脸，一层一层戴着眼镜，像猴子脸那样的。这个石头放在石博园里，应该说很有文化意味。用我的话说，那就是一个镇园之宝，甚至是整个新区的镇区之宝。

下一步，还有几个正在建的这样的公园。比如说音乐公园，也是20多公顷的大公园，我们把赤峰与音乐相关的内容都集中到这里边来。一般的城市很少有这样的音乐公园。我们在这儿做一个，主要源于这么几个想法。赤峰有一个非常重要的歌叫《牧歌》，这是昭乌达民歌，就是赤峰的歌。这歌曾经在维也纳演唱过，在世界上很有名，国内传唱也是历久不衰。我们想把它作为赤峰的一个传统歌曲，也作为一个重要的音乐现象，做在公园里头。赤峰还有这么个事儿，就是聂耳作曲的《义勇军进行曲》，那么他见到的义勇军在哪儿呢？有一种说法就是在赤峰地区的敖汉旗，有一支这样的部队叫作东北抗日义勇军，聂耳他们去慰问时，部队唱了一首《义勇军誓词歌》，深深地启发了聂耳。后来有一部叫《风云儿女》的电影需要主题曲，田汉作词，聂耳用了誓词歌的主旋律，就诞生了《义勇军进行曲》，后来变成国歌。这样就可以说赤峰算国歌的采风地、诞生地。这个现象我也想给它做个小广场，在这个公园当中，做一个国歌广场。那个叫"牧歌广场",这个叫"国歌广场"。赤峰历史上活跃了很多的少数民族,契丹族、蒙古族等,在这儿留下了很多音乐作品。现在发掘的有契丹的乐曲、有蒙古族的宫廷音乐、有民间流传的赤峰雅乐,还有王府雅乐,我就想做一个历史上赤峰地区的音乐广场,叫"古韵广场"。就用三个小广场把这个公园托起来。另外从功能上来说,再给它做乐池、京剧角,还有一些普及音乐知识的小长廊。这样的话,这个公园主题性就很鲜明,它具有能够满足人们休闲运动的功能,同时又可以进行文化熏陶。

反正文化人参与城市建设,我觉得这些地方可以伸上手,推动或者促进文化作用于城市建设,让城市有思想,有品位。

六、关于巴林石开发利用工作

刘锦山:宋老师,请您谈一下您是怎样走上书法、篆刻、绘画这条创作道路的。

宋英达:我刚才说了,我在农村上过学。我住那个村还没有学校,我必须过一条河到另外一个村,到那儿去上学。我8岁那年到小学校。入学考试就是数数,数到100,还要倒着数,我记得数得很流畅。但不知道怎么到开学的时候就没人跟我说你上学吧,当时因为年纪小,也不知道去追究什么或者问问什么的。我就想,可能是没考上吧,我得有对策,我上不了学,我自己整。

刘锦山:8岁就知道自己整。

宋英达:对,8岁。

刘锦山:1956年?

宋英达:1955年。那时候我爸爸在城里工作,他不在家。我就请我叔叔给我买点纸。就是那种黄纸,一张三分钱,花了九分钱买三张纸,回来把它裁了。后来我又让他买点儿铅笔,买一盒粉笔。我就开始在家画画。怎么想起画画了呢?我去背1—100数字的时候,是在老师办公室,他墙上贴着几张画。后来我知道,过去小学美术老师有一套教材,画的球鞋、足球、骆驼。但我那时是第一次看到。因为在乡下长大，五六岁在城市待过，但是没有印象。我那会一看，哎呀，世界上还有画，还能把这些东西画下来！就觉得我也想画。我第一张画是啤酒瓶子那样的东西，我们叫琉璃棒子，就摁在那儿画轮廓，还知道画个小嘴，画个大嘴，弄点小阴影什么的。第一张作品就给粘在墙上了。之后，那一个秋天和一个冬天我就在家里自己捣鼓这个。后来也不知道怎么又认识了点字，就到处写。我们村里烧的是那种无烟煤，没有烟筒，屋里熏得全是黑墙，还正好得劲了，用粉笔写字，写这画那特别明显。那时候大人不管，也不说你把这家弄得脏了、乱了。后来我们村子里的哥哥姐姐他们就跟学校老师说，我们那儿有一个小孩，考学你没要他，他在家自己鼓捣上了。

刘锦山：够传奇的。

宋英达：老师说那就过完年来吧。所以我没念过小学上学期的第一册书，而是过完春节以后直接去上学念第二册。就是说我没上学前我就开始画画了。我爷爷是一个很有品位的农民，他没上过学，但他会写毛笔字，而且写得非常好，他会记账。那年我乱画的时候，他也教我写毛笔字了，弄了点纸临摹，这么开始了书法人生的第一站。然后就一直喜欢美术、喜欢写字。我们那时候，小学、中学还时不时地开毛笔课呢。

刘锦山：我记得我小时候也开。

宋英达：也开过，是吧？不经常，但是有时候开。我当时写的是最好的了。还有，我四年级的时候正是1958年，大家都作诗，然后抄下来往墙上写。我就参加了老赤峰市——就现在红山区的一个少儿诗展览，我还记得是那种蓝蓝的纸，用毛笔写，我写的诗入展了。像这样的活动整个学生时期都有。还有办

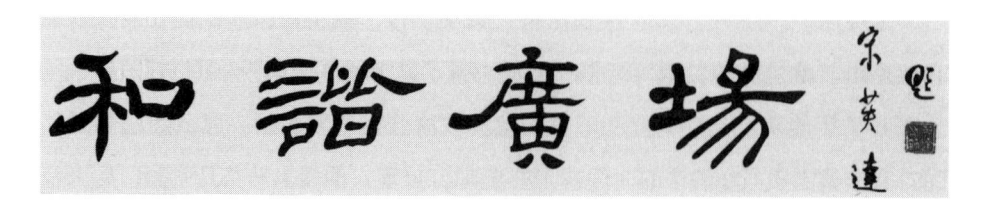

图 11　宋英达隶书横幅

壁报、办板报，我都是骨干了。我同时也画画、画报头什么的，都整。

刘锦山：画画就完全是自己学的？

宋英达：嗯，画画完全是自己学的。到我高中毕业那年，我已经是全校所有板报的总编辑，还有刻小报。我从初二开始，每年都会办劳动快报。高一的时候开始办学校党支部机关报《革命化》，一周还是两周出一次。我先是和另外一个高年级的同学一起做了半年左右，后来他高三了，我到高二，我就开始自己撰稿、自己刻、自己印、自己发，就这样成了骨干了。1965年我虚18岁，学校游行抬着的大字"中国共产党万岁"都是我写的。那时候我写美术字、毛笔字都很成熟了，各种字体包括书法意义上的隶书、魏碑、行书、楷书都写过了。

图12　宋英达篆书斗方

刘锦山：后来工作以后呢？

宋英达：我在报社待了一段时间后，不是让我们下乡了吗？他们听说我会画画，就在1969年的春天把我弄到下乡那个公社，离大队有一段距离，20里地吧，让我到那儿去布置公社的环境，迎接党的九大的召开。这样我就在礼堂、在大小会议室画毛主席像、写毛主席语录。

刘锦山：照着画？

宋英达：都是临摹，那时候就是相片放大后临摹。那会儿我还没怎么画过这么大的，就临阵磨枪找教材，按教材方格放大，画得非常像，而且还注意不匠气，争取追求大画家那个劲儿。那时看到一些东西，马上就吸收，包括西方一些画画技法啥的。现在回想起来都不可思议，怎么就那么胆大。

宋英达：情系桑梓绘新篇　　081

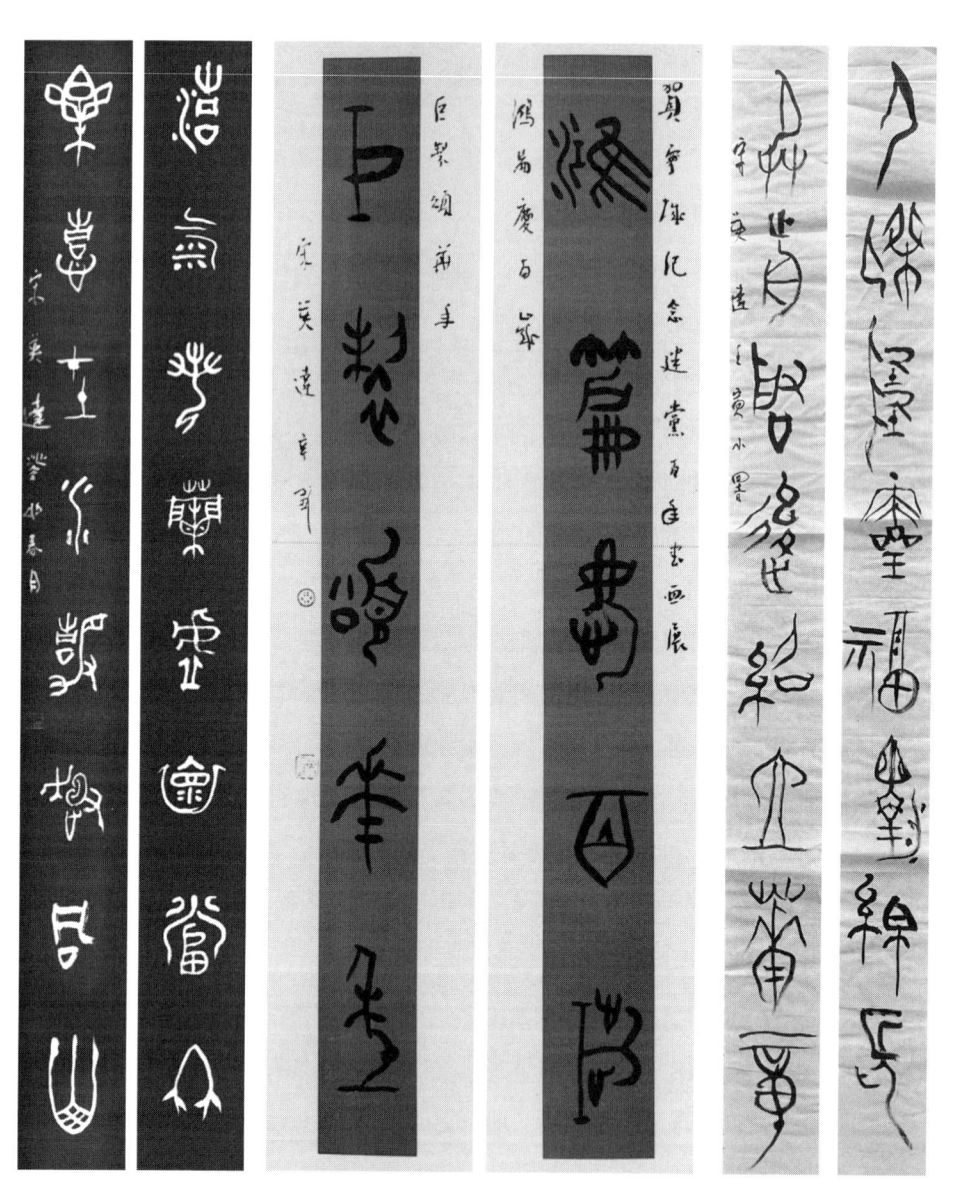

图 13　宋英达篆书对联

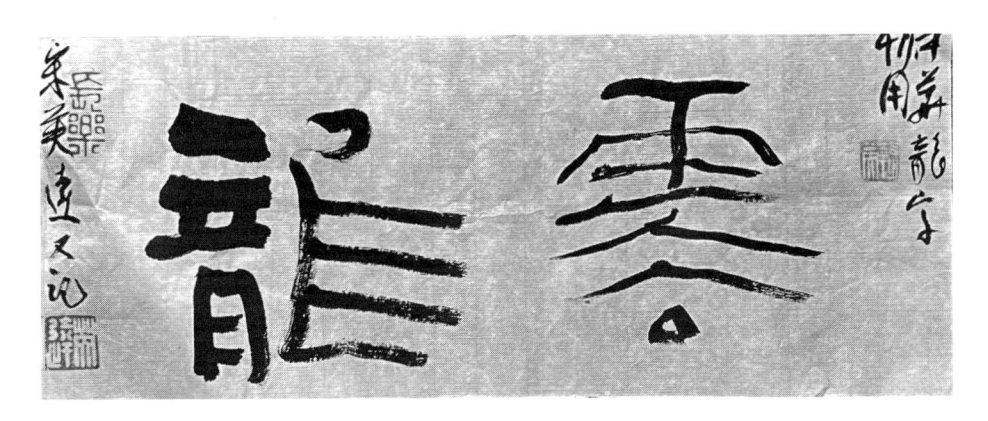

图14　宋英达隶书横幅

刘锦山：了不得。

宋英达：没想到。但是老百姓挺认可、公社领导也挺认可，就接着画。我入伍其实也和画画有关系。我刚才不是说了那个过程。

刘锦山：然后到部队一直也是做这个？

宋英达：到部队以后吧，画的事基本就扔了，但是字还一直练着。那时候部队也办板报，有时候也搞展览，尤其我主抓文化宣传的时候，也都给领导建议，办个小型展览了、报纸上发个专版了……这样就把它变成了合理合法的一个事了，就不是不务正业了。这么坚持下来的。

刘锦山：那您篆刻是从什么时候开始？

宋英达：篆刻启蒙的话是初中的时候，我相中一套书叫《芥子园画传》，4本，黑白的，13块钱。我特别喜欢，就跟家里说，我想买那套书，老父亲还真没吝啬，啪一下就把钱拿出来买了。那时候我父亲工资七八十元吧，花13块钱下决心给我买一套书，也很不容易。那套书里头除了画以外也有题跋，各种字体都有，还有印章，哎呀，我喜欢得不得了，在班里头用橡皮刻，大家就知道我会刻章。后来有机会去外地的时候，别人看商品，我还是盯着字帖、盯着石头。赤峰那时候没有石头，巴林石还没有开发出来，只有外头卖的青田石、寿山石。那时候也不是很贵，我还买了好几块，磨了刻刀，这就开始用石头刻印。再后来有了篆刻方面的教材，我就跟着慢慢摸索。严格意义上说，我是赤峰地区搞篆刻创

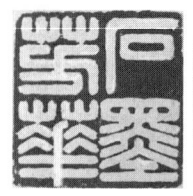

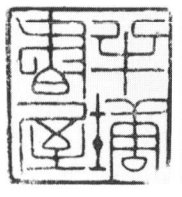

| 石墨芳华 | 正能量 | 半塘书屋 | 赤峰游礼 | 马 |

图 15　宋英达篆刻作品

作的前几人，也是赤峰地区利用巴林石这个材料搞篆刻的前几人。比较早，20世纪70年代就开始，在军分区时候就搞，也开始发表作品，那时候配合政治宣传，比较流行刻一些领袖诗词，首先在《昭乌达报》发表了，后来在《解放军画报》《东北民兵》这类军队的报刊，我也陆陆续续发过东西。

之后这不是出巴林石了嘛，弄来弄去就觉得篆刻也成为一个行当了。我和巴林石也有很多渊源。在1975年年末到1976年的时候，我在产巴林石的巴林右旗蹲点，我们在那儿有一个民兵的点。那时候这个石头已经让巴林右旗开发了。开发干啥了呢？是给哪个冶炼厂送辅料，作为冶炼过程当中的添加剂原料。后来是被别的地方的人给发现了，把它作为工艺石运出去。

刘锦山：这一下价值就不一样了。

宋英达：就开始稍微重视一点了，但是还没有完全开发成章料。我在那儿蹲点的时候发现老百姓家里有这东西。我父亲和一个矿上的人认识，他领我到矿上，我上那儿去捡边角料回来，然后开始刻作品。

再以后，就是集中力量考虑怎么样宣传巴林石，怎么增加巴林石的价值和它的社会影响，我和当时的市长高延青先生，以及刚才提到的政协副主席黄凌云先生，一起做了大量工作。在我最初使用巴林石的时候，巴林石在国内外都没有名气。提起彩石，提起印章石，就是青田、寿山，提起鸡血石就是昌化。赤峰这个石头基本上无人问津，有一些书籍把它认成野石、杂石，所以它在整个彩石界没有任何地位。为这个事我们也觉得挺忿，因为以我们对巴林石的了解，它绝不亚于那几种石头，但是长在深闺无人识，需要宣传。

首先出了一本书叫《中国巴林石》。这本书现在仍然是宣传巴林石或者是研究巴林石的一本母书、最初的本子。第二件事就是我和内蒙古自治区质量技术监督局一起，我代表赤峰，与巴林石集团（那时候叫巴林石工艺美术公司）合作，制定了全国彩石产业的第一个地方标准，对巴林石进行了命名、分类，对它的一些指标进行了界定，如颜色、质地、保养等。其中把巴林石分了5大类，如鸡血石、福黄石、彩石、冻石、图案石。这样分类以后，巴林石起码在生产、销售、使用等方面大家都有个统一的依据了。比如说半透明的就叫冻石了，这个不透明的就叫彩石了，带图案的就叫图案石了；透明的也好，不透明也好，只要有红的、有血的就叫鸡血石了；福黄石是黄黄的，和田黄一样。外部宣传更主要是巴林石工艺美术公司、高延青市长等在做。他们做了大量的工作，比如说参加全国的国石评选。巴林石现在被列为中国候选国石之一，这样的话和其他石头相比，它的价值就可以提升了。巴林石产业发展起来后，我们又引导它上升到巴林石文化。现在巴林石是当地一个支柱产业，同时巴林石作为赤峰的一个特产，也增加了赤峰的知名度。

在这个基础上，2008年的时候，那一届新的市长来了以后，组织专家讨论怎么样提升城市的文化品位、怎么样做好新的城市名片。我也参与了这些，包括考察、讨论、论证这些活动。我综合各方面的情况，如受到乌海市是"中国书法城"这样的启发，提出了要把赤峰打造成"中国印城"这样一个建议。而且后来在有关部门的领导下，我参与了全部的工作，包括方案、决定的起草。这个建议后来被市政府采纳了。2011年12月，政府做了决定，用5年到10年的时间把赤峰打造成"中国印城"。这个"中国印城·赤峰"可以这样理解，是"中国的印城"，或者是"中国印"的城。因为2008年奥运会那个标志用的是中国印，我就想做"中国印城"。中国印城的文化内涵是诚信。那个时候正讨论城市精神、赤峰精神到底是啥？我写过一个东西，提出赤峰精神说的是"赤心、赤诚、攀峰、登峰"，后来确定了16字赤峰精神"赤诚勤勉，开放包容，崇文重教，勇攀高峰"，用了我提出的两个词。如果只用一个词，那我主张赤峰精神就是"诚信"。"印者，信也。"印就是一个诚信的标志。同时我提出了24个主要工作项目，就是从哪些方面做工作，能够把这个"中国印城"做起来。大体上分三类：一类就是把它做成中国印章城、印石城；第二个就是进一步突出巴林石，因为它毕竟是重要的印材，又是赤峰的特产，进一步扩大巴林石产业，进一步提升巴林石文化内涵，把巴林石做大做强；第三，在社会上提倡用印、认印、说印、使印，说巴林石，用巴林石，以文化人，以文化来滋养。

刘锦山：宋老师，我们今天就谈到这里。感谢您接受采访。

宋英达：不客气。

乌国政

扎根泥土育芬芳

采访时间：2016 年 10 月 11 日
初稿时间：2021 年 3 月 1 日
定稿时间：2023 年 6 月 1 日
采访地点：赤峰市图书馆"赤峰记忆"拍摄现场
版　　本：文字版

乌国政速写

　　乌国政　蒙古族，中共党员，1934 年 10 月出生。赤峰市文化局原局长。1995 年 4 月，荣获"全国文化系统先进工作者"（省部级劳模）。自 1953 年参加工作开始，到 1995 年退休，在文化战线工作了 40 多个春秋。全区乌兰牧骑首创和创始人之一，曾进京汇报演出，受到了毛泽东、周恩来等国家领导人的接见。1977 年，组建赤峰市艺术学校，设立了蒙古语电影译制科，编辑出版《昭乌达民歌选集》。组织创作演出了一批蒙古族戏，如《沙格德尔》及小戏《赖宁》《银海红花》等。

一、"红色的嫩芽"初绽放

刘锦山：各位朋友，大家好！今天是 2016 年 10 月 11 日，我们在赤峰市图书馆进行"赤峰记忆"的拍摄。今天邀请到的嘉宾是赤峰市文化局原局长、党组书记、系统党委书记乌国政先生。乌老师您好，首先请您给大家介绍一下您的家庭个人情况。

乌国政：嗯。我叫乌国政，蒙古族，1934 年出生。我家庭成员呢，父亲、母亲现在都已经去世了，原来有个姐姐来着，年轻时就去世了，就剩我一个独生子。原籍呢，赤峰市原来叫昭乌达盟，是在喀喇沁旗美林乡大营子村。在家里念小学，念到六年级。1950 年的时候，我考的内蒙古自治学院，就是现在的赤峰蒙古族中学，进的师范班，念了两年半，1953 年毕业。那时候不让再求学，需要人才啊，特别需要教育方面的人才。所以我们连最小的 17 岁的也都分下去了。

刘锦山：本来师范学制是四年，但是由于急需人才，所以就让大家提前

图1 乌国政（左）接受"赤峰记忆"采访

毕业。

乌国政：提前毕业，再不让升学了。我1953年毕业，分配到翁牛特旗。

刘锦山：翁牛特旗，出土玉龙那个地方？

乌国政：哎。直接分配到教育口，因为是师范班嘛，那时候缺教师，把我分配到翁牛特旗白音汉乡（蒙古语叫苏木），在下泡子村小学当老师。

刘锦山：当老师了。

乌国政：就两个人。自己做饭、自己担水、自己捡柴，那时候比较困难。这样在这小学，我待了将近两年吧。后来为什么把我调到翁牛特旗文化馆呢？文化馆那时候缺牧区辅导人才，我是蒙古族，又蒙古语、汉语兼通，所以就调到文化馆，就我们两个人负责翁牛特旗牧区的群众文化。在那期间，每年得七八个月吧，下乡，就给牧区群众做文艺辅导工作，就是辅导培训群众业余文艺骨干；另外做宣传，什么幻灯机啊、收音机啊，那时候乡下都没有。下一回乡，一个季度回来一次到旗里，到文化馆所在地，其他时间全部在乡下。在文化馆待了两年吧，翁牛特和乌丹县合并了，就统称叫翁牛特旗[①]。

1957年，要成立乌兰牧骑，是内蒙古文化局（现内蒙古自治区文化和旅游厅前身）决定的。1957年5月，我调到乌兰牧骑。才开始时，我们一共6个在职的。原来文化馆的有4个，加上我5个，还有个女同志，从妇联调来的，都是在文化方面比较懂的，另外也有点擅长的，或者跳舞的，或者唱歌的，这么样调在这儿的。内蒙古自治区乌兰牧骑究竟怎么来的？最后了解到，是周恩来总理和乌兰夫同志促使乌兰牧骑的诞生。细点说这个事呢，是内蒙古自治区成立10周年的时候，乌兰夫同志有个报告，报告当中提到，我们内蒙古各个方面和别的先进地区（对比）来说，都是比较落后的。他特别指出这个文化，内蒙古这么大的地方，怎么满足群众文化生活需要呢？乌兰夫提出来要好好地调查一下这个情况，根据内蒙古的特点，出个调查报告。那时候文化局对乌兰夫的指示挺重视，就组成调查组，到锡林浩特，这是纯牧区，纯牧区里面有个锡林郭勒盟苏尼特右旗。

---

① 1956年3月6日，乌丹县建制撤销，属地并入翁牛特旗。

刘锦山：苏尼特右旗。

乌国政：嗯，苏尼特右旗，到这儿搞试点。自治区派的工作组，还有当地的旗里头一些领导，还有文化馆的一些人，组成一个组搞调查。在这同时，内蒙古有指示，单纯的纯牧区不行，内蒙古还有很大一片是半农半牧区。所以，内蒙古文化局指定昭乌达盟文教处，那时赤峰叫昭乌达盟，委托他们到半农半牧区去搞调查。搞两个，一个是内蒙古自治区在苏尼特右旗搞的，一个是委托昭乌达盟在翁牛特旗半农半牧区搞。调查的结果发现什么问题呢？牧区和半农半牧区占整个内蒙古的一大半，地广人稀，人烟稀少。就从翁牛特来说，东西是近600里，平川和山地、沙漠，户与户之间一般来说最近的20多里地；乡和乡之间有的是100里地，有的是300里地。居住特别分散，最少的一个村庄里有3户，最多的也超不过10户。村与村之间距离那都是四五十里地。另外，牧场一户人家两三个人，距离哪儿都是百十里地，居住特别分散，交通不便。牧民要不就是骑马，再不就是勒勒车，勒勒车就是牛拉木头轱辘的车，我们这儿叫勒勒车，汉语叫单牛拱。再没有别的交通工具。

乌兰牧骑去的地方，开始完全是步行，没有交通工具。从一个村到另一个村，有的时候四五十里地，当天到了；有的时候是100多里地、200多里地，那就得走好几天才能到一户人家，交通非常不便。另外经济也比较落后，牧区、半农半牧区基本上是单项经济，没有其他多种经营的东西，牧羊、牛、马就是他的生活来源。吃炒米，自己种的炒米，也叫糜子米。

刘锦山：糜子米？

乌国政：嗯，对。经过将近3个月的调查，发现这些地方地广人稀、交通不便、文化更落后，那时候不识字的人太多了。群众常年看不着书、看不着电影。

刘锦山：也看不了，没有什么演出啊。

乌国政：没有，根本没有。

刘锦山：广播更听不到了。

乌国证：哎，没有广播，也没有电。原来文化馆也辅导来着，文化馆人少，大部分在城镇，下去的时候也是有限的几天，满足不了群众的要求。根据牧民的意见和我们实际调查的结果，这个地方得成立一个流动式的文化队伍，带上图书，带上收音机、幻灯机，带上这些东西，组成几个人的小队伍，轮流在牧区转，这样给群众送去一些文化生活。才成立的时候不是以演出为主，是以组织辅导群众业余文艺骨干进行活动为主。给他们辅导，给他们教一些文艺节目，戏剧也好，好来宝、曲艺也好，歌也好（大部分都是民歌，那时候新歌不太多），跟他们一起搞，在一个地方搞集训，把业余文艺骨干、比较有特长的人，集中二三十人，辅导一个月，完了就转移到别的地方去搞辅导。

就是以乡为单位，这么巡回辅导，培养业余文艺骨干，教他们一些节目，帮助他们演出。演出的时候乌兰牧骑和业余文艺骨干一块演。基本上乡里旮旮旯旯的都能到，因为都是当地的人，也不用发工资，群众也非常需要这个。演出非常受群众欢迎，演出完以后，给大家放幻灯，根据中心任务做宣传。另外从旗里头新华书店带上一部分图书，卖给牧民群众，有的是直接给他们。还有展览，根据当时的形势和任务，自己搞小型流动式的展览，向群众宣传党的方针政策。我们在一个地方辅导一个来月，完了以后，乌兰牧骑和培养出来的骨干一起演出，群众非常欢迎。

就这样搞了一年以后，群众又提要求：你们辅导我们这业余剧团，给我们演出挺好，可是你们乌兰牧骑一走，我们这儿又没了。群众提出来要看乌兰牧骑单独的演出。根据这些情况和调查的结果，我们向内蒙古文化局打了报告。

刘锦山：是哪一年调查的？

乌国政：1957年上半年。内蒙古文化局看了报告以后，就报给内蒙古自治区党委，又呈报给乌兰夫。自治区非常赞同，也非常重视，认为这样能够更多地满足群众文化生活的要求，所以决定成立乌兰牧骑。乌兰牧骑人少，能够流动开，能够搞多项活动，辅导、服务、宣传都能搞，经常还给他们单独弄演出。演出的时候，乌兰牧骑一开始6个人不行啊，所以又增加了几个人，一共增加到12个。乌兰牧骑试点工作完以后，决定在这个基础上，再进一步发展，进一步推广。这样就在两个地方，一个是刚才说的锡盟的苏尼特右旗，另一个是翁牛特半农半牧区，成立乌兰牧骑。在1957年，内蒙古就搞了这么两个。

图 2　乌兰牧骑标志

刘锦山：我看到文献记载翁牛特旗的乌兰牧骑是 1957 年 6 月 25 日成立的。

乌国政：对。做过试点之后才成立的这个乌兰牧骑。

刘锦山：乌老师，刚开始有辅导、宣传、展览、图书，后来经过试点以后，群众反映说要你们给演出，然后演出方面就突出了，是吧？

乌国政：对。以后才以演出为主。乌兰牧骑除了辅导这些工作继续做以外，自己搞一些小型的节目，不用业余队参加也能够演出了。

刘锦山：刚开始试点是 6 个人？

乌国政：才开始 6 个人。

刘锦山：后来以演出为主了，发现 6 个人不够，然后又增加到 12 个人？

乌国政：12 个人。

刘锦山：您当时是乌兰牧骑的队长，是吧？

乌国政：乌兰牧骑 1957 年成立的时候，我是最早的一个。

刘锦山：当时队员组成是什么样的情况？

乌国政：队员的组成，除了原来我们文化馆的这 6 个人以外，主要从群众业余文艺骨干中找。因为这些业余文艺骨干我们比较熟悉，经常去辅导，挑选 6 个人招上来，他们那时候工资才 22 块钱。我们原来在文化馆的有工资。这样成立起来以后，乌兰牧骑自己也能够演出节目了。再加上演出的时候，也不单纯是乌兰牧骑演出，把业余文艺骨干那些好的节目吸收来和他们一起演。另外，我再补充一下，就是为什么叫"乌兰牧骑"。

刘锦山：对，为什么叫乌兰牧骑？乌兰牧骑是什么意思？

乌国政："乌兰牧骑"是蒙古语，用汉语翻译过来，"乌兰"就是"红色"，

"牧骑"是什么呢?"牧骑"就是"春天的小树叶",刚刚长出嫩芽的时候,叫"牧骑"。整个翻译过来,"红色的嫩芽"。它象征着一种新生事物的成长,新的一种形式。它不是冷不丁就叫"乌兰牧骑",过去有个"红色之角",也是人很少,和文化馆差不多。

刘锦山:哦,红色之角。

乌国政:就是旮旯嘛。我们就参照着这个,我们叫"乌兰牧骑"以后,在群众当中征求意见,你们看这个名字咋样,行不行,不行,你们群众再提个意见。群众说这挺好、挺顺的,蒙古语也很容易懂。这样我们就叫"乌兰牧骑"了。"乌兰牧骑"直译成汉语,才开始也叫"红色文化工作队",也叫"草原文化轻骑队"。这样两个地方的乌兰牧骑就正式成立了,内蒙古自治区认为这个很好。

有一次乌兰夫同志到北京去开会,把成立乌兰牧骑的情况和牧区的实际情况向周恩来总理汇报,得到总理肯定。为什么呢?它便于为牧民服务,能够流动啊,人少的地方一般的文艺团队去不了,去20人都没有办法,为啥呢?吃没地

图3 跋涉在翁牛特旗"其甘苏木"的乌兰牧骑队员

方吃、住呢没处住，一个地方就是两三户蒙古包。你去二三十人咋住啊？上哪儿住去？没法住，也没法活动。所以必须得组成短小精悍的一支队伍，能够说走就能走、说演就能演，流动面能更大一些。

刘锦山：成立以后，出去演出是骑着马，还是赶着车呢？当时是怎么下去？

乌国政：才开始我们6个人的时候，基本上都是步行，也没有马，每天步行走，一个村一个村地走。

刘锦山：背着这些书啊、器材啊？

乌国政：背着行李，背着幻灯机，展览（作品）、图书都背着，我们6个人，没有交通工具，才成立嘛。后来为了解决这些问题，旗里头给配了马车，是小轱辘马车，不是那种大轱辘轿车。

刘锦山：那个轱辘是胶皮的还是？

乌国政：胶皮的，小的。有了这个马车以后有什么好处呢？起码行李啊，还有些个简单的演出道具啊，幻灯机啊、收音机啊这些宣传的工具吧，都能拉到车上了。但是这个车在平道上行，到沙窝子里头根本就不行。

图4　20世纪70年代，行进在沙漠里下乡途中的翁牛特旗乌兰牧骑

刘锦山：走不动了？

乌国政：走不动了。沙窝都这么高，你怎么上吗？有的时候把东西都卸下来，一步一步往沙窝那边扛，扛完了以后推着车，这么一步一步走。不管怎么着，好赖有个交通工具了，咋也方便点，比步行强。这样经过半年的时间，在牧区演出，特别受欢迎，一听说乌兰牧骑来了，几十里地，有的是100多里地的放牧点上的群众，四面八方都来看演出。那时候才开始演出节目少，看完了不解渴，新节目又没那么快产生出来，没办法把那演过的节目又重新再给演一遍。这样一直闹到二半夜，群众才走。后来，我们乌兰牧骑吸收了个业余演员，是个说书的老艺人，他就一个人拉着四胡唱呗。演完了以后群众知道这是个老艺人，说书的。

刘锦山：他叫什么名字？

乌国政：叫希卜达。希卜达是蒙古名。群众不走，干啥呢？等着要听书，节目演两遍也不过瘾，那么老远来了。完了就让他说书。这个说书艺人呢，说书可以坐十天八天都没问题。

刘锦山：真厉害。

乌国政：但是呢，他在别的地方还需要演出。别人都演出完了，群众也不走，要等说书，一直到天放亮早上喝奶茶才散去，老艺人说书也得休息休息了。这样乌兰牧骑自己也能开展演出活动了。像节假日啊、那达慕大会呀，还有过寿啊，我们都自己主动去。乌兰牧骑12个人，有的地方12个人也不行，还得分成小组，三两个人一个组。为什么呢？因为有的放牧点就3个人，一个蒙古包，去多了也不行；有的在深沙窝子里住着呢，去了也不方便，所以分成小组。分成小组带上几个节目，再带上些图书、展览（作品）、幻灯机这些，也能活动。要不然12个人去了也不方便，那儿就一个蒙古包，也就3个人，你上哪儿住去？乌兰牧骑才成立的时候，就是这么个活动法。

刘锦山：一年下去多长时间？

乌国政：一年下去是七个月。那么冬天干啥呢？冬天下去演出不方便，乌兰牧骑就分成小组，下去到每个地方搞辅导。冬天在机关待的时间很少，一年待不了一个多月，净在下边转了。乌兰牧骑成立后活动的情况，中央新闻组还是什么地方，又来搞调研，又调研了将近两个多月。

刘锦山：这次调研是哪一年的事情？

乌国政：这是1957年成立以后，来看看说乌兰牧骑挺好，非常适合牧民，去调研调研。乌兰夫同志到北京去的时候把调查的结果又一次给总理汇报，他说建立了这么个队伍，牧民群众很欢迎。得到了周总理的肯定和支持。我不是说是周恩来总理和乌兰夫共同促使乌兰牧骑诞生的，这是主要的原因。以后呢，1957年、1958年、1959年，乌兰牧骑得到承认，内蒙古也承认了，各个旗县，首先我们这儿的巴林右旗、克什克腾旗、阿鲁科尔沁旗、巴林左旗，昭乌达盟各个旗县陆续地都成立了乌兰牧骑，最晚的是1961年成立的。内蒙古其他旗县逐步也都成立了。

刘锦山：影响越来越大了。

乌国政：越来越大了。1957年就这俩，1958年、1959年、1960年，基本上内蒙古各个旗县，牧区、半农半牧区旗县都建立了乌兰牧骑，乌兰牧骑基本上普及了。一直到现在是74个。这就是乌兰牧骑的建立，建立以后经过实践调查怎么组成的、怎么推广的。内蒙古召开乌兰牧骑会议了，专门推广这个。

刘锦山：您个人在文艺方面也是有些天赋吧，要不怎么从小学把您调到文化馆？

乌国政：我是学的蒙古语、汉语两种语言。

刘锦山：蒙古语是母语？后来汉语学了也都没问题？

乌国政：对，那都没问题。主要以汉语为主、蒙古语为辅。我到小学教学时候，给了我两个复式班，又是汉文班又是蒙古文班，蒙古文是二三年级的，汉语是四五年级的，高小的这么两个班。一个老师担任两门课，就是汉语、蒙古语。

刘锦山：复式班是在一个教室有低年级的、有高年级的，老师教完低年级的，再教高年级的？

乌国政：对，复式班。

刘锦山：那您对乐器有什么研究？

乌国政：我对乐器实际上才开始不是那么太有特长，我就知道点简谱，唱个歌、拉个乐器，简单的会。我学习文艺主要是什么时候呢？主要是在乌兰牧骑，在实践当中学的。没有经过专业学校，我学音乐、学四胡，说曲艺、好来宝，主要是和民间老艺人学习的。

刘锦山：边干边学，边学边干。

乌国政：边干边学，一点一点学得就多了。基本上乌兰牧骑一开始的队员，没有一个是专业学校毕业的，无非就是文艺上有点爱好、有点特长，有的吹笛子、有的拉四胡、有的拉马头琴，也就这么一两项，都很单调。参加演出，演完没节目了，所以乌兰牧骑从一开始就要一专多能。像翁牛特旗乌兰牧骑主要是蒙古族，但是那是半农半牧区，还有汉族、朝鲜族、回族。后来汉族的队员们也都学会蒙古语了，这样以后演的节目就多了，汉语也能演、蒙古语也能演，你能拉、我也能唱，人少节目多。队员必须一专多能，单打一不行，比如说我吹笛子，我就只会吹笛子，我别的节目就上不去，舞蹈也不能跳、唱歌也不能唱，这样就太单调了。我们规定每个队员必须会演两种节目以上，能吹拉弹唱、能跳舞、能唱歌，演戏那就没问题了，排什么演什么，都必须这样。一个人能有多种本领，才能更好地为群众服务，为他们送去更多的精神食粮。所以乌兰牧骑队伍短小精悍，12个人。后来也有20多个人的时候，才开始就是这样，队伍短小精悍，队员一专多能。演大的东西不行，小型的东西，歌曲也好、曲艺也好、舞蹈也好，节目小型多样。轻装灵便，说走就走，步行也能走、一辆马车也能走、一个牛车也能走，既能合起来演，又能分成小组分散活动。这样它服务的方面就多了。

图5 一辆马车上的轻骑队——翁牛特旗乌兰牧骑，车上队员为哈斯、锁柱、徐素霞、王艳君、朴顺实、萨仁等

三年困难时期，吃的也没有，在食堂吃的都是糠炒面，就是棒子筛出来那个面，还有半生不熟那个糠，下乡都带着那个。最困难的时候，那队员都便不出来了，吃糠咽菜那是家常便饭。有时下去太远的地方一天到不了，山药在那个野外烀着吃，只好在有河的地方，在那喝水、在那吃饭、在那住宿，第二天才能行路。最艰难困苦的时候，翁牛特旗乌兰牧骑提出个战斗口号：哪里最困难，哪里最偏僻，就先到哪里为人民服务，为群众服务。在那么困难，吃不饱、睡不好，成天走路的艰苦条件下，始终坚持到下面活动。就是在内蒙古来说，这也是第一个提出这样的口号的。在困难的时候，队员自己也下去种地，叫"漫撒子"，"漫撒子"就是种吃的那个炒米的糜子米。在野外搭上帐篷住宿，两个来月就收割回来，填补点粮食吧。到农场，也租给我们一块地，好地都给租的，让我们自己种庄稼，种高粱，在那儿又干了好几个月，渡过了难关。

二、乌兰牧骑从草原走向全国

刘锦山：乌老师，您刚才向大家介绍了乌兰牧骑的诞生与发展的情况，后来乌兰牧骑的影响越来越大，从草原逐步走向了全国。请您介绍一下这方面的情况。

乌国政：好。首次进京演出之前，1963年内蒙古文化局搞了一个全区乌兰牧骑文艺会演。那时就已经有36支乌兰牧骑了。翁牛特旗乌兰牧骑从1957年开始，一直到1963年始终是在基层扎根，在基层服务，和农牧民同吃同住同劳动，在打下基础的同时也给乌兰牧骑提供了一些业务方面的知识，演员通过几年的锻炼，也比较成熟了。翁牛特旗乌兰牧骑有些民族节目参加自治区会演，节目基本上是自编自演，比较好的节目有《好来宝》《牧马英雄》，还有《顶碗舞》，形式小型多样。内蒙古自治区根据文化部的意见，1964年调乌兰牧骑进京汇报演出。为什么调它去演出呢？因为它影响比较大，群众基础也比较好。这样1963年全区会演完以后打算留一个队，组成一队乌兰牧骑，1964年进京汇报演出。1964年举行全国少数民族群众业余艺术观摩演出，中央指示让内蒙古选一个乌兰牧骑代表队参加。群众业余艺术观摩演出会一共 3000 多人呢，其他都是群众业余的会演，唯独在内蒙古调乌兰牧骑代表队进京汇报演出。"你们在下边怎么搞的就怎么搞，不要走样，12 个人就 12 个人、演员一专多能就一专多能，也不要和那个大团队学习，你们带这么一个代表队来参加会演。"这样内蒙古就开始准备了，一共选了 12 个演员。一开始是 18 个演员，但是说不行，你们翁牛特旗乌兰牧骑就 12 个人，一整台节目，下面你们怎么演就怎么演。

刘锦山：12 个人就是 12 个人。

乌国政：实事求是嘛。在基层怎么活动的，你们在台上就怎么表现。报道也那么报道的，做也那么做的，才开始也那么组成的。这样就得选拔啊，12 个人的进京汇报演出队，我们翁牛特旗乌兰牧骑一共有 7 个人参加。

刘锦山：占一半儿多一点。

乌国政：其他的就从内蒙古各旗县选点好的演员，这样组成内蒙古乌兰牧骑代表队。

刘锦山：那就是说以翁牛特旗乌兰牧骑的队员为主体。

乌国政：骨干演员为主体。这样队伍组成了，节目怎么办？又选，在乌兰牧骑会演当中选优秀节目。翁牛特旗乌兰牧骑带了个《顶碗舞》。我们这儿不是有朝鲜族嘛，《顶碗舞》原来是朝鲜族的，不是蒙古族的《顶碗舞》，而且是多人的，8 个人的，大碗都顶着，实际上是群舞。后来内蒙古自治区的布赫主席，看了节目以后提了点意见，因为咱们是内蒙古代表队，应该把朝鲜族这个群舞的《顶碗舞》变成蒙古族的《顶碗舞》，搞独舞。这么提出来以后，就要把这个节目变成蒙古族的独舞。当时像贾作光、斯琴塔日哈这些舞蹈家都参与了。另外把这些节目精练起来就是不超过 12 个人嘛，又有双人舞，像《巡逻之夜》呀，组成一台晚会。这么一台晚会，在内蒙古训练将近半年呢，那时候我任自治区代表队的队长。后来内蒙古自治区相关负责人看了以后呢，也通过了，就这台节目，演员不变。

刘锦山：您还记得当时有哪些队员吗？

乌国政：队员，像翁牛特旗的，顶碗舞是宋正玉，还有旭日；朝鲜族的郑永顺，拉手风琴的刘桂琴，汉族，她是搞这个声乐的，表演唱歌这类东西；我算是一个；还有两个，一个叫王正义的，还有一个叫其木德的，就这么七个人。翁牛特旗参加的占一多半吧。

刘锦山：您当时担任队长。您自己有什么节目呢？

乌国政：说好来宝、拉四胡。后来我当队长事太多，就又换了一个人拉四胡，但是有的时候我也参加演出。1964年全国少数民族群众业余艺术观摩演出，内蒙古一共有80多人参加，我们就和他们一起进京。才进京的时候是什么思想呢？哎呀，我们这么一个小队伍，反正到那儿不一定咋地，中央要求汇报一下，那演两天就得了，演两天就先回来了。当时抱着这么个心理去的。

到北京以后，住在西苑宾馆。待了一天没信儿，待两天也没有，第三天接到通知了。乌兰牧骑演出，3000多人的观摩团和北京的文艺工作者参加，看这个乌兰牧骑究竟怎么样。我们那时候寻思没什么负担，我们是怎么样就怎么样给演呗，到那儿能见到毛主席就更好了，这是最大的愿望了。我们原来就准备演个三四场，完了就先回来，我们还下我们的乡。第一场在民族文化宫，演了一天，反响非常强烈，有很多的记者啊，还有一些名家啊、演员啊都看了。看了以后一致反映挺好。演出的时候，掌声就没断过，每个节目都有掌声。他们对基层的情况不一定知道，觉得非常新颖，人还少，革命化精神非常强，演员还一专多能，12个人的小队伍。演完了回来，接着第2天又演，主要是北京市文艺界的多，还有部队的，反响还是那么强烈。这时候宣传部的周扬、林默涵等领导也去了，演出之后接见了我们。

我寻思这两天差不多了吧？不行，第三场，各行各业都去看。工农兵，还有各个文艺团体的，还有海军从海上过来的，南方的一些文艺团体都去看了。第三场那就更厉害了，从一出场开始，举着红旗12人出场，从那开始一顿掌声，每个节目都有掌声。有的节目像《顶碗舞》还返场。第三场各报社也都去了。第四天《人民日报》开始发表文章，赞颂乌兰牧骑，连续发了7个短评，我那书上都有。这样以后那邀请演出的太多了，部队邀请去演出、工厂邀请去演出，还有农场，反响挺大，报纸宣传得厉害啊。《人民日报》连续发表7篇短评啊，还有其他的特别报道。这样就轰动了全北京，又轰动了全国，都知道了。报道说乌兰牧骑是文艺界学习的好榜样，全国都很注意它啊，邀请去演出的地方太多了，尤其是部队特别积极。全国各地都要求去演，北京留住了不放，原来演三四场就完事，一连演了29场。最后毛主席等中央领导同志接见了演出的人，这样轰动性就更大了。后来各地来电话给文化部、宣传部，都要求到他们各省市去演出。在这样的情况下，周总理定了个调，就安排乌兰牧骑到全国去巡回演出，宣传毛泽东思想。

到1965年，中央要求内蒙古组织3个这样的乌兰牧骑到全国巡回演出。我是一队队长，朱嘉庚是秘书，文化局副局长达·阿拉坦巴干是主管干事，内蒙古文化局副局长席宣政是领队。到全国巡回演出，我们考虑12个人有点问题，再增加4个人，干啥呢？走这么长时间、走这么多的地方，得有候补队员呢，万一一个人出了问题怎么办？3个队，一个在西北，一个在南方，我们队主要到华北这一带。3个代表队里头都有翁牛特旗乌兰牧骑的人。《顶碗舞》这是俩，一个分到二队去了，还有个叫陶娅的全面手，唱歌、跳舞都可以。反正把翁牛特旗乌兰牧骑一共12人都分配到这三个队。全国巡回演出，我们走的地方最多，延安啊、井冈山啊、瑞金啊，全国除了台湾地区以外，我们都去了。

刘锦山：3个队去全国巡回演出了？

乌国政：全国都巡回演出了。

刘锦山：一队主要去了哪些地方？

乌国政：上海、南京、井冈山、西安，还有这些老革命根据地都去了。

刘锦山：整个全国巡演用了多长时间？

乌国政：一共是七个半月吧。

刘锦山：是1965年吧？

乌国政：嗯，1965年。那时候除了演出以外呢，还向外介绍乌兰牧骑情况，要做乌兰牧骑的报告。我是一队的队长，叫我去作报告，在上海，那6万多人啊。

刘锦山：在上海什么地方作的报告？

图6　乌兰牧骑在上海江南造船厂演出

乌国政：上海那个叫什么广场来着？最大的一个广场。

刘锦山：上海最大的广场。

乌国政：它那个舞台都可以走汽车，那时候那么大广场我没见过，你看我们一辆马车都可以停那儿。上海人也担心，说这么12个人来演出，这么大的广场，有观众吗？后来没承想6万多个观众，一个都没走，非常受欢迎。据说，买不着票的两口子，一人看半场，都出现了这个情况。在那个地方我作过一次报告，介绍乌兰牧骑的报告。

刘锦山：到上海是1965年的什么时候？

乌国政：6月吧，正夏天。

刘锦山：给6万人作报告。

乌国政：给6万人作报告。其他各省市最少的也有个两三千人吧。每到一个地方得介绍情况，得推广乌兰牧骑情况不是？上海观众最多，舞台太大。我说我们这12个人这么大个舞台，空荡荡咋整？后来把这幕布往一块错一错，把这舞台缩小了。上海人担心说这么几个人演出这么几个节目，这观众能待得住吗？一个都没走，非常受欢迎。我们到每个地方去以后，不管是上海也好、井冈山也好、瑞金也好、延安也好，我们必须到农村一场、部队一场、工厂一场、学校一场，这是必不可少的。

刘锦山：比如说到井冈山，农村一场、工厂一场？

乌国政：农村、工厂、部队，那时候还有部队呢。

刘锦山：部队、学校。

图 7　乌国政手持井冈山群众赠送的红军竹

乌国政：学校，这是必须到的。到那儿去以后，我们在乡下怎么演的，就给他们怎么演，就在野外。完了以后，他们给赠送纪念品。比如说到井冈山，老红军上山砍两棵竹子，干啥呢？"这是过去毛主席待过的地方，井冈山的，你们拿回去做旗杆，作纪念嘛。"

像老根据地多给送那个过去的识字课本啊；到南京，完事送草鞋啊；到东北去的时候，铁人王进喜送的那叫什么机器来着，反正他那儿生产的。有一次给工人演节目，唱歌的老是收到掌声，唱一首歌就给掌声，一共唱了12首歌，王进喜站起来了："你们别鼓掌了，这演员是人，你这么老让他唱，那行吗，受不了了。"

刘锦山：演员唱时间太长了。

乌国政：那嗓子受不了。他给制止住了。（大笑）哎呀。到大庆以后，演员们要给演《顶碗舞》。正好到他那儿去参观的时候呢，把《顶碗舞》那个碗给落下了，没带。

乌国政：扎根泥土育芬芳　　103

图8　1965年，乌兰牧骑全国巡回演出在延安（左四为乌国政）

刘锦山：没带碗。

乌国政：没带。我们《顶碗舞》这个演员呢，就到食堂把工人吃饭那个碗拿来，摞着8个，把这《顶碗舞》给演了。后来这工人啊，就把这些碗做展览了，甭吃饭用了。（大笑）非常受欢迎。

刘锦山：那时候王进喜已经很出名了。

乌国政：太出名了。这样走了七个半月，全国除了台湾地区，各省、自治区都走遍了。每到一个地方，凡是一把手在家的，都接见，都看。到西藏，我们一进去的时候，牧民骑着马、敲着手鼓来迎接。特别是那些老红军啊，见了以后说："这是咱们的老八路回来了。"他们赠送的礼品啊，都是过去保留的那个礼品，什么书啊、鞋啊，还有绣的花啊，都赠送这些作纪念。

这样乌兰牧骑在全国就普遍开花了，按照周总理说的就是，让乌兰牧骑下去，宣传毛泽东思想，让全国人民都学习乌兰牧骑精神。它的精神是什么？主要是全心全意为人民服务，不是它节日怎么好、不是它演员水平怎么高，不是那个问题，就是全心全意为人民服务这个精神。每到一个地方，到延安也好、到井冈山也好、到老革命根据地也好，队员们都自动地给群众干活，扫院子啊、担水啊，在大寨改造梯田给担土啊。到部队以后，部队知道乌兰牧骑精神厉害，把衣服啊、袜子啊藏起来，队员们偷偷拿来都给洗了，所以他藏也藏不住。队员们个个都是主动的，不是说领导怎么分配的。吃饭时候刷碗啊、洗筷子啊，还有扫院子这些活都干。别看到大城市了，这个劳动本色没有变。

图9　乌兰牧骑在韶山

刘锦山：乌老师，乌兰牧骑还受到了毛主席、周总理的接见？

乌国政：乌兰牧骑3个队回来以后，文化部、宣传部负责接待的，让我们去了中南海紫光阁。没承想到那儿一坐，不一会儿，晚饭时候，周总理出来了，讲了40多分钟话。

刘锦山：那是什么时候？

乌国政：是1965年，全国巡回演出回来嘛。

刘锦山：1965年，差不多八九月？

乌国政：8月吧。后来吃完饭以后，我们当场又表演了几个节目。因为蒙古语节目多，他们一边演着节目，一边我给翻译。那好来宝说蒙古语的吗不是？我在那说大风雪天怎么套马了、怎么抗雪灾了。又演了一个节目，就是我们一队自编自演的《草原儿女爱延安》，这个节目是我们去延安之前在火车上写的，在火车上谱的曲、在火车上学的唱。

刘锦山：在延安演的？

乌国政：在延安第一个节目就得演它，非常受欢迎。我们把这个节目就演了。全国巡回演出胜利结束了，回到内蒙古以后，内蒙古也是热烈地欢迎，自己的队伍回来了，立了功。

刘锦山：那天周总理请乌兰牧骑吃饭，吃的什么东西呢？

乌国政：我们原来寻思周总理请吃饭，咋也得吃点好吃的，结果吃的是玉米面窝窝头和大烩菜。后来我们才知道，这顿饭是周总理自己出钱请的。

再一个就是更早的时候周总理和毛主席接见那回，一开始也是在旅馆，通知说是有重要活动，让乌兰牧骑都做好准备。上人民大会堂嘛，寻思咋也得是领导接见接见，也没承想是毛主席接见啊。三点钟我们就去了，在那儿等着。一开始，我们一看周总理来了，大家伙哗哗鼓掌，后面呢，陈毅副总理来了，最后毛主席出来。哎呀，大家伙高兴，都蹦起来了。

刘锦山：特别激动。那是哪一年，1964 年？

乌国政：嗯，1964 年。

刘锦山：毛主席讲话没有？

乌国政：没有，毛主席没讲过话，就和队员们握手。接见完了以后，队员们回去一晚上没睡觉。有的给家里头写信，那时候电话也不方便呢，也没有手机，那时候基本上没电话。有的写日记，非常激动。

刘锦山：您刚才说乌兰牧骑到全国各地巡回演出，当地送了好多纪念品，现在这些东西有没有保存下来的？

乌国政：这些东西内蒙古有保存下来的，也不太全。

刘锦山：如果有可能的话，将来可以把这些收藏起来，做一个展览或者做一个关于乌兰牧骑的博物馆。

乌国政：你说这事了，我最近听到的消息，说内蒙古准备建一个乌兰牧骑博物馆。

刘锦山：太好了。

乌国政：投了不少钱，已经是定了。

刘锦山：在区里边建？

乌国政：在呼和浩特。

刘锦山：那太好了，把这些报道啊、过去用的一些道具啊、大家赠的东西啊，都可以把它集中起来

乌国政：对。

刘锦山：我看资料啊，说当时中央鼓励乌兰牧骑可以走出国门，到国外去。

乌国政：是的，但是正好到1966年了，"文化大革命"开始了。

刘锦山：那后来没有成行？

乌国政：没有出去过。但是"文化大革命"完了以后，像20世纪七八十年代的时候，直属乌兰牧骑也到过好多国家的。

刘锦山：直属乌兰牧骑？

乌国政：这不咱们都是旗县乌兰牧骑嘛，为了宣传乌兰牧骑，更方便起见呢，专门组织了一个内蒙古直属乌兰牧骑队。

刘锦山：就是区里直属？

乌国政：就是区里头。它有的时候出去方便点。

刘锦山：它是归区文化厅？

乌国政：区文化厅领导。后来又成立了内蒙古自治区乌兰牧骑协会，我是那儿的副会长。

刘锦山：区直属乌兰牧骑去过哪些国家演出？

乌国政：哎呀，那个就数不清了，反正是美国也去了，四五个国家呢。

刘锦山：台湾地区也去了。那就是20世纪八九十年代以后了。

乌国政：20世纪八九十年代那时候了。乌兰牧骑的情况基本上就是这些了。

刘锦山：那第一批队员现在是什么情况？

乌国政：第一批队员我知道的，就是锡盟苏尼特右旗那个创始人，再一个就是我了，现在自治区创始人就我们俩乌兰牧骑队长，别的没了。一直到现在，我退了以后啊，对乌兰牧骑这个感情都没断过。我八十大寿他们各代表团都来了。（笑）聚一聚呗！特别是翁牛特旗的，他们差不多五年聚一次，十年一大聚，把老队员都邀请来。现在乌兰牧骑各地都一样，党政领导重视，特别是各旗县党政

领导也重视，要不重视，它活不下来。像翁牛特旗乌兰牧骑在"文化大革命"当中，要被砍掉嘛，特别在三年困难时期也要被砍掉，始终是党政领导不放手，包括咱们市里的领导，过去的昭乌达盟嘛，一直到旗县，这些都很关键啊。没有党的领导，没有领导的支持，它能存在吗？能活下去吗？

刘锦山：是。"文化大革命"中间还是受了一些影响。

乌国政：我被关了9个月，每天批斗，我这腰伤就是那时候落下的。

三、乌兰牧骑与时俱进求发展

刘锦山：乌老师，1978年以后我们国家改革开放，乌兰牧骑迎来了新的发展机遇，请您向大家介绍一下乌兰牧骑在新的历史时期的发展状况。

乌国政：好。改革开放以来啊，乌兰牧骑与时俱进，增加了新的活力。但乌兰牧骑深入基层，为农牧民群众服务这个宗旨没变。队伍短小精悍，队员一专多能，宣传、辅导服务这些任务都没变，性质也没变。所以，随着改革开放的到来，它也增加了一定的活力。但是乌兰牧骑也遇到了挫折和阻力，也不是一帆风顺的。改革开放以后，在"乌兰牧骑怎么改革、怎么开放、何去何从"这个问题上，也有异议。一种认为呢，改革开放了，都市场化了，乌兰牧骑也得这么走，也得走向市场。走向市场什么含义呢？在我们行业里头有这样一些意见，就是乌兰牧骑的存在没啥必要了，都改革开放了，国家又不管了，那干脆解散得了呗，都推向市场吧。

而大部分人认为，改革开放是社会发展的必然，乌兰牧骑也必然得存在，文艺也得发展，不能完全推向市场。不能商品化，商品化以后就不叫乌兰牧骑了，那就你自己挣钱、自己养活自己吧，这么一弄不是自生自灭了吗？那它推向市场干啥去？首先，国外你不能去，去也是少数的、偶尔的。长期来看，国家不管了之后，经费也没了、人员也留不住了，只能解散。所以大部分的意见就是不能完全推向市场，它是公益性的群众文艺团体，是经济和政治非常需要的一个文化单位，而且中央都是肯定的，不能解散，不能都推向市场。

在什么上改变呢？就是在服务形式上进一步为群众服务，这是它的主攻方向，不能砍掉，这是大部分乌兰牧骑的意见。随着社会的发展，条件是好了，有汽车了、有楼房了，有的还有演出车、有道具车，各方面条件都改善多了，现在乌兰牧骑想再坐马车，那马车影都看不着了。条件好了，但是性质不能变，为群众服务的精神不能变。个别的乌兰牧骑，还有个别领导，特别是主管文化的领导，在这个上面过去是有过阻力的。当时市里提出过把乌兰牧骑进行市场化运营，我是坚决不同意这看法，在内蒙古乌兰牧骑研讨会上也好，其他文章上，我都表达过我的意见。应该跟着时代的发展、经济的发展，考虑如何更加完善乌兰牧骑的体制。体制怎么办呢？比如说，高的收入不反对，有任务演出给点报酬，这是应该的，但是你把它都想着砍掉，都想着用不着，那不行。

但是少数乌兰牧骑队员思想起了波动，就是认为下乡不下乡不管事了，从迎宾到唱敬酒歌，以这个为主了。群众里头也有人议论了，说乌兰牧骑好长时间下不来了，上哪儿去了？上国外去了？是跑市场去了？挣钱去了？原来是一年最低得四五个月下乡时间，有两年就没了。群众反映这乌兰牧骑咋的了，咋没了呢？我们怎么看不着了呢？还存在不存在啊？这样，有部分队员就说下去不下去没啥用了，现在都是市场经济，都收钱。跟老百姓咋收钱？老百姓说我们给你杀两只羊不行吗，我们不交这几十块钱、几百块钱。那也不好看，那也不是我们心情啊。群众有这个反映。所以经过一段时间的思索啊，内蒙古自治区也发现了这个问题，1981年召开了全区乌兰牧骑工作会议，经过一段时间的调查，起草了调查报告，内蒙古自治区党委又拿出了在改革开放时期加强对乌兰牧骑的领导的方案。从调查报告一直到形成这个文件，是朱嘉庚和我参加的，调查报告也是我们俩搜集和起草的。

这样解决了"乌兰牧骑要不要""走向市场还是不走向市场"的问题，完全恢复了最初乌兰牧骑的情况。又重新写的报告，关于怎么改革，人员怎么改革。正当人们心里头惶惶不定的时候，领导重新定位乌兰牧骑是群众文化事业的组成部分，不能往市场经济上推，要坚持原来的方向。这样就把这70多支乌兰牧骑稳住了。有些地方的文艺团体都砍了，乌兰牧骑从中央开始就定下来了，不动。

这样给大家吃了定心丸，要不然人心惶惶啊，今天走向市场，明天推向市场，演员还有走的。重新定位以后，安定了乌兰牧骑，这样乌兰牧骑基本就在改革开放的时候没倒。原来一直争论挺厉害呢，从文化局的领导，一直到乌兰牧骑本身，都有点惶惶不安了。

刘锦山：那现在赤峰市有多少支乌兰牧骑？

乌国政：现在有9支乌兰牧骑。

刘锦山：内蒙古自治区全区有多少个？

乌国政：全区74个。基本上没动。

刘锦山：您和李宝祥老师一起去做的调查？

乌国政：对。这次他又下去调查去了，各乌兰牧骑再调查一圈，打算给2017年乌兰牧骑成立60周年做准备。另外呢，再出一期《艺苑轻骑》，共12期，现在出了11期了。

刘锦山：现在乌兰牧骑还是归文化局领导？

乌国政：是的，归文化局。这个性质和图书馆、文化馆、群众艺术馆一样。

刘锦山：是并列的。

乌国政：都是国家事业单位，正式的。

刘锦山：现在74支队伍差不多有1000多人了吧？

乌国政：全自治区一共是2300多人，基本上都稳住了。乌兰牧骑的内部改革呢，从业务上来说，节目质量提高，加强创作力量，特别是学习习近平总书记讲话精神以后，这个认识更深了。不吃大锅饭了，多劳多得，这都需要改革。另外服务项目上也要改革，老是和过去似的，理发啊、剪头啊、听收音机这些，乡下已经普及了，要用别的方式改善服务项目。现在人员基本上稳定了，经费国家有保证了，人心就平静下来，一心一意都在创造节目搞些新的东西。

刘锦山：现在网络、电视、广播比早些年，比20世纪六七十年代肯定要发达得多了，还有手机。

乌国政：发达，现在乡下老牧民都用手机了。

刘锦山：现在咱们下去演出，节目的形式啊各方面，大家还是非常欢迎的吧？

乌国政：欢迎，也照样欢迎。因为电视也好、电脑也好，老百姓讲话："那我们见不着人啊。"

刘锦山：对。

乌国政："我们还是愿意看这个乌兰牧骑演出"，是这个心情。

刘锦山：那他们就是公益的演出，有没有那些商演啊，再卖点票，有没有这样的演出？

乌国政：赶上大型晚会，或者大型庆祝活动，全区的、全国形式的这类东西呢，也适当地收点费，象征性的。内部机制调整以后呢，演员们都拉开距离了，干好干坏不一样了。

刘锦山：这样大家积极性也高。

乌国政：原来我们干多干少、干好干坏都一样，现在基本上改了。演出活动形式上，比如说，一家要过寿，我就专门派这方面的给他们祝贺去，直接送到家，送蛋糕。你像过去的服务项目，理发也好，什么也好，现在也不行了，人家老牧民也不让你理发了，你理不好，所以这些都得转变，都得改善。往什么上转变？修电脑啊、电视啊、手机啊，学维修这些东西，下去能服务啊，他有困难我能给解决了。

刘锦山：对。

乌国政：另外，就是往普及科学知识这方面转变。

刘锦山：乌局长，您到了文化馆，后来又到乌兰牧骑，什么时候到局里担任局领导，领导全市文化工作的？

乌国政：我在乌兰牧骑待了一共20多年。当时文化局缺一个蒙古族的，缺一个搞专业文化的，特别是在乌兰牧骑这方面。旗委书记鲍玉山提议就把我调过来，调过来我始终是管专业文化、专业文艺团体，但是侧重于乌兰牧骑。

刘锦山：您是哪一年调到市文化局的？

乌国政：1977年。

刘锦山：1977年还是昭乌达盟文化局？

乌国政：昭乌达盟文化局。

刘锦山：担任副局长，是吧？

乌国政：副局长。

刘锦山：那您当局长是哪一年？

乌国政：1979年。

刘锦山：1979年，到了两年后就当局长了？

乌国政：对。

刘锦山：那您介绍一下在当局领导期间，盟里文化工作方面的情况。

乌国政：我当了局长以后，主要工作重点还是乌兰牧骑，原来还有个歌舞团，这两个团体。其他主要是搜集整理民族民间艺术，另外也管群众文化，后来我们有了分管群众文化的人，我就给他了。我主要是抓专业文艺团体，重点是乌兰牧骑，再一个就是搜集整理民族民间艺术遗产，抓非遗这些东西。

刘锦山：我看您刚才拿了一本书。

乌国政：是《昭乌达民歌选集》，是我专门组织人搜集整理的，一共300多首。

刘锦山：这也是非常有价值、有意义的一项工作。

乌国政：还有非遗的东西呢，我主抓了一个叫"十支箭婚礼"的非物质文化遗产。结婚的时候用十支箭作为标志，新郎带着十支箭去娶亲。骑着马，手里拿着木箭。这个风俗有200年历史了，专门组织人搜集整理过来的，现在已经是内蒙古扶植的非遗项目，已经推到联合国去了。还找了一些文化遗产，比如皮影也搜集了一个，也是自治区的项目。其他行政的工作就是平时的事，主要是抓这些方面。

刘锦山：您哪年退休的？

乌国政：1995年。退休完了我干啥？我还是想着乌兰牧骑，我寻思我对乌兰牧骑熟悉，为乌兰牧骑著点儿书、写点儿报道，宣传宣传，鼓鼓劲，干这个了。我倡议找几个好友，像朱嘉庚、李宝祥这些人，办个刊物，经常报道它们的消息，赞扬赞扬它们的成果。今年办了11期了，最近第12期没出来呢，主要是报道乌兰牧骑的活动情况，还有回忆录。

刘锦山：1995年退休，退休也20年了。这20年您也没少做事情。办了个什么刊物？

乌国政：《艺苑轻骑》。以前李宝祥、朱嘉庚他们俩是责任编辑，我是主编。

刘锦山：月刊？

乌国政：不是，每年出一本。

刘锦山：年刊。

乌国政：对。

刘锦山：收录的内容主要是乌兰牧骑？

乌国政：对，主要是乌兰牧骑。其他也有一些文化方面的事。

刘锦山：有关乌兰牧骑协会的情况您再聊聊。

乌国政：乌兰牧骑协会，原来叫学会，后来改成协会。叫内蒙古自治区乌兰牧骑协会赤峰分会，我是会长。自治区协会里头，我是副会长。

刘锦山：自治区乌兰牧骑协会是1984年成立的，赤峰市分会是什么时候成立的？

乌国政：赤峰市分会是2004年。

刘锦山：2004年。

乌国政：对，2004年成立的。完了以后不在乌兰牧骑了，也不在文化局了，我说办这么一个东西吧（刊物），就张罗写些东西。

刘锦山：您这个工作非常有价值。把这些文献啊、资料啊，还有过去的一些东西都能够保存下来，传承了乌兰牧骑精神，对于以后大家再回顾那段历史帮助非常大。

乌国政：对。一直坚持着办到现在。原来也没经费，后来大家集资，再后来又跑财政局，又搞各种赞助。现在文化局每年拨1万块钱办这刊物，已经4年了。

刘锦山：4年了。

乌国政：以前都是我自己跑，一个是有人赞助，一个是跑财政局给资助点儿，就这么办起来的。

刘锦山：您挺不容易的，花了不少心血。

乌国政：这 11 年，我们也没有办公室，就在家写东西，像朱嘉庚、李宝祥他们都在家写。

刘锦山：也方便，在家就不用来回跑了。

乌国政：对，对。

朱嘉庚
草原艺术放光彩

采访时间：2016年10月16日
初稿时间：2021年4月26日
定稿时间：2023年10月24日
采访地点：赤峰市图书馆"赤峰记忆"拍摄现场
版　　本：文字版

朱嘉庚速写

　　朱嘉庚　汉族，1942年1月出生于四川省万县（现重庆市万州区），1959年8月考入上海戏剧学院戏剧文学系，1961年1月加入中国共产党。1963年8月毕业后支边到内蒙古工作，先后任区文联《草原》编辑部编辑、区文化局秘书、区革委会文教组干事。1971年2月调到翁牛特旗革委会工作，先后任宣传组副组长、文教局副局长、宣传部部长、旗委常委、革委会副主任。1978年5月调到昭乌达盟委宣传部工作，先后任宣传处副处长、文教处副处长、办公室主任。1984年3月调任赤峰市民族歌舞团团长兼党支部书记。1990年调任赤峰市文化局党组成员、副局长。2002年5月退休。

　　历任内蒙古乌兰牧骑全国巡回演出一队秘书，内蒙古"乌兰牧骑全国行"演出团副团长，内蒙古乌兰牧骑学会常务理事、副会长，内蒙古乌兰牧骑协会副主席。两次参与组织策划乌兰牧骑全国巡回演出活动，受到周恩来总理、陈毅副总理接见。三次参与全区乌兰牧骑经验总结调研和重要文件起草工作，带队参加全国乌兰牧骑先进团队表彰大会。先后担任长春电影制片厂、中央电视台国际频道、辽宁电影制片厂、内蒙古电视台摄制的四部乌兰牧骑影视纪录片特邀撰稿人。多次参加全区乌兰牧骑艺术节和乌兰牧骑理论研讨会筹办工作，主持或参与编写《乌兰牧骑赞》《玛奈乌兰牧骑》《周恩来总理与乌兰牧骑》《乌兰牧骑发展史》等著作。为乌兰牧骑全国巡回演出和各地乌兰牧骑创作了一批优秀节目，其中，《草原故乡》被选入北京电视台1984年春节联欢晚会现场演唱，《乌兰牧骑之歌》被长春电影制片厂选定为乌兰牧骑大型艺术纪录片主题歌，《生命树》等被评为新中国成立五十周年进京演出优秀作品。2007年，被内蒙古自治区党委宣传部、文化厅、广电厅联合授予"乌兰牧骑事业奉献大奖"。

历任中国少数民族戏剧学会常务理事、内蒙古戏剧家协会常务理事、赤峰市戏剧曲艺家协会主席。带领赤峰市民族歌舞团挖掘研制9种28件民族乐器，荣获全国文化科技成果奖。该团被选调进京示范演出，并赴加拿大开展文化交流演出，受到时任国家副主席乌兰夫接见题词和国家民委、文化部联合嘉奖。分管赤峰市"五个一工程"戏、歌、舞三项工作12年，组织带领全市文艺队伍，创作演出《红石山》《赖宁》《太阳契丹》《彩虹》《大漠绿海》等优秀剧目，荣获中国评剧艺术节、中国京剧艺术节、全国优秀儿童剧展演、全国舞剧新剧目调演优秀剧目奖和全国少数民族戏剧创作银奖，为赤峰市荣获自治区"五个一工程"奖六连冠做出了贡献。1999年，被评为内蒙古自治区宣传文化战线先进工作者和赤峰市劳动模范。

退休以来，协助内蒙古乌兰牧骑协会做调研、编写和展览工作，应邀参与全区乌兰牧骑创作策划、国家艺术基金申报策划、内蒙古草原文化节和赤峰红山文化节创意策划工作，成为资深学者型创意策划人。

宋英达：今天"赤峰记忆"采访的是原赤峰市文化局副局长朱嘉庚先生。朱嘉庚先生是资深的文化工作者，也是老文艺战士、老艺术家，对赤峰历史上好多

图1　朱嘉庚（左）接受"赤峰记忆"采访

文化方面的大事情，包括内蒙古自治区好多大事情，都是烂熟于心的。

朱嘉庚：感谢宋主任，我也很荣幸能够参与到"赤峰记忆"项目中。

一、乌兰牧骑进京汇报演出

宋英达：今天我想先说说乌兰牧骑的事。乌兰牧骑从诞生到发展，您一直都是亲身经历，更重要的是，您夫人就是翁牛特旗乌兰牧骑第一批队员吧？

朱嘉庚：对。

宋英达：而且你们还是两个民族，您是来自南方的汉族，她是在北方生活的朝鲜族，这也是一段民族团结的佳话。那您就给父老乡亲们说说乌兰牧骑的事。

朱嘉庚：我是1963年从上海戏剧学院毕业以后，支边到内蒙古工作的，在内蒙古文化局就分管乌兰牧骑这个事，到现在是50多年了。

1964年11月，全国少数民族群众业余艺术观摩演出会在北京召开，中宣部和文化部指定让内蒙古组成一个乌兰牧骑代表队参加。为啥要让乌兰牧骑参加呢？乌兰牧骑是深入最基层的、为农牧民服务的这么一个草原轻骑队。乌兰牧骑到了北京以后一演出，一下子在北京引起了很大的轰动。为啥？就是乌兰牧骑深入基层、艰苦奋斗、情系群众、全心全意为农牧民服务的精神，鲜活的农牧民形象引起了首都文艺界和各族观众的欢迎。所以这样的话，中宣部、文化部就决定调这个队去参加1964年的全国少数民族群众业余艺术观摩演出会。一共演了20多场。

1964年12月31日，乌兰牧骑在人民大会堂小剧场参加了首都的元旦联欢演出。专门给乌兰牧骑一个小剧场单演，其他还有首都各界的文艺演出。开演之前，周恩来总理来了，哎呀，这一下子全场起立，热烈鼓掌。周总理进来以后，一看观众都坐满了，就在布赫[①]陪同下，坐在观众席边上。我正好是在北京做乌兰牧骑的宣传工作。我那时候在中国戏剧出版社、人民音乐出版社沟通编书的事，那天晚上我在场。布赫就让我坐在他的旁边，总理有啥指示我都得记，我那时候是内蒙古文化局的秘书。总理边看演出边鼓掌，鼓励我们路子走对了，应该发扬光大。那么怎样发扬光大呢？乌兰牧骑是社会主义的新生事物，周总理建议我们应该到全国各地去演出，宣传毛泽东思想，把乌兰牧骑的经验带到各地去，让全国的文艺团体响应起来。

我记得那时候布赫局长给总理介绍，我们乌兰牧骑是轻骑队，12个人能演几场，队员一专多能。再一看，不对，好像是13个人。布赫就愣了，哎哟，我们平常排练都是12个人，演出也是12个人，今天怎么出来13个人了啊？布赫就告诉我："小朱，你上后头去问问怎么回事？"我就赶紧跑到后台一问，原来是一开幕，大家看见周总理和布赫局长坐在观众席旁边，高兴了哟！高兴得演完一个节目回去，就在后台议论："周总理来了，周总理来了！"结果我们那个导

---

① 布赫，原名云曙光，蒙古族，1926年3月出生，2017年5月去世。历任内蒙古自治区文化局副局长、党组书记兼自治区文联主任，内蒙古自治区党委常委，国家民委副主任，内蒙古自治区党委副书记、政府主席等职务。中共第十二届、第十三届中央委员，第十四次、第十五次、第十六次党的全国代表大会代表，第七届、第八届、第九届全国人民代表大会代表。第八届、第九届全国人民代表大会常务委员会副委员长。

演他也想看看周总理，他就想了个招，马上穿件蒙古袍，正好下一个节目是民乐合奏，12个人都在场，每人一件乐器，他因为是导演，他熟悉这个节目，他就拿了个梆跟着上去了，梆当梆当敲着，以为别人看不到自己，结果就多出一个人来。我回去就赶紧告诉布赫局长，我说那个导演想看总理，这样就多出来一个人。

看完节目以后，因为是1964年的12月31日晚上，第二天就是元旦，当时布赫局长就跟我说，你马上把总理的讲话整理一下，整理完立即电话传回到内蒙古自治区文化局，让文化局立即报告自治区党委政府，要宣传乌兰牧骑。我就赶紧整理以后，连夜打长途告诉咱们在家的党组成员、局长们，他们再向内蒙古自治区党委汇报。周总理对乌兰牧骑的关心，给我留下了深刻的印象。

周总理指示要拍乌兰牧骑的电影。1965年长春电影制片厂（简称"长影"）组织了一个摄制组，导演叫刘文华，是"长影"的一个青年导演。开头这个本子是谁写的呢？就是内蒙古的一个著名的蒙古族作家，叫安柯钦夫，他写了以后，"长影"先看。"长影"有剧本室，看完以后觉得他是个写小说的，对电影不是太熟悉，所以这个不好拍。后来他们就提出意见来，能不能找熟悉电影，又熟悉乌兰牧骑的人来写这个本子。后来内蒙古文化局党组找着我，因为我对乌兰牧骑熟悉，另外对电影也比较熟悉，我在上海戏剧学院学的专业是话剧和电影编剧。为了保险，又从内蒙古电影制片厂给我派了一个编剧叫何守中，我打头，我们两个合作，用了三个月时间，把这个本子写出来了。因为写这个本子还要到底下去调查，写出来先送内蒙古文化局党组，然后是内蒙古党委宣传部，宣传部看了觉得可以了以后，请乌兰夫同志看一下，乌兰夫同志看了以后认为不错，就报到中宣部、文化部。中宣部、文化部对电影的题材审稿比较严，林默涵副部长看了认为不错，这样就报告总理，认为这个本子可以了，可以边拍边完善，总理同意了，这样"长影"就组织了内蒙古各个乌兰牧骑，选了优秀队员，组成一个12个人的电影拍摄队。这个队长是谁呢？就是咱们翁牛特旗乌兰牧骑的指导员吴甫汕，还有翁牛特旗乌兰牧骑的一个演员叫朱志会。然后就开始拍，一直拍到1966年的6月，整个外景全部拍完了，就开始准备剪辑，但"文化大革命"开始了，这个片子就被打入另册，没有实现总理的愿望。

到了1976年粉碎"四人帮"以后，文化部认为这个题材非常重要，内蒙古党委、政府也认为这个题材重要，就拍了个故事片，叫《战地黄花》。这个故事片是根据谁的作品拍的？是张长弓同志，著名作家，咱们赤峰人，根据他写的乌兰牧骑的长篇小说改成电影本子，由北京电影制片厂拍成故事片。拍的时候，张长弓还专门请我到北京去，一块对这个本子进行补充，因为我原来写过一遍那个本子，我比他了解得更多，我参与进一步补充修改。这个本子出来以后，也让我参与修改。这样的话在1976年的12月开拍，到1977年的5月拍完，然后公演了。再后来，中央新闻纪录电影制片厂还拍了新闻片，中央电视台国际频道专门约我写了一个对外的乌兰牧骑宣传片叫《草原轻骑》，拍了50多分钟，最初在中国香港放映，然后到国外30多个国家放映、宣传，把乌兰牧骑宣传出去。这就是拍摄乌兰牧骑大型艺术纪录片《乌兰牧骑之歌》的前后情况。

二、乌兰牧骑全国巡回演出

宋英达：乌兰牧骑可以说是文艺战线的一朵奇葩。这个奇葩吧，我觉得，一个方面是群众的创造、基层文艺工作者的创造，更重要的也和老一辈无产阶级革命家、国家领导人，像周总理这样，对他们的关注、关心、支持分不开。其中不少事您都了解是吧？

朱嘉庚：还有不少。1965年的2月到5月，在内蒙古党校办了一个全区乌兰牧骑集训班。全区共37支乌兰牧骑队伍，全部集中到内蒙古党校。乌兰夫同志在开学典礼上讲话，一定要把这个班办好。这个班的举办，一个是提高全区乌兰牧骑的思想素质和业务素质，另外一个是从中选拔三支队伍去全国巡回演出。我的任务就是具体组织这三支队伍的人员选拔和节目安排。当时我和内蒙古文化局的一位副局长，还有艺术处的两位干事，我们4个人负责这个事。

三支队伍组成以后，在1965年5月31日经文化部批准进京，由内蒙古文化局组织的三个干部带队，有席宣政，有宝音达来，还有个艺术处处长，三位带队。我在一队，就是老一队、第一次进京的那个队，担任秘书和党团支部委员。我们有党团支部啊，出去以后思想政治工作，怎么搞好革命化，要靠党团支部。我是党团支部委员，因为我在上海戏剧学院就入党了，那时候算是老党员了，已经5年了，我19岁入党。到了北京以后，林默涵同志先听汇报，听完汇报和中宣部、文化部一块看演出，大家认为不错，就报告总理说可以到全国去演出了。

总理在我们去演出之前，让中央办公厅给各地打电话，表示这个乌兰牧骑是在毛主席《在延安文艺座谈会上的讲话》精神的指引下诞生的文艺轻骑队，这次到全国去演出，宣传毛泽东思想，宣传乌兰牧骑的经验，带动全国文艺界更好地为基层的农牧民服务，为基层老百姓服务。所以各地就非常重视，总理对我们全国巡回演出三个队的日程安排、节目选拔，还有吃住都非常关心。少数民族地区的同志到内地去，他们的生活可能不大习惯，天热了、天冷了，这些都要照顾好。在周总理的指示下，各地组成了接待组，我们到哪儿都受到热烈欢迎。然后我们三个演出队，从1965年的6月一直到1965年的12月底，用了7个月时间，走了27个省区市。我们不但在大城市会演，还深入老革命根据地去慰问演出，像井冈山、瑞金、大别山、延安，等等；而且深入工厂、农村、学校、部队。主要在基层演，在大城市一般演个五六场，到底下都活动一个月或20多天。

三个队同时出发，走遍全国各地，在全国引起很大的反响，这里有很多很生动的故事。我跟着的是一队，我们到了井冈山，演出完了以后，我们要离开了，那个井冈山原来的老红军啊，非常喜欢这个队伍，说这就是当年的红军宣传队。我们有很多宣传队——就是当年的红军宣传队的老队员跟我们一块演出。走的时候，送红薯，给我们砍了井冈山的两根长竹子，送给我们当旗杆，让乌兰牧骑要举着井冈山的红旗，永远前进！

宋英达：好，这多好！

朱嘉庚：我们到了延安枣园，毛主席的旧居。枣园的老百姓看了我们演出，非常高兴，给我们送了两篮大红枣。我们拿着这个红枣，每一个人都舍不得吃，一人留了两三个红枣作为纪念，一直带回内蒙古，交给内蒙古文化局。这么多珍贵的礼物。然后我们到了大庆，那时候刚好是全国学大庆。

宋英达：那时候好像学大庆，学乌兰牧骑，这都是齐名的。

朱嘉庚：全国学大庆。

宋英达：两个典型到了一起。

朱嘉庚：结果到了那儿以后呢，铁人王进喜，我们在剧场演出时他去看了，他要请我们到他那个英雄钻井队去，到那个钻井队的平台上去慰问演出，就是到钻井的油台、打井台上去演出，我们非常高兴。演出时，钻井队的工人同志们非常欢迎，周围的都来了。就要演出了，我们跳《顶碗舞》的演员，当时碗却没带在身边。因为大庆那个地方吧，它是一个沼泽地，车离那个井台挺远的，不能让工人同志们等着，所以就拿着工人同志们吃饭的那个东北的大撇口碗，顶着演出，本来我们是小龙碗顶头上。我们有新闻记者跟着的，说一旦这个碗掉了的话……

宋英达：掉了也无所谓。

朱嘉庚：为工人演出，我们用工人吃饭的、喝水的碗，掉了也不怕。

宋英达：就是嘛。

朱嘉庚：掉了也不怕，结果演了没掉。

宋英达：技术过硬。

朱嘉庚：没掉，技术过硬。飞转，一分钟70多转，最后工人们非常高兴，然后就唱歌。头一首歌就唱的是石油工人歌《我为祖国献石油》："锦绣河山美如画，祖国建设跨骏马。我当个石油工人多荣耀，头戴铝盔走天涯。"唱完以后高兴鼓掌，然后就唱我们内蒙古的歌。一唱就连着唱了10首歌。铁人王进喜就坐在前头，挨着演员，一看演员都是汗了，站起来对后边说："同志们不要再鼓掌了，孩子们太累了，孩子们太累了。"一下，满场的掌声静下来。

我们到延安的时候，大家知道延安老百姓非常欢迎我们，就要唱《南泥湾》、唱《绣金匾》，歌颂延安精神，歌颂南泥湾。

圆满完成任务以后，我们一共3个队，在全国行程是10万公里，演出了600多场，观众上百万人次。各地区不但老百姓看了演出，只要是县一级以上的文艺团体、文艺工作者也全部组织到省里头观摩。最紧张的时候，没有票，就两个人一张票,你看上半场,我看下半场。在全国各地掀起了向乌兰牧骑学习的热潮,使乌兰牧骑在全国人民心中扎下了根。所以说乌兰牧骑能够有后头的发展,是那一次周总理让乌兰牧骑到全国巡回演出,给我们乌兰牧骑事业打下了一个很好的基础,在全国人民心中打下了很好的基础;同时,这也使乌兰牧骑本身受到了教育,得到了提高,向全国人民学习、向老革命根据地学习、向各地的文艺界的同志们学习,使乌兰牧骑自身也得到提高。

三、周恩来总理接见乌兰牧骑

宋英达:还有请乌兰牧骑吃饭是吧?

朱嘉庚:这我就要说了。我们全国巡回演出不是回到北京了嘛,回到北京之前,总理就给文化部、中宣部说了,乌兰牧骑同志们在全国巡回演出非常辛苦,回来后应该好好安排,让他们在北京休整一段时间。这样我们到北京以后,就在北京住了一个月。一是总结,二是要向北京的各界群众汇报演出。我们刚回到北京,周总理就在人民大会堂山东厅接待我们,表扬我们取得了很大成绩,应该写一个乌兰牧骑赞。根据总理这个指示我后来写了《乌兰牧骑全国巡回演出散记》,新华社跟我们的记者又写了一个《长征万里为人民》大型报告文学。过了些日子,周总理在中南海请我们吃饭。总理自己没说,实际上这顿饭是总理自己掏的钱。吃的啥呢?玉米面窝窝头、大烩菜。

宋英达:这顿饭安排吃这些东西,也是有良苦用心的,是吧?

朱嘉庚:嗯,有很深的含义。而且这个呢,也是周总理平常的饭菜。吃完饭以后,我们联欢,给周总理演我们在全国巡回演出时候的一些小节目。结果正好呢,演到我写的那个歌叫《草原儿女爱延安》,是民族小合唱。这个歌是怎么回事呢?是我们去延安的时候,在路上写的。因为那个时候让我们去延安,大伙都很激动,延安是中国革命圣地、全国人民向往的地方,所以我们能够去,一定要走哪儿唱哪儿,乌兰牧骑有这个传统。大伙集体创作,我就在火车上写词,我们导演叫祁·达林太,他谱曲,谱完曲就在火车上排。我们坐火车坐了一天多,到了西安节目也排出来了。一到延安，首场演出《草原儿女爱延安》，开头四句是"延河的水啊延安的山，延安精神代代传。没到延安想延安，来到延安爱延安。"哎呀，这个底下的观众热烈鼓掌，等我们演完以后，观众不散，非要让我们当场教唱这首歌。当时我们的演员就在剧场里头教，教了一个多小时，大家学会了。从此，《草原儿女爱延安》就随着乌兰牧骑的足迹，传遍了延安、传遍了陕北，一直带到了北京。

周总理听到这个歌，然后就告诉他旁边的周荣鑫，国务院秘书长、总理办公室主任，让周荣鑫去找这个作者把词曲写下来。然后周荣鑫就问我们的领队，说这谁写的？领队说这是小朱写的，就把我叫到一边，在紫光阁旁边一个小屋，给我一支铅笔、一个拍纸簿，把词曲写下来。我就工工整整写，我字儿写得好，花了有20多分钟就写完了，这边节目也快演完了。一演完，周荣鑫主任说写完了吗？我说写完了。他一看，不错，工整，然后就把我领到周总理那个座位面前。一看我进来，总理站起来了，我一看总理站起来，我赶紧上前握手。

宋英达：那时候你才二十三四岁吧？

朱嘉庚：我那个时候才23岁。总理希望我能够扎根内蒙古一辈子，全心全意为各族人民服务。当时我非常激动，站起来跟总理说："总理您放心，我一定做到。"总理还表示能不能教他唱这首歌。我赶紧招呼大家来教总理，很快总理就学会了。总理学会之后自己又单独唱了一遍。

四、不负总理嘱咐，一生扎根基层

宋英达：这里边还有很重要的一个情节，就是总理鼓励您在内蒙古扎根。您用您一生的实践，实现了这个要求。

朱嘉庚：我做到了。

宋英达：那个时候你结婚了吗？还没有？

朱嘉庚：还没结婚。乌兰牧骑全国巡回演出中，我爱人宋正玉跳的《顶碗舞》。

宋英达：她跳《顶碗舞》。

朱嘉庚：她跳《顶碗舞》是头一个，她创作的。后来她被推选为内蒙古自治区青联副主席。

宋英达：青联副主席。

朱嘉庚：青联副主席、内蒙古自治区人大代表、全国文代会的代表。后来我们结婚以后，她在翁牛特，孩子她不能带呀，她在乌兰牧骑。我们孩子搁在呼和浩特市的郊区，找了个奶母，还没满月就送给奶母，她得回来演出，她也是副队长。这样，我在呼和浩特市城里头，岳父在翁牛特旗的鲜兴大队，一家4口就这样。我当时就要求到翁牛特，内蒙古当时不放。内蒙古当时的政治部主任叫权星垣，原来的内蒙古自治区党委书记处书记，他不放。我当时在内蒙古革命委员会文教组，笔杆子，对乌兰牧骑了解，又是上海戏剧学院毕业的，入党又早，根本不让我走。后来我说我必须去，总理让我扎根基层。这样我就到了翁牛特，后来又调到昭乌达盟。1983年，我们母校要我回去，我也没回去。我是1959年考入上海戏剧学院，1963年毕业，在学院入的党。当时学院入党就我和祝希娟两个人，祝希娟是表演系的，我们俩表现都好。后来上海戏剧学院想让我回去，因为老教师少。

图2 《顶碗舞》首创者宋正玉

宋英达：让您当老师？

朱嘉庚：让我到戏剧文学系任教。我没回去，我毅然决然到了赤峰市民族歌舞团。我开头去是翁牛特旗宣传组副组长、文教局副局长、宣传部部长，然后是常委、革委会副主任。到1978年5月才调到昭乌达盟，当时是白俊卿、包玉山指名调的我。调到盟里头在宣传部分管文化、分管艺术，再后来，又让我到歌舞团。

  2001年，内蒙古组织乌兰牧骑全国第二次巡回演出，由中宣部和内蒙古党委宣传部组织，他们借调我到内蒙古担任这个全国巡回演出团的副团长，因为我熟悉，比较了解。演出团一直演到江苏，我就跟江苏省委宣传部提出来，我们乌兰牧骑必须到淮安去，要给周总理的家乡演。为啥呢，周总理多次接见乌兰牧骑，对乌兰牧骑这么关心。得到了江苏省委宣传部的支持，我们到了淮安。淮安有个周恩来纪念馆，我们在到淮安的当天下午，就到周恩来纪念馆去参观学习，我领着全队去参观学习，给他们讲，周总理是怎么把乌兰牧骑扶持起来的，是怎么关心乌兰牧骑的。最后我们向周总理的铜像鞠了3个躬，然后把《乌兰牧骑赞》《乌兰牧骑大事记》献给了纪念馆。我就说，总理让我扎根基层一辈子，我现在可以说我做到了。因为我2002年就退休了，2001年去的周恩来纪念馆。我做到了。我们回来后老宋非常高兴，说老朱也把我的心意了了。这个里头就有一张照片，就是我们在周恩来纪念馆合影的照片。所以我一生对周总理都很敬仰、

图3　2001年，内蒙古乌兰牧骑第二次全国巡回演出队在江苏淮安参观周恩来纪念馆时合影

崇拜，总理对乌兰牧骑的指示、总理对乌兰牧骑的关心，我铭记了一辈子、坚持了一辈子。我们今天为啥要说这些事？就是想让我们乌兰牧骑的下一代，包括年轻人永远记住周恩来总理对我们少数民族的关怀、对我们民族文艺的关心、对我们乌兰牧骑的爱护，把这个精神传下去。

宋英达：我觉得这是抓住了乌兰牧骑精神的主旨，周总理关心乌兰牧骑，也是关心这个文艺方向的问题。在今天的新时代，习近平总书记主持召开文艺工作座谈会并发表重要讲话，就是强调文艺要接地气，要为人民服务。这一点我觉得作为文艺工作者，是永远应该铭刻在心的。

朱嘉庚：我是一个支边青年，我向内蒙古各族人民学习。2013年，我和达·阿拉坦巴干厅长，专门编写了一本《周恩来总理与乌兰牧骑》，得到内蒙古党委宣传部的支持。2014年正式出版，算是对总理的一个怀念和感激吧。这本书26万多字，其中包括布赫的回忆文章、乌兰夫的回忆文章、文化厅，还有一些老队员的回忆文章，还包括乌国政局长的文章，我都收集齐了。我和巴厅长写了一个长篇文章，1万多字，在《中国文化报》整版发表，然后2014年集成这么一本书。

宋英达：您这段历史很有传奇性，我听了以后，也觉得挺令人动容。"赤峰记忆"应该永远铭记你这段历史，更应该永远铭记乌兰牧骑这段历史，让乌兰牧骑精神永远发扬光大。对了，您回来以后还做了大量的文化方面的创新工作吧？

朱嘉庚：对。我们回来以后，我参加了三个大的乌兰牧骑的文件起草。第一个是《乌兰牧骑在毛泽东思想照耀下前进》，一个大型的经验总结文章，《人民日报》全文发表，登了整整一版。第二个是布赫当了自治区主席后，他让我们搞一个内蒙古自治区乌兰牧骑条例，要形成一个法律性的文件。1985年，那时候我已到赤峰市民族歌舞团了，当时抽调我、乌国政局长，还有巴厅长，还有刘希燕，内蒙古文化厅艺术处的处长，我们四个花了3个月时间，起草了《内蒙古自治区乌兰牧骑工作条例》。最后是1985年以内蒙古自治区人民政府文件下达的，这样的话使乌兰牧骑有个规范性的文件。①

宋英达：这个叫政府规章，法律地位仅次于地方性法规，比规范性文件要高，稍微低于人大通过的地方性法规。

朱嘉庚：对。

宋英达：这也都不简单。这是从法律上确定了乌兰牧骑的地位。

朱嘉庚：要不然有的人可以不遵守，你也没办法。有了这个就不同了。2009年，内蒙古党委宣传部乌兰部长，又抽调我、乌国政局长起草了关于乌兰牧骑的调研报告。当时文化体制改革，文化部、中宣部下了个文，提出除了新疆、西藏以外的省区市的县一级文艺团体推向市场。乌兰牧骑就是内蒙古的县一级的文艺团体，乌兰牧骑是公益性的服务，怎么能推向市场呢？当时内蒙古领导就着急了，把乌国政局长我们俩找去，把巴厅长，我们这些老人集中在一块，经过调研起草文件。内容就是乌兰牧骑的光辉历程、乌兰牧骑的基本经验、乌兰牧骑的现状和问题、乌兰牧骑今后继承发展的对策，2万多字。写出来以后，由内蒙古党委宣传部乌兰部长主持会议，反复讨论修改，修改了3遍，最后形成了内蒙古党委办公厅、政府办公厅联合批准的五部委文件，内蒙古党委宣传部、内蒙古文化厅、内蒙古人力资源和社会保障厅、内蒙古党委机构编制委员会、内蒙古财政厅，就是从人、物、事、活动全部涵盖了。它们联合发了一个文件，确定乌兰牧骑是公益性的文化事业单位，再次重申它是为边疆民族地区进行公益服务、公共文化服务，提供公共文化产品的一支轻骑队。所以他们下乡每一场补助2000元，老百姓不需要掏钱，这样更好地文化惠民。这个报告经内蒙古党委批准以后，送到文化部、中宣部，文化部、中宣部一看这个，就把原来的那个规定改了：内蒙古的乌兰牧骑，凡是牧区和半农半牧区的一律予以保留，还是按照公益性文化事业、全额文化事业单位对待。一下子稳定住了。

---

① 近年来，为适应乌兰牧骑事业发展需要，加大对乌兰牧骑建设和保护力度，内蒙古自治区有关部门在总结该规章实施情况的基础上，积极开展制定地方性法规相关工作。2019年，内蒙古自治区第十三届人大常委会第十五次会议审议通过了《内蒙古自治区乌兰牧骑条例》，于2019年11月1日起实施。

宋英达：这就是保住了乌兰牧骑，同时也赋予了乌兰牧骑新的生命。不然的话，推向了市场，那就不是这种性质。

朱嘉庚：牧区咋推向市场？

宋英达：是啊，对。

朱嘉庚：有时候看的人还没有演员多。

宋英达：真是。

朱嘉庚：老百姓咋给你掏钱？

宋英达：怎么去赚老百姓的钱？你推向市场就是赚老百姓钱了。

朱嘉庚：对。后来就是政府买单、群众受益，乌兰牧骑搞公益演出，现在已经确定下来了。现在每一个乌兰牧骑一年能有二三十万元的下乡演出补贴，日子好过多了。

另外，我再最后讲一个跟乌兰牧骑有关的事。1984年，北京一台电视春节晚会特邀我写歌，叫《草原我的故乡》，代表全区乌兰牧骑参加演出。

宋英达：是谁唱的？

朱嘉庚：是内蒙古直属乌兰牧骑的队长、著名的歌唱家牧兰唱的。一下又把乌兰牧骑的影响提高了一步。

宋英达：要在全国文艺界重提乌兰牧骑？

朱嘉庚：对，我挺高兴。乌兰牧骑又在北京亮相了，就通过我写的这个歌《草原我的故乡》。作曲是谁呢？图力古尔，内蒙古直属乌兰牧骑。这样把乌兰牧骑又推进了一步。基本上乌兰牧骑的情况，我就说这么一些吧。

宋英达：这是乌兰牧骑的前期发展、中间的一些经历，到现在，乌兰牧骑又获得新生，应该说很完整了。

五、挖掘研制蒙古族民族民间乐器群

宋英达：最近你可能不是很清楚，在新区要有一个大型的公园，新区管委会和我们景观委员会策划的音乐公园，初步就起名叫"牧歌音乐公园"。在这个公园里会重现很多赤峰地区的音乐现象，如《牧歌》《义勇军进行曲》也是在这儿采风的。除此之外，还有历史上在赤峰地区活跃的一些少数民族，他们的音乐现象、歌舞、音乐都有。我知道20世纪80年代的时候，赤峰地区曾发掘过历史上的少数民族乐器，这个您也是亲自参与的，把这个事儿给大家说说。

朱嘉庚：各民族有自己的歌舞，有自己的特色，这样各个民族一组织，不就百花齐放了吗？1982年，盟委、白俊卿书记、佟兴武部长他们满处找，得派一个人到赤峰市民族歌舞团去。一寻思，盟委那个院里头，就我是文艺出身，干过这个，另外一个，跟乌兰牧骑又见过总理，这样，就决定派我去。谁跟我谈的话呢？白俊卿书记。这咋整？你得去。哎呀，当时正好上海戏剧学院让我回去当老师。

宋英达：就那会儿。

朱嘉庚：这咋整啊？辽宁电影制片厂也要我过去，当时谁要我呢？是尚文。尚文原来是咱们赤峰的组织部部长、"五七"战士，调回辽宁以后，任省委常委、组织部部长。还有刘异云，刘异云是在翁牛特旗下放，调回去以后是辽宁省委常委、宣传部部长。他们俩要建个辽宁电影制片厂，也想让我去。最后，白书记让我先去帮他们一年忙，回来后再上歌舞团。这不是1982年吗？1983年我就到辽宁帮忙干了一年，建辽宁电影制片厂，还拍了一部故事片，叫《小巷幽兰》，得了精神文明建设优秀影片。白书记跟我说，完成任务了，就得按时回来。后来我回来了。这时候的王凤岐是赤峰市委常委、宣传部部长了。王凤岐跟我谈，要我去赤峰市民族歌舞团，我就去了赤峰市民族歌舞团。

我是1984年3月8日到的赤峰市民族歌舞团，任歌舞团团长、党支部书记，副处级待遇。去了以后，当时我就琢磨，工作该怎么做呢？我先从组织上进行改革，就把歌舞团分成4个部分。一个部分是话剧队，话剧小品曲艺队。当时话剧队挺兴旺，黄伟光、李宝林，包括宋国锋当时还在红山区乌兰牧骑演话剧。这话剧队我们排了什么呢？排了《魂牵万里月》。排了好几部话剧，如结合农村的《张灯结彩》，等等。然后我又搞了两个歌舞队，叫民族歌舞一队、民族歌舞二队。民族歌舞一队主要从事牧区歌舞创作演出；民族歌舞二队主要从事农村的歌舞演出。这样整个面就铺开了。然后我又搞了一个乐器研制组，三队一组。为啥想起来要搞乐器研制组？其中有个"核"，就是赤峰市民族歌舞团要有自己的特点。这个特点怎么找？我就领着博迪、杨亚宁，去内蒙古各盟市转了一圈。先到的鄂尔多斯，鄂尔多斯的舞蹈厉害，像"鄂尔多斯舞""筷子舞"，对吧？它的舞蹈有特点；然后再到锡林郭勒盟，锡林郭勒盟的声乐厉害，长调、呼麦，歌王哈扎布都是锡林郭勒盟的，他们这方面厉害；然后转到哲里木盟，哲里

图4 博迪

木盟是曲艺厉害，说书、好来宝；然后再到呼伦贝尔，呼伦贝尔3个少数民族，对吗？

宋英达：对，3个少数民族。

朱嘉庚：鄂伦春族、鄂温克族、达斡尔族，厉害。这样他们都有自己的长处，我们赤峰怎么办？正好回来以后，我到了喀喇沁旗，在喀喇沁亲王府里头，我们翻到一张照片，就是当年的王府乐队。贡亲王在的时候王府成立了个王府乐队，王府乐队里头有13个人，有什么呢？里头有胡笳、有筚篥、有火不思、有马头琴、有蒙古筝、有笛子，还有鼓，这么个乐队。这个乐队里头有一个人就是汪景仁的爷爷，哈哈。汪景仁的爷爷那时候才十几岁。我一下子受到启发，既然有历史根据，我就整民族乐队、整民族乐器，整一个当时在全国来说，全部以蒙古族乐器装备起来的完全的蒙古族乐队，当时内蒙古也没有。这个主意拿定以后，回来就在我们团里面开会讨论、研究，大伙挺赞成。我这边就组织了一个乐器领导小组，我任组长，吴甫汕、博迪、热喜任副组长，这是一个组；另外一个是乐器研制组，就是由刘宝玉等一共12个人组成。我把整个歌舞团凡是能够懂点乐器的都组织起来。我说你们开始干，开始看。先照着喀喇沁这个样子给我先

复制。我这时候就领着博迪跑北京、跑自治区。先到自治区，他们一听，太好了。因为当时正好是什么呢？正好是粉碎"四人帮"以后，民族艺术要想恢复，人家甘肃整了那个《丝路花雨》。

宋英达：正是青黄不接的时候。

朱嘉庚：嗯，青黄不接的时候嘛。内蒙古怎么搞？

宋英达：反弹琵琶那时候。

朱嘉庚：那《丝路花雨》已经搞出来了。

宋英达：对。

朱嘉庚：那我们怎么整？我说我整民族乐队，打出去。自治区文化厅非常高兴，因为我在文化厅工作过，人家说，小朱倒是行，然后陪着我们上北京给文化部汇报。文化部一听，高兴了，哎呀，我们正要在全国抓典型。

宋英达：抓典型，抓特色。

朱嘉庚：我们有特色，文化部高度重视，把赤峰作为文化部全国民族艺术的联系点，等于蹲点。

宋英达：有试验田性质。

朱嘉庚：文化部就派了少数民族文化司司长牟耕和副司长吴俊学他俩来赤峰看看。因为你光说不行，得先来看看，跟着我们回来一看，歌舞团热火朝天啊，我把那个大会议室变成制作车间，这边组织一个叫作领导小组，里头聘了不少专家，包括老团长蒙和、苏赫、大连乐器厂的总工程师、营口乐器厂的总工程师，中央民族歌舞团、中央民族学院（现中央民族大学）音乐研究所的所长、研究员，我都聘来当顾问，还包括上海的笛子大王陆春龄。这一看，好家伙，顾问团很多，热火朝天地干了，那个大会议室变成了工厂。放心了，说："你们抓紧弄，1985年，我们请你们到北京来。"这样我们就赶紧干。我们干了半年，乐器都制出来了，又组建一个民族乐队，请的济南军区前卫文工团的指挥给排练。

到了1985年10月，就把我们调到自治区演出去了。一演出，爆了、火了，布赫一听，他要看。布赫主席领着分管的赵志宏副主席，还有白俊卿，白俊卿是赤峰人，当时已经是内蒙古分管农业的副主席。他们三个，一个主席、两个副主席拍板，支持我们进北京。这样到的北京演出。

到北京演出以后，领导又提出些意见来：整个剧目不要光是乐队，还要有舞蹈，还要有声乐，晚会丰富点，不要光是音乐会。那两位司长又跟着我们来了赤峰，这回因为在内蒙古叫响了，一回赤峰，市委书记高再堂、市长才吉尔乎等四大班子全来了。因为布赫主席在那儿发话开现场会，明年要去，你们说要啥给啥，但是必须得使这个节目达到文化部的要求，给中央汇报。这是国家民族事务委员会的要求。这样我们就赶紧突击排练，1986年春节过后，大概3月，国家民族事务委员会、文化部、内蒙古文化厅来审查，通过了，1986年5月1日正式进京汇报演出。这个定了以后，1986年4月，布赫主席就领着白俊卿、赵志宏到赤峰来，给我们团进京送行。

六、歌舞团进京汇报演出

宋英达：你们做得很突出，光是那个新研制的乐器，你们叫作发掘，就是通过图形什么的把古代乐器复活了吧？

朱嘉庚：有胡笳，蔡文姬那个《胡笳十八拍》的胡笳。

宋英达：胡笳这个乐器过去一直在文学作品里出现，其中最著名的是《胡笳十八拍》。但是到底胡笳长什么样子，没有实物了。在那次的研制过程当中，胡笳又出来了。

朱嘉庚：对。

宋英达：现在，胡笳的专家、胡笳的演奏师是敖金生他们吧？

朱嘉庚：对，敖金生。中央音乐学院、中国音乐学院的一些专家，以及中国艺术研究院的专家说：我们研究了几十年，就没有见到这件乐器，今天终于看见了这件乐器，听见了它的声音，以前都是在史料里头。所以《人民日报》（海外版）发了一篇报道，引起了国内外的高度重视。

宋英达：这很重要。

朱嘉庚：这等于文物似的。完了以后，我们当时就确定，领队就不能是文化局了，领队是市长才吉尔乎，副领队是苏赫、任立生，加上内蒙古文化厅白朝蓉厅长，内蒙古民族事务委员会的主任荣胜盛。我们110多人浩浩荡荡出发，四大班子给送行，高再堂等都来送行。

宋英达：1986年是吧？

朱嘉庚：1986年4月26日到了承德，不让走。承德跟咱们是邻居。

宋英达：听说了这个事？

朱嘉庚：他们听说了这个事，而且是才市长领队，不让走，必须在他们那儿演两天。哈哈。把承德宾馆腾出来，两天演了4场。

宋英达：具体怎么安排的？

朱嘉庚：下午一场，晚上一场。才市长说："这承德跟咱们是邻居，行，在这儿演也好，等于到北京之前预演一下。"一下子在承德也火了。才市长当时还跟我说："嘉庚，你这个曲子《胡笳十八拍》挺好，就是有的年轻人他都不知道《胡笳十八拍》咋回事，研究的人知道，剧场效果不是太好。"

宋英达：对。

朱嘉庚：说整一个现在年轻人的节目。我说那好吧，我想想，晚上你看。我回来马上就告诉李志祥、崔逢春，马上编两首曲子，一个是《敖包相会》。

宋英达：这个曲子熟悉呀。

朱嘉庚：第二个是《草原英雄小姐妹》。那不有现成曲子吗？两个曲子，马上配器，配完器以后让他俩晚上一演，轰动了！为啥？《敖包相会》《草原英雄小姐妹》大家都熟，那个《胡笳十八拍》只有他们搞历史的人熟，一下就行了。1986年4月28日到北京，文化部、中宣部接待。乌兰夫知道了，是布赫给他打

图5　竖胡笳

的电话。乌兰夫派他的秘书康增玉找到才市长，说云主席[1]想请这个团到家坐一坐。这个民族艺术刚起个苗苗吧，很好的苗头，他要支持鼓励一下。

这样，1986年5月2日，我们到了乌兰夫家。乌兰夫亲自接待，听汇报，我们给他演奏，给他讲解。然后，云丽文下厨炸的蒙古族点心果子，还有奶茶招待我们。一演演到12点多了不让走，在他们家吃饭。吃完饭以后又座谈，然后合影，当时白显林拍了不少，中央新闻纪录电影制片厂现场拍了录像。为啥呢？乌兰夫当时是国家副主席，他的重要活动必须录下来。

后来，乌兰夫还专门题了词，"古乐发新声，艺术为人民"。

宋英达：现在这个题词还在吗？

朱嘉庚：我拿着那个题词赶紧就送到北京荣宝斋装裱，装裱完了以后给才市长看，我说我想挂在我们那儿。他说："不行，这个题词你们团不能挂，得送到档案馆[2]。"

宋英达：对了，那是对的。

朱嘉庚：后来我做了一个复制件，把原件交给档案馆，那个复制的就挂在我们歌舞团办公室。

5月1日参加劳动节游园演出。在天安门旁边的中山公园，给游园的外宾演出、给各族群众演出。我们演了一天，早上9点钟开演，一直到晚上8点钟才结束。上午两场、下午两场、晚上一场，一天演了5场。白显林都拍了照片。演完以后，就进了民族文化宫旁边的大剧院，一气儿在那儿演了10天，每天晚上一场，演了10天。北京的各个部委、文艺团体和各大专院校都来看了，挺好。

10天以后，突然有一天，通知我们，你们明天、后天不要安排演出了，待命。不安排演出，待命？这咋回事？不久，中央办公厅和文化部、国家民委来了通知，后天，你们在中南海怀仁堂给中央领导演出。这不是还有一天吗？我们就赶紧准备，把乐器、服装、道具装箱，先运到怀仁堂。第二天的上午，我们人员

---

[1] 乌兰夫曾用名云泽、云时雨。
[2] 档案馆，赤峰市档案史志馆。

图6　1986年5月1日，赤峰市民族歌舞团在北京中山公园参加劳动节游园演出（白显林摄影）

图7　1986年5月1日，北京中山公园观看赤峰市民族歌舞团劳动节游园演出的观众（白显林摄影）

进去彩排。彩排完了以后，中办请我们在中南海吃了一顿。全体啊，我们100多人在那儿吃饭。吃完以后，晚上8点钟正式给中央领导演出。演的时候，我们的演员都很紧张。

宋英达：那是，位置不同。

朱嘉庚：一个是待遇不同，另外一个是安检非常严。演完以后很高兴，首长上来接见。接见时那都有专门的摄影记者。

在北京演出后，当时中国音乐家协会副主席李凌，有名的作曲家，就提出来，是不是让这个乐器团留在这儿，我们组织现场鉴定。搞鉴定会嘛，你虽然演出了，轰动了，但是每一种乐器要经过专家委员会鉴定，才能正式承认你啊。这样，整个文化部和国家民委又把我们留了一个月，这边组织专家委员会，组织了31人，全国各地的专家。咱们赤峰参加专家委员会的是苏赫和乌国政局长他们俩，别人都没参加；然后是文化部、国家民委、中央音乐学院、中国音乐学院，还有中央各乐团的专家，全国各地的专家，共31人。就在国家民委招待所，一天鉴定一件乐器。我们是9种28件，鉴定了28天，非常严。先是汇报这个乐器的历史根据、历史上的作用、历史上的形制、现在研制的图纸——图纸都得有，制作过程，现场演奏，然后回答专家提出的各种问题。结果最后是以"蒙古族民族民间乐器群"命名，28件全部通过。这一宣布，大伙高兴了。宣布的时候，李凌说了一句话："这一次鉴定通过的乐器群，为当前我国民族乐器的挖掘研制

图8 蒙古族民族民间乐器群鉴定委员会主任、原文化部民族文化司司长牟耕

图9 朱嘉庚介绍蒙古族民族民间乐器群研制经过

朱嘉庚：草原艺术放光彩　**137**

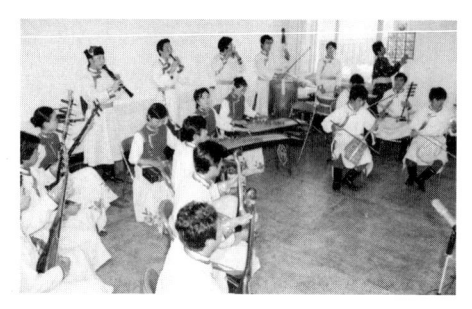

图10　在乐器鉴定会上给专家演奏　　　　图11　王小波在吹奏筚篥

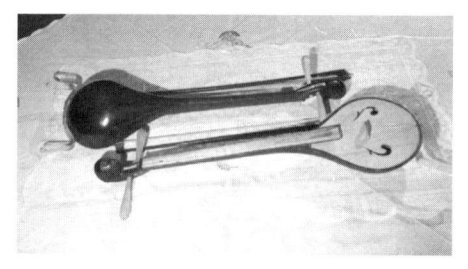

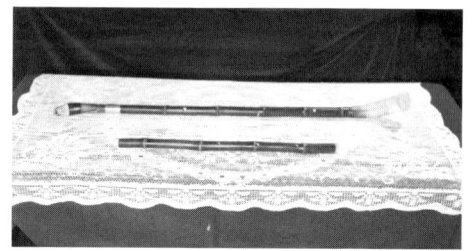

图12　胡擂（奚琴）　　　　　　　　　　图13　茂登朝尔（胡笳，上）和横胡笳（下）

和民族乐队的建设发展打了一针强心剂。"这是新中国成立以来在乐器鉴定中第一次有这么多的乐器通过国家鉴定，这是我们新中国成立以来音乐史上的一件大事，内蒙古应该把这个好好扶持，发扬光大。

1986年5月，文化部、国家民委在北京召开表彰会，向全国通报表彰赤峰市民族歌舞团。

七、参加中加民航首航演出

宋英达：进京演出后，你们又出国表演了。您说说这个事。

朱嘉庚：我们在北京演出时，正好中宣部外办、文化部外联局要为中国和加拿大民航首航仪式选团。

宋英达：被选上这个团了？

朱嘉庚：正好碰见这个机会。加拿大方面的人、加拿大驻华大使馆都来看了我们的演出，单独给他们演了一场。他们拍板了："我们就要这个团，我们找了好几年，就要这个团到加拿大去。"这样的话，我们兴高采烈进了中南海，又要出国，回来以后又加紧准备。1987年8月，全国少数民族乐器工作座谈会在赤峰召开，让我做典型发言。全国来了80多位专家，才市长主持的会。这个会开完，我们就被调去参加中加民航首航仪式的演出。我们到了加拿大，多隆重啊！大使馆到机场迎接。从机场到我们的驻地，两边街道每隔200米，就有中加两国的两面国旗。去加拿大我们是41人，王凤岐是领队，他那时候是赤峰市副市长，乌国政局长当副团长，我当艺术总监，文化部又派了两个专家跟着去。在加拿大，一共演了11场。连美国的一些音乐院校的教授、英国皇家音乐学院的教授，领着他们的博士生都到加拿大温哥华来看我们演出。他们说，中国的历史悠久，中国的文化伟大，这个胡笳将近2000年了，有这样的乐器，我们非常佩服。

宋英达：在全世界来说它占一定的地位。

朱嘉庚：嗯。后来加拿大的蒙特利尔省来人了，邀请我们去蒙特利尔。蒙特利尔是白求恩祖辈冒险拓荒的地方。我们正要去呢，结果国内让我们回来参加中国艺术节，就没去了。

图14　全国少数民族乐器工作座谈会

宋英达：那11场演完了？

朱嘉庚：演完了。蒙特利尔为啥没去？因为他们是临时要求，不是原来的安排。

宋英达：是另加的。

朱嘉庚：因为要调我们回来参加中国艺术节，我们没去成，就回来了。那些华侨华人太感动人了。我们吃不了西餐，吃不饱，特别是舞蹈演员，他们吃不饱，就跳不了。华侨说，你们放心。一个大的华侨饭馆，每天开车来给我们送盒饭，免费，不要钱！

宋英达：你看看，了不得，四五十人。

朱嘉庚：嗯，包了，不要钱，好不容易祖国来人了。

宋英达：给他们也长志气。

朱嘉庚：又是蒙古族兄弟，你们说吧，想吃啥，你说，我就能给你做。什么饺子、包子、面条，他就做，非常感动！我们还是全部结算，这是纪律！

宋英达：促进了中加友谊，提升了华侨在那个所在国的自豪感。这都很重要，文化的重要性。

朱嘉庚：对。回来的时候还办了一件大事。当时中国民航总局的常务副局长兼民航北京管理局局长叫徐柏龄，中加通航是他带着代表团去的。回来的时候，中国民航代表团和我们赤峰市民族歌舞团在同一架飞机上。那个飞机是能坐200多人的波音747，从加拿大回来飞15个小时，中间没啥事啊，当时我们就给这些代表团演小节目，这样15个小时不就很容易过去嘛。

宋英达：高兴坏了。

朱嘉庚：一会儿演点声乐、一会儿唱唱歌、一会儿拉拉琴、一会儿说点好来宝。嘿嘿，挺好，这15个小时非常快就过去了。快要飞过日本的时候，徐局长就说了，嘉庚你们有啥事跟我说啊。我就想着我们歌舞团好不容易出国一次，文化系统好多人，我总得带点纪念品吧？在加拿大的时候光顾演出，没想到这个事，我一看，他们在加拿大那个民航首发仪式上，都有个礼品包，礼品包里头有中国的这个纪念品。我得遵守纪律啊，我就跟王凤岐先说，我说徐局长说帮我解决问题，我想要 100 套礼品包，他反正多的是，用不了，飞机上大纸箱子里搁着呢。王凤岐说行。然后说，还有个事，你要去跟徐局长说的时候，你给他说说，把咱们赤峰机场扩建的事给做做，别老是这个破机场。

宋英达：同时把这个事办了。

朱嘉庚：为啥徐局长跟我亲近呢？他听说周总理 12 次接见过我们，他是周总理的专机机长，有这么个关系。然后我就去了。

宋英达：把两件事都解决了？

朱嘉庚：我就到他贵宾席，他们在前面，我们在后面。我说："徐局长，有两件事，一件是我想要 100 个纪念包。"

"有，行，都在飞机上，一会儿下飞机给。"

我又说："我们还有一件事，我们赤峰吧，那个机场破破烂烂，我们想，现在民航局在改建各地机场，能不能把我们也考虑考虑。"

"好啊，我们现在正在调研呢。那样吧，让你们政府写个报告。"

我就回去跟王凤岐一说，他很高兴。到北京下了飞机，王凤岐就给赤峰打电话，给才市长也打电话。才市长就派人带着两个机场的人赶到北京写报告。写完报告，回来才市长他们讨论，行了，盖上章，又带着车回到北京。因为我们回到北京以后，民航总局把我们留在北京演 10 天。为啥呢？给民航系统演。这 10 天他们就把这事办完了，报告了市政府，也开会商量了，报告也正式盖上戳了。后来，民航局下达的改扩建机场计划就有赤峰。这样说来赤峰市民族歌舞团还为赤峰机场的扩建出了点儿力。

宋英达：文化的作用。现在这些乐器我看有的还活跃在舞台上，有的好像也不大见了。

朱嘉庚：它是这样，胡笳、筚篥，还有蒙古筝还活跃在舞台上，但是有的没有了。你像咱们那个时候比较复杂的乐器叫水盏。水盏是一个古代乐器，就是 21 个铜碗，铜碗里头装上水，装上水以后就可以定这个音高。

宋英达：对。

朱嘉庚：水多就是高音，水少就是低音。21 个，这不正好是 3 个音阶嘛，

图 15　蒙古筝（雅托克）

图 16　铜水盏

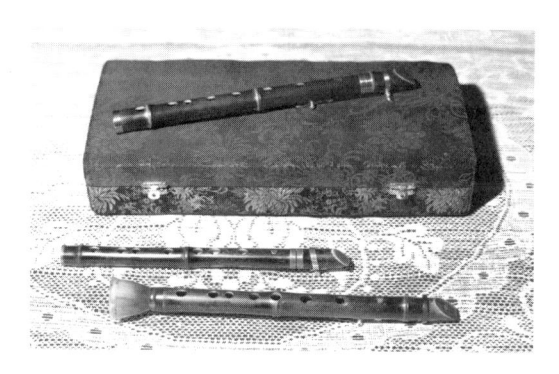

图 17　筚篥

21 个水盏非常不好做，就是你做不好它音不准。水盏的质量要求非常高。

宋英达：是瓷的吗？

朱嘉庚：厚的，铸铜的。厚一点不行，薄了也不行。就铸造了这么一套。可是这套水盏呢，歌舞团后来也给我整丢了。所以这个没有了。

宋英达：有资料，是吧？

朱嘉庚：有资料，照片都有。但这个要做非常复杂。

宋英达：那现在歌舞团这个乐队还存在不？

朱嘉庚：乐器现在是胡笳有、筚篥有。

宋英达：但这乐队好像不齐全了，我就觉得好像仅仅就是伴奏了，不是说作为一个乐团了，是吧？

朱嘉庚：乐队不齐全了。后来是汪景仁了了我这个心愿，他组织了一个蒙古族乐队。

宋英达：对，好像和赤峰学院联合做的。

朱嘉庚：把这些能够用的乐器用上了。还有一个就是滕冰，滕冰在 2002 年组织了一个乐队，也是用的这些乐器，后来被中央电视台《风华国乐》请去两次展演。

宋英达：这些传统还继续保留着，是吧？但是发展好像还是不怎么迅速。不过起码是有了。

朱嘉庚：它有两个问题，宋主任。一个是这些乐器过去为啥失传？就是因为它比较原始，它的演奏全靠人本身的技术，不像西洋乐器，人家那个就是比较规范，这个全靠演奏者自己的功夫，所以容易失传。不是演奏者亲传身授，你就掌握不了。

宋英达：就是必须有传承，徒弟跟着师傅学，是吧？

朱嘉庚：它这应该列入非物质文化遗产项目里头传承，口传心授。它还有一个问题就是这些乐器要随着时代、社会的前进，包括演奏技法、演奏内容也要改革。所以这个呢，需要保护，也需要改革，才能传承。

宋英达：推动它进一步发展，才能传承。

朱嘉庚：既要保护它，也要发展它。去年自治区搞非物质文化遗产的时候，还把胡笳、筚篥作为赤峰非物质文化遗产的重点项目，列入名录了，已经在自治区的非物质文化遗产展览会场现场演奏了，引起了一些人们的重视。但是它的问题就我刚才说的这两条。

八、发扬特色，紧抓民族文艺创作

宋英达：嘉庚，经过这一上午访谈我也更了解你了，你把这毕生精力都献给了草原艺术、草原人民。周总理给您当面嘱咐过，说您要扎根草原，为人民服务。您的一生基本上按照周总理说的做到了。据我所知，除了作为卓越的文艺工作领导者之外，您还非常勤奋，一直在创作，包括写戏、写书。不管从哪个角度来说，著作等身，德高望重，做出了突出贡献，这些对你来说我觉得都是恰如其分的。

朱嘉庚：不敢当。

宋英达：特别是在草原艺术方面，就是因为扎根在这块热土上，所以您的创作基本上围绕这些来的。这些情况和大家都说一说。

朱嘉庚：好。我从事民族艺术的创作研究，一个是因为接触到乌兰牧骑，让我受到启发，在民族艺术当中有很多艺术宝库。我 1990 年调到赤峰市文化局分管艺术工作，这样的话我接触民族艺术就更多了，面就更广了。我首先感觉到，我们的领导和各族群众对民族艺术都非常关心重视。1992 年，咱们内蒙古自治区搞乌兰牧骑调演，我因为是分管艺术的，就带着乌兰牧骑演出队到呼和浩特市参加会演，当时的规矩就是各盟市都抽一个队去，每个盟市自己的演出除了请广大观众观看以外，还要请在本盟市工作过的老领导来指导。我们当时到了呼和浩特以后，我们演那场时，就请了白俊卿、宋志民、王凤岐这些老领导来看。当时正好公布了刘云山同志到赤峰任市委书记。

宋英达：对，他是自治区党委副书记，兼任赤峰市委书记。

朱嘉庚：对。我们得到这个信息以后非常高兴。我和杨亚宁就到内蒙古党委，去请刘书记来看赤峰的演出。去了以后，正好刘书记开完会，在会议室，就让我和杨亚宁进去了。我们把这个事一说，刘书记非常高兴，答应去，然后还让我们把赤峰的文化情况给他介绍介绍。我和亚宁就把赤峰这些年来的民族文化工作情况给他说说。说了以后刘书记非常感兴趣，提出在文化上我们应该抓好民族文化工作，特别是抓好赤峰地区特色文化建设。然后他讲了一些道理，我就挺受感动，你看人家还没到，就关心文化工作。回来以后，我就根据刘书记这个指示，写了一个建设赤峰特色文化的请示报告，报给市委和市政府。市委、市政府非常重视，认为应该按这个搞。主要是搞什么？红山文化、辽文化、青铜文化，还有元文化，还有现在赤峰的这些蒙古族、汉族的特色文化。然后我们就开始抓。这是刘书记对民族文化工作的重视。

后来朱镕基总理 20 世纪 90 年代也到赤峰考察工作。朱镕基总理要听汇报，当时市委、市政府就让我、赤峰市博物馆馆长刘冰，还有薛瑞，要我们三个整理一个关于赤峰民族文化方面的情况，就是糅在总的汇报里头，给朱镕基总理汇报。这是谁汇报的呢？是高延青市长汇报的，汇报完以后，朱镕基总理就说赤峰要重视辽文化的保护利用。宋主任，你在人大应该知道，有这个精神。这样我们根据他的意见，主要抓了这么几个工作。

一是我首先抓了一个戏，就是草原评剧。因为我们的评剧是从辽宁、河北传过来的，到了草原以后，它跟草原的生活结合，它的音乐吸收了草原音乐、它的语言吸收了草原民族的语言、它的服装有蒙古袍、它的人物也有蒙古族人物糅进去。所以我就觉得这个草原评剧，可能是一个抓手、是一个定位。这样我就跟市委领导说了要抓这个，他们很支持。当时我就领着史宝珊到了宁城，搞了一个大型评剧《红石山》。红石山就是蒙古族和汉族人民在抗日战争、解放战争时期的老根据地，今天怎么脱贫致富？就是种大扁杏，办杏仁饮料厂，这个村就致富了，就写了这么一个故事。宁城本身生态建设搞得比较好，基本上都种的这个杏树。宁城县委、县政府也非常重视，说一定要搞好，就投资了5万元，让宁城县乌兰牧骑排练，我又从沈阳请了辽宁人艺的崔淮导演来给排。排完以后，被文化部相中了。1994年参加了全国评剧新剧目交流会演，获得了全国评剧新剧目奖。为什么呢？评剧是民族地区发展和融合的一种代表剧目。这个评剧，人们印象都是在内地，在河北、在辽宁，结果内蒙古还有评剧。这不是民族文化的交融嘛。

发奖那天我就找到高占祥部长，文化部的常务副部长。他非常感兴趣，然后我就跟高部长说，能不能给我们题个词，鼓励鼓励我们边疆，特别是乌兰牧骑这样的团队。高部长说："嘉庚，这来的12台戏，我要给你们题了词，怕别的剧目有意见。"后来我给高部长说，就是给边疆少数民族地区演评剧的题。后来高部长当天晚上就给题了，叫"塞外茅台美酒醇，宁城评剧山花香"。这下大伙高兴了，宁城县乌兰牧骑回去以后做了两个条幅，在舞台两侧挂上，一下轰动了。宁城县乌兰牧骑他们在本旗县演出是不收费的，但是在辽宁演出他们就收费了，原来他们到辽宁演出一场200块钱，这一回有了这个条幅以后，人家主动给，一场给500块钱，哈哈。

宋英达：翻倍了。

朱嘉庚：翻倍了。为啥呢？有文化部副部长的题词。

宋英达：含金量高了。

朱嘉庚：布扎的，两个大对联似的挂着。后来这个戏演了多少？演了180多场，一下把宁城县乌兰牧骑名声扩大了。1995年，宁城县乌兰牧骑被文化部评为"全国文化先进集体"。

后来我又抓了一个草原评剧，就是敖汉旗的《大漠绿海》。敖汉旗的植树种草搞得好、生态建设搞得好，2002年被联合国环境规划署授予生态环境"全球500佳"荣誉称号，是绿化生态建设的典型。我就根据敖汉旗植树种草的地方特色，跟他们一块搞了一个戏，叫《大漠绿海》，后来参加了在唐山举办的第四届中国评剧艺术节，获优秀剧目奖。这样呢，我们的草原评剧就基本上在国家这儿有一个印象了，知道内蒙古还有草原评剧。

第二个是抓什么呢？抓蒙派京剧。蒙派京剧我们赤峰原来有，像《巴林怒火》，孙珑写的，1960年进京参加全国现代戏观摩汇演，当时不是给奖，被全国很多京剧团改编、移植过去，他们也演。后来又有李凤阁等写的《北疆烈火》（1983），写的是抗日战争时候宁城的高桥村，也是京剧。这样蒙派京剧已经打下基础了，我们在这个基础上抓了两个戏，一个是《彩虹》，现代京剧，写的是咱们牧区的代课教师，一辈子代课，最后临终的时候才得到了承认。因为最近几年才承认代课教师，以前代课教师不给评职称。

宋英达：对，不给评。

朱嘉庚：不给评职称也不给工资，就是当地的大队给记点工分。我们就写了这么一个，获得了内蒙古"五个一工程"奖，还有"萨日娜奖"。另外我们又搞了一个蒙派京剧，辽代历史戏《萧观音》，这是赤峰京剧团搞的。搞了以后，几经反复，因为我们这儿的人对辽比较了解、比较熟悉，写得比较深刻。就是辽为啥从盛到衰？要写它为啥衰，就是帝王昏庸、奸臣当道，民不聊生，借萧观音这个形象来写的。这个戏文化部派来了7个专家指导，包括曲六乙他们都来了，非常感动。

1998年12月30日，我们在北京参加中国京剧艺术节。艺术节的开幕式是把参演的每一台剧目的主要人物汇集到一个节目里头亮相，说明京剧的繁荣。每年12月31日都要开京剧晚会，年年都这样。我们恰好赶到时机，就把我们的《萧观音》里头的两个主角，一个皇上、一个皇后也列到开幕式里头亮相。那一天我们都去参加了。我们不知道啊，那天江泽民总书记等领导人出席了，而且就坐在我们前面前二排。人伙这个激动啊，京剧国粹，我们蒙派京剧能够登到大雅之堂，党和国家领导人能够看到，使我们蒙派京剧也在内蒙古有了一席之地。这个戏获第二届中国京剧艺术节剧目奖，又获了中国少数民族戏剧创作银奖。内蒙古自治区把我们调到呼和浩特去，让各盟市的戏曲团体都来看，你们看看，这就是让京剧在我们草原上生根的一个探索。内蒙古文化厅的焦雪岱厅长专门讲："大伙看看，不是要看这个戏多好看，要看人家这个思路，要搞蒙派京剧。"后来内蒙古京剧团搞了《草原母亲》，也是按照这个路子在走。现在看呢，就是蒙派京剧的发展，我们赤峰还是发挥了一定的作用。为啥呢？赤峰人爱看京剧。

宋英达：它有传统。你看热河京剧团不就到赤峰来了，成为赤峰京剧团的前身。

朱嘉庚：赤峰京剧团就因为这个戏，一下子起来了，文化部有个各地京剧团的名册，盟市京剧上我们是属于前列的，它只统计到盟市，旗县没统计，我们是属于前列了。

第三个就是搞辽代的音乐舞蹈诗剧《太阳契丹》。朱镕基总理说你们要搞好辽文化的保护、利用。我们就搞一个，也是我执笔写的这个舞剧。写出来以后，

图18 《太阳契丹》剧照

正好是贾作光老师到伊克昭盟参加文化节，我就带着李志祥、包文华、杨亚宁几个去了。贾作光老师非常高兴，主动要求担任这个剧的总导演，后来就派了他的一个学生，叫王举，大庆市文化局副局长兼大庆歌舞团团长，来帮助我们排练。排了以后，1998年参加全国舞剧新剧目交流演出，也获了优秀剧目奖。其中有两个演员是我们借调自治区的，从中级一下子给评为正高。这样赤峰的歌舞，就继去加拿大之后，又一次有个小高潮。

宋英达：又一个高潮。

朱嘉庚：对。这样的话我就觉得赤峰的民族艺术吧，你看，草原评剧、蒙派京剧、辽代歌舞这些，它们是有生命的，它们是受群众欢迎的。后来我退了以后，赤峰市文化局请我策划草原文化节和红山文化节的时候，我也建议发展民族歌舞、民族艺术，后来出了《红山之光》《永远的牧歌》等大型的节庆剧目。如何进一步建设文明城市，在民族艺术上还应该继承。

宋英达：您在这方面做了大量的工作，刚才我说了，功不可没、德高望重。

朱嘉庚：我不敢当。我是啥呢？我是觉得，我虽然是汉族，但是我到内蒙古以后，我已经感受到蒙古族文化。蒙古族人民的一种精神、那种艺术，实际上对我教育启发很深。我跟乌国政局长说过，我当好助手、当好学生，咱们共同把民族文化搞好，这样我们上对得起祖宗，下对得起后代。

九、不忘初心，赓续乌兰牧骑精神

宋英达：社会就是这么发展起来的，各个民族就是融合推动，这样才形成了一部文化史、一部真正的历史。

朱嘉庚：毛主席、周总理1965年10月2日在人民大会堂接见乌兰牧骑的情景，被内蒙古的一个画家画成了一幅油画。当时毛主席和周总理走到乌兰牧骑这个队列面前，周总理就跟毛主席介绍，这就是内蒙古的乌兰牧骑，12个人一个队，深入基层，一专多能。毛主席上前跟咱们队员们握手，握完手还合影了。1964年，毛主席接见乌兰牧骑和全国少数民族群众业余艺术观摩演出会的代表，这里头就有我们赤峰的乌国政局长。

宋英达：有您老伴吗？

朱嘉庚：有我的老伴宋正玉。翁牛特旗有6位队员，乌国政、宋正玉、刘桂琴、陶娅、旭日、郑永顺，受到毛主席接见。1965年12月22日，周恩来总理在中南海紫光阁请乌兰牧骑全国巡回演出队吃饭。周总理自己掏的钱，吃的是窝窝头、大烩菜，就是让乌兰牧骑不要进了城忘了牧区，应该继续深入牧区。

宋英达：现在的话叫不忘初心。

朱嘉庚：不忘初心，就这个意思。

宋英达：您在付出辛勤劳动的同时，也还是笔耕不辍，著作等身，写了大量的书，是吧？

朱嘉庚：哈哈，没写多少书。这些书是怎么个情况呢，宋主任，我跟你说说啊。这个书吧，我觉得我心里头有些话想说出来。

宋英达：不吐不快是吧？

朱嘉庚：就觉得憋在心里头，就想说出来，告诉后人。

宋英达：这就是一种创作冲动和责任感。

朱嘉庚：为啥要写这些书？像写乌兰牧骑，那包含着党和国家对民族文化工作的重视，毛主席、周总理，包括乌兰夫、布赫，他们对民族文化工作、对乌兰牧骑队伍的关怀，今天仍然值得我们的下一辈铭记。

宋英达：再就是知道的人不多，过去好像新闻上这方面披露得也少，要不说出来，真就被湮没了。

朱嘉庚：对，好多人不知道。写乌兰牧骑我就会想到周总理、毛主席。毛主席、周总理多次接见乌兰牧骑，这在一个文艺团体上是罕见的，很少见到这么受重视。我就想问为什么？就是因为我们中华民族是个多民族的大家庭，我们党和国家对少数民族文化的重视、关怀和爱护，就通过乌兰牧骑我体会到了、感受到了。所以我要把这些记下来。现在好多年轻人不知道了，甚至好多乌兰牧骑队长都不知道乌兰牧骑是在毛主席《在延安文艺座谈会上的讲话》精神指引下创立的，也不知道是周总理和乌兰夫亲自指导、关心、培育起来的。还有，很多过去乌兰牧骑的一些好传统，一年下乡半年，演出 100 场以上；到了那儿不光演出，还要宣传、辅导、服务，给老百姓挑水扫院、放羊打草、干各种家务活，乌兰牧骑确实和农牧民是一家人。现在我们有的乌兰牧骑，乌国政局长我们俩就有点看不惯了。现在条件好了，有大巴车、有演出车，开着车，一两个钟头就到了。

宋英达：但是条件好了，传统不应该丢。

朱嘉庚：传统不能丢。条件好了我们要前进。

宋英达：当然现在可能服务形式也不一样了。

朱嘉庚：也不一样，对。

宋英达：你过去到了给人家扫院子，现在没有院子可扫了，是吧，那你不扫了？

朱嘉庚：现在全是楼了。现在你要想一些新的办法。

宋英达：新的办法也可以。

朱嘉庚：比如说农牧民最需要什么服务？现在是信息服务，比如说致富信息。还有进城的农牧民，他如何融入城市？你要让农牧民在城市里头有主人翁感，而不是觉得格格不入、融入不进去，要解决他的心理问题，所以要通过文化来引导他们。我觉得这些都是我们可以进一步做的。比如说还有企业文化，不管农村也好、城市也好，都有很多企业，乌兰牧骑怎么去帮助他们、协助他们建立企业文化。还有社区文化，包括校园文化，等等。乌兰牧骑可以跟着时代前进。

宋英达：包括城市建设、社会生活，都是这种情况。经济总量达到一定程度的时候，拼的就是文化了，所以说文化很重要。乌兰牧骑也好、文化团体也好，是文化的传播者、是大文化的推动者、是社会生活的建设者。我觉得这个还是要保留传统。

朱嘉庚：我们就想什么呢？乌兰牧骑这面红旗在内蒙古应该是高高飘扬，永远飘扬。既飘扬，还鲜艳，既不能褪色，还有创造性的发展。

宋英达：没有问题，相信我们的后辈，您的后辈，一定会这样做。您还写了什么书？我觉得好像还有些。

朱嘉庚：《周恩来总理与乌兰牧骑》《乌兰牧骑赞》《乌兰牧骑发展史》，还有一本《玛奈乌兰牧骑》，是从农牧民角度怎么看乌兰牧骑。农牧民把乌兰牧骑都称为"玛奈乌兰牧骑"，意思就是我们的乌兰牧骑。内蒙古自治区党委宣传部和文化厅把这四部作为乌兰牧骑的专著，在全区发行。还有就是我参加了李宝祥的"草原艺术论"课题。"草原艺术论"是文化部的课题，李宝祥是课题组组长，人家牵头。然后是谁呢？咱们赤峰市文联赵向阳，和我，我们俩是副主编。为啥要搞这个"草原艺术论"？也是研究草原艺术如何生存发展、民族文化如何交融、今后草原艺术如何发展。

图19　朱嘉庚主编的部分图书

朱嘉庚：草原艺术放光彩　　151

宋英达：李宝祥这个课题从赤峰这块草原扩大到内蒙古的草原，又从内蒙古的草原扩大到所有中国的草原，包括新疆、西藏、青海，涵盖的面挺大。

朱嘉庚：这个成果的完成还得感谢你，宋主任。

宋英达：我也做了一些工作。

朱嘉庚：你参加我们的这个策划研讨会，你在人大的时候给我们大力支持，你和赵知文是给我们搂了后半腰，一个人大，一个政府。

宋英达：中间我还是承担点撰写任务，草原书法、草原篆刻。资料少，现在看也单薄，以后如果有机会的话，可以再更多地专门写这方面的一些专著。

朱嘉庚：我现在觉得这本书很有意义。

宋英达：课题立得就很准确，从草原这个角度。因为从国际上来看，草原是个大概念，它把好多国家都列入草原国家，比如说蒙古国。

朱嘉庚：现在看呢，这里头有一些很有见地的见解，可以启发我们搞草原艺术的人，可以作为参考。当然它不一定那么完整，但是至少提出来关于草原艺术的发展、创新、继承方面的一些有见地的意见、想法，所以说我能够参加这项工作，宋主任也是既支持又参与，我觉得还是有意义的。

宋英达：你今年73岁？

朱嘉庚：74岁，我1942年生。

宋英达：回顾这半生吧，为文化事业，为草原文化，为赤峰地区文化真是倾尽全力，我觉得您是我们文化战线优秀的领导者，同时也是文化战线的一个优秀战士。

朱嘉庚：过奖。

宋英达：我们还是由衷地敬仰，祝你身体康健！

朱嘉庚：谢谢，谢谢！

宋英达：艺术生命长青，生理生命永远不老。

十、关于乌兰牧骑的一些逸闻轶事[①]

宋英达：您再讲讲乌兰牧骑演出时的一些逸闻轶事。

朱嘉庚：我当时在翁牛特当分管文化的宣传部部长，突然接到盟革委会办公室的通知，立即带领翁牛特旗乌兰牧骑赶到赤峰，有重要演出。盟里头派了个大卡车，把乌兰牧骑拉过来。当时乌兰牧骑十几个人，拉过来以后就直接开进了赤峰宾馆。到宾馆一看，有哨兵站岗了。大伙说今天这是啥事？然后就到了宾馆的二楼会议室，那个小舞台嘛，赶紧就化妆、准备。下午4点来钟，由盟革委会的领导陪同，一色军装，领章、帽徽没有军衔，也不知道这是谁。我在后台就开始叮嘱，好好演啊，好好演，报幕就是尊敬的各位领导，我们是翁牛特旗乌兰牧骑，我们现在汇报演出。就开始演了，有好来宝、舞蹈、音乐，都是民族文艺。翁牛特旗乌兰牧骑那个时候是辽宁省的先进文艺团体。

开场式，我们是文化轻骑队，举着红旗，背着背包出来。然后就是第二个节目，一般是独唱，一个人独唱，有个马头琴伴奏着。底下人好换服装，换舞蹈服装。一般唱的就是《辽阔的草原》，还有《牧民歌唱共产党》，都是这类。然后就是舞蹈，《顶碗舞》《草原女民兵》等这些舞蹈。后边有好来宝，最后一个结场式，是全体演员上来，民乐合奏，连弹带唱，有《我们走在大路上》等等吧。整台节目一个半小时，标准的，不让你多也不让你少，一个半小时。

演完以后，上来一宣布，沈阳军区司令员李德生同志接见。哎呀，大伙又高兴又紧张。然后李德生上来，说："同志们演得很好，感谢同志们！"就不多讲话，过来，然后就开始握手，每个人都是这么说，"同志们辛苦了"，有的说谢谢，有的说为人民服务，等等。中间站的是牧区演员，到他那儿一握手，"你们辛苦了"，他一激动，一只手拿着马头琴，一只手握手，说"活该，活该"。当时

[①] 2016年10月16日，"赤峰记忆"按原计划采访朱嘉庚，众人听闻朱嘉庚的讲述后，对乌兰牧骑历史仍然意犹未尽，因而邀请朱嘉庚再度接受采访，讲讲乌兰牧骑的逸闻轶事，由两位主持人采访，即宋英达和赤峰市著名藏书家刘晓欣。

"文革"当中啊，这不惹大事了?! 正在着急的时候，李德生拍拍这个小伙子的肩，说："这小伙子很幽默嘛，活着就应该为人民服务嘛，好好好。"

刘晓欣：就这么把这个化解了。

朱嘉庚：结果回去，盟里头也没追究，旗里也没追究。回去以后，乌兰牧骑把这小伙子好一顿批评。

宋英达：我都听老黄（黄凌云）说过。

朱嘉庚：乌国政局长在场，黄凌云也知道，为啥呢？我们回去，黄凌云那时候在翁牛特旗宣传部，我是宣传部部长，我回去跟他们一说，大伙乐的。如果不是他说那句话，那这个小伙子要挨收拾。人家领导说了，"活着就应该为人民服务"，说得对。

再跟你讲讲在上海的故事。1965年的9月，我们全国巡回演出到上海，一共是3个全国巡回演出队，那时候组织这3个队的是我、乌国政局长，我们好几个人组织的。就是全区37个乌兰牧骑队全部调到内蒙古党校集训，集训3个月，传达周总理的指示，同时抽尖子演员、优秀队员组成3个队，全国去演出。一队是我们局长席宣政领队，我是秘书，乌国政局长是队长，后来文化厅的副厅长达·阿拉坦巴干是指导员，住在锦江饭店。我不是跟你说嘛，到哪儿都要做好事，全心全意为群众服务。

我们一队中有一个叫道尔吉仁钦，说好来宝的，又跳舞。这人忠厚，人家都每天做一件好事，他那天找不着好事。你说这个好事咋做？别人是去帮助收拾屋子、帮助擦玻璃，有的帮助洗碗。他一想，今天我啥活没有，我得想个招，做点好事。他在想招儿的工夫就已经开始吃午饭了。他在那儿琢磨了，我今天也有个好事能做了，这个房间一进门有个衣帽间，那个衣帽间灯老亮着。为啥老亮着？那衣帽间你一关，它那个灯就自动灭了，但是你一拉开它就着了。他以为这个是没有关好那个开关，浪费电。今天我要节约电，他先是进去了，进去以后那个门是自动的，"咣"就关上了。关上以后，衣帽间的那个门里头没有把手，外头有把手，他就抓抓抓，出不来，一关上里头就黑了。这可坏了，出不来了。我们都在吃饭，怎么少了一个呢？我是上海戏剧学院毕业的，上海话我懂。我们领队的席局长就说:"小朱,你去找服务员,看看他在哪儿。"我就找服务员,一开这个房间门,就听见那个衣帽柜——衣帽柜挨着门呢,叮叮咚咚在里头蹾啊、踢啊。我说谁啊,我以为是小偷呢。"我啊,我是道尔吉仁钦啊!"我说你在哪儿?"我在这个里头。"一拉开,满头大汗,在里头关了很久。我说你进这里头干啥?"朱老师,你可别告诉别人,我想做好事。我以为这个灯没关,浪费电,为了节约电我进去,进去以后灯也灭了,人也出不来了。"就这么做了一个好事。我前几年到呼和浩特市,这个人在自治区直属乌兰牧骑呢,见着我就把我抱住了:"朱老师,谢谢你把我从那个黑屋子救出来。"

还有,到大寨。我们那次演出到了山西,在省里头演了5场以后,就到大寨,到了得先到狼窝掌参加劳动。乌兰牧骑的作风是先干活,干完活再演出。可是乌兰牧骑还有一个特点,走到哪儿要唱哪儿,要演哪儿,所以必须有个关于大寨的节目。干了一半活,干了一个多钟头,我一想起这个事,不行,赶紧写个好来宝。好来宝是用蒙古语唱,我用汉语写,很短,就是有那么五六段吧,这个好来宝名字就叫《大寨人硬骨头》,大寨人改造自然是硬骨头。我写完,劳动也快完了,马上就得演出。我就找到乌国政队长:"这个好来宝你们群演,你在前面说,用蒙古语,后边也用蒙古语跟着你重复,这样后边人就不用背词,你一个人背词。"一背词,他背不下来。我说给你想个辙。他说:"想个啥辙?"我说:"我把写的这几段,给你弄成一个纸条,贴在四胡杆上。"说好来宝是用大四胡,大四胡的杆又长又宽嘛。我就把写的这4段贴在四胡杆上。这杆冲着他,观众也看不着。然后我说:"你就照这个说,现在我再给你讲、再给你演都来不及了,你就看一遍就上去吧。"他就上去了。一开头报幕,那头一个节目就是蒙古语好来宝《大寨人硬骨头》。这家伙,那大寨社员高兴了,你看刚来,这才劳动了两个钟头,就把我们节目给编出来了。当时,中央新闻纪录电影制片厂、山西电影制片厂、山西电视台都架着机器,好!他为了让老百姓能听懂这个蒙古语词儿,先把这个好来宝的内容一念:"大寨人硬骨头,人人有双钢铁手",然后往下就是,什么陈永贵的手、郭凤莲的手、贾进才的手、贾承让的手,通过这些人的手,把大寨的这个事迹就写出来了。为了让乡亲们听懂蒙古语好来宝,他把内容用汉语朗诵一遍。乌局长站起来了："大寨人，硬骨头，人人有，双钢铁，手。"哈哈，完了，那个摄像的全笑趴下了在底下，老百姓也乐了，还鼓掌呢。乌国政下来就埋怨我："嘉庚你怎么写的？要是三个字都是三个字嘛，你头一行三个字是吧？'大寨人，硬骨头'，后头你给我来7个字，这不出了笑话了。"这回行了，也不管三个字、七个字，上去重来一遍吧。念完这个以后就是蒙古语的，蒙古语他照着这个意思说就行了。演出下来，山西电视台当天晚上就播出去了。

到辽宁一个工厂演出，人家工厂挺热情。到了以后是下午。晚上演嘛，下午先喝酒。乌国政局长好喝，人家敬一个、来一个，敬一个、来一个，喝得差不多了，稍微有点过了，晚上还要演节目。演啥呢？杨子荣《打虎上山》。先得报幕啊，他拿起来："下边我们给大家伙演一个志愿军侦察英雄杨子荣打虎上山了！"底下全呼哨，又鼓掌又乐。杨子荣怎么变成了志愿军了呢？然后这后边伴奏的人就开始喊了："乌老师，那是解放军！""啊，先当的解放军，后当的志愿军嘛！"哈哈……

刘晓欣：这还挺机智的。

宋英达：还有什么你印象深刻的事？

朱嘉庚：好多乌兰牧骑的笑话。还有一个故事，就我跟着翁牛特旗乌兰牧骑下乡，下乡时到了响水河，老哈河到那儿叫响水河。响水河边在翁牛特境内，我们要过河的时候，上游下大雨了，这车老板子姓吴，是咱们吴团长吴甫汕的亲戚。车老板子就很有经验，一看西边乌压乌压、黑云滚滚，有预兆，赶紧让队员下车："你们赶紧过河，就留两个棒小伙子跟我推车。"我们刚过了河，他这个车下去了，洪水来了，这个车老板子跟我们两个队员就得去扛那个车辕。

宋英达：扛着它，不让它滚下去。

朱嘉庚：你不扛车辕，它一冲整个车就翻了。这个辕马当时真不错。你看这个车吧，这不马在中间驾辕嘛，这个洪水下来以后，前面有三匹马，是拉套的。驾辕这个马是最有劲的、长得最结实的，它在中间驾辕。水下来以后，车就开始栽歪了，这个辕马斜着蹬、扛住，不扛住车就要翻过来了，翻过来全完了。它在中间，如果它腿松了，一松就翻了，这时候紧紧顶住，因为它这个套跟辕是绑在一块的，它这么斜着顶住，这个杆就往这边来。

刘晓欣：就这么顶着。（两人示范）

朱嘉庚：就这么顶着。这个时候车老板子一看，危险！一声喊，"呱呱"两鞭子，前头三匹拉套的马，呼一拉，出去了，过了河了。服装、道具、乐器全在那车上呢，那要翻了，乌兰牧骑家当全没了。

宋英达：确实，对。

朱嘉庚：过了河。哎呀，这个吴老板说："不行，我得坐地喝两口。"那个车老板子有背壶。

宋英达：压压惊。

朱嘉庚：压压惊，把背壶掏出来，背壶里头有一背壶酒。就是过去那个薯干酒，一人喝一点，压压惊。到了下一个点，人家老百姓给乌兰牧骑包饺子。碗端上以后，那个车老板子说，谁也不准动，头一碗饺子给我这个辕马！

宋英达：辕马，真是！

刘晓欣：好！

朱嘉庚：要不是它，我们全部家当就完了。从那以后，每年过年，不管在哪儿吃饺子，老吴车老板子碗里头这个饺子，他先给辕马。别人不管，先给辕马。

刘晓欣：这是哪年的事？

朱嘉庚：这是1972年。我是1971年调到翁牛特的，我就跟他们下乡演出，在白音塔拉、海日苏这一带。所以说对这个我印象非常深，我后来就想写一个这样的车老板子，乌兰牧骑车老板子，头一碗饺子永远是我的马的。

刘晓欣：那你每到一个村吃啥？

朱嘉庚：吃住一般是什么呢？有的地方如果路比较远，我们带点炒米、带点奶豆腐、带点干粮。路近的就不带了，路近的比如说四五十里地、五六十里地，不带了。一般是八九十里地、上百里地，那个马车跑不快啊，中间打个尖，碰到有水的地方，熬点水吃一点打个尖，然后赶队，到了地儿以后，老百姓负责。老百姓非常好，因为跟乌兰牧骑熟悉了。

宋英达：大队应该管。

朱嘉庚： 大队管，然后队长一说乌兰牧骑来了，棒子碴的炒米，还有糜子米的炒米，然后是什么奶豆腐、奶粥，就是肉粥。凡是家里条件比较好的，能挤得开的，一家拉一个两个队员去，就把你的行李扛走了，"到我们家去吧"。在谁家，就是进谁家门，是谁家人，干谁家活，吃人家饭。你去了以后你住人家、吃人家，你白吃啊？不行，剪羊毛，早上起来，去捡牛粪。干活的时候，人家忙的时候，剪羊毛也得跟着剪，起圈也得跟着起。大队领导高兴了，杀羊。

刘晓欣： 杀羊是大队杀？

朱嘉庚： 大队杀，不用你牧民杀，牧民就是弄个炒米、弄个奶豆腐、弄个奶茶就行了。大队杀羊，杀完以后大队门前支个大锅，演完要走的时候，来一顿。就是一人给你整个大碗，然后把小炕桌搬出来，吃吧，手把肉吃吧。我们那边不是有个电影站吗？那时候叫站，不叫电影公司。电影队有两个人在乡下，碰见我了，就跟我发牢骚：朱部长，不像话啊。我说咋不像话？乌兰牧骑来，大队就给杀羊，我们来一回就是杀个小鸡，我们是黄鼠狼子吗？哈哈。人家对乌兰牧骑就是热情，因为乌兰牧骑给他家干活，又演出、又干活、又宣传，还宣传他大队的好人好事。到了大队以后，大队书记、大队长就跟人家说，我们这儿有什么先进人物，马上编节目，在那个大队演出的时候，就把这个节目演出来了，等于给大队宣传了不是嘛，所以对乌兰牧骑感情深。另外乌兰牧骑人多，十几个人，杀个羊，你电影队就俩人，你两个人给你杀个羊行吗？就杀个小鸡。然后他就说不像话，乌兰牧骑去杀羊，我们电影队下去杀鸡，我们又不是黄鼠狼。哈哈。

还有一个马的故事。我们从乌丹过了那个白瞪眼十三扛沙窝子，乌丹的东边海日苏和乌丹之间有个白瞪眼沙漠，中间有一段地叫十三扛。十三扛是啥呢？不管你啥车到那儿，你不用人扛十三下就过不去，就是个沙窝子，老百姓就把这儿叫作十三扛。我们当时就想抄近路去海日苏，因为要绕那个公路得走三天呢，从乌丹到红山、红山再到乌兰敖都、乌兰敖都再到海日苏，绕一个大圈，就想从中间过去。幸好，当年没怎么下雨，沙窝子干。结果我们刚进去，勉勉强强扛了七八里地就不行了，天已经黑了，天黑了怎么办呢？这得卸车吧，卸车就得在沙漠里头宿营，宿营得给马找水，先得伺候马，不是先伺候人。先伺候马咋办呢？就去找附近有没有水泡，有的浅浅的有那么一点，全是虫子、树叶子，那个马到那打两个响鼻，不喝，马是最爱干净的，根本不喝。不喝怎么办？说不喝就先撒这儿吧，反正在沙窝里头。然后咱们挖井吧，在那个水泡子旁边挖井，挖井以后用柳条子做了个井围子，要不然你一挖就塌了。挖一块下一个圈、挖一块下一个圈，等我们挖了有一米多深，开始渗水了。再去找马，马没了，渴得跑了，一天没喝水。老马识途，它跑回乌丹去了。哈哈。

刘晓欣：多少里地呀？

朱嘉庚：30多里地，跑回去了。这样的话，马一跑，麻烦了，走不了了。最后挖了那个井，淘点水，弄个行军锅，熬点水，没吃的了。有一个队员，他家是东部牧区的，跟家里头带了二斤饼干，分吧，一人分两片，就着那个井里自己挖的井水。晚上，男演员睡在大车周围，摆一圈，自己都带行李，打开行李卷之后围一大圈，女演员住在大车上和大车下。女队员是9个，男队员是10个。

刘晓欣：车上睡四五个，是吧？

朱嘉庚：车底下还得睡四五个。男队员转一圈，怕什么呢？怕狼，怕出事。连着那个指导员朱绍贤，后来我们旗的人大主任，我们俩都在外圈，我们俩轮流值班。为啥呢？不敢睡。如果我们两个也睡，就怕一旦有啥情况。他值后半夜，我值前半夜。因为你是领导啊！亏得好，那时有酒喝。那个车老板子背壶里有酒。车老板子也不睡，他睡不了，他就愿意跟你喝点酒，唠唠嗑。这样，我上半夜值班，朱绍贤下半夜值班，我们两个的行李都没有铺开。晚上冷啊，那沙窝子白天热，晚上冷，就把褥子垫底下，被子这么一披。披上以后，车老板子也是这么一披，拿个背壶，他喝一口，你喝一口。

第二天派我们巴达玛，还有旭日，去前头报信去。车走不了，人可以走吧，就让她俩去报信去，我们在这儿守着。她俩走了大半天，到了那个营子。营子一听说乌兰牧骑误在这个沙窝中，派了勒勒车，那个沙窝里头勒勒车好走。派勒勒车和骆驼，把供销社的月饼带上、水带上，然后赶着车，他那个车路上走得慢啊。这边旗里头，发现乌兰牧骑的马怎么跑回来了？不对，出问题了。肯定误在哪儿了，要不然马能跑回来吗？

宋英达：四匹马都回去了？

朱嘉庚：四匹马都回去了。然后旗里头就打电话，问海日苏公社。他说没到啊。麻烦了。又打电话到这个营子，转问，说："我们知道了，误在十三扛那儿，我们派了骆驼和勒勒车去接去了。"这旗里头放心了。我们连夜走，把我们那个马车就搁这儿了，把东西全卸在另一个车上，人骑骆驼，有的跟着走，就到了海日苏营子。到了那儿已经是晚上12点了，老百姓关心啊，都在那个村口迎啊，等着。又给塞鸡蛋的，又给塞这个那个的，我们挺感动。到那儿，老百姓的羊肉粥已经熬好了，全体一人两碗先喝了。喝完以后，指导员朱绍贤一感动，喝完两碗粥就给老百姓演。沙窝子误两天两宿饿成那样，喝完两碗粥就给老百姓演。演了一场，到三点多钟休息了。

旭日的妈妈就住在这个营子，四点钟来找乌兰牧骑，她孩子发高烧。怎么办？她就赶紧跟回去了。那时候乌兰牧骑本身能够针灸，能够带点儿小药。给看一看，针灸针灸，烧也退了，没啥事了。有的人就说，旭日，你留下来，孩子还没有痊愈。那孩子才一岁多，跟着姥姥。不留。她爱人是部队的，后来是副检察长。结果我们走吧，边走边演，三天以后到了海日苏公社了，他们家来电话了，孩子没了，就是当时吃药退了点烧只是表象。孩子没了，哎呀，我们大伙，那受不了。这时候，我们派了两个人陪她回家，公家又给她一点补助，回家得给老太太安顿好啊，这老太太就这么一个外孙女让她带，就让旭日在家把老太太安顿好。一直在家待了一个月左右，等老太太缓过来。这个时候，她爱人也知道了，从内蒙古军区赶过来，又在家住了一段时间，在家可能住了有20多天吧。爱人回去，旭日归队，她照常跟着演出。

这是我的亲身经历啊。这个书里头可能还有她的事迹。旭日，她当年二十八九岁，有这个事以后，她老头就申请把她调到内蒙古博物馆。前年我去呼和浩特市，我还看见她了，她在内蒙古博物馆当蒙古语讲解员，已经退了，退了以后又返聘了。她到底是乌兰牧骑的，工作认真积极，任劳任怨，博物馆又返聘回来多干了十几年。后来我和朱绍贤主任——朱主任是带队的，我们两个都非常后悔，应该当时就把这个孩子拉上，拉上以后得赶紧送到公社卫生院。我们中间走了，还要演好几个大队呢,如果当时派一个车,就是牧区的那个小驴车,让旭日跟她妈抱着孩子,这小驴车直接赶到公社卫生院,可能就不会出这个事。但是后来有人说那个时候公社的医疗水平也不一定能治好了。这是我印象非常深刻的,一个车老板子饺子的事,一个旭日这个事。

杨义

瞬间记忆成永恒

采访时间：2016年10月14日
初稿时间：2021年6月20日
定稿时间：2023年12月2日
采访地点：赤峰市图书馆"赤峰记忆"拍摄现场
版　　本：文字版

杨义速写

  杨义　1939年6月生，内蒙古自治区赤峰市乌丹人，祖籍山东省寿光。曾用名杨毅，笔名生林。大专学历，中国摄影家协会会员。一级摄影师（院职），曾任辽宁省摄影家协会理事，内蒙古自治区摄影家协会理事、常务理事、副主席，赤峰市摄影家协会主席（任职30余年），内蒙古自治区新闻工作者协会常务理事，赤峰市新闻工作者协会常务副主席，赤峰市电视台首任台长，内蒙古自治区电视艺术家协会常务理事，《赤峰日报》副总编辑、主任编辑，河南省开封市中原摄影学校兼职教师，赤峰市文联名誉副主席，内蒙古摄影家协会名誉副主席等职。

  1955年参加工作，1958年被组织选送到内蒙古自治区行政干部学校电影摄影班学习。先后在内蒙古电影制片厂、《昭乌达报》、昭乌达盟委摄影报道组、赤峰市电视台从事影视拍摄工作和领导工作。从1976年5月到2009年9月，前后任摄影界主要领导30余年，培养了一批又一批摄影专业人才，为赤峰市的摄影事业做出了巨大的贡献。1989年，荣获中国摄影家协会颁发的从事摄影30年荣誉证书、证章；荣获中华新闻工作者协会授予的从事新闻工作30年荣誉证章、证书。1996年，应邀参加北京中国摄影家协会成立40年纪念大会。1998年，其主持的赤峰记者协会获全区先进单位称号。1998年，获得内蒙古摄影家协会摄影组织工作贡献奖并授予奖状、奖杯；2000年，因中华人民共和国成立以来为自治区摄影艺术事业做出杰出贡献，被内蒙古自治区文联、内蒙古自治区摄影家协会授予"内蒙古二十世纪摄影功臣"光荣称号。2004年，荣获内蒙古自治区文联授予的"老文艺工作者"光荣称号并授予奖牌、奖品。主要业绩编入《中国摄影家辞典》《中国当代艺术界名人录》等图书。

主要作品：《电气挤奶》1962年入选内蒙古自治区首届摄影艺术展，被选入《内蒙古剪影》画册，1965年选送非洲诸国展出；《冰道运输》《牧鹿》《满地金黄》等作品，在内蒙古自治区第二、三届摄影艺术展展出；《草原雪灾银雁来》获东北三省第七届摄影艺术展三等奖；《晨曲》入选"少数民族之窗"赴美国展出；《射箭》入选全国体育摄影展；《山野的秋天》《沙窝窝变成米粮川》入选辽宁省老摄影工作者摄影作品展，并入选《辽宁省摄影作品选》画册；《奶茶飘香》《雪天出牧》等作品入选内蒙古自治区第九、十届摄影艺术展；《松山翠柏》获内蒙古自治区林业摄影艺术展最佳奖；《碧海松涛》入选华北五省区第九届摄影艺术联展和全国五个少数民族自治区摄影艺术联展。主持编辑的《昭乌达》画册、《昭乌达文物》画册，1979年5月由内蒙古人民出版社出版。2012年后，出版两本大型画册，即《瞬间永恒——杨义黑白摄影作品选》和《历史·瞬间——杨义彩色摄影作品选》。主持拍摄的三集电视剧《黄土窝的故事》《月照细柳湾》在中央电视台播出，在华北电视剧评选中均获二等奖；摄影作品刊于《人民日报》《人民画报》《民族画报》以及新华社向国内外发的通稿中。

一、听党指挥踏上摄影之路

刘晓欣：各位朋友，大家好！今天是 2016 年 10 月 14 日，这里是"赤峰记忆"的拍摄现场。我们现在所在的位置是赤峰市图书馆二楼。今天我们请到的嘉宾是赤峰摄影界的前辈杨义先生。杨义是赤峰加入中国摄影家协会首位会员，是赤峰市摄影家协会的老主席、首任主席。今天就请杨义先生谈谈他与摄影的故事。

杨义：我 1939 年出生在乌丹县（现属翁牛特旗）长汉布村的一个农民家庭。我出生时正是战乱时期，那时候农村生活贫困。在我小时候记忆里就是土匪四起，民不聊生。新中国成立以后，我在农村念了三年级，那时候学习好，我跳级到街里了。所谓街里就是乌丹镇。跳级到高一，就是现在的五年级，不是中学的高一，是小学高一，将将及格。那时候学校说这小不点儿跳级，试试他。

图1 杨义（左）接受"赤峰记忆"采访

刘晓欣：您几岁上学？

杨义：那会农村都不规定几岁上学。五年级我念了一年，六年级我们又开始暑假考试，原来都是过年前考试，我是暑假第一期学生。所以小学念了3年，高小念了一年半，4年半。

刘晓欣：您念书是哪个学校？

杨义：我老家农村叫长汉布，然后念的街里乌丹一完小①。农村那就不叫学校，就是有几个大木头台子，老师是大棉袄扎个裤腰带。

刘晓欣：老师也是这个打扮。

杨义：老师那时候挣粮食呢。

刘晓欣：那您的父母是做什么的？

杨义：我父母亲都是农民，那个时候还是很进步的。新中国成立前我们村住着二十二分区部队，我们老爷子叫杨春风。

刘晓欣：杨春风。

杨义：我父亲那一辈都是占"春"字，他叫杨春风。我母亲姓翟，原来没有名，后来给她起个名叫翟起芳，我母亲如果活到今年整100岁。

刘晓欣：你们哥几个？

杨义：我们弟兄5个，我俩弟弟、俩妹妹，我是老大，现在大部分都在北京。我二弟没了。我1952年考进"热河省立一中"，就是现在的赤峰三中，我考上了，那时候家庭困难得很。整个乌丹县考生就只有一个大轱辘车，知道大轱辘车吗？那时候没有汽车，两边那个大轱辘，二三十个人拉回去了，一个县才二三十个中学生。现在一个旗县说不好博士生都超过这个数了。到1953年我就不行了，一个月4块钱伙食费家里就掏不起了，我就要失学了，我的班主任叫张纬，到家把我领回来的。我是靠助学金念完中学的，所以我对党都一直感恩，没有助

---

① 乌丹一完小，当时的全名为"乌丹县第一完全小学校"，翁牛特旗"乌丹实验小学"的前身。完全小学是指具备初级小学（小学一年级至四年级）和高级小学（小学五年级、六年级，当时只有五年级）的学校，简称"完小"。

学金我就失学了。

刘晓欣：那时候您要去上学总共得走多长时间？

杨义：一天半。早晨从乌丹镇坐大轱辘车，坐一天，最快到四道沟梁，睡一宿觉，第二天再坐车到赤峰。现在是一个小时，那时是一天半，就这么大差别。所以我从那么一个环境到现在，我得感恩啊，没有助学金、没有党，我不可能念完中学。等我念完初中，我就参加工作了，当了老师。

刘晓欣：在哪儿当老师？

杨义：在乌丹镇的二完小当老师。当老师那个时候，我才16岁（1955年）。

刘晓欣：16岁就参加工作。

杨义：我个儿小，有的学生和我差不多。

刘晓欣：教的是什么？

杨义：教小学啊！我是班主任。学校这么用我，我有时候也高兴也不高兴。比如说这个女老师要生孩子了，就让我去给她代五、六年级课，因为中学生那时候是最高学历了，好多都是小学毕业就教书了。这个女老师回来了，又让我去附近别的学校去上班，我就老是打游击似的，我觉得心里不平衡。有一个校长我记得他让我教三、四年级，有时候让我教一、二年级，那我就教呗。后来我一看不行，我就要求考学。1958年，三中门口都是各个学校来招生，只要你是正式初中毕业，大多数都被招走了。我写申请给教育局，说念师范就行了，最后被保送去学电影，咱们对电影不懂，我说我念师范吧，领导说你去吧，让我上长春报到。结果到赤峰，就是当时的昭乌达盟，又说让上内蒙古自治区行政干部学校电影摄影班。那时候全国没有学摄影的。

刘晓欣：新中国成立以来首次，是吧？

杨义：嗯。我在干部学校电影摄影班的一个同班同学，叫屠国壁，是中央电视台第一代摄影人。王纪言，中国传媒大学副校长、摄影系的主任，他是屠国壁拍《黄河》《丝绸之路》纪录片的助手。他见我们都叫前辈，因为我们那个时候还使阿莱（Arri）[①]、使胶片，我还使用战地摄影机。所以说在摄影界，他们叫我老前辈，除了吴印咸在延安拍些珍贵纪录片后，我们是学摄影专业比较早的一批人。当时让学这个，我开始还不认识，那时候咱们照相还在照相馆，蒙个大黑布呢，照相机叫"快匣子"。我们学的全是苏联的课程，讲义啥的30多本呢。工作需要，你就去拍片子，回来再学习，就是边培养边干。拍啥？我拍新闻电影，知道那个新闻电影是啥吗？那时候没有电视台，就是电影院放正式片子之前有一段新闻片，你小时候看过吧？

刘晓欣：看过。

杨义：你应该看过，再以后就没有了。在电影摄影班学，那个学习要求很高的啊。我们班50多人，最后剩17个人，有人跟不上，课程不懂。那时候学摄影不像现在这么简单，那时要学物理，要学电影摄影机技术、机械结构。电影摄影机是一秒钟拍24格画面，要不然拍出来电影片子就失真了。像现在都25格，24格以上。我们还学化学，彩色片、黑白片结构。还要学光学，怎么加色镜、UV镜、偏振镜，各种色镜去调色彩。现在数码相机你一调整啥都不用了，那个时候学习是很艰苦的。

刘晓欣：当时昭乌达盟去了几个人？

杨义：去了6个。有一个还不是咱本地人士，是长春的，他是转业兵来到昭盟。结果最后留下的那17个摄影师，他也没留下，真是没剩几个，敖汉还有两个。那时候各旗县都派人来，有的旗县还派不出来。那时候保送要高中毕业的，我初中毕业，但我毕业这3年，通过函授正好拿到中专毕业证。那时候哪有高中生，多难啊，不是说你去了就行，有的跟不上，要学对数、学物理、学化学，他跟不上。

刘晓欣：也就是说你首次拿起相机、接触相机，是在这个电影摄影班？你第一次接触相机是哪一年？

[①] 阿莱弗莱克斯（ARRIFLEX），德国摄影机品牌，起源于第二次世界大战德国生产的战地摄影机，后来发展成规格16mm和35mm的用于拍摄和平时期重大新闻和纪录的摄影机。

杨义：1959 年，我就拍乌兰夫了。

刘晓欣：您第一次接触的相机是什么相机？

杨义：我那时候接触的相机全是苏联的，像佐尔基（Zorki）、基辅（Kiev）这类的。像我拍乌兰夫都用这种相机。

刘晓欣：您拍的第一张片子是什么？

杨义：我实习那都不算，我第一个拍的片实际能上去的，就是那张摘苹果的黑白片。你上学习班就给你发个机器，那时候电影片子，一秒拍 24 格，一分钟 90 英尺，胶卷不够一个镜头的时候就可以装照相机用了，因为照相机才四五英尺嘛。那时候驻内蒙古新华社摄影记者他们都和我要，因为啥？他买个胶卷，一个黑白片还好几十块钱呢，彩色卷买不起，就把那个片头给他都很高兴。

刘晓欣：那时候照相也用 35mm，通用您那个片种？

杨义：都是 35mm 的，我们照相也是那个大片盒 35mm，不够一个镜头了，给照相机装上用，在电影厂叫呆照，就随便拍点儿工作照。

刘晓欣：刚才您说一到这个班就发一台机器，发一台机器是什么概念？

杨义：你比如上这个班，都分小组实习，你这小组三人两人，发一台机器，就像咱们照相，有人去组织场面，我照；回来下次我去组织场面，你照。

刘晓欣：一个小组一台机器？

杨义：就这样发。等到工作的时候了，比如说咱俩是一个组的，拍新闻电影，一台电影摄影机、一台照相机，那就一人一个了。

刘晓欣：杨老师，您刚才说摘苹果那张是 1958 年，还是 1959 年？

杨义：那是 1959 年。平常拍那个东西那就是照片，那不叫作品。摄影界人不能说拿照相机照出来那就叫作品，起码得上报、上刊物、上展览，这才是作品。我第一次上报纸是 1959 年，五岔沟铁矿大搞技术改革，一个工人怎么用机械运铁块，在小铁道上来运这个铁渣子块，在《内蒙古日报》发的。

刘晓欣：杨老师，您电影摄影班毕业后先去的内蒙古电影制片厂，是什么时候回赤峰工作的？

杨义：1962 年。国家经济困难，这时候电影厂下马，王再天副主席作报告，说我们国家的火车头调来调去，国家干部不听调动，那还叫国家干部吗？听完这个报告，我第二天就回赤峰了。

刘晓欣：内蒙古电影制片厂要解散？

杨义：是啊，经济困难了嘛。那年我结婚了，我爱人正好在这儿，那我肯定就回昭盟。

刘晓欣：那年您多大？

杨义：那是1962年10月，我二十三四吧。我如果晚回来一天呢，我就去中央新闻纪录电影制片厂了，因为上头要我。那时通信不行，还是手摇电话呢，我就回赤峰了。第二年中央新闻纪录电影制片厂又来要我，让我回去。我们总编当时是牧仁，我头一天挺高兴，跟我屋两个同事说我要走啊，我还回去搞电影去，这是1963年5月。第二天我去见牧总编，一进屋牧总编就抬头看我，你猜他怎么说？他说党需要我在这里工作。那我啥也没说，咱们就听党的了，是吧？所以

图2　1973年，杨义全家在牧区合影（后排右三为杨义）

我这一生，我听党的，我一点也不后悔。

1979年昭乌达盟从辽宁划回内蒙古来，布赫主席的老伴珠兰其其柯上昭盟来找我说："小杨，我落实政策了，我上电视厅（内蒙古自治区广播电影电视厅）当厅长了，你回去帮帮我，我已经跟你们盟长、书记都说了。"我也挺高兴，这个话是广播电视厅厅长亲自跟我说的，她到赤峰时，我当时没在家，赤峰广播局派车把我送到林东面对面跟我说的。当时管文化的罗进盟长说，珠兰找我来，但是我管不了你了，你是市委大院的人（我那时候是在昭乌达盟委摄影报道组）。你得找分管书记阿林。阿林书记乐呵呵跟我说："好好工作，组织早就给你安排了，安心工作吧，这里需要你啊。"你看，我咋办？我回家跟我老伴一商量，我老伴也是共产党员，更积极，她说咱们听党的。我就给珠厅长打个电话，我说这儿领导不乐意放我呢。珠厅长"唉"了一声，最后给了我一台电影摄影机。那时候还没有录像机呢，就是电视台也使电影摄影机，拍完以后转录放出去，这台摄影机现在还在我这儿搁着呢。那时候她让我负责东三盟，说真话，那两盟我没好意思去，因为咱们拿着昭盟的钱，尽管给你个记者证，你也不好往那两个盟去。后来赤峰市电视台成立，我是赤峰市电视台第一任台长。我好几个"第一"，报纸上说的，电视台我是第一个当台长的、中国摄影家协会我是第一个会员、内蒙古自治区新闻工作者协会我是第一批会员、我是内蒙古第一个获功勋奖章……给我总结一大溜，我都没认真看这个事情，这就是机遇。

刘晓欣：这也不仅仅是机遇，这是您做出来的。

杨义：这是党安排的。咱们那个时候就是党让你干啥就干啥，我曾经写过一篇文章，一会我给你们看看。我们那个时代，给你搁这儿了，就不许你再动了，你要在这个位置干好，还得团结周边的人。这就是党对你的要求。内蒙古自治区副主席王再天不是说这话了吗，国家的火车头调来调去，你国家干部都不听调动，那国家这个大机器还灵吗？你不就是一颗螺丝钉吗？我就这么考虑的，所以让我干啥我就干啥，是吧？你让我当台长，我就把台长工作干好；你让我当记者，我就把记者干好；你让我干摄影家协会主席，我也干好，而且兼职30多年。

刘晓欣：也就是说您从内蒙古电影制片厂回来就进入《昭乌达报》[①]？

杨义：《昭乌达报》，我就是第一个摄影记者。赤峰那时候没有专职摄影的。当时有一个懂摄影的，他有历史问题，不让他拍摄；剩下其他人都是下去背个照相机，照好照不好没任务。

刘晓欣：您是赤峰新闻媒体首任专职摄影记者？

杨义：对啊。我是赤峰地区第一个专职摄影。当摄影记者给我一个费德（Fed），那拍新闻不行，老掉牙，是捷克产的。当时报社有个领导说，人的因素第一，不管是什么玩意儿，只要你人的因素好，一样拍好！咱什么都没说，我这个人不好谈这些事情。

刘晓欣：当时您到了报社，使用的机器就是费德（Fed）？

杨义：也是四方的。等我使半年多，我带着机器又回内蒙古电影制片厂，弄点色镜啥的，我就换了一台旧的禄莱（Rollei）。

刘晓欣：利用个人关系？

杨义：我是经过个人关系上内蒙古电影制片厂带回点简易的附件，包括测光表、滤光镜啥的。那些老同志说，杨义，你上库房里头看，我们不用的可以拿点儿。报社总编对我也不错，又买一个二手的禄莱（Rollei），我好多东西都使那个禄莱（Rollei）拍的。

刘晓欣：您到《昭乌达报》工作，是哪一年？

杨义：1962年10月。

刘晓欣：您拍的第一张片子是到《昭乌达报》后拍的？

杨义：那不是，我第一张片子是在内蒙古拍的。

刘晓欣：就在学习期间拍的？

杨义：学习期间可以拍。

刘晓欣：那个片子名字叫啥？

[①] 1956年10月1日《昭乌达报》创刊。1983年昭乌达盟撤盟设市，《昭乌达报》遂改名《赤峰日报》。

杨义：我第一张片子就是上画报那张，叫《电气挤奶》。这个片子不但上画报了，还参加了内蒙古第一届影展，而且代表中华人民共和国在非洲做过展览。

刘晓欣：上了内蒙古哪个画报？

杨义：《内蒙古剪影》，这是内蒙古第一本画册，那时候彩色片不多，当时印彩色片我们国家还很困难呢。当时在呼伦贝尔谢尔塔拉牧场拍的，是20世纪60年代初，《电气挤奶》代表咱们国家在非洲一些地方展出过。

刘晓欣：这是您的第一张片子？

杨义：这是第一张上画册的片子。第一张片子就不是这个了，你像乌兰夫五一视察，还有其他一些东西，那就多了。

刘晓欣：您在《昭乌达报》一共工作多少年？

杨义：1962年回来，到1976年上市委。

二、尽心尽力培养摄影人才

刘晓欣：杨老师，您在市委做什么工作？

杨义：我到市委是摄影报道组组长。这个时候昭乌达盟归辽宁，辽宁很重视摄影，宣传部好多人都是辽宁的老干部，像孙守成部长，他那个时候就考虑成立摄影报道组，要把昭乌达盟宣传出去。摄影报道组两个任务，一个是宣传赤峰，那时候我们出画刊，叫《昭乌达》画册，以后我给你拿来看；再一个就是培养队伍，那时候摄影人太少了，没有几个专业的，有张远生等，张远生后来当阿旗①旗长了。培养队伍，就是层层培养。什么叫层层培养？工会培养、共青团培养、群众艺术文化馆培养，发展队伍。你们红山区谢道渝就是那时候办班培养的。

刘晓欣：当时赤峰的摄影状况怎么样？

杨义：一开始没有人啊。就是内蒙古自治区成立30周年大庆，我们一回来。跟前没有几个会摄影的，现在这些人出了点名，那时候都不会摄影。包括你们那

---

① 阿旗，阿鲁科尔沁旗。

图3　昭乌达盟摄影报道组出版发行的《昭乌达》画册

边有个谢道渝，他是搞美术的啊，后转的，那还是比较早的。李国志、马纪兰、白显林、萨其拉图等这些都是后学的。

刘晓欣：后来办班又学的。

杨义：嗯。都没学过，就办班逐渐地这么起来的。所以办班就成了主要任务。

刘晓欣：办班您承担的是一个什么样的职责？

杨义：我是组织各级检查。比如先培养骨干队伍，要讲机械，我讲完以后，老谢（谢道渝）他们就下去讲。那时候还讲不到艺术，能学会使用机器就不错了。所谓曝光，打个比方吧，同样一池子水，管子粗灌满的时间就短，管子细，灌满的时间就长，这就是光圈速度和曝光量的结果。速度慢一点，光圈就小点，就是准确曝光，这个东西对一般人来说讲不形象，就很难接受。另外还有室内咋照、室外咋照。我照相的时候，开始是灯泡子，有大的，有小的，我出去得背，背一大筐灯泡子。大场面使个大灯泡子，拍近景使小灯泡子。

刘晓欣：灯泡是反复使用的吗？

杨义：最早就是一次性一个。那里头就像镁粉似的，"啪"燃烧了，报销了，有时还爆炸。那一个灯泡是很贵的。那时候我出去有个大黄布兜子，背着二三十个灯泡。我有一年参加一个文艺会演，这兜子还不够呢。那时候成本高，摄影是奢侈品，一般人玩不起，一个胶卷20多块，加灯泡子，所以职业也被人羡慕。以后发展了，用万次灯。万次灯就是电瓶里头搁稀硫酸，这一个充足了电，照一个卷，都到不了两卷，今天要是活动多，这俩电瓶还紧忙活。有时候没电了，第二天领导说，有任务了，我说没电，领导说你咋没充电？昨天我们家停电。领导说，跟工业部说给他们家拉个电线，拉个啥电线？现在就叫双电源，知道吧？不是我个人需要，是我那个家伙什儿，工作需要。

刘晓欣：旁人家都没电的时候，您那儿有电？

杨义：长期有电。20世纪60年代我家就有双电源，有小孩说，杨叔我们家都黑天，你们家咋亮呢？我说是吗？咱不知道谁家黑不黑，我说我得充电。1976年，我调到刚成立的市委摄影报道组，那时主要任务就是培养队伍，办班，完成任务。

刘晓欣：您调到市委报道组，身份还在《昭乌达报》吗？

杨义：不，我就调到市委去了。我前边不说了嘛，珠兰来要我，人家说那不成，我管不了。我就负责全市摄影了。我那时候也管新闻，主要任务还是用图片对外宣传。

刘晓欣：专门成立了个报道组？

杨义：摄影报道组，还有文字报道组。

刘晓欣：当时抽调几个人进摄影报道组？

杨义：当时我们有兼职的，有专职的，我是专职的摄影报道组组长。我又抽了两个人，当时有个叫高亚雄的，有个管资料的叫薛汉英，都是老头。剩下就通过宣传部轮流安排，临时调人。

刘晓欣：就是搞展览、搞活动随时调人。

杨义：嗯，办着班，然后下去拍东西。《昭乌达》画册就是摄影报道组那时候出的。

刘晓欣：这是哪年出的？

杨义：1978年开始，1979年第　版。

刘晓欣：是在"文革"之后了。

杨义：是啊，"文革"之后。1979年以前赤峰归辽宁管，辽宁省要出本画册对外宣传赤峰。那时候咱文化也不错，乌兰牧骑正是鼎盛时期。另外文物也挺好，当时文物画册我们也出了，都是对外宣传。做《昭乌达》画册从各旗县抽了一部分人，也给各个旗县布置了任务。拍了好几年呢，我们办班拍的，最后选出来，印刷是在朝阳印的，朝阳那时候印《红旗》杂志，《红旗》知道不？

刘晓欣：知道。

杨义：我是1976年到报道组，1977年就开始干，1977年、1978年、1979年3年，自己要下去拍，当时咱们市还有好多部队呢，部队的通讯员，像大板、林西还有铁道兵，我们发动好大一个队伍去拍。抽了一部分人，然后自己下去再拍一些，组织一些，不行再下去，反反复复，两年半到三年才出来。再加上以前的，谁手头有好一点的。当时咱们盟委也非常重视这个画册出版工作。

刘晓欣：您是组织者？

杨义：是。我是报道组组长。一是负责发展队伍，二是对外宣传。

图4 杨义摄影作品《雪天出牧》(1978年)

刘晓欣：这本画册里您拍摄的照片有多少幅了？

杨义：我比他们当时要多一点，我是专业的。彩色的大部分是我拍的，能占三分之一以上。那时候不记名，只要参与了，最后落款上都有名字。

刘晓欣：这本画册，哪张片子印象比较深？

杨义：我那时候就想尽量把我们的摄影队伍扩大了，同志们都上去，你比我差一点的，我也要把你搁上，为啥呢？我们的任务就是培养、鼓励他。

刘晓欣：体现群众性。

杨义：首先咱们就是让这个普及下去。摄影发展有两个过程，一个先普及，让你会照；第二个过程才是让你提高水平，也就是说先把基础掌握了，让你能进去，拿一照相机就能照出相来。也有能照出相的，不是黑了，就是白了。曝光不足，拿的是白片，曝光底片全黑放不出来。先让他们掌握这个。第二步等真正你会照相了，怎么拍出一些艺术作品、让人喜欢的作品呢？你像黑白片，你拍出黑白灰，就跟咱们国画似的不就有黑白灰嘛。那彩色照片呢，那时候讲色温，比如说早上拍的东西，晚上拍的红光，就霞光满天吧，它是红光，你中午拍片色温高，拍出来是蓝的。就是不同的要求，有不同的光线，早晚有不同色温，就有不同的颜色，你再抓住机遇拍。这是第二步要学的东西。那时候很大程度就是培养队伍。摄影需要勤快，你得寻思我拍这张片应该呈现什么效果，脑瓜子起码应该有个想象。

我给你举个例子。胡耀邦总书记来时，我在乡下，把我接回来了，说有任务。啥任务？说把你照相机、摄影机都拿出来。到了宾馆，告诉我党中央总书记来了。我一手照相，放下照相机还得拍电影，不让你带人。那玩意太大，我就跟开车司机说，你帮我拿电影摄影机，我要照相。我夹不住那个玩意，它不能背，还有闪光灯，那时候我一个人忙活。但是你得有设想吧？我就问领导，领导也不知道胡耀邦总书记要上哪儿，我说上牧区不？他说那肯定得上牧区。那我就想，内蒙古特点是牧区不？昭乌达盟特点也应该是牧区，我应该在牧区拍张好片子。于是我就想好了，到牧区，肯定一进来有献哈达的场景，那时候摄影就我自己，没人跟我抢位置啊，我拍下了《美酒献亲人》彩色照片。

刘晓欣：您是官方指定的。

杨义：一手干两种活。给胡耀邦总书记敬奶酒那张片子，是我抓拍的。那张片子受到摄影界的好评。

刘晓欣：那是哪年的事？

杨义：1982年吧。

刘晓欣：胡耀邦总书记到赤峰来视察？

杨义：到打梁沟门、到元宝山、到巴林右旗的草原。

刘晓欣：您这张片子怎么拍的，您详细说说。

杨义：我们先去的。比如头天晚上就决定他去哪儿了，盟长我们俩就先到那儿打前阵。他坐直升飞机去，等直升飞机一露线，底下有欢迎队嘛，我就开始照。等他下了飞机，然后这底下就有献哈达的，那我就看好背景了，后边直升飞机往这边来，就拿着哈达敬奶酒，我就选好位置了。我那时候抢新闻还是没问题的，在摄影这方面我绝对是熟练的。我使的相机是尼康，就抓了几张，非常理想。其中有一张，是他端起奶酒来。他和迎接他的旗委那些领导每个人握手我都给照了一张。不容易啊，和党中央总书记握手不容易啊，那时候我都给照下来了。看起来他们还比较满意的。所以说有些重大题材你总得有点设想，是吧？你达到目的就好了。这几张片子现在到处都用。

刘晓欣：这张片子首先发表在哪儿？

杨义：咱们旗志、市志哪年都用。

刘晓欣：标题是什么？

杨义：我那个标题是《美酒献亲人》，也叫《奶酒献亲人》。

刘晓欣：拍摄地点在？

杨义：就是巴林右旗的白音塔拉。

刘晓欣：右旗的白音塔拉公社？

杨义：那时候叫牧场。

刘晓欣：白音塔拉牧场。

杨义：听说好多人用我那个片子，因为现在的科技谁都可以翻拍，但它不是原版。有好多书刊都是用那个片子，反映那个时代。

刘晓欣：您到盟里头的报道组，培养了一大批人，也经历了很多事。在您培养的这些队伍当中，谁比较突出？

杨义：我觉得我们后边这些年轻人成长确实都很快，历史形成的。现在我们摄影队伍里，你像人家出了很多本书，像市直的白显林、松山区的李国志，还有拿到奖牌的，如20世纪六七十年代的苗淑霞，她得过全国铜牌。现在我们这些老同志大部分都是赤峰的骨干。

刘晓欣：当时这种摄影培训班经常举办吗？

杨义：是啊，20世纪70年代到80年代办班，层层办班。工会办班、共青团办班，群众艺术馆那时候叫文化馆更办班，妇联还办班。就是我们在上面办完了，比如市这一级办完了以后，他们就到底下去办了。

刘晓欣：这些班和您是什么关系，您就到那儿去当老师，当辅导员？

杨义：层层办班啥意思呢？咱们办了这个班，这些人下去他就又办班了，你不可能到各地去，要是去也就是听听看看班办得如何。赤峰市附近有时哪个班结束了，让你去参加，助助威，祝贺祝贺。办班也很不容易，你得要负责的。你们红山区过去有一个叫谢道渝的，他办班有时候不讲方法，真热情那个同志，最后就和他们文化馆的馆长闹得不亦乐乎。这个人是真干工作，说咋办？这是上边布置的任务他干了，但是没协调好，我就把他通过组织调到市计生委搞宣传，还办班。你得对他负责，给你干工作了是吧？

我们还有一个老薛头，收管资料多少年了，他的家在赤峰，弄来弄去把他弄林西去了。我觉得也不太好，他家有老又有小，他岁数还比我大一旬，弄到林西孤零零的，在这种情况下我把他借调回来的。因为我过去认识这个人，他不是专职搞摄影的，是爱好，我让他管资料。干几年以后我就跟文化局领导说了，我说这个老同志这么大岁数，不能再回林西了，你们给我安排安排，能不能去群众艺术馆当副馆长？摄影方面你要对发展队伍负责，还要对这些给你干工作、任劳任怨的人负责，这样人家才乐意跟着你干活。对上负责，对下也得负责。

刘晓欣：你们这些人对赤峰摄影发展做出了贡献。

杨义：我对赤峰摄影做多大贡献，自己说不行啊，有宣传部对我的考核鉴定。我这本画册（《瞬间永恒——杨义黑白摄影作品选》）里的前言，就是给我的鉴定，是赤峰当时摄影界的人，还有科协、宣传部的领导给我写的。当时我还觉着有点受不了，为啥呢？觉得对我的褒奖太多了。成绩不说没不了，缺点不说不得了，不要吹，是吧？中国有句老话说，路遥知马力，日久见人心。你就干你的工作呗，让你干啥就干啥，别人说我低调啥的，我有一种感恩，我为什么感恩？我家那么穷，要是共产党不让我念那两年书，中学不给我拿助学金，我不可能有现在的成就。如果第二次不是组织上又把我保送，我可能还在山村教书。你今天有这些东西，你吹啥？离开国家，离开组织，你啥也不是。我们的任务就是，党让你干啥就干啥，好好干。

三、六十年摄影生涯勤耕耘

刘晓欣：杨老师，在近60年的摄影生涯中，请您把印象深刻的拍片经历说一说。

杨义：摄影啊，它确实有时候让你有欢乐，但也有悲哀。

刘晓欣：这怎么讲呢？

杨义：拍电影的时候，我记得是1961年，我和一个摄影师，我们两个人，他比我大，上鄂伦春小二沟，我们晚上要过诺敏河。我小时候有这么句话，"春风不过诺敏河"，说明冷，这回我真正到诺敏河了。林业局派一个大轿子车，拍电影我们有反光板，那时候像农村没电源，就使反光板，还有电影摄影机。那时农村没有电话，只有报话机，林业局就告诉小二沟了，说今天晚上内蒙古电影制片厂去两位摄影师给你们拍一个片子，把我们送到河套边，对岸就是小二沟。可当晚没人来接我们。

刘晓欣：诺敏河在海拉尔？

杨义：在林区里头。然后，我们等也没等来。那个开大轿子车的师傅有经验，说这时候不来就不来了。那些人是猎民，生活就是天一黑就歇了，也没电灯。晚上我们得吃饭啊，那师傅很有经验，一根绳子拽到河套里去，搁个蚂蚱，等20多分钟，抓好几条鱼，然后舀点河套水，我们就煮鱼吃，过了一宿。秋末冬初，林区很冷，第二天还没来，咋办？说看那儿有个船。我们那个大师兄说，我会划；还有林业局派的一个宣传科科长，穿的皮靴都脱下来。（他们）划到半道被冲跑了。我看着摄影机啊，我不看摄影机就让我也上去了。河水把他们冲走好几里地，鄂伦春来人骑马追回来的。他们晃晃荡荡，那是个皮划子，不是木头船，他们有点水性，扑腾扑腾下水了，要不就完蛋了。

还有一次去阿尔山，也是拍林业。我们本来应该是坐小火车走，小火车站的人说先别走了，刚弄了两个兔子来，一会你们吃完再走。我们要上车赶任务，人家就把我们的器材拽下来，那天晚上我们就没上那个车子，后来车子出事了。

这两次都差点"报销"，如果我上船也"报销"了，不会游泳；我们要是上火车也"报销"了。

刘晓欣：您这真是命大啊。

杨义：因为摄影，我走过了好多地方，见过好多中央和地方的领导。

刘晓欣：把您印象深的说一说。

杨义：拍领导，我不能像拍你似的，举起来，再说说笑笑。你就得抓拍，就得手快、眼快、脑子反应快。

刘晓欣：我昨天在白显林老师那儿看到他们家挂了一幅乌兰夫的照片？

杨义：那是去乌兰夫他们家照的，那时候我就当台长了。我1984年当电视台台长，一般外事活动就去得少了，我真正拍作品，就是1984年以前，1962年到1984年这一段时间。名山我也没少去过，什么杭州了、桂林了，包括南方这些地方，乌鲁木齐我都去过，但我真正的服务对象还是咱们农村牧区、包房、牧场，啥包房我都待过。像鄂温克，冬天去了戴的鄂温克帽子、穿的鄂温克的衣服，我都没少跑。从1962年回来，赤峰的各个农村、牧区我基本都去过。那个时候赤峰不一样啊，我到牧区骑着马，才能看多远。现在比如说翁牛特旗其甘嘎查，我的第二故乡，当年我要回家去，我就骑着马才能看着了路，草高；现在地上跑耗子都看着了，你看这个沙化确实厉害。当年克什克腾旗那个牧场，那真是

图5 杨义摄影作品《医院专家到牧区》

图6 杨义摄影作品《乌兰敖都大队牧民治沙》

绿地毯一样，牛羊像珍珠似的撒在那上头，我有这个片子，太美了。

刘晓欣：您的片子当中，我看有个俯视赤峰的片子，那是怎么拍的？

杨义：第一张片是1964年的赤峰，昭乌达盟就那么几栋楼，后面红山做背景。我差不多每两三年上一次飞机，那时候用飞机洒农药，我都上去拍一张。一直到现在，你看赤峰这50年的发展，就在我这儿找照片。

刘晓欣：都能看到发展的轨迹。

杨义：都有，你看照片啊。

刘晓欣：赤峰的街景、老建筑啥的？

杨义：我也有啊。我认为那时候拍的还不是最破的，现在看都不得了。包括昭乌达路，那个时候各个路我都有。

刘晓欣：我在一篇介绍您的文章当中看到说，你在昭乌达路为了等一辆马车，蹲了好几个小时，这是怎么回事？

杨义：对。这就是我1962年回来，大约1963年、1964年发的稿。当时就在百柳，那块有棵大杨树，我就想这个路上太空了，那时候路还不是柏油的呢，是砂石路，你拍个路光秃秃的总不好看吧？我等啊等，等了一个多小时，也等不上。最后来了一辆拖拉机，拉树杈的，不管拖拉机啥的，总算有点动感了吧？我拍一张。

刘晓欣：是那么拍的。

杨义：我拍《昭乌达》画册里照片的时候，比如拍昭乌达路，最好有几个汽车，城市有几辆小汽车多好看。那时候市委有一台伏尔加，政府有一台伏尔加，别的地方都是嘎斯69的，没有小型轿车。现在到处堵车吧，那时候拍昭乌达路，最高的建筑就是赤峰饭店，叫七层楼。拍一张片子，难啊！

刘晓欣：那您怎么把这两辆车弄到一起的？

杨义：你说调这两辆车啊，那照相也好办，关键你站在哪个位置上，我拍昭乌达路，那时候就站在火车站屋顶上。那时候找车困难，现在你看赤峰发展了吧。我有时候闭眼一寻思，我1952年念中学进的赤峰，过去老一中那个地方，全是沙土窝子，基本没啥人家。我1952年来的时候火车还没通呢，你看现在呢？这赤峰发展不快吗？我是搞摄影的，我要说话，证据就是图片，和写文字不一样，文字咋形容都行，摄影你必须有东西。所以说我的摄影是赤峰农村、城市发展的历史记载。

刘晓欣：您见证了一个城市的变迁。

杨义：一点不错。

刘晓欣：回到刚才那儿，怎么拍的那种大场面全景？

杨义：那都是飞机上拍的。

刘晓欣：第一次那是航拍吗？

杨义：第一个就是航拍。

刘晓欣：赤峰航拍最早的人是谁？

杨义：也应该是我。我带过好多人一起上去，他们上去吧，不是晕，就是把片子拍虚。为啥？上去他不会调焦了、速度调不好、光线运用不好，下来不是黑

图7 杨义摄影作品《90年代初的昭乌达路》

的就是白了。这也是个经验。我在电视台当台长，带两个人拍赤峰，他们上去就扛着摄像机站不稳，吐得满地都是，他是手握着机子看不着，晕的。你看这小伙子挺硬的，他不适应飞机上。

刘晓欣：您第一次航拍是哪年？

杨义：我是1964年就开始航拍了。那时候内蒙古自治区来一些人，上去拍，我都有照片。以后就接着拍当铺地①，当铺地那时候就有点名，在北京展览，北京展览当铺地整个摄影就是我。我空拍还是比较多的。真正空拍照片除了我，过去还有一个人，他在我以后了，叫崔玉堂，在林业局当过局长，这个人为了照相摔了。

刘晓欣：他为了照相摔的？

杨义：他开车在黄岗梁那地儿，车翻了。

刘晓欣：这照相也有危险，是吧？

杨义：有啊。另外有些真正好的镜头，爬高什么的，危险性很大。我前年拍张片子，就在万达广场那个上头有个吊车，那时候我啥岁数？那也是七十四五了嘛，别人就害怕。万达那个楼顶上最高点，我拍那个新城，我倒是不恐高。搞摄影有职业病，拿照相机他就精神，可能也是这个道理。

刘晓欣：你第一次航拍的时候坐的什么飞机？

杨义：Air啊，拍片都是Air。就是双翅膀呜呜呜叫唤那玩意儿，它能低飞啊，那大飞机不行。我最早20世纪60年代，在内蒙古拍电影时就坐大飞机了，拍通辽钱家店农网、拍内蒙古自治区成立20周年献礼片子的时候。

刘晓欣：杨老师，您在报道组待了几年？

杨义：我是1976年到报道组。电视台1983年让我去，我不是特别愿意上电视台，为啥呢？因为我在宣传部刚进的设备，我进的玛米亚（Mamiya）、

---

① 当铺地，当铺地镇位于赤峰市区以北10公里处，地处阴河北岸，属城乡接合部。当铺地镇是全国林业建设的典型，早在20世纪60年代林业建设就闻名国内外，并成为各地区相继学习的典范。

尼康（Nikon），进的杜斯特（Durst）放大机，设备很好，我愿意搞业务。1983年，组织和我谈了一次，我说你们找台长还不容易吗？1984年，领导就发火了，这派干部派不出去，怎么回事？我说我们带着设备走。1984年电视台刚成立，我是第一任台长。

图8　杨义摄影作品《赤峰市新城区一角》

刘晓欣：成为电视台第一任台长。那您是从哪儿退下来的？

杨义：我从电视台出来，又上赤峰市委宣传部新闻工作者协会。

刘晓欣：就是又回到宣传部，赤峰市新闻工作者协会。您哪年从电视台出去的？

图9　杨义航拍作品《大地似锦》（松山区太平地乡的大地林网）

杨义：1989年年末1990年年初。在宣传部又待了几年，我又兼赤峰日报社副总编，为啥？因为我要评职称，市委那个地方不能评职称。我干一辈子新闻了，现在我是摄影界正高，还是主任编辑。

刘晓欣：您是哪年退休？

杨义：1999年。

刘晓欣：在您这近60年的摄影生涯当中，拍的片子有数没？

杨义：我拍片子真没数。但是这个东西呢，我脑瓜有数，是啥呢？我们国家这些主要新闻媒体，《人民画报》给我发过、《民族画报》给我发过、《解放军画报》发过，这是"中国三大画报"。《人民日报》、《大公报》、新华社通稿、新华

图10 杨义

社对外用稿，都给我发过。咱们省级的就不说了，什么《内蒙古画报》都给我发表过东西。

刘晓欣：成绩卓著啊，在咱们这么一个边远的、塞外的盟市，能够打入国家三大画报。这几大画报发表的作品，您还能记得吗？

杨义：我那时候不太注意。那天吧，一个同事上我那儿搬书箱，我翻一个画报，哎哟，这个画报咋留着呢，一看这里有我的照片。

刘晓欣：《人民画报》发的是？

杨义：《保卫边疆》，我记得是一个女民兵。

刘晓欣：哪年发的？

杨义：那是"文化大革命"这个阶段。

刘晓欣：《民族画报》也发过。

杨义：《民族画报》那我发的多了。《民族画报》我特熟啊，熟到啥程度？总编车文龙，现在退休了，他是纳西族。他们上届总编叫巴特，车文龙美术学院毕业以后去《民族画报》，当时巴特给写个条，说老杨你带带他，这是我们刚毕业来的学生，我就带着车文龙去牧区拍片子，他以后成为民族画报社的老总。

刘晓欣：《解放军画报》也发过。

杨义：《解放军画报》是郭道义他们，那时候有时一起下去拍片。

刘晓欣：杨老师，《昭乌达》画册是记载您作品最多，您组织出版的最早的一本画册？

杨义：这本画册是咱们赤峰，也就是原来的昭乌达盟第一本真正的画册，这个画册是我组织的。

刘晓欣：一共印了多少册？

杨义：当时印的并不多，也就 2000 册左右。当时主要是宣传昭乌达盟，那时候印刷水平都不行，有些老同志说你这书印坏了。2012 年，我出版了一本大型画册，即《瞬间永恒——杨义黑白摄影作品选》。原来我也不想个人出书，后来说人家摄影界都出了，我就出了两本。另外我考虑出书，不能单纯就想自己，它是历史的记载，让人们看看。

刘晓欣：它已经不属于您个人了，您是用镜头记录这个社会、记录我们这个时代。

图 11　杨义

杨义：是，就是别人这句话，说你以为出书就为了你啊，你别把时代给弄没了，让后代看看，你有责任。

刘晓欣：说到书了，您出过几本个人摄影集？

杨义：真正我个人摄影集，《瞬间永恒》是第一本。还有一个彩色的正在设计中。[①] 原来我出过《昭乌达》画册，还出过文物画册，还出过赤峰的明信片什么的，都不是我个人的，都有大家伙参与，就是我编辑。

刘晓欣：也就是您主持、编辑、出版的？

杨义：对。我还是主要摄影人。

刘晓欣：还出版过一套明信片？

杨义：对，是全国发行的，也叫《昭乌达》。

刘晓欣：还主持出版过其他画册吗？

杨义：一个历史文物画册——《昭乌达文物》。那时候印刷也不行。文物也没有正规管理，地方也小，就划拉个框在外头搁着，那还是苏赫老先生写的提纲，我们给拍的黑白的。

---

① 即 2018 年出版的《历史·瞬间——杨义彩色摄影作品选》。

杨义：瞬间记忆成永恒

刘晓欣：无论是《昭乌达》画册，还是明信片，还是赤峰文物，这已经是赤峰文化的宝贵财富了。《瞬间永恒》是您个人的摄影作品集，这是哪年出的？

杨义：你看这不写着"献给赤峰成立 30 周年"嘛，这个书也是赤峰几个名人，朱嘉庚、赵向阳、鲍喜章他们，鼓励我出一本摄影书。向阳全权帮我设计。

刘晓欣：这本书是不是对您从事摄影工作以来的一个小结？

杨义：就是一部分吧。这里头除了我的简历以外，还有部分是党政领导在赤峰活动的。我当时出这个书有一个想法，我当记者的时候，轰轰烈烈宣传赤峰劳模，比如当铺地的陈洪恩，全国劳模，那是治沙模范啊，在北京全国农业展览馆展过。现在好多人忘却了。

刘晓欣：我记得有一本薄册子，上面有个封面，有网格状的。

杨义：你说的不错，那网格状的照片就是我的作品。还有赵斌，当过全国人大代表，老劳模。如果咱们再不给宣传，后代就忘记了，谁知道有个赵斌为赤峰发展做过贡献？1953 年成立五三社嘛，这多有影响，是吧？我想这些人在我那

图 12　杨义主持编辑出版的部分画册、画刊

个时代，好多人见了都鼓掌，非常崇敬，现在这些人已经不在了，他们曾为这片土地做过贡献啊。我这个时候出书就是这个目的。里面有陈洪恩、赵斌和龙梅、玉荣在一起的，龙梅、玉荣当时这么大点儿，那是1964年内蒙古开4个代表大会上拍的，贫代会、科代会、学代会、农代会。这些劳模应该让咱们这块地的子子孙孙知道，劳模的作用是大的，典型力量也是厉害的。因为我是那一代记者，就我有他们的形象，历史的任务在你身上，你不宣传这个东西，那么谁宣传？要对党负责、对人民负责，我就这么个想法。

刘晓欣：地方人物方面有您多少幅作品？

杨义：这个我还真不知道，他们说将近200幅。一共是7个部分，每一个部分都代表当时赤峰的发展，能看到赤峰发展的重大事件。

刘晓欣：这本书就叫《瞬间永恒》。

杨义：这个书出来以后，我也让一些老同志们给批评批评，挑挑毛病。中国有名的摄影家蒋少武，辽宁的，他给我写过点评。还有王纪言，他在中国传媒大学当过教授，原来叫北京广播学院，当过摄影系主任，当过副院长，他现在是香港凤凰台中文台台长、凤凰卫视的常务理事。这帮人都给点评述，还可以，鼓励吧。这些是代表过去的，代表不了现在。过去人少，咱们那时候得天独厚，没有竞争对手，现在的年轻人要在那个时代可能比咱们干得更好，你就得这么看。历史把咱们推到那个地方去了。

刘晓欣：从您到内蒙古电影制片厂，一直到现在，一直也没离开过照相机。

杨义：我都没离开过照相机。用鲍喜章的话说，你和摄影有缘，就这么阴错阳差，是吧？别人说你多遗憾，说你上中央、上自治区多好。我无所谓，我还这样吧，我是党培养出来的，听党话吧，我现在也这样，我很坦然，党让干啥就干啥，无论在哪个岗位，我都很认真干。我跟你讲，我在记协吧，是全区先进单位，有奖章；我在赤峰市摄影家协会吧，也是全区先进单位，我还弄个摄影功臣；我在赤峰市电视台的时候也不错，我是内蒙古电视艺术家协会常务理事。行了，我经常说要认真干。

刘晓欣：您是摄影功臣？

杨义：是，2000年我被评为"内蒙古二十世纪摄影功臣"称号。

刘晓欣：全区当时一共评了几位？

杨义：10个。

刘晓欣：咱们赤峰一共几个？

杨义：1个。盟市才一共俩，除了我，锡盟一个，剩下都是自治区的。

刘晓欣：摄影功臣，这分量挺重。再之后我看有一本摄影大典上对您也有介绍？

杨义：现在摄影家不知道有多少了，摄影家词典、摄影家名人录，我上书那个东西太多了。

刘晓欣：我觉得对您最好的肯定就是加入中国摄影家协会。据我所知，您是咱们原昭乌达盟地区首位加入中国摄影家协会的，可以这么说吧？

杨义：可以。我入会的时候内蒙古也没几个。我是赤峰归辽宁时候入的，常务理事批的，我没去填表，我弟得病了，我陪他在北京看病，后来转到内蒙古，到内蒙古我就耽误一两年，否则我肯定是在中国摄影1000人之内，包括健在的和已逝的。

刘晓欣：那也是全国1000多名会员之一？

杨义：我那个号好像是1071。要是提前两年，那我肯定是在前1000名。

刘晓欣：非常了不起！您哪年加入的中国摄影家协会？

杨义：1981年，在辽宁常务理事批的，到内蒙古填的表，拿作品，这不晚了好几年嘛。

刘晓欣：再之后，您也是赤峰市摄影家协会的首任主席。

杨义：我是两届主席，昭乌达盟那时候叫美术摄影书法协会主席。那时候一共也就是那么几个协会，等到各个协会分开，我是赤峰市摄影家协会第一任主席，加上报道组，我是领导摄影30多年。

刘晓欣：就是在主席的位置上30多年？

杨义：领导摄影的位置上吧，30多年。那年我70岁了，我说我不能再干了。谁接的我的班呢？人大常委会副主任梁万龙，他是第二届。

刘晓欣：您是赤峰摄影界的前辈、权威、名人，这是实至名归。

杨义：这个权威咱们不去说它，名人我也不说了，我早，这点肯定是。

刘晓欣：成绩在这儿搁着呢。

杨义：我在赤峰早，我在内蒙古都早，我在全国排行也早，这不是我说的。王纪言，那是很有影响的摄影界的人物，中国有很多电视台台长都是他的学生。他一看我使那个设备，是吧？当年使阿莱（Arri）的，是苏联的战地摄影机。什么叫战地摄影机？使发条，前面打仗的话，你上哪儿充电去？所以我比较早。另外毕竟我还是属于专业毕业的，这点也是被承认的。

刘晓欣：您作为赤峰摄影界的领军人物和多年的老主席，也见证了赤峰摄影的发展。

杨义：过誉了。我真是见证赤峰摄影发展的人。因为在我来之前，除了照相馆没有专业的，报社有也是背个相机，拍的好赖也没有责任。赤峰摄影真正发展是在20世纪60年代末。赤峰1969年划归辽宁，辽宁摄影很厉害，《东北画报》这帮老人是我们国家画册的奠基人。受当年苏联的影响，《东北画报》这帮老人很厉害，像梁枫啊、夏同生啊，还有蒋少武都很厉害。辽宁省那帮下放到赤峰的老干部往上一提，盟委宣传部的大部长、二部长基本是辽宁的，像孙守成，大部长，那时候他就要形象地宣传昭盟，成立报道组。

我那时候作为组长，我进的是热门机器，当时比较时髦的，像尼康（Nikon），小的，还有玛米亚（Mamiya），大个的。这些都是高档自动的，进的杜斯特（Durst）放大机，那当时在咱们国家都是一流的，你看国家那时候能花这么多钱，说明对摄影的重视。以后照相的人培养多了，逐渐彩色也开始有了，这咋办？我们就开始发展图片社，要不都上北京去洗底片、洗照片，路费花的多。这方面老白（白显林）是第一个成立底片、彩色照片图片社的。

刘晓欣：赤峰第一个图片社是谁办的？

杨义：第一个彩扩就是老白，白显林，他是20世纪80年代。后来《赤峰日报》等一个一个蜂拥而起，图片社多了，这象征啥？摄影的发展。原来都是黑白的，我刚才说《昭乌达》画册，这里面彩色的片子百分之七八十是我拍的，那时候别人照不了彩色的。20世纪80年代以后，就因为我们办班、领导重视，摄影队伍一发展，所以那时候各个旗县都起来了。现在我们这帮人都已经啥岁数了，就我们办班培养起来的这帮人都70岁左右了。赤峰在那个时候，到现在也是内蒙古摄影力量最强的地方之一，我们敢跟呼和浩特和包头相比，为啥？基础就是那时候领导重视，大家伙努力。

刘晓欣：还是有您这样的领军人物，还得这么说。

杨义：有我这个领军，领导不支持没办法。那时候出画册，稿费给5毛钱，你说那5毛钱干什么用？大家伙买个茶杯，不在乎稿费多少。

刘晓欣：5毛钱稿费？一张片啊？

杨义：嗯。现在几十块，那时候就那样了。另外大家伙有很大的积极性，那时候也没有奖状、奖杯。我记得最开始全国的摄影奖，入选全国级奖给你一个纪念品，啥纪念品？就给你个纸条，说你得几等奖，在那儿印上个章。以后，我记

图13 杨义摄影作品《秋天的梯田》

得在华北我入选了，得奖了，给了个兜子，后期给你个盘子，像烧的那个大瓷盘，上面有羊、有长城、有个女的挂着相机，将来你到我那儿都可以看看。等到20世纪80年代后期90年代初就有奖杯、奖章了。出《昭乌达》画册的时候，我主编的，没有挂主编字样，只是名字，那时候反对名利。比如出赤峰文物画册，我摄影，我带了薛汉英。薛汉英当时是我的资料员，我们一起摄影，我就把他搁头里了，我觉得这样更尊重他，是吧？另外你看美术摄影书法协会成立，我从来没坐过中间，我都在边上，为啥？人要谦虚一点，多学点，是吧？谦虚能团结人啊，你净吹，人心里不服你。还是扎扎实实搞点东西。我这一生就是因为历史把我推到这个地方，现在我也有不足的地方或者错误。我天天拍片子，我认为好的、有点艺术性的片子，我都留着了；一般性的片子，比如会议的，我就没有很认真保留，这点儿就错了。

刘晓欣：您拍的新闻片还是不少的。

杨义：我主要是纪实性的，都是新闻片子。但是拍新闻片不能说没有艺术片，比如说《美酒献亲人》这张片子，我把人的神态抓住了，色彩就不用说了，把环境、背景都交代清楚了。背景是直升飞机，胡耀邦总书记一下来，端着敬奶酒的杯子，后面有一些牧民，这背景交代很清楚，这就是一张片子的完美性。到牧区，说这个草原好，咋好？它很绿吧，牛羊肥壮、牛羊多吧。有时候还用不同的色彩，比如说我拍过一张打鱼的，一早上牧民、小湖里的竹排、太阳出来，整个照片那水是红色的，色温低啊，片子特别好看。搞摄影就这样，一个是培养人，一个是要把赤峰重大的事件记录下来。比如说平庄煤矿投产，第一铲煤、第一车煤、第一批工人，我去拍剪彩；红山水库现在啥情况，当初啥情况？当初跑大船，两个大渔船，打上那些鱼来，我有记载；草原水库建成，我给它记载；塔布花煤矿，第一车煤出来，我给它拍了。除了培养队伍，领着他们去干，你自己也要干。现在的牧区都是暖棚了、暖圈了，对吧？那时候农村牧民没有，牧民用蒲毛织的就像墩子似的，装羊羔。20世纪60年代牧区啥样，70年代啥样？人民公社过去了，人民公社啥样？人民公社的丰收、人民公社的粮食，像当铺地的大粮垛、像我们跟前的南菜园子，我给它留下了。"文化大革命"我给它留下了。

知青，我们的知青、辽宁的知青，我都给他留下了照片。

刘晓欣：我看王冬梅还写过文章回忆您给她拍片，是吧？

杨义：王冬梅是大连知青，当年是个小个子打了个大旗，到克旗的白音查干插队，当时牧民是夹道欢迎啊。王冬梅最后是《辽宁日报》的高级记者。她大前年来见着我，都要退休了，比我也就小十来多岁不到二十岁，见着我，喊杨老师，抱着我，特别亲切那种感情，她说你给我们留住了青春。这也是时代的记录，对吧？

刘晓欣：朱德有一首诗说"炎炎夏日访乌盟，杨柳新栽绕赤峰"，那张片就是您在北沙陀拍的吗？

杨义：是我拍的。

刘晓欣：老舍他们来那一次是哪一年？

杨义：那是1961年，我还没赶上。他们是1961年夏天来的，我1962年10月才回来的。

刘晓欣：那几张片子是谁拍的？

杨义：那几张片子我估计是报社记者拍的，具体谁拍的我不知道。但是老舍他们画了4幅画给报社，现在找不到了，我看过。林风眠画了一个大公鸡，"文革"以前有，在我们会议室，现在不知落在什么人手上了。我1984年以后就拍的少了，我当电视台台长时候。1962年到1983年，大事、小事基本找我，那个阶段重大事件都是我拍的。

刘晓欣：反映赤峰城市风貌变化的片子拍的多吗？

杨义：多。前面我记得说了，我从1964年开始拍第一个空拍片，昭乌达路，每几年上去拍一下，有时候不到一年，反正拍农业回来绕一圈，拍两张，我都以红山为背景，一直到这两年我仍然拍，变化就是不一样。

刘晓欣：您拍这些街景以红山为背景？

杨义：没有固定点的话你看不出变化来。当年我在万达拍新城，万达最高那个楼不行，正好那地方有个小吊车，我就上去看了个细节。一般人家说，你那么人岁数还登高呢。我不恐高。最后不行，在万达那个楼道边上，我搁个梯子，好几个人抓着我，还有拽着腿的，我也拍了几张。

刘晓欣：您印象深的、拍的最多的街景是什么地方？

杨义：那时候我拍的最多的还是昭乌达路和长青公园。那时候我去长青公园，我们总编喜欢菊花，拍菊花、拍点鱼。公园的变化、昭乌达路的变化，这个还比较多。那时候拍好的，不拍太差的，报纸才发，是给人鼓舞，正能量嘛，用现在的话说，那时候要鼓舞士气。城市的我有，牧区的我也有，农村的我也有。比如农民一家的变化，有些旗县它当初是啥样。我记得拍辽文化，各个旗县我都去拍了，现在再发展，当年啥样？没有，就得找我了，辽文化，各个时期辽文物，我都有。那时候我特忙，有时候报纸需要照片了，你得去拍，骑个自行车。

我给你举个例子，有一年旗委书记到松山区的白庙子参加植树，那时候没有柏油马路，我和我们农牧组组长张志刚（后来调宣传部当副部长），我们俩下乡，他文字，我摄影。那时候报社在四中呢，我们早上吃点，老早一人一辆自行车，穿着皮大袄，公家的皮袄，那老破车。我们到红庙几乎就快中午了，红庙才多远，石子路，没法骑。到红庙在小饭店里头又吃点中午饭，走到大坝，就黑天了，还没到，我们俩说这咋办？说一个人睡觉、一个人看着，那时候怕有狼啊。我们穿的棉裤都湿了，说这不行，得上山。到山顶上看有灯火，我们俩就冲下去。等到那儿都晚上七八点钟了，黢黑黢黑的，我们才到。我那时20多岁，棉裤都湿了。说那儿就是白庙子上头道营子，还有二里地，我们就住那儿。第二天旗县委书记去参观白庙子治山造林，他们坐车，那时候也没好车，吉普车。我们那时候当记者多艰苦，骑自行车、骑马、坐勒勒车。我记得我上宁城拍鸽子山，在宁城县借台自行车邮到陵园，从陵园再骑到鸽子山，好几里地，那时候就是那样嘛。

刘晓欣：有时候下乡还骑马？

杨义：到牧区骑马。那时候开始啥都不会，为完成任务啥都会了。

刘晓欣：啥都会了。

杨义：骑马还得放马。这马你骑上你得给人放呢，回来给人家交回去。我在翁牛特旗骑马上东部，说你上马号找老邓，你骑那个马。他给我找个老实马，他说那是旗长骑的，他那个马老实。

刘晓欣：马号是怎么个意思？

杨义：马号就是旗县专用，就像车库似的，那实际上叫马库，养了若干匹马，你到那儿，办公室给你写个条，找谁牵走马，下乡。

刘晓欣：那个马都固定的吗？

杨义：每天都有好多匹马，起码有11匹到20匹马，专供下乡用。那时候领导下乡也没车，也骑马，就这么回事。

刘晓欣：您下乡一般得下几天？

杨义：没规定，尽快完成。那时候不像现在，照片给传回来，那时候你到乡下，拍完胶卷搁好了，得回来冲片子，然后再放照片。哪像现在微信传，那时候不行，办不到。

刘晓欣：您要是骑马比如说两三天，马吃的这些料咋解决？

杨义：比如说我上这个村子了，是吧？你交给大队，大队就给你喂了。

刘晓欣：您不用管？

杨义：不用，咱们经营不了。反正下乡那时候吃派饭，我们吃百家门饭。

刘晓欣：把您下乡时候发生的有意思的故事说一说。

杨义：故事吧要说也多。1963年我上阿旗白音温都，白音温都就在阿旗紧北边，让我采访牧区去，我咋去啊，没有公共汽车。有一天我在旗委，旗委说你找宣传部。宣传部说，小杨，有一个上罕庙喇嘛会给送东西的卡车，你可以搭车。我就坐这个车里头，大胖张师傅给我拉到罕庙后，又捎个信，电话也是很不好打的，来个勒勒车，还是给我派的，我又坐了一天勒勒车，起早走，晚上才到牧区。

刘晓欣：坐一天多呢？

杨义：哎呀，咣咣当当走一天。

刘晓欣：相当于一天走了多少里地？

杨义：我也不知道，反正就咣咣当当那么去了，拉到晚上。我还不太会说蒙古语，他还不太会说汉语，怎么采访？我就跟他连比划带问。那儿有个团委干事，会点儿汉语，就领我去拍畜群。那时候照相来了，挺受欢迎的呢，我给伸个大拇哥，拍两三天。我再出来呢，罕庙那个车没有了，我都不知道，我走半个月10多天采访才出来。到旗里头就好办了。就从天山到赤峰还得走两天呢，最早时候一天住在大板，第二天再走，有时候快点，坐到林东，还得住一宿再到天山，连公路都这样，你说乡下行吗？那时候我们就是那么个条件，抱着个设备还怕磕着碰着，设备是公家的，你得好好保护它。那时候不知道累，就怕领导说你这活没干好，咱们那个时候只要领导、组织对你满意就行了，没有说是累了，这个工作好不好。我这一生就是这样，党让干啥就干啥，我到现在也这样。

刘晓欣："文革"前，20世纪60年代，您拍完照上哪儿洗照片？

杨义：都拿回来洗了。

刘晓欣：自己有这个设备洗？

杨义：报社有暗房。得拿回来自己洗片子，还得自己放出来，然后交上并写好说明。我最早下乡是20世纪60年代上阿旗。咱们的李双临副市长，他当时是阿旗天山口公社的团委书记，我那时候就和这些人打交道。那时候这些人有文化，都给报社写个稿子，打个交道。

我再给你举个摄影的例子。有一年我们在热水办摄影学习班，都是些各旗县的老同志，我还有那张照片呢。咱们过去农业局有个人叫老海，他是养蚕的，他调回宁城，去了热水。见了我问："嗨，老杨干啥呢？"我说我们这是摄影学习班，他说了一句话："我的妈哟，你可是摄影界的老祖宗。"那帮学摄影的后来就说，"这个人真不会说话"。我说这可不是骂你们啊，他知道我搞摄影比较早，开那么个玩笑。那是在宁城热水塘，有些老同志都比我岁数大，也是为了多学点东西嘛。这是"文革"前，挺有意思。

刘晓欣：您最早什么时候拍咱们赤峰的标志物红山的？

杨义：最早的时候就是空拍，1964年。我1962年才回来，在地面拍也就是1963年，那时候还没有红山公园呢，红山底下那水池子挺大，我这里有一张那时候的老照片。

刘晓欣：我看有两张红山的。

杨义：《浙江日报》有记者跟拍了一个农民的一家，这个农民叫叶根土。刚解放，那个小孩穿着破衣服在柴火垛唱歌，唱的是"解放区的天是明朗的天"；等到10年以后，一下子变化了，他又去拍；一直到这个女儿出嫁，他又去拍。他就通过这些照片反映出一个农村的变化。我受这个影响，我说我起码得盯着我们赤峰这个红山，反映赤峰的变化，这个我有所准备。

刘晓欣：这都是珍贵的史料了。

杨义：历史，这就是历史。摄影确实是占用了我一生，我也留存了一些记录赤峰发展的片子，农业、牧业、城市，也就做了这么一点贡献。这贡献也不全是我个人的主观努力，而是历史把我摆这个位置上，那时候没有搞摄影的。一个是不会照，第二是会照你也买不起胶卷，一个胶卷那时候将近30块钱，一个月工资，像我都当台长了，才挣70块钱，没当台长前我才49块、51块。我说的是黑白胶卷，那彩色胶卷更贵了。

我那时候尽力了，有一个阶段让我到电视台当台长，我不乐意去，我很喜欢这个摄影事业，我只要努点力，真能出东西，就能在上面得奖，这个我做到了，因为我毕竟学这个专业，又干了这么多年。我中央电视台有个同学说你非得在那个地方，你可以上中央台来。我不能这样做，我得听党的，因为我的成长全是党给我安排的。念中学给我助学金，我学电影、摄影是保送的。我这么一个很穷的庄稼人的孩子能到今天，不能忘本，你说对吧？应该感恩，应该回报社会，我永远是这样。有一个关于我的纪录片，网上有报道我的文章。我就是这么说的，我一点不后悔。历史这么安排你，咱们就老老实实干，尽量把劲发挥出来，干好就得了，历史会给你做公正评价的，对吧？

刘晓欣：咱们赤峰的乌兰牧骑很有名。您用镜头记录了哪些乌兰牧骑的事儿？

杨义：1963年我拍"三独"汇演，我就使灯泡子拍的。

刘晓欣：1963年，那就是说您拍乌兰牧骑是最早的。

杨义：我拍乌兰牧骑不是最早的，我拍1963年的"三独"汇演，那时候还没有乌兰牧骑。"三独"就是独唱、独舞、独奏。

刘晓欣：乌兰牧骑的活动，您见证了哪些比较重要的演出？

杨义：乌兰牧骑巡回演出上赤峰来演，我拍过，我给报道过。乌兰牧骑那个时候照相的人也多了。在赤峰，开大会摄影给个红布条，那个红布条就畅通无阻。

刘晓欣：那就是通行证。

杨义：通行证。我记得有一次参加会在这边，我还得上那边去，我和警察说送我行不？那警察啥都不说，就骑着摩托给我送那儿去了，我拍完都没说谢谢人家。我现在红布条那么多，那都是一种历史的见证。

刘晓欣：这些红布条就是参加不同会议的见证。

杨义：起码一个会给你一个。

刘晓欣：布条都留着呢。

杨义：以后进步了，有塑料的，印着记者，还印着代表，还有嘉宾。再以后又发给你挂牌了。奖章也是，开始给你个小纸条，你入选了，连我入美国那个作

图14　杨义摄影作品《晨曲》(1974年)

品，才给我那么一个，《民族画报》盖个戳。我不说嘛，华北的给你个盘子，有时候给你个兜子，现在给你奖杯、给你奖牌。

刘晓欣：您哪幅作品去了美国？

杨义：《晨曲》。就是1974年，一个那达慕会上，早晨牧民熬奶茶，在那达慕会上都是包房。那时候人们有收音机可不得了，一帮人围着小茶桌，那边熬奶茶，这边听着收音机，有小孩骑在马鞍子上，是富有生活气息的。我拍那么一张片子，我还没有三脚架，抢拍的，我感觉生活气息特浓。

刘晓欣：到美国是参展？

杨义：代表中国，少数民族风情展。

刘晓欣：那是哪年？

杨义：应该是20世纪80年代，我记不太清，大约80年代初。

刘晓欣：杨老师，您简单地总结一下您的摄影生涯。

杨义：我现在整理资料，把以前这些东西用电脑整理一下，我不写说明，别人不知道。当我回首往事的时候，用保尔那句话，人生没有虚度年华，我是尽力了，我真是在摄影中尽力了。我起码为赤峰的发展、为赤峰的人文变化留下了影像资料，在这方面我感觉很自豪。我是纪实的，我记录赤峰的发展，我记录赤峰的人文变化，我也记录赤峰这些劳模们的整个过程。所以这方面我问心无愧，我也挺高兴，我也挺自豪。

刘晓欣：您是名副其实的摄影家。

杨义：我是一级摄影师。摄影家应该为人民服务。摄影家这肯定是了，而且我是早期的摄影家，连人家王纪言这样的大人物都管我叫老前辈，那么我觉得我的压力更大，前辈是真的，东西你要好好地把它拿出来，是吧？还有一句话，小车不倒尽管推，一天在人间就一天好好干下去，在这条路干到底吧。

刘晓欣：您真是记录赤峰历史的，赤峰在不同时期的变化都有您的身影啊。

杨义：欢迎你们去看看我的小书房。

刘晓欣：好！改日一定得到您的府上去看。

杨义：你看看我们赤峰各地风光，过去的没人有，是不是？往后的，有的是人拍。以前没有的，就得我来补上。

刘晓欣：好，今天咱们就到这儿，今天您也非常辛苦。感谢您。

杨义：谢谢。

予舒

百花齐放春满园

采访时间：2016年10月22日
初稿时间：2021年4月30日
定稿时间：2023年9月30日
采访地点：赤峰市图书馆"赤峰记忆"拍摄现场
版　　本：文字版

予舒速写

予舒　蒙古族，字可达、长安。出生于1938年12月11日，原籍辽宁省阜新县新民乡卡拉房子村。

1947—1958年，在新民乡阜新蒙古族自治县读小学、中学、高中。1953年3月18日入团，1956年6月15日入党。1958年9月被保送到内蒙古大学历史哲学系，历任学生会宣传部部长、俄文科代表。1963年9月大学毕业后被分配到原昭乌达盟林东师范学校，任校团委书记，教政治、历史、体育课程。1965年调到原昭乌达盟文教处任团支部书记，管民族教育。1966年2月调原昭乌达报社蒙古文编辑部从事新闻稿翻译。1969年10月进昭乌达盟"五七"干校，下放到原赤峰县当铺地公社，任秘书。1972年8月调回昭乌达报社任编辑部副主任、政文组组长。1979年10月调进内蒙古广播电台，任驻赤峰市记者站站长。1986年4月调回赤峰市，任赤峰市文化局副局长、中国辽金史学会赤峰分会副会长、中国北方民族史研究所特约研究员、赤峰市文物组鉴定组组长。1991年9月调进赤峰市广播电视局任副局长、广播电视总编委员会副总编辑、赤峰广播电视报总编辑,职称评为主任记者。其小传编入1994年出版的《中国当代著名编辑记者传集》。

从事新闻工作30多年来,先后在省地级新闻单位担任过编辑部主任、驻专区记者站站长等职。编发稿件上千万字,撰写稿件上百万字。在新华社、《人民日报》、中央人民广播电台、《经济日报》《光明日报》《中国教育报》《工人日报》《中国农民报》《辽宁日报》《内蒙古日报》等10多家省以上报纸、电台,以及多家地方报纸和《实践》《中国妇女》《五月风》等10多家全国性杂志上,多次发表过文章。其中,《昭乌达盟北畜南调》一文发表在《中国农民报》1980年10月9日头版头条;《真正的朋友》一文发表在《人民日报》1981年8月8日《国际副刊》头条;《怀念溥杰先生》一文发表在《人民日报》1994年4月10日回忆录版。

采访报道过韩丁、费孝通、萧克、黄火青、溥杰、叶圣陶、胡絜青、方仲伯等知名人士,发表过多篇报告文学、散文、诗歌。著有《韩丁与中国》《予舒文选》等5本书,还有同别人合作的6本书。

现任赤峰市诗词学会名誉会长、中国玉文化研究会"红山文化玉器专业委员会"名誉会长、赤峰中老年健康教育协会常务副会长、赤峰市赤都书画院顾问等职。

1998年始连续6年被评为市直"五老标兵"。1998年荣获中宣部颁发的新闻从业30年荣誉证书和奖章。2013年被《赤峰画报》评为"30年影响赤峰的30人",并举办了事迹展览。2015年荣获赤峰市委、市政府颁发的关心下一代奖章。1998年退休后,任赤峰诗词学会会长兼总编辑至2014年。

刘锦山:各位朋友,大家好!今天是2016年10月22日,我们在赤峰市图书馆进行"赤峰记忆"的拍摄。今天我们邀请到的专家是赤峰市的知名文化学者予舒老师。予舒老师曾经担任过赤峰市文化局、赤峰市广播电视局的局领导。现

图1 予舒（左）接受"赤峰记忆"采访

在担任着赤峰市诗词学会名誉会长、中国玉文化研究会"红山文化玉器专业委员会"名誉会长等职务。予舒老师多年来在赤峰的地方文化方面做了大量的工作。您好，予舒老师。

予舒：你好。

一、历史专业的高材生

刘锦山：予老师，首先请您给大家介绍一下您的个人情况和职业生涯情况。

予舒：我是辽宁人，1938年生，跟白显林同岁。我7岁时父亲、母亲、奶奶患伤寒病，父母双亡。当年妹妹6岁，上面还有两个哥哥。原本哥哥在辽宁省阜新市，那时候阜新还被日本人占领着，他学设计，是工程师，父母突然得病后，他就辍学回家，把父母安葬之后，也就再没去上学；1948年解放之后，因为他识点字，就参加土改，曾任校长，最高任区政府文教助理。父母去世后，家里就我们兄弟几个，也没人做饭，我大哥念书的时候，父母就给他定下一个娃娃亲，当时我那嫂子才 16 岁，就到我们家生活，非常困难。

后来我到中学的时候交伙食费，一个月 7 块钱交不起，当时也没有助学金。后来我就看报纸，听说写文章还能够挣稿费，我就寻思看看写稿子能不能挣钱，正好我回家的路上看见山区老百姓采山杏卖钱，我就写了一篇稿子给《辽宁日报》寄去了，没承想一下投中了，还给了 7 块钱稿费，一个月伙食费解决了。我的原名叫武振江，姓武，武装的武，发表文章后我就考虑得改名了，我也得用笔名了，琢磨半天写啥呢？我就想"予"字也当"我"讲，"舒"当"舒服"讲，我这不挺舒服嘛，我就起了"予舒"这个名字，从中学、大学一直到现在就用这个名，原名很多人不知道，因为档案也是"予舒"。所以叶圣陶先生看我的名字之后，他问什么意思，我给叶圣陶先生讲了一下；我拜访老舍夫人时，她姑娘舒济[①]就拿我的名字给她妈看，感到很惊奇，意思是这个名字怎么跟老舍有关系？我就讲这段经历。

刘锦山：予老师，您小学在哪儿上的？

予舒：小学在家乡。我的家乡是阜新县新民乡卡拉房子村，小学是新民乡三家子完全小学，中学到阜新县蒙古族中学，然后到阜新市高中，高中二年级时，即 1956 年 6 月 15 日加入中国共产党，成为学生党员。1958 年保送到内蒙古大学，当时我是内蒙古大学第二届毕业生。

刘锦山：您在内蒙古大学哪个系学习？

予舒：当时是历史哲学系，后来改成政治历史系，最后改成历史系，有两次改动。

刘锦山：您上大学时学制是几年？

予舒：5 年，那是乌兰夫校长建立的大学。乌兰夫校长当时有一句名言：包钢是掌上第一颗明珠，内蒙古大学是掌上第二颗明珠。内蒙古大学完全按北京大学的模式建的，包括学生房间、学生用床，而且我们的很多老师都是北大的

[①] 舒济，老舍长女，1933 年 9 月 5 日出生于山东济南。自 1978 年编辑出版老舍作品多卷集及其生前未曾出版过的作品。1999 年，任老舍纪念馆馆长。

老师。在大学期间，我是学生会宣传部部长，老师有国际关系史学院的教授、有蒙古史学院的教授胡钟达[①]先生，那是副校长，还有研究蒙古史的潘世宪[②]教授。当时我懂蒙古语，俄语也比较好，又是党员，像赫鲁晓夫在北京机场讲话，我可以当场翻译。

刘锦山：您是汉族，还是蒙古族？

予舒：蒙古族。

刘锦山：父母是牧民还是？

予舒：都是蒙古族。我父亲是医生，母亲就是农民。

刘锦山：那就是您从小蒙古语是母语了，汉语是啥时候学的，上小学的时候？

图2　予舒的父母

予舒：汉语小学就会。尤其是我家乡蒙古族不多，都是用汉语。

刘锦山：俄语是什么时候学的呢？

予舒：俄语是大学时学的。初中时到阜新县蒙古族中学学点蒙古语，但是我学的蒙古语是斯拉夫文字，称新蒙古文，如名著《青年近卫军》我都能看，它不是老蒙古文。

---

① 胡钟达（1919—2000），男，汉族，江苏省宝应县人，著名历史学家。1959年，胡钟达开始研究蒙古古代史，主要论著有《呼和浩特旧城（归化）建城年代初探》（1959）、《丰州滩上出现了青色的城——阿勒坦汗和三娘子·古丰州经济的恢复和归化城的诞生》（1960）等。

② 潘世宪（1910—1990），原内蒙古大学蒙古史研究所教授。主要文章有《唐努乌梁海与中原地区的关系》（1978）等，译著有《清代蒙古社会制度》（1987）等。

刘锦山：它是用俄语字母拼的蒙古文。

予舒：对。话是蒙古文。到大学的时候，很多同学都是在中学就学英语了，还有学日语的，我到大学学俄语。当时我学外语比较快，开始我上的是乙班，后来时间不长就成了甲班的科代表，我的俄文学得还是比较不错的。当时订一份俄文《真理报》，看一些新闻时事方面的东西。所以毕业的时候两个部门都要留我。

刘锦山：大学毕业有两个单位要您，具体是哪两个？

予舒：国际关系史教研组，还有一个蒙古史教研组。

刘锦山：学校的两个教研组，是历史系的？

予舒：历史系的。我在学校的时候，参加过《内蒙古现代革命史》编纂工作。当时主要领导是内蒙古党委宣传部部长胡昭衡[1]，后来有我们系里老师戴学稷[2]，学生里边有我，还有个叫吴德喜的，我们几人成立一个《内蒙古现代革命史》编写组。后来半路上不知道什么原因，不让我在那儿了。后来加入《呼和浩特史话》编辑组，《呼和浩特史话》是呼市搞的，我在那儿干过一段时间。所以《内蒙古现代革命史》《呼和浩特史话》编委都有我的名字。

刘锦山：那时候学生能够参加一些编写工作，机会也挺不错的。您是哪一年毕业的？

予舒：1963年毕业的。从内蒙古大学毕业的时候一共7个系，在毕业典礼上，我是上台讲话的学生代表。毕业时前面说的两个教研组想留我，但由于各种原因，我就没留下，把我分配到赤峰市林东师范学校，当时叫作昭乌达盟民族师

---

[1] 胡昭衡（1915—1999），男，汉族，河南荥阳人。中共党员。笔名李欣、胡蛮。1937年肄业于北京大学历史系。新中国成立后，曾任内蒙古军区政治部第一副主任、中共内蒙古自治区党委宣传部部长、天津市市长、国家医药管理总局党组书记和局长、国家经委经济管理研究中心副主任等职务。中共十二大代表，第三届全国人大代表。著有专著《老生常谈》《老干新枝》，以及短篇小说《乡居杂记——夜行》《谈爱面子》等。

[2] 戴学稷，1928年10月生，男，汉族，研究员、历史学教授、中共党员，福建仙游人。上海复旦大学毕业，曾在复旦、北大、内蒙古大学、广州暨大研习与任教中国近代史30余年。

范学校[1]，在那儿任团委书记，教历史、政治。一年之后，又把我调到昭乌达盟文教处，任团委书记，管民族教育。

刘锦山：这是哪一年呢？

予舒：1965年。1966年参加"四清"社会主义教育运动，任当时巴林右旗工作团秘书。时间不长，又被调到昭乌达报社蒙古文编辑部做新闻稿翻译。"文化大革命"中我硬是要求调到汉文编辑部，一直在汉文编辑部。1979年，内蒙古广播电台到赤峰要人，宣传部就把我推荐到内蒙古广播电台，做驻昭乌达盟记者站站长，当时是布赫主席夫人珠兰亲自来要人的，珠兰是后来广播电视厅的厅长，内蒙古广播电视厅要把我留下做记者部主任，后来说做总编室主任。因为我家里有点困难，我一再给珠厅长打电话，然后就留在当时的昭乌达盟文化局了。后来在文化局当了几年副局长，1991年又调到赤峰市广播电视局当副局长，退休前转成正处级。

退了之后，赤峰市诗词学会非得让我到那儿搞诗词，当时学会的领导岁数都大了，都80多岁了，这古诗词我也不大明白，但是连着两三年找我去，我就答应了，当时是会长兼主编，干了五六年。2014年，我坚决要求退，老干部局几个领导找我谈，他说你退可以，但是你把接班人选好，后来我把接班人选好之后就退了。从2014年以来，只是在那儿任名誉会长。2016年，中国玉文化研究会红山文化玉器专业委员会建立，这个是国务院和文化部批的，请我在那儿做名誉会长，这是现在的职务。

---

[1] 学校建于1952年2月，校址在巴林左旗林西县，取名林西师范。1953年8月，迁到昭盟公署所在地林东镇，改名为昭乌达盟林东师范学校。1955年，昭盟公署从林东迁到赤峰。1963年，经内蒙古自治区人民政府批准，昭乌达盟林东师范学校改为昭乌达盟民族师范学校，招收蒙古族学生，用蒙古语授课。1984年，学校改为赤峰市林东师范学校。2000年，林东师范由普师改建为林东民族艺术师范学校。2006年9月，林东民族艺术师范学校并入赤峰蒙古族中学，林东上京高级中学迁入该校。

二、开展赤峰史研究

刘锦山：您在长期的工作中，为赤峰的文化建设各方面做了好多工作，请您谈谈这方面的一些情况。

予舒：在文化局待的时间比较长，一开始就是分配到赤峰市文化局做副局长，所以对赤峰市的文化历史研究成果比较了解。另外有些事情都是我亲自参与的。我在赤峰市文化局的时候，分管7个系列，像图片社、印刷厂、艺术馆等，我是7个系列的高级职称评委主任。在文化上，我现在印象比较深的有几件大事。一个是赤峰史研究，过去没有搞过赤峰史。以赤峰市政协副主席、第六届全国政协委员和第七届全国政协常委苏赫先生为主，还有苗泼等人，搞了一个《赤峰史》，1991年出版。这是一个大事。《赤峰史》追溯的历史比较长，提到了考古学家贾兰坡。他在1975年到赤峰翁牛特旗上窑村考察，发现一处旧石器时代洞穴遗址，还发现了三件石器，一件砍砸器、两件刮削器，确定赤峰1万年前就有人生活。那个窑洞遗址我也去看了，高有20米，坡很陡。《赤峰史》的出版发行，对赤峰是一个很大的贡献。可以了解赤峰的历史，从远古到现在，历史上各个朝代都有。赤峰是个多民族地区，我也专门搞了一些研究。从匈奴、鲜卑、羯、氐、羌、东胡、库莫奚，我数着有30多个古代民族在赤峰地区活动，在历代民族发展过程中，总的趋势还是趋向统一。后来辽建立了，辽上京是契丹第一个首都，后来耶律隆绪皇帝又建立了辽中京，在赤峰市宁城县。辽代五京，赤峰有两个。

刘锦山：巴林左旗是上京？

予舒：巴林左旗是上京，宁城县是中京。辽代控制北部半个中国，影响比较大。

刘锦山：比如说俄罗斯叫中国都是叫"Китай"，它是由契丹这个名称过来的。

予舒：对，契丹的意思。契丹这个民族最后消失了，金灭辽，后来蒙古族兴起。我觉得苏赫先生《赤峰史》这本书有两个比较大的贡献，一个是他研究契丹小字的规律。他跟我说，当时他研究成果出来之后，就送到内蒙古大学蒙古语言文学系主任清格尔泰那儿，让他给研究一下。在契丹小字领域苏先生是有成果的，认了不少。这方面的权威是中国社会科学院民族学与人类学研究所的刘凤翥，他们都比较熟悉，承认苏赫先生的功绩。

1965年，我调来赤峰工作。1967年夏，我才听到有个名字叫苏赫。1972年夏，我有缘结识他，好奇地同他攀谈。第一眼看到他，风度翩翩，很有学者气质，便肃然起敬，海阔天空，几乎用去半天时间。自那以后，我们就成了说得来的好朋友，他当然是我倾心折服的师长。由于我爱好文物考古，常常请教他，对他的认识也就越来越深刻了。我常想：赤峰是一方人杰地灵的宝地，云蒸霞蔚，人文荟萃，但是，假如在赤峰现代史上找几位可以塑像、永远铭记的人物的话，蒙古族学者苏赫一定是其中熠熠生辉的一个。

图3 身着蒙古族服装的予舒

图4 2017年，《予舒文选》发行仪式

苏赫1925年出生于原昭乌达盟喀喇沁旗一个风景秀丽的小山村里。新中国成立前参加革命，是原内蒙古自治运动联合会卓索图盟分会的开创者之一，做过敖汉旗自治支会的领导工作，打过游击，后来在公安战线供职多年，受"左"祸殃及，调离政法公安战线后，专攻史学与考古，成绩卓然。历任中国考古学会会员、内蒙古考古学会副理事长、民族学会副理事长、原昭乌达盟历史学会理事长、中国辽金史学会副会长、赤峰市辽金元史学会理事长、中国古代少数民族语言研究学会理事、北方民族文化研究所名誉所长和特邀研究员以及红山文化学会会长等学术职务。他学过德语、英语，精通日语和蒙古语、汉语，乐琴棋，善书画、金石，是一个博学多识、自学成才的蒙古族学者，在社会上享有"赤峰活字典"的美称。20世纪80年代以来，他任过赤峰市政协副主席、全国政协常委等职。苏赫先生性情斯文，治学严谨，为人豁达坦荡，在科研领域、推进事业建设等多方面甘为人梯，愿意结交四方朋友。

我想到十多年前的一件往事。那时，他身体虽然清瘦，但精力尚佳。我叩门走进他的办公室，他热情地让座，沏上香茶。我看到一副深色框眼镜架在他的鼻梁上，银发光洁，学问气浓盛。当我同他谈起北方少数民族历史，尤其是谈到昭盟历史沿革、辽史和契丹文方面的一些问题时，他旁征博引，随时解答问题，其历史知识、地理知识和考古学知识的扎实雄厚程度令人折服。我暗暗慨叹：苏老先生学识渊博，难怪大学问家费孝通教授在赤峰同苏赫先生会谈之后颇有相见恨晚的感慨。

有一回，我上门拜访。一进门，就看到他躺在迎门的沙发上输液，并且已经入睡。老夫人要叫起苏先生，我为难地说："不要打扰，等他睡醒。"老夫人又说："没关系，他一见有人来就特别高兴。"说着唤醒了苏先生。苏先生坐起来第一句话就是："哎呀，打几次电话都找不到你，我好想你啊。"我顿时感到不尽的温暖和感慨，若非公务在身，我多么想常常聆听他的教诲啊！我同苏先生在一楼谈了一个小时，他说："楼下冷，咱俩上楼。"我不好意思长时间打扰，但他执意挽留，我们又在他的客厅谈了一个小时，题目广泛，大半是学术、经济建设的课题。说到年龄，他若有所思，说："我已经年逾七旬，常想后事。我想尽力写一本自传性的学术著作。"同时提出要与我合作搞一个反映康熙亲征，沉重打击沙俄支持叛军企图肢解我国蒙古地区的电影剧本，或利用语言比较学方法研究和撰写阿尔泰语系群体的历史沿革和区域变化。我看看表，已经同苏先生谈了近3个小时，很不好意思。这时他的忘年交张松柏先生来了，我只好告辞。老夫人把我送到楼下，又同她老人家谈了一阵她养育的牡丹花、别人送给她养的一只小名犬，联想到苏先生层楼上下的名人字画，暗自感到苏夫人也多有雅兴。但是，春寒料峭，怕老夫人感冒，让回院内，我便玩味着苏先生的宏论，高高兴兴地度过了一个假日。

刘锦山：予老师，您刚才谈了契丹小字，契丹还有大字，是吧？为什么叫大字和小字，有什么区别？

予舒：契丹大字和契丹小字，都是拼音文字。其中契丹小字里边有很多看着是汉字但不念汉音，意思也不一样。

刘锦山：那大字呢？

予舒：大字就是更古一些，更难认。小字还有很多一看好像就是汉字，大字都是拼音。

刘锦山：现在契丹大字和小字没有认全吗？文字失传了吗？

予舒：北京大学的刘凤翥先生有研究。赤峰文史学术研究的另一个成果是苏赫的《试论西辽河流域早期青铜文明》。赤峰北部有条西拉木伦河，南边有条土河①，苏赫先生讲，这一带的文明早于黄河文明。还有一篇文章写着"摇篮何止一黄河"，这个观点学术界是承认的，赤峰市古代文明、青铜文明时间很早。

刘锦山：后来还成立一个中国辽金契丹女真史研究会？

予舒：对，当时我们自己成立的，苏赫先生是会长，赤峰学院的校长韩永年和我是副会长，还有个秘书长叫田广林，田广林这个人现在也是专家了，是辽宁师范大学历史文化旅游学院教授。

刘锦山：您把这个学会成立的过程介绍一下。

予舒：1986年，苏主席和赤峰学院历史系商量赤峰要成立这样一个组织，因为赤峰市辽史、金史内容都比较丰富，所以叫作辽金契丹女真史研究会。1989年10月，又开个北方七省区辽金女真契丹史会议。这个会议是苏主席主持报告，

---

① 辽代称"土河"，清朝时称老哈河。蒙古语为老哈木伦。

我致辞。当时来了很多专家,我所了解的有故宫博物院的院长张忠培先生,中国社会科学院考古研究所刘观民先生、刘凤翥先生,辽宁省文物考古研究所孙守道先生,辽宁省文化厅副厅长郭大顺先生,还有辽宁社会科学院历史所副所长巴图先生,他们都来了。当时孙守道先生主要谈红山文化和青铜文化;巴图讲契丹文字;张忠培先生主要讲草原文明跟黄河文明的关系,他承认苏赫先生的观点,中华文明不止黄河流域一个发源地。后来到宁城、辽上京、庆州考察。后来我们在北京开会的时候,都请他们参加了。

刘锦山:辽金契丹女真史学会现在情况如何?

予舒:现在苏主席不在了,田广林调到大连去了,再没组织过活动,我也没再过问。赤峰学院可能还有人研究。后来又建立一个红山文化研究院。

刘锦山:不过在当时对赤峰历史研究也是起了推进作用。

予舒:在这之前都没有学术研究,从那时候开始有学术研究的。1990年10月10日,建立了北方民族文化研究所,当时的研究所所长是韩永年,他是昭乌达蒙古族师范专科学校的校长,苏赫先生是名誉会长,我是顾问。因为工作忙,老找我在成立大会上讲,我没办法讲。后来在成立大会上让我讲的时候,我说干脆给你们写一副对联吧,当时我写了这么一副,"造就北方民族文化研究劲旅,培植赤峰学术园地峥嵘奇葩"。

刘锦山:"培植赤峰学术园地峥嵘奇葩",不错。

三、关于赤峰文物保护工作

刘锦山:予老师,您在文物管理方面做了哪些工作?

予舒:内蒙古自治区文化厅建了个文物店,收购了很多流散文物,当时昭乌达盟归辽宁,所以很多东西都给辽宁了。苏赫先生培养出来的这些学生,都成了文物店的老师。最开始是赤峰,后来是其他地方的人,都到这儿学习。流散文物的损失是比较大的。比如著名的辽瓷,辽瓷有几个窑址,赤峰市就有7个,辽上京、松山区、宁城都有遗址,影响比较大。20世纪80年代盗墓风潮时期,辽瓷甚至比唐三彩都贵，七寸盘就 7000 块钱。当时我分管文物，请市里人大领导、公安局协助，带着队伍下去打击盗墓犯罪活动。

另外，我调到市文化局的时候，正赶上第一期文物普查接近尾声，赤峰发现 6800 多个遗址点，国家级的重点文物保护单位当时是 4 个，现在可能是 10 个。因为赤峰市文物遗址点比较多，当时我带队到国家文物局申报文物大市，冯雷我们两个去的，我们写的报告。到国家文物局之后，当时的局长是张德勤同志，他说你得到建设部申请，文物局跟建设部合着批。后来我们俩就到建设部，没见到领导，但是把我们材料给留下了。后来赤峰市成为内蒙古的文物大市，赤峰市发现的文物遗址点相当于整个内蒙古文物遗址点的二分之一到三分之二，可见文物普查成果之大。另外普查过程中发现了很多的奇迹，比如宁城有一个碑，当时专家去了之后说这是库莫奚的碑，库莫奚是远古的民族，历史比较长。

刘锦山：现在那个碑还在？

予舒：在。1989 年修庆州白塔的时候，当时有内蒙古自治区文化厅的文物处处长苏俊，有国家文物局古建专家组的组长罗哲文，还有苏主席，我们都去了。去了之后登上塔顶，发现了非常多的珍贵文物，有舍利、经卷，非常全，当时我也很有激情，作了一首诗，这首诗是这么几句话："脚踏祥云向碧霄，鸟瞰群峰河水啸。千年辽塔复容颜，升平盛世忆风骚。"

刘锦山：予老师，庆州白塔在什么地方？

予舒：赤峰市巴林右旗索博日嘎苏木①，离苏木有六七十里地，以前那块地方是辽代的皇陵，叫庆州。那块有个白塔，白塔高 73.27 米，是赤峰市第二座高塔。第一座高塔是宁城县的辽中京白塔，它是 80.22 米。

刘锦山：维修是文化局组织的？

予舒：赤峰市文化局申请，国家文物局批准，通过内蒙古文化厅拨款下来。

刘锦山：修了多长时间？

予舒：庆州白塔修了将近 2 年，宁城这个白塔修了将近几个月，不是大修。

---

① 苏木，蒙古语，原意是"箭"的意思，在行政区划里"苏木"相当于"乡"。

刘锦山：白塔后来向游客开放吗？

予舒：开放。

刘锦山：能上去吗？

予舒：辽中京白塔是实心塔，巴林右旗庆州白塔是空心塔，可以从里头上。当时还发现了一个玉佛，就是释迦牟尼佛的雕塑，已经拿下来了。庆州白塔修了之后，把里边辽代的东西拿下之后，把昭乌达盟的一些文史资料都放里头了。1987年10月，我们组织了辽文物进京展览，进京展览是我带队，在民族文化宫展览。这次展览的规格

图5 庆州白塔

高，影响很大，当时有些领导都是我亲自请的，比如民盟主席费孝通，还有文化部部长助理高运甲，他们两个剪彩。请的客人还有阿沛·阿旺晋美、赛福鼎·艾则孜。北京的人不少，有程子华，有萧克将军，有黄火青将军，有溥杰先生，还有老舍夫人胡絜青，还有第二炮兵副政委阴法唐以及各国大使。当时请的嘉宾人多且规格高，还请了30多个历史考古专家，举行了一场座谈会，历史学家陈述、蔡美彪都发言了。其中史学家史树青谈到一个问题对我启发很大。他说解放战争时期，跟国民党打仗的时候，黄火青曾经到上京参观，当时有两个石人都是完整的，现在就剩半个石人，他说骑马还没它高。当时因为忙也就没去，这个是很珍贵的。另外史树青先生也谈到一个重要问题，他说赤峰有贡王，就是蒙古贡桑诺尔布王，他说他有两个印章，估计是田黄石，一个叫作"世守漠南"，一个叫作"牖迪蒙疆"，这些印章表明他都是爱国的。贡王这个人很进步，跟他父亲不一样。

刘锦山：予老师，您把贡王的情况给大家介绍一下。

予舒：贡王是喀喇沁亲王府最后一个王爷。这个人思想比较进步。他父亲就是一个非常凶恶的王爷，不管高兴不高兴就打人，对下边的人随时发脾气。贡王搞改革，建立了守正武学堂、崇正学堂、毓正女学堂，培养民族人才，他请的是日本的教师鸟居龙藏夫妇来王府任教。另外搞了邮政，又搞了印刷，禁止打人、骂人、杀人，反正他是一个很开明的王爷。喀喇沁亲王府有一个特点，历史长、规格高、保存完整。喀喇沁旗有一个搞文物的老先生叫郑瑞丰，他做了很多贡献，把贡王这些事情保存下来了。

刘锦山：喀喇沁亲王府在赤峰地区的地位是怎样的？

予舒：在王府定位这个问题上，赤峰市组织过一次学术会议。当时喀喇沁旗政府、喀喇沁旗文化局在赤峰市博物馆二楼开会，找了30多个专家，其中有赤峰学院的两位教授、有赤峰市政协副主席黄凌云，还有赤峰市人大教科文卫委员会主任宋英达。这次学术会议的主要议题是定王府的级别。当时多数人都认为它不是亲王府，是郡王府，郡王府和亲王府差一格呢。我就坚持说是亲王府，不是郡王府，为什么呢？康熙十八年（1679）建的，乾隆四十八年（1783）被清政府定为亲王品级，后来没改，袁世凯时期还是亲王府。30多个专家参会，有五六个人发言，都说是郡王府，我力排众议说是亲王府。后来喀喇沁旗政府把两种意见拿到内蒙古自治区，又拿到中央，最后国务院批为亲王府。所以喀喇沁旗政府连着两年感谢我。

刘锦山：辽文物进京到民族文化宫展出，展览搞了多长时间？

予舒：1987年10月1日展出，半个月。

刘锦山：10月1日到10月15日。

予舒：对。

四、敢说敢干的记者生涯

刘锦山：予老师，辽文物进京展出，咱们请来了好多著名的学者和领导，比如说费孝通、胡絜青，还有萧克、黄火青、程子华，等等，这么多大专家、学者和领导是怎么样请来的？您给介绍一下。

予舒：首先说萧克将军吧。内蒙古自治区成立40周年前夕，他在辽宁，辽宁省委给赤峰市打电话，说中顾委常委萧克将军准备访问赤峰。市政府就商量怎么接待，这时候萧克将军已经到朝阳了，朝阳到赤峰有4个小时左右的时间。萧克将军打电话说，到赤峰想重点看红山文化。市里研究，就找我给介绍红山文化，我说行。萧克将军第二天中午到，下午3点钟就要开座谈会，我就按时去了。到那儿座谈的时候接待的副市长叫张廷武，张廷武同志是扎兰屯林业学校毕业的，对林业感兴趣，而且对赤峰市的林业比较了解。张廷武市长就一个劲儿介绍林业、植树造林。萧克将军实际上不感兴趣，中间打断两次，他说看看红山文化，张市长就说，红山文化到博物馆看，还接着讲林业。萧克将军又提，说说红山文化吧，这阵已经到吃饭时间了，那就只能明天上博物馆看红山文化。萧克将军就没听上，他感到很遗憾。

第二天我陪着萧克将军到博物馆，他当时是80岁了。博物馆有座塔楼48米高，上楼梯很陡，我就扶着萧克将军，我说萧克将军慢点走，他说没事，就是要登高嘛。他上去之后，东西南北都看，看完之后我简单地跟他介绍红山文化。萧克将军到宾馆的时候，我说萧老，你给我留一幅字吧。他是儒将，写过《浴血罗霄》，很了不起，还在研究炎黄文化。他答应了，到宾馆就给我写一首诗《登赤峰博物馆塔楼远眺》："红山一望意如何？恰似轻舟泛碧波。飞起玉龙风色劲，细观金骢咏怀多。南来新市书长句，北走牧区饮大河。朱老董翁如健在，当为古府再放歌。"其中最后一句是"朱老董翁如健在，当为古府再放歌"，因为朱总司令和董必武都来过。

刘锦山：他给题的诗后来您去拿的？

予舒：我拿来了。这样就认识萧克将军了，他很平易近人。我说："萧将军，以后我们有机会还有可能请你。"他说行，把地址、电话都告诉我了。第二年我到他那块去了两三次，找他核实一下诗里的字。

刘锦山：《登赤峰博物馆塔楼远眺》这首诗？

予舒：对，这首诗"飞起玉龙风色劲"中的"劲"字，因书草了些，拿不准是"劲"还是"动"。我到北京问他去，然后他给我讲是什么意思。

刘锦山：这是哪一年的事？

予舒：这是1988年，我到北京荣宝斋去裱了。裱完之后问萧老，这个字是什么字？他跟我说了，是"动"好还是"劲"好？我说"劲"可能好一点，他说那就"劲"吧。后来市委党史办主任高岳宇编一本书，要写有关萧克将军在赤峰战斗过的历史，他求我找一下萧克将军给写个书名，我就去了。去了之后，萧克将军上南方了，不在家，但是通过电话联系，他说可以，后来他把题名寄回来。

刘锦山：萧克将军以前在赤峰打过仗？

予舒：1946年5月打过。

刘锦山：费孝通先生是怎么认识的呢？

予舒：费孝通先生1984年头一次来赤峰，我听说之后就想采访他。当时阻力很大，人们的观念认识跟现在也不一样。他在宾馆住二楼，一进宾馆那院儿，市委书记高再堂，还有两个领导出来了。他说："干啥，老予？"我说我看看费老。书记很客气："费老休息了吧。"我也没住脚，就直接上楼，上二楼正对着楼梯的门开着，一上去，市政府副秘书长满都呼就问："你干什么？"我说："我看费老。""不行，费老休息了。"我也没停，就直接敲费老的房门。费老开门了，他正拿着一杯茶，发愣，寻思这个小伙子干啥呢？我就自我介绍，说我是内蒙古广播电台驻赤峰记者站的站长，我听说您来了，很高兴，我想了解您的行程。费老非常好，把茶放那儿了，说记者朋友请坐。我就坐那儿了，我说我不多耽误您时间，就是一两分钟，就了解一下您的行程。他说明天早上出发，上太平地、上牧区，我说那好，费老您休息，可能就是一分钟都不到，他说记者朋友再见。

第二天一早上，我估计6点钟左右他们该出发了，我简单吃一口饭，拿着牙具、笔记本就去宾馆了。一看宾馆的第一辆车里就是费老，我一进去，还是满秘书长过来，问干什么，我说我跟费老下去采访，他说没地方了。我看高再堂书记、乌力更（内蒙古自治区政协副主席），还有满秘书长那个车也满了。我寻思这怎么办呢？后来我又回过头来看费老的车，费老的车后面有两个女同志。我到那块，把费老车门打开了，那俩女同志就很惊讶，寻思干啥的。费老回头说：

图6 费孝通在赤峰（左三为予舒）

"啊，记者朋友！"有一个叫潘乃谷[①]，是北大的教授。她就挤另外一个女同志，说往里坐，让记者上车。里边的是李友梅，是上海大学的一个学生。两人都是费老的研究生，她们也不知道谁安排的，实际上是我自己要去的，其实我再慢两三分钟就赶不上了。

出发以后，这一路上费老说我啥我还记得。后来到太平地采访老乡，有一个小姑娘写了一首诗，费老看了之后认为挺好，还很赞扬。然后到牧区，牧区就是巴林右旗的巴彦塔拉。到牧区的时候我就听费老说，我休息一会儿，潘乃谷就弄个小垫子叠个小枕头搁费老头后了。费老刚躺下，刚要睡，前面车停了，在半山腰上，高书记过来了，说费老，这是典型牧区，这是牧区的敖包，费老就没睡觉，说看看。然后就下去，我就听费老说，这块地方用来打那叫什么球来着？

刘锦山： 高尔夫。

[①] 潘乃谷，女，1936年生。1985年随费孝通教授到北京大学，先后建立社会学人类学研究所和中国社会与发展研究中心，曾任副所长、所长、研究员，并于1986—1991年兼任社会学系主任。

予舒：对，是个打高尔夫球的好地方。高书记说，这个就是敖包，费老说，那咱们就敖包相会了。那块草很深，费老就说风吹草低见牛羊，现在的风吹草动能见着我了。然后到大板，又到翁牛特旗，翁牛特旗离赤峰有180里地。那里卫生条件太差，费老就得肠炎了。

原本在翁牛特旗还打算跟旗里领导见一见、谈一谈，但因身体原因，我们就返回了。回赤峰路上路过一个山梁叫四道沟梁，在赤峰和翁牛特旗分界的地方。上车之前，翁牛特旗给这些人一人一个毡帽头，他们的特产，费老就拿着毡帽头，戴一会儿看一会儿。潘乃谷就说费老这天挺热的，你老戴着干嘛，他说这个挺好，穿西服没有合适的帽子，我上陕西省的时候，我就戴着这个。那次费老受老罪了。

回来之后，他又给我一本书《小城镇 大问题》，签了个字。我这不就认识费老了嘛。后来赤峰财经学校[①]校长刘国全想让费老给写一下校牌，就问我能不能跟费老联系一下，我说可以。校长让我给费老带去一块叶蜡石，造型是一群乌龟，质地是牛角冻。我寻思老人对这个理解也比较深，我就带上。

刘锦山：叶蜡石？

予舒：就是巴林石[②]，这块牛角冻，雕的是一群乌龟，还很吉祥。后来到他家去找他，他夫人很热情，说你有预约吗？我说没有，她说费老去南方了。

刘锦山：费老夫人？

予舒：嗯。费老夫人说等他回来之后，我再告诉他。后来我又找他学生潘乃谷，她说行，没问题，你就放这儿吧。过一段时间给寄过来了。他是用硬笔写的。

刘锦山：他是1984年过来的，是吧？

予舒：嗯。

[①] 赤峰财经学校与内蒙古纺校、赤峰电子学校、赤峰民族技工学校、赤峰黄金技工学校于2005年合并为赤峰工业职业技术学院。

[②] 巴林石属叶蜡石，与寿山石、青田石、昌化石并称为"中国四大名石"。巴林矿位于内蒙古自治区赤峰市的巴林石旗大板镇西北，巴林石分福黄石、鸡血石、彩石、冻石、图案石五大类。

刘锦山：您当时是？

予舒：我是内蒙古广播电台驻昭乌达盟记者站站长。

刘锦山：您当时在电视台工作了多久？

予舒：1979年到1986年。

刘锦山：先在内蒙古广播电台驻昭乌达盟记者站担任站长，然后又到的文化局。

予舒：1986年4月，因为我哥哥这有很多麻烦事，我就不想在内蒙古广播电台了，跟珠兰厅长他们请示之后，回昭乌达盟文化局了。

刘锦山：您就这样认识了费孝通先生，后来还有来往吗？

予舒：有啊，就是搞进京展览的时候找他。

刘锦山：您是怎样认识叶圣陶、胡絜青等大家的？

予舒：1984年，赤峰市在红山底下建个公园，当时定名为紫屏园。后来红山区知道我跟有些专家领导熟悉，就把我找去了，问我这公园想请个名人题字，能找谁。我说找人那不是很多吗？叶圣陶、老舍夫人，还有康克清这都可以，因为都跟赤峰有关系。后来我就用古文给叶圣陶写一封信，请他题字。找叶圣陶可费劲了，当时我也不知道他在哪儿，就知道他是教育部副部长。我就到教育部打听，叶老不在，我说他上哪儿去了？他们说他上人大了，我就到人大，人大说他在家，不坐班，我问他家在什么地方，告诉我在东四八条71号。我就奔东四，东四我找到了，但是我不知道八条是怎么个排法，我就一直往里走，走很远也没有八条，返回来再找；又走很远，还没有八条；可能走了两三条街，我突然想起来可能就是那条街，直接往北走应该能找到八条，费了很大劲找到了，那天把我累够呛。

到了71号门前，一开门，有一个乒乓球案子，有两个小姑娘在打乒乓球，问我干什么？我说我找叶老，你找叶老什么事？我说题字，她说叶老在正间里边。院子有一道门，从这个门下台阶，后边还有一排房子，是正厅。我一上台阶，他们也感到很惊奇，出来一个老头问我干什么？我说我找叶老，他说你是干什么的？我就介绍我自己，然后他让我进去。中间有一个大长沙发，叶老自己坐着，那边就是他儿子叶至善，也有 60 多岁，头发都白了；这边还有两个老头，那可能都是名人，我不知道是谁。我就跟叶圣陶先生讲，我是赤峰市的，我们那搞一个公园，想请叶老题个公园名字。他儿子站起来了，说父亲不能写字了，手抖。我说这可怎么办呢？叶老让我坐他跟前，他拿出一个小盒，我也不知道是啥，现在想就是个耳机。他戴在耳朵上，问什么事儿，我一说来意他非常高兴。他说，1961 年乌兰夫同志邀请他去赤峰，当时有个盟长，我说是罗进，他说对了，罗进是南方人。他又说看了农村、工厂、学校、红山，看了之后很高兴。当时老舍在红山公园给写的诗，老舍的诗家喻户晓；谢稚柳、林风眠给画的画。然后他就问罗进现在干啥？我说这个人不在了，他又问布赫干啥呢？我说布赫现在是自治区主席，他说布赫是主席了，进步了，他说，你告诉布赫，我给他一本书，我说，好的。他说普通话，我听得非常明白。他想了解一下赤峰的情况，我都给他介绍，他很高兴，然后问我的名字怎么来的，唠了很长时间。他说："我现在不能写字了，别人也不让我写了，我有过声明。"他就给我拿出来个声明，他说也有很多人找他写字，实际上是写一两个字，这个倒可以，就表示歉意吧。后来我说叶老，那我还能找谁写呢？他说北京这写字的人多了，你找谁都行，我说得找跟赤峰有关系的，找康克清行吗？朱老总来过赤峰。他说那也行，你就去吧。

康克清是女同志，我想妇女杂志社是不是跟她有关系？我就到《中国妇女》杂志社，杂志社有个叫侯荻的副社长，她接待我。我说明来意，并把朱老总、董老的诗的照片拿出来，说找康克清同志给题字。她说找康大姐得预约，我给你预约吧，约上了你再来，后来她留下我电话，让我回饭店等着。第二天下午来电话让我过去，我非常高兴，去了之后，侯荻就给康克清同志打电话，康克清让我接电话。她的普通话说得挺好，她说非常抱歉，现在中央不让随便题字，另外我字写得也不好，你拿的朱老总的照片，我都收到了，向赤峰人民表示感谢，实在不好意思。后来，我寻思找谁呢？就想到了老舍夫人，因为老舍来过这里，而且作过诗。老舍夫人地址在哪儿我也不知道，我又回叶圣陶家里，叶圣陶先生跟我说很好找，在灯市口西街丰富胡同 19 号，离东四还很近，我就直接去了。

找得很顺利。一进去，胡先生还在家，里边地毯是草编的地毯。胡絜青女士非常高兴，就给我介绍老舍的情况，这是老舍的客厅、西屋是老舍的写作室、东屋是老舍的休息室，改成胡絜青的写作室……然后我就跟她说题几个字。她就说这个字就不写了，你找别的书法家，她的字不行。老太太很热情，给我介绍老舍的院子，有两块碑，都是老舍的同学为他老师立的碑。因为在"文化大革命"中老太太怕损失了，就让舒乙把碑拿到她院里头，她给我讲碑是什么意思。这样跟老舍夫人就非常熟悉了，熟悉之后辽文物进京展览就请她了，她带着她大女儿去的。我多次去拜访她，写了好几篇文章。后来她给我来过7封信。她给我写老舍的诗，又给我写了斋匾，我的斋匾叫"红山斋"，这是她84岁时给我写的。认识溥杰也是通过老舍夫人。

图7　1993年5月，予舒在老舍故居同老舍夫人胡絜青女士交谈

刘锦山：红山公园这个字最后是怎么解决的？谁给题的？

予舒：他们找别人写的，也不是名人，好像是印刷体。

刘锦山：后来没请名人题？

予舒：没请。

刘锦山：但是通过这个事，您认识了好多人。

予舒：对。辽文物进京展的时候找溥杰。我寻思这也是个名人，胡絜青说不知道溥杰电话，他住护国寺那块，我就到护国寺去找他，后来找到了。他住一个院子里，门跟里面有一道墙，外边都是荒草，里边两侧都是花，北边是他的正厅，南边是他的客厅。我一去，他说您请坐。我说，溥老，我们15日有个展览请您出席，他说看看当日有没有时间。南边会客厅到北面卧室有30多米的距离，他过去了，一会儿又回来了，就说，我15日好像没问题。这是找溥老的过程。

我认识阴法堂、黄火青都是通过萧克将军介绍的。萧克将军给我写的那首诗，我现在还挂着呢，政协出书让写字也都写了。胡絜青给写的字比较多，现在《红山晚报》副刊标题"柳丝丝"就是当年胡絜青写的。关于胡絜青，我写了好几篇文章。

图8　予舒与溥杰

黄火青是中顾委常委，以前是辽宁省委书记，我到他家去过两次。头一次是请他，第二次是领张向午同志去。黄老非常平易近人，一进去，卫兵正收煤呢，一听说我们来了，黄老就让他们别干了，让我们到正厅。给沏的茶叶真好，都一根一根立着，头一次喝这种茶。跟他谈了一些，他说："一到冬天老同志都去南方，我不去，我就在这个房间里活动，我不感冒就没事。"黄火青那次提供了辽上京石人的照片，他和他老伴儿又跟我们合影。

刘锦山：请黄火青是哪一年？

予舒：都是1987年，辽代文物进京展览的时候。还有一个史筠，是全国人大民族委员会顾问，过去是内蒙古大学的教务长，还请了阿沛·阿旺晋美和赛福鼎·艾则孜。

刘锦山：他们是怎么请来的？

予舒：这都是我通过全国人大办公厅的一个主任联系的，也都去了。剪彩那天是费孝通、高运甲剪的。

刘锦山：您还采访过哪些人呢？

予舒：1978年改革开放，与国际接轨，联合国粮农组织跟农业部有一个项目，就在赤峰市翁牛特旗示范牧场。1980年5月的时候，有个叫韩丁的美国人来这块参加建设。韩丁先生被联合国粮农组织聘请为农机专家。当时来的还有其他八七个外国人；有英国的、法国的、美国的两个，养牛的、搞农业的、搞农机的，韩丁先生是搞农机的专家。当时我在内蒙古开会就听《内蒙古日报》、内蒙古广播电台驻赤峰记者站的人说，有个叫韩丁的美国人到示范牧场。我说应该采访啊，他们说那不行，韩丁是外国人。我说外国人怕啥呢？

刘锦山：您当时还在记者站是吧？

予舒：对，我是站长。我说我去，他们都不敢去，但是我去之前做好了准备。第一，韩丁是干啥的？第二，我能向他问什么东西？第三，我跟他谈话注意哪些？我就找人查资料，我写了一个采访提纲。正要去采访的时候，韩丁先生闹病住院，住赤峰市医院，正好给我一个好机会，我就去了。我一敲门，他在床上坐着，床是这么横着的，他头发都白了。我就向他介绍我是干什么的，并说打算采访他。他说明天就走了。我说到哪儿去，他说到牧场，我说那我就坐你那车跟你一块去。采访外国专家耽误他工作时间得给他报酬，我得掌握这个原则，坐车一路，跟他谈一路，他走到哪儿，我跟到哪儿，他说啥，我都记着，别人问他问题，我也记下来。在那块采访了四五天时间，写了六七篇文章。其中《真正的朋友》是在《人民日报·国际副刊》头条发的。

我跟韩丁先生熟悉之后，他休息的时候跟他谈他的家事、谈他跟中国的关系。他自我介绍说自己是宾夕法尼亚州人，日本侵略中国的时候，他是美国的随行记者。他倾向于中国共产党，毛主席接见记者的时候还见过他。他的报道都是倾向于我们的，属于进步记者，这些老同志跟他关系也挺好。他是搞农业的，也学过机械。1947年北京还没有解放，中国当时也很穷，联合国救济善后总署援助中国一些拖拉机，在北京办拖拉机培训班，韩丁被分配到那儿，他教英语，也教开拖拉机。所以新中国成立后的第一代拖拉机手，有很多是韩丁先生培养的。

韩丁先生在新中国成立之前跟一个白人结婚，新中国成立之后他妻子不愿回去，愿意留在中国，一直到20世纪50年代才回去。在中国期间还在山西参加过土改活动，形成了1000多页纸的调查笔记。他在美国宣传中国的时候，美国政府不让，认为是间谍，他就到处宣讲，为自己辩护，最后没有找出他做间谍的罪证。1959年，韩丁在美国又找个黑人老伴，生了两个孩子，后来他写了五六本书，其中有一个叫《翻身》①，有一个叫《深翻》。他被选为美中人民友好协会主席。

他对毛主席著作甚至比我们很多人都熟悉。在示范牧场援助的时候，我们工人就说，我们净搞破坏了，建围栏不都是破坏嘛。他就说，毛主席说，我们不但善于破坏一个旧世界，我们还将善于建设一个新世界。有个拖拉机手在工作的时候拖拉机出点问题，漏油，他命令停止工作，发脾气，说这样不行，这把机器都弄坏了，机器很贵重，他就跪在地下修，也不管一手黑泥和油。修时还缺个螺丝，他到厂部去拿，离得还很远呢，蹚着水，直接跑到厂部拿回来就上上，工人也很高兴，又打工人一拳，说："毛主席教导我们，说话要和气，是吧。"他经常

图9　1992年，韩丁同夫人邱广才女士在新疆天山

---

① 1948年，韩丁以观察员身份随同北方大学土改工作队首次来到山西省潞城县一个普通村庄——张庄村，亲历半年土改，深入考察，写出了这本书，书的全名叫《翻身——中国一个村庄的革命纪实》，1966年在纽约出版。

引用毛主席的话，对中国第一代领导人很熟悉，感情还很深。最后一次我去的时候正逢宋庆龄病重。他也听不懂广播，我跟他说了，他说得给宋先生写一封信。过几天中央又授予宋庆龄国家名誉主席荣誉称号，我把这事又告诉他，他也特别高兴；没过几天，宋庆龄先生逝世。他那儿没有急事和特殊情况不能进去，正常休息的时候我进去了。进去我说韩先生，宋庆龄主席已经逝世了，他就使劲打一下自己，他说哎呀，我写一封信没发出去呢。

刘锦山：韩丁在中国待了多久，又回美国了吗？

予舒：1980年回去了，工作了5年，又调到蒙古国，到1987年他已经是第三次结婚了，老伴是个中国人，叫邱广才。邱广才是联合国的工作人员，帮助蒙古国搞一个项目，他跟着去。他在北京有个别墅，我去过一次，在他家里待了差不多得有一两个小时，那阵他身体已经有点笨重了，80来岁了，这是最后一面。

我这本书《韩丁与中国》写完想给他，我也不知道他在哪块，也不知道往哪寄。后来有人去蒙古国的时候，我就跟我那朋友说，你把这本书交给韩丁，他收到没收到我就不清楚了。但是韩丁当时说过一句话，他说予舒是中国记者里面采访他最多的人。

刘锦山：您做记者做了多长时间？

予舒：将近30年吧。

刘锦山：这30年除您前面谈的跟国内外的那些著名的学者，比如费孝通、叶圣陶、黄火青、韩丁等有接触采访，在记者生涯中还有哪些印象较深的？

予舒：我就是"敢"字当头。内蒙古多少家新闻单位，《人民日报》《光明日报》《工人日报》，以及新华社都有驻地记者，可能一二十家新闻单位。当

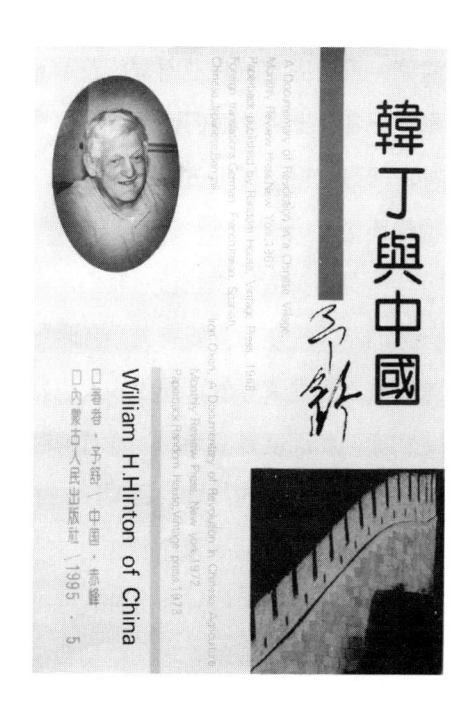

图10 予舒著《韩丁与中国》(1995年版)

时自治区党委书记叫周惠。周惠要同记者见面，同多位记者举行座谈会，我是广播电视系统的，我们厅长叫珠兰，就是布赫的老伴，她在主席台上。周惠为人非常随和，他一开始就说你们说吧，你们需要谈些啥。没人敢讲，那是自治区党委书记，谁也不敢讲，我就站起来了，我说周书记，我有两个问题想谈一下。你谈吧。我说："第一，各盟市的干部应该交流，一个干部在一个地方待时间长了不好；第二，内蒙古日报社、内蒙古电台、内蒙古电视台驻各盟市的记者站，级别问题应该定一下，现在我们是科级单位，科级单位工作有很多不方便。"当时我们那厅长紧张得够呛，递纸条说予舒哪能这样呢，谁让予舒发言的。当时我的发言在内蒙古新闻界引起轰动。

刘锦山：这是哪一年的事情？

予舒：这是1983年、1984年的事。我1986年回昭乌达盟了。当时记者到下面采访，一般都是到宣传部，我从来不到宣传部，我一找就找书记，因为跟宣传部说，宣传部有的事定不了，一找书记都解决了。另外我也不要求上班时间固定，不要求上午8点上班，或者是下午6点下班。我说记者是"没有规定的工作时间，没有固定的作业对象，没有预定的产品规范，没有限定的活动地区"，原来在记者会上讲，他们也感到很欣赏。我这是比较随便，啥也不惧，有这么个精神。而且觉得这样采访能够好一点，不管你是多大的领导我直接见面，我都直接找你谈。

另外当记者必须吃苦，我们那阵反正是比较苦。下乡到巴林右旗采访，得走一天的路，班车很少能挤上，有时候坐卡车。我当年采访一个牧工，他放牧没回来，我就到他家等着。蒙古族人也好客，老太太包饺子，也没有面板，就搁牛皮上和面，和面就是搁手捏，她有的时候就抓一下肉，搁到嘴里吃一吃，那都是生的；有时候烧牛粪，拿牛粪得往炉子里添，根本不洗手。我就想这饺子咋吃呢？但是也得吃啊。后来那个牧工回来了，回来的时候抱着两个羊羔，在山上捡的，那衣服上血呲呼啦的，都挺脏。他把羊羔搁到炕上，这老头就把手一抿，就上炕要跟我吃饭，吃饭就吃吧，他把我筷子又拿过来撸吧撸吧，然后递给我。但是这还得吃，心想他心地是很干净的。

刘锦山：对，条件比较差一些。

予舒：另外有一次到牧区采访，那是阿鲁科尔沁旗，走了20里地，白毛风，下雪下得非常大，到防风点，牧工也是铺牛皮，一个简单的帐篷，那牛皮上边底下都是水，没办法我又在那块住了一宿。所以，当记者没有吃苦精神不行。我就三点体会：第一个是"敢"字当头，敢于接触那些说了算的人；第二个是得吃苦；第三个是不一定按点上班、按点下班，随时随地都是工作。

五、赤峰多元文化的发掘者和见证者

刘锦山：予老师，元文化是赤峰文化的重要板块和组成部分，请您谈谈这方面的情况。

予舒：赤峰地区是民族地区，以蒙古族为主体，赤峰历史上跟元朝关系比较多。1368年，明朝战胜蒙古的时候，元朝的最后一位皇帝孛儿只斤·妥懽帖睦尔（1320—1370）北走克什克腾旗达里诺尔湖西鲁王城，鲁王城是他们的都城，明朝在那块打败了元朝。克旗是成吉思汗的老丈人家。孛儿只斤家族在克旗。成吉思汗在打仗的时候，克旗达里诺尔那边也来过，后来灭金的时候，忽必烈之后，成吉思汗时期的一些大将也都在赤峰地区战斗过。所以当时我就写了《成吉思汗与赤峰》，这篇文章在《赤峰日报》、赤峰学院刊物上都发过，但是赤峰地区学术界对这个不重视。

赤峰市曾组织过一个专家会议，讨论赤峰文化品牌问题。会上占主导地位的意见是红山文化、辽文化、草原青铜文化，根本不谈元文化。赤峰学院的于建设同志，他就说元文化根本就没有形成高潮，不值得一提；当时还有宣传部副部长王燃。讨论一下午，始终是不谈元文化，都谈辽文化、红山文化和青铜文化，我就想谈元文化，没有机会。我回来之后就写了一篇文章，给当时的市委书记、副书记、市长他们三位，一人给他们复印一份，关于元文化问题，建议把元文化列入赤峰市文化品牌。后来我这文章起作用了，南山建立的时候，也是根据元文化建了13个敖包；做政府工作报告的时候把元文化列进去了，赤峰文化品牌有红

山文化、草原青铜文化、辽文化和元文化，这也算是我的一个功绩。

另外关于元文化还有一件事情。赤峰市新区建设的时候，根据蒙古民族的要求，必须把蒙古族的一些历史都放进去，所以建立了一个蒙古源流雕塑园。在建这个之前，又组织一些领导专家研讨，当时有人大常委会副主任白音巴特尔等，还有赤峰学院的两位教授，我也去了。蒙古源流雕塑园也是体现元文化品牌，现在已经建成了。

刘锦山：予老师，红山文化现在已经成为赤峰的一个重要文化符号了，您在过去的工作当中，对红山文化的研究、宣传、推广也做了不少的工作，请您谈谈这方面的情况。

予舒：红山文化属于新石器文化，距今五六千年。最早发现的是辽宁省阜新县的查海文化，虽然那儿发现得比较多，但是命名是根据赤峰的发现地命名的。最早是梁思永先生，也就是梁启超二儿子发现的，他曾在美国哈佛大学学考古。梁思永在哈佛大学念书的时候，就听说法国的考古学家桑志华[①]，日本的鸟居龙藏、白鸟库吉到过赤峰，发现新石器时代遗址，所以他毕业之后马上就要求来赤峰进行发掘考察。他1930年10月份到林西县，冬天挺冷，1931年九一八事变后就回去了，但是他对赤峰这个地方的新石器时代文化有所了解了。佟柱臣[②]1943年到红山后看新石器时代的遗址，他根据什么看呢？20世纪30年代初期日本有个学者叫鸟居龙藏，是喀喇沁亲王府贡王聘请的老师，也喜欢考古发掘，他到红山后看过。1933年赤峰就被日本人占领了。1935年日本考古学家、古人类学家滨田耕作带队，还有江上波夫、水野清一这几个人到红山后发掘，他们认定这是新石器一期、二期文化。一期就是石器时代，二期是青铜器时代，发

---

① 桑志华（1876—1952），法国著名地质学家、古生物学家、考古学家。1914年来华，从事田野考察和考古调查工作25年，创建了北疆博物馆（天津自然博物馆前身）。著有《中国东北的山区造林》《华北（黄河及北直隶湾其他支流流域）十年查探记》《桑干河草原旅行记》等。
② 佟柱臣（1920—2011），辽宁省黑山县人，满族。长期从事博物馆学、中国新石器时代考古、东北地区考古及边疆民族考古研究，先后发表学术论文110余篇，出版学术专著5部，共计400余万字。

掘了两处新石器遗址、20多处青铜器遗址。他们是1935年10月来的，发掘了三周，关东军盗走1000多件文物，影响比较大。后来滨田耕作在1938年发表了考古报告，叫《赤峰红山后》，专门谈红山后文化。

1955年，咱们国家有个考古学家叫尹达，他写了《新石器时代》一书。在写这本书的时候，梁思永先生就建议他找一下佟柱臣，佟柱臣到赤峰红山后进行过考察，写过一篇文章，应该把这个列进去。尹达先生很重视，根据佟柱臣的文章，在《新石器时代》里面专门写了一章《关于赤峰红山后的新石器时代遗址》。1954年梁思永先生就逝世了。1955年尹达先生出版了他这本书，"红山文化"正式命名，日本人虽然发掘了但还没有命名。之后国内来考察发掘的人比较多了，像辽宁的郭大顺先生、孙守道先生都去过；还有张忠培先生可能也去过。

1971年8月，翁牛特旗一个农民张凤祥，在文冠果林里面准备栽树，镐头下去之后有石头挡着，一抠上头有石头板，石头板一揭开，里边有那么一个圆形，像马蹄形的锈迹斑斑的东西，他以为是铁的，砸也没砸开，他寻思这可能是个好东西，就拿回去。那个东西是C字形，脊上有个窟窿，他弟弟叫张凤良，就顺着窟窿拴个绳，在街上拖着跑玩。跑了一段之后表皮脱落，里面的东西就逐渐露出来了，像玉石，但他也不知道是什么。他们就问翁牛特旗文管所这是什么东西，文管所的人也不太清楚是什么东西，但知道这是一个文物，当时他要卖，文管所就给他30块钱，他就很高兴地带回去了。玉龙发现之后没引起震动，因为啥？当时有满城汉墓，还有秦始皇兵马俑、曾侯乙墓，这些文物轰动全国，所以没人把玉龙当回事，就在那儿放着。

1983年，孙守道和郭大顺先生在辽宁牛河梁发现了红山祭祀冢，有很多玉器，这事在全国宣传开了。翁牛特旗文管所所长贾洪恩，是个年轻人，寻思他发现的东西跟咱们差不多，他就带着玉龙到北京找考古学泰斗苏秉琦[①]先生，苏秉

[①] 苏秉琦（1909—1997），河北高阳人，中国现代考古学家。曾主持河南、陕西、河北等地新石器时代和商周时期主要遗址的发掘，我国考古事业的指导者和大学考古学教育的创始人之一。

琦也来过赤峰多次。还有刘观民①先生，赤峰中华第一村都是他进行发掘的。他俩鉴定之后，说这是红山玉龙，时间是6000年前到5500年前，属于国宝一级的。这样他们就非常高兴，就拿回来了。1986年，《人民画报》刊登了红山玉龙照片，轰动全国，甚至国外都知道了，这是个好东西。苏秉琦先生也说使中华文明提前了1000年，玉龙就出名了，出名之后就要把玉龙调走，当时我在文化局管文物，调走必须我签字，但是要上调必须有两个条件，一是国务院有文件，二是中央军委有介绍信。

刘锦山： 要中央军委介绍信？

予舒： 对，必须拿两个批文才能调。他们事先通过文化厅就跟我说，中国历史博物馆（今中国国家博物馆）要调走玉龙，你得签字。我说地方发现的文物应该就归地方，不能上调。当时可能是中国历史博物馆的一个专家，还带着两个人，有一个是录像的，我说不能调走的时候，他就开始录上了。我说你们实在要调走，按照规定必须有国务院和中央军委的介绍信。他们马上都拿出来了。我一看没办法，就签字了。红山玉龙被说成是赤峰的名片。

刘锦山： 中华第一龙。

予舒： 对，中华第一龙。我还写了一首关于玉龙的诗："旭日喷薄耀北疆，图腾璀璨震八方。英姿曼妙垂青史，丰韵恢宏越汉唐。凤舞蓝天神抖擞，龙飞旷野气昂扬。琼身蜷曲成C字，名片赤峰忆沧桑。"

刘锦山： 非常好。

予舒： 写这么一首诗。中国玉文化研究会把我的诗拿走了。1991年，日本考古学会访华团来赤峰考察青铜文化，当时我陪着走了好几个旗县，松山区、宁城县、喀喇沁旗、敖汉旗这几个地方，他们要求到红山后看一看。我就带他们去。团长叫秋山进午，说发掘红山文化专家水野清一是他的老师。秋山进午是大手前女子大学的教授，考古专家；还有谷丰信、宫本一夫、冈村秀典，他们4个

---

① 刘观民（1931—2001），中国社会科学院考古研究所研究员，主持了宁城南山根、松山区夏家店等遗址的考古发掘工作，先后命名了富河文化、夏家店下层文化和夏家店上层文化。

日本人。到那儿看的时候，他都有地图，一拿出地图，这是什么地儿、那是什么地儿，讲得挺好。我问了翻译，知道他们是根据地图，讲他老师哪一年在哪块发现什么东西。他捡到一块陶片，问我想带走可以不可以，我说可以，他就拿着陶片嘀咕半天。我问翻译他嘀咕啥，翻译说，他说，老师，我到你考古发掘的地方，我看整个考古发掘遗址，我又捡到红山陶片，我准备拿回去，准备到您坟墓祭拜。

刘锦山：红山文化玉龙很出名，是不是还有一个凤呢？

予舒：凤倒是有，但是最后咱们地方专家都说凤是个陶的，现在还在翁牛特旗。但是从国家角度、权威角度，还没有发现有这么个命名。于建设先生认定是凤，也有人说这就是一个陶灯，就像只鸡似的东西。

刘锦山：那是哪一年发现的？

予舒：也是20世纪80年代，国家没认定。玉龙就厉害了，玉龙还做成邮票了，《人民画报》刊登了，又作为赤峰市名片，市政府大楼前不是有个"飞龙在天"雕塑嘛。

刘锦山：您调到市文化局，除了在文物保护这方面做的一些工作以外，还做了哪些比较重要的事情？

予舒：有一个事情还是比较大的。当时确定市徽，任务交给文化局拿方案，方案是我写的。我写之前正好召开五大班子会议，谈赤峰市徽应该有啥，但是意见不一，有的说放玉龙、有的说放草原、有的说放红山、有的说红山跟草原放在一起。当时市委副书记叫宋志民，后来调到内蒙古自治区当人大常委会副主任。他说就干脆交给人大讨论吧。我就拿方案到人大，人大常委会开了6次会议，最后定下来，这个过程我参与了。

刘锦山：当时您提供了几种方案？

予舒：玉龙、红山、草原。

刘锦山：提供了三种方案，这是哪一年的事情了？

予舒：1988年到1989年的事吧。

刘锦山：在广播电视局工作了几年？

予舒：1991年去，1998年退，干了六七年。让我管人事，采访的机会就很少了，在广播上没啥作为。

刘锦山：那也挺重要，只是不在一线上。

予舒：在赤峰市博物馆大楼建设的时候，跑设计是我跑的。首先跑广电部，广电部一个部长又介绍我到广州，我又跑到广州，最终是广东省广播电视厅设计院给设计的。

刘锦山：这是哪年的事？

予舒：1994年。

刘锦山：予老师，再请您谈谈赤峰市摄影方面的情况。

予舒：赤峰市摄影战线人很多，现在可能有几百人。人们也爱好摄影，但你要谈到摄影，必须得谈白显林先生。白显林先生的人格魅力最主要是有首创精神。他是搞摄影的，在赤峰、在内蒙古影响都很大。20世纪70年代，我曾经写过一篇文章，写的是白显林创造的十个"第一"，就是在摄影方面。像第一个建立图片社，第一个出个人摄影集，第一个在博物馆展出，第一个到北京王府井、民族宫、北海展出，第一个搞彩色摄影培训班，第一个建立摄影家协会，第一个建赤峰画报社……反正我算的他有十个"第一"，都是他首创的，这几年情况我还不知道。他还第一个建立了摄影图书馆。台湾地区有个摄鹤专家，专门搞摄影的，叫吴绍同。吴绍同先生认识白显林，对他的摄影非常认可。白显林建摄影图书馆的时候，吴绍同帮了很大忙，他把自己的摄影作品，把很多各国摄影作品都捐赠给他了。据吴绍同先生说，世界上还没有摄影图书馆，这是白显林首创的，这是"第十一个"首创。另外2013年，白显林先生又应邀到台湾地区进行摄影展出。台湾地区有一条街叫赤峰街。白显林先生的摄影作品被台湾地区"中国文化大学"，就是邱毅先生所在的那个大学存档。

刘锦山：摄影作品留在那儿了？

予舒：对。白显林先生身上体现的珍贵的品质很多。白显林先生现在已经是79岁，再过两个月他就80了，但是他的精神非常令人感动。当时我在文化局的时候分管图片社，赤峰市许多搞摄影的都经过白显林先生的培训。

刘锦山：还有赤峰的一些自然风光、好多美丽的景色都是通过白老师的摄影作品介绍给大家的。

予舒：比如阿斯哈图石林、巴林左旗的石臼，都是白显林先生在北京宣传展出之后才引起重视。后来来了两三个冰臼专家，鉴定赤峰市克什克腾旗、巴林左旗石臼，定为世界地质公园，所以他的影响、贡献是很大的。另外中央领导来，都是白显林摄影。新中国成立以后的赤峰历史，摄影的图片、底版都在他那儿存着。

刘锦山：予老师，非常感谢您接受我们的采访。这块您谈得非常好，对好多事情的细节都介绍得非常清楚，这样对于保存赤峰的地方文献、历史文化都有非常大的帮助。谢谢您。

予舒：不客气。

傅智勇

笔走游龙续诗篇

采访时间：2016年10月23日
初稿时间：2021年4月8日
定稿时间：2023年9月30日
采访地点：赤峰市图书馆"赤峰记忆"拍摄现场
版　　本：文字版

傅智勇速写

　　傅智勇　1940年出生，祖籍山东，副研究员，中国美术家协会会员。曾任红山区文化馆馆长、红山书画院院长、赤峰市美术家协会主席、内蒙古美术家协会常务理事。现为赤峰市文联名誉副主席、赤峰市城市景观建设专家委员会委员等。多次参加全国美术作品大展。设计石刻壁画20余幅，分别设置在南山生态园、新火车站及宁城国家地质公园博物馆外墙等各有关景区。其巨型石刻壁画《契丹王朝》（与张松柏合作）参加"全国首届壁画大展"（2004）并获佳作奖，同时选入《中国壁画百年》画集。设计大型石刻图腾柱近40座，分别设置在赤峰城区的新城区、南山及旗县等相关广场。赋作多首，石刻于南山生态园、红山广场及辽上京（林东）景点等。

刘晓欣： 今天是 2016 年 10 月 23 日。这里是 "赤峰记忆" 的访谈现场。我们现在所在的位置是赤峰市图书馆二楼。今天我们请到的嘉宾是傅智勇先生。傅智勇先生是赤峰市德艺双馨的老艺术家、副研究员、中国美术家协会会员。曾任红山区文化馆馆长、红山书画院院长、内蒙古自治区美术家协会理事，现为赤峰市文学艺术界联合会副主席。傅老师，您好！

傅智勇： 你好！

一、求学之路

刘晓欣： 傅老师，先聊聊您的成长经历吧！

傅智勇： 我的老家是红山区文钟镇三道井子村。三道井子村就挨着夏家店遗址。

图 1　傅智勇（左）接受 "赤峰记忆" 采访

刘晓欣：那也是一个文化底蕴非常厚重的地方，听您以前说您的老家在傅家湾是吧？请您详细谈谈。

傅智勇：傅家湾是在三道井子村偏北的地方，离现在的村委会大约二里地，它在三道井子河的河畔东岸。这块呢，一开始的时候，我小时候，一共是五户，五户人家都姓傅，所以叫傅家湾。

刘晓欣：您是哪年生人？

傅智勇：我是1940年出生，今年算来应该是虚岁77吧。

刘晓欣：77，一点也不像啊！身体还挺好的，是吗？

傅智勇：可以，可以。

刘晓欣：您就是出生在傅家湾？

傅智勇：出生在傅家湾，长在傅家湾。

刘晓欣：那您家的老人当时都是做什么的？

傅智勇：我的家庭很普通。我父亲和母亲是地地道道的农民，但是家庭情况还可以，应该是自给自足，要是按照当时土改定的成分，属于中农。

刘晓欣：那您父亲叫什么名字？

傅智勇：我父亲叫傅桂林，桂树的"桂"。他那一辈哥五个，名字后边都带"林"字，中间这个字都是跟树有关系、跟木有关，所以叫傅桂林。字子芳，子就是老子的"子"，芳就是芬芳的"芳"，字子芳。

刘晓欣：您母亲叫什么名字？

傅智勇：我母亲叫吴锦芬。我父亲因为是上下村读书最多的人，所以就有一个字，人们都称他子芳，我还没听说有人叫他的名字，当时因为他善书法、绘画，懂医术。

刘晓欣：也是一个文化人。

傅智勇：当地人都很尊重他。第一次解放还管过学校，那时叫校委员，是选的，就是在第一次解放的时候，这里不是经历过第二次解放，两次解放吗[①]？但是在我12岁时，他就去世了，去世比较早。

刘晓欣：你们哥几个？

傅智勇：我们是9个，姐姐比较多、哥3个，一共是9个，连姐们、哥们一共是9位。

刘晓欣：9个孩子。您是老几啊？

傅智勇：我是倒数老三。

刘晓欣：倒数老三。这也是一大家子啊？

傅智勇：嗯，一大家子。

刘晓欣：那您在哪儿上的学？

傅智勇：我小学就在三道井子小学。说起上学来了，这个营子在伪满的时候叫太平村，在我记忆里叫太平村，我觉得这个地方文脉还可以。往历史说这有夏家店遗址，还有红山文化遗址，都在这个地方。像出土的陶罐，我觉得挺好看的，那两个陶罐据考古学家说就出在三道井子河畔，具体地点不知道，这是它的历史。新中国成立之前的时候，办私塾办得很好，我父亲就是那个时候上学读的书。在伪满的时候，这里还有洋学堂，那时候农村的洋学堂不太多，还有好多女学生，起码在我印象当中，有七八个女学生。一般那个时候都得裹小脚，大门不出二门不迈的。

刘晓欣：在傅家湾这个地方？

傅智勇：不在傅家湾，就在这三道井子村。

刘晓欣：在三道井子村，还有私塾？

傅智勇：最早的私塾，就是在伪满以前。赤峰第一次解放的时候，很快就办起学校了，那时候我也上学。最重视教育还是第二次解放那个时候，家家都有学

[①] 赤峰第一次解放是指抗战胜利前夕，在赤峰地区坚持抗战的王逸伦、张立文等于1945年8月15日配合苏军进行了解放赤峰的斗争，并于1945年8月24日建立了赤峰市政府。赤峰第二次解放是指解放战争时赤峰失守，1947年6月6日，冀察热辽部队攻入赤峰，赤峰第二次解放。

生，家里有学生都感觉非常荣耀。那个时候能上学了，十里八村都上那里去读，小学有六年级了。一般只到四年级，它是到六年级了，我还曾经在那里代过课。

刘晓欣：您从三道井子村开始读书，后来您读书又在什么地方？

傅智勇：小学的时候很羡慕街里的孩子，干干净净、清清透透的，气质也好，穿得非常干净利索。因为那时候我们的营子离城市比较近，我父亲常领我来街里，看街里的孩子上学、放学，还看着迎接什么人物，排队整整齐齐的，戴着红领巾，跟他们一比，我们土气得多。还有我们营子也去过学生住在我们学校，那学生气质都不一样，很羡慕街里学生。后来终于能够到街里来读书，到赤峰市第二完全小学校念书。赤峰市一共有8所小学：在市区里头，第一至第五是完全小学校，比如挂着牌子叫赤峰市第一完全小学校，意味着啥呢？它的概念是一至六年级；第六至第八小学那就是初级小学校，只上到四年级。我是遇到一个老师，跟他说一声，他写封信把我介绍到赤峰。原赤峰市就是昭乌达盟，昭乌达盟那个时候是内蒙古派出机构，就是原赤峰市下属的城区这块。[①] 这个第二完全小学校，就是现在制药厂那个地方。

刘晓欣：就是这位老师把您介绍到原赤峰市，也就是现在的红山区，是吧？当时的文庙，第二完全小学。

傅智勇：第二完全小学校，简称"第二完小"。

刘晓欣："第二完小"，到那儿去读书。

傅智勇：因为啥呢？这位老师跟校长很熟悉，他很有资格，伪满的时候就在赤峰县文庙两级小学当校长，后来到文教部门工作，这个第二完小的校长当时正

---

① 从清朝乾隆年间起，赤峰地区的行政区划多有变化。清乾隆四十三年（1778）置赤峰县，治今赤峰市。光绪三十四年（1908年，一说光绪三十三年）改赤峰直隶州，1913年复改赤峰县。1945年设赤峰市。1947年撤市入县，1948年复置赤峰市。1952年撤销赤峰市。1958年析赤峰县城区复设赤峰市（县级），为昭乌达盟行政公署驻地。1983年昭乌达盟撤销，改设赤峰市（地级），原县级赤峰市改设红山区，赤峰县撤销并入赤峰市。原属直隶省（今河北省），1928—1955年曾属热河省，1955年划入内蒙古自治区，1969—1979年市境辖区曾属辽宁省。1979年5月30日划入内蒙古自治区。（参见薛国屏编著《中国古今地名对照表》，上海辞书出版社2020年版，第76页）

好是在他的手下，他写封信。老师叫王宗章，当时很有资格。

刘晓欣：那个时候您多大？到文庙二完小学习。

傅智勇：十四五岁吧，我忘了。

刘晓欣：到那儿从几年级读起？

傅智勇：从五年级。

刘晓欣：说起二完小，也就是这个文庙，咱们多说两句，您再把这个文庙给大家伙唠一唠。

傅智勇：这个文庙给我印象很深，只在那读了一年，后来就被赤峰制药厂占了，扒掉了，就搬到二道街。现在二道街还有人，还有文教部门的战友。后来那个地方改成赤峰市民族特殊教育学校，再后来二完小搬到哪里去了，我就不太清楚了。就说文庙吧，文庙那个地方是一个使人感觉很神圣的地方，因为那是圣人府。

刘晓欣：现在这个文庙已经不存在了，说赤峰有座文庙，但很多人不知道文庙是什么样，您见到的这个文庙当时是什么样、它有多大规模，还有房屋建筑、整个格局的情况？

傅智勇：这个文庙占地很大，规模很大。一般城市都有文庙和武庙，武庙就是关公庙，一般武庙在西、文庙在东，在一个城市这种建筑都是这种规格。文庙就在赤峰的头道街东边建有一座单桥，就是现在接近旱河不远的地方；武庙也就是关公庙，是在头道街的西边，就是现在都知道的老爷庙院子那个地方，就是头道街的大西边了。文庙当时的规模占地我估计可能是起码上百亩，它是前面一开始有棂星门，文庙里都有那个门，很巨大的一个木牌坊。这个木牌坊在我印象当中，赤峰别处还没有这样的木牌坊，非常宏伟，也非常传统。木质牌坊后来都被扒掉了，非常可惜。进去是一个院子，院子里头有一个水池子，水池子有罗锅桥，罗锅桥两边苇塘，苇塘里往里出水的地方是赑屃，就是龙生九子之一的赑屃，往里流水的。苇塘长起来很茂盛，非常好。

然后是大成门，大成门里头还有两口碑，再往里是大成殿。大成殿前面两侧是左右廊房，我们管它叫左右廊房，其实就是它的配殿，后边还有后殿，大东边是大操场，很大，有一片很大很大的杨树林，我们教室就在西配殿。

刘晓欣：当时一个班有多少学生？

傅智勇：当时是50多人。

刘晓欣：50多人。

傅智勇：那阵年龄不一样。我当时也不是年龄最小的，还有比我大很多的。那是刚解放的时候，我不说嘛，家家有孩子，都送去上学，能够上学的都上学，有的都结婚了还上学。我们那时候五年级有两个班，五年一班在东侧，我们在西侧，西配殿。我们班就有结婚的六七个、七八个，甚至到十个都有，男男女女都有，那时候都上学。

刘晓欣：最大的都结婚了。

傅智勇：二十五六。

刘晓欣：小的呢？

傅智勇：小的十五六。

刘晓欣：十五六，相差十多岁。

傅智勇：差不多。所以学生大的跟小的合不来，说话也说不到一起，都是一堆一堆的。其中我记得还有被制药厂火灾烧坏的两个女同志也在我们班。一个脸就是面目全非了，一个是手长期戴着手套，脸也有疤，那是单位供她们上学的，岁数特别大了，都20多岁。

刘晓欣：当时文庙院墙是什么样的？就是你印象比较深的。

傅智勇：前半拉就是砖墙，后半拉就是土墙。因为院子特别大，后半拉挨着北河套，你知道北河套吧？

刘晓欣：知道。

傅智勇：前门进去是刚才说的那样，后门出去一个普通的门，便门，就是北河套。北河套也敞着，那个门也敞着。有时候学生出进就在那走，整个东半拉是湿地。现在不行了，水位下降了。那个时候春天一走，就是头道街我们上学；东边过来以后地踩过去，都是鼓囊鼓囊的，很软，老乡管它叫返浆、湿地。北河套更湿了，那阵出了门就可以洗澡，但是不让洗澡。那个河套水很旺盛，不像现在。

刘晓欣：就是从后门出去就可以洗澡？

傅智勇：可以洗澡。每天中午值日生都抓洗澡的呢，进去以后把你手背划一下，看你是不是有白印，有白印就是洗澡了，罚站。

刘晓欣：也就是这个庙的北面是河套，东面是沼泽，都是湿地。

傅智勇：接近湿地，还不算是湿地，因为附近还有建筑。

刘晓欣：东面还有什么建筑吗？

傅智勇：东面是大和洋行，但它的建筑我没见到。记得新中国成立之前的时候，国民党飞机来轰炸赤峰，第二次解放以后在那里炸，大烟筒还在那倒着呢，一片荒凉。再东面就是旱河[①]，东旱河。旱河有个小石桥，叫单桥子，再往南走就是二道街，那就是双桥子，一般都知道双桥子，大家都应该见过。我在念书的时候双桥子就没有了，单桥子还有，但没人走了。再过去以后还有建筑。

刘晓欣：那个单桥子上有字吗？

傅智勇：我还真没注意。

刘晓欣：我看过一个资料。

傅智勇：小青石头桥。

刘晓欣：是啊，小青石头桥。

傅智勇：没人走了，我在那念书的时候，就已经没人走了。

刘晓欣：就是当时头道街那块也有一个桥吗？

傅智勇：那就是我说的单桥子。

刘晓欣：头道街那是单桥子，头道街北市场那块，原先赤峰不是还有个北门吗？

傅智勇：那个我几乎没啥记忆了。

刘晓欣：我看一个资料，那块也有一个桥，也有一个小石子桥。也就是说，在文庙的东面是大和洋行，在国民党飞机扔炸弹轰炸赤峰的时候，把那个地方

[①] 三道街永巨往北直通北河道专为泄洪而修的水渠，称为旱河。

炸了。

傅智勇：我念书那会儿，烟筒还在那倒着。

刘晓欣：挨着大和洋行就是东旱河，旱河挨着那个单桥子。

傅智勇：单桥子东半拉还有建筑，可能就是民居了。西半拉再东边有二三百米的，就是所谓的东横街往北市场去。往南去就是支栋楼。

刘晓欣：文庙给您印象最深的是哪些建筑？

傅智勇：因为我很喜欢建筑，我也愿意看建筑，到现在我出去以后，出门我都看建筑，建筑的形制、规模，包括具体的建筑上头的一些装饰我都非常喜欢。一进门，我说的那个棂星门是赤峰其他地方没有的，设计很奇特。它的建筑有规范，按照建筑规模和形制以及它的造型，在赤峰来说，因为我当时也没出过远门，我看着是非常奇特，非常好的。再就是大成殿，建筑最高、最大的就是大成殿。大成殿因为有很高的台阶，上几步台阶，上边有月台，周围有青石的栏杆，挺大的月台。当时教导处是校长和这个老师，教导主任都在另一个屋办公，不像现在的学校，都在一个大屋里办公。

刘晓欣：也就是文庙前面的门脸冲着头道街。

傅智勇：棂星门。

刘晓欣：出了这个门就是头道街？

傅智勇：对啊！

刘晓欣：门前都有什么建筑呢？

傅智勇：它的门前就是冲着二道街的北侧了，这是条普通的街道，有买卖家，主要是晋商，集中在二道街、头道街。再就是支栋楼再往南拐，具体印象不是很深了。文庙的前半拉，我想起来了，当时是一片空厂子，天顺铁工厂已经被夷为平地了，不知道当时是什么原因，也是很荒凉。

刘晓欣：在文庙中发生过什么故事吗？

傅智勇：当时文庙里边也没有牌位，也没有什么香火，就是学校，在那就是参加一些学校的活动。

刘晓欣：学校里头有多少个班，这个二完小？

傅智勇：当时是五六年级，那时候一个年级学生少，一个年级也就两个班左右。

刘晓欣：一个年级两个班？

傅智勇：到六年级。

刘晓欣：到六年级，也就12个班左右。

傅智勇：对，就那样。因为房子有限。前边就是大成门两侧有耳朵的，它是可以做教室的，那也只能容纳两个班；再加上左右配殿，就是大成殿左右两侧，那是两个班；后殿那是一个班；再有两栋教学楼，后盖的。

刘晓欣：您从文庙六年级毕业，二完小毕业后您接着又考中学？

傅智勇：考到赤峰二中。赤峰二中是什么概念呢？今年应该是赤峰二中建校90多年。我念书的时候叫热河省立第一中学，我学生证还留着呢，就是那小黄色，这么大学生证。这个中学建校比较早，赤峰当时就两所中学，没有一中，就是赤峰二中，还有个赤峰蒙古族中学，我印象当中是这样。当时热河省立第一中学，好多周围的旗县，包括辽宁建平县、建昌县的学生，都考到这里来。我们班级还有辽宁朝阳市的。那阵招6个班，共330人。

刘晓欣：辖区还是挺大。

傅智勇：嗯，辖区很大。

二、成为真正的美术工作者

刘晓欣：傅老，您从赤峰二中毕业之后干什么了？

傅智勇：我去参加工作了。

刘晓欣：参加工作是哪年？

傅智勇：参加工作是1957年。1954年考的热河省立第一中学。那阵是为啥直接参加工作了呢？一开始是学校保送我上内蒙古师范学院（今内蒙古师范大学）艺术系美术专业。一开始没有美术系，是包括音乐专业和美术专业的艺术系。一共是5年，我估计其中3年是以上课为主。毕业上大专，学校已经答应了，后来那年没招生，好多中专当年都没招生。所以就直接参加工作了。

刘晓欣：也就是学校本来想保送您上那去学习去，那年没招生，您就直接参加工作了。

傅智勇：当时碰着校长司凤歧。司凤歧当时是校长，后来当过赤峰师专的校长、当过文教处的处长。在文教上他很有威信，也很有权威。我开始还不认识他，见了以后，直接给我介绍，就是让我别回去了，直接就去上班。现在想起来，当时的领导和老师，包括校长对一个学生是那么负责任，对一个人那么关心，对于当时的孩子那是不可想象的，回忆起来很幸福，也很激动。他直接就说傅智勇你别回去了。不回去上哪去啊？他说你可以参加工作，我说到哪儿参加工作啊？你等一会儿，我去趟文教科。那时候叫文教科，原赤峰市还是文教科和教育部在一起。等了半个小时以后他回来了，暑假的中午，快到下班的时候他回来了，他说一是到戴帽子中学，一是到文化馆。

刘晓欣：什么叫戴帽子中学？

傅智勇：一般都不知道这个戴帽子。当时不是中学有限嘛，原来就是一个赤峰二中，等我毕业那年又有了个三中，还有个什么技术学校，那时候正好是1957年。戴帽子中学啥概念？就是小学戴上中学的帽子，五六年级再戴上初中。一个是教戴帽子中学，一个是到文化馆，当时他那么说。我说得等多长时间，他说半个月吧。这都是他的原话，他说你勤来催着我点，我怕忘了。

刘晓欣：当时学校那么多学生，都给安排工作吗，还是说就给您安排工作了？

傅智勇：那不可能。我也不知道什么原因。因为念书的时候吧，我的班主任老师对我很关心，我家庭生活比较困难，我可能是破例享受这个的。

刘晓欣：班主任老师是怎么关心您的？

傅智勇：当时我不是生活比较困难嘛，老师非常清楚。她是语文教师，湖南省湘潭县人，她的名字你应该知道，叫李橡帆，橡胶的"橡"，帆船的"帆"。当时她40多岁，教语文。那时候评助学金分三等：一等是8块钱，当时伙食费才交7块钱；二等是5块钱；三等是免一年的学费。我没钱上学，到村里开介绍信，再到区政府换介绍信。那时区一般人不太知道，原赤峰市有12个大区，我是第一区，那时候没有乡。第一区区政府在现在的文钟镇东三眼井，我到那去换介绍信，区政府的秘书我还记得，姓曾，他不给我换，说我不困难，也不知道他咋认为我不困难，换不来。我还跟人家发生了冲突，就回来了。

回来以后，我没跟老师说，这个事我从来没跟老师说，我不愿意给老师添麻烦。老师虽然不知道这回事，但是她知道我生活困难，她说傅智勇你去提一下星级。我说我起不来，说我不困难，然后她说你去吧，给你假，明天你就去。后来我就回去了，回去以后我就想了，我去了以后，肯定碰钉子，到那去也没用。我寻思回来待一天，再来骗老师一下，我就说去了起不来，肯定就是这个后果。但是老师非常关心，她又特意写了我的情况，找人捎给我，介绍我的情况非常困难。我寻思这就是个钉子也得碰，要不对不起老师的热心，我就去了，果然还是碰了个钉子，还是没起来。我也没去找老师，直接就上自习。我在学校住宿，到班里坐在中间。下午最后一堂课是自习，老师去了直朝着我来了。这是原话："傅智勇你起来没有？"我说没有，她也没有多说，回头就走，咬牙切齿地说了一句话，重复了两次："他真恨人啊，他真恨人。"走了，不到半个小时，她回来说你去领助学金，本期的助学金。当时是8块钱。

刘晓欣：老师是男老师，还是女老师？

傅智勇：女老师。

刘晓欣：哦。

傅智勇：后来我还没毕业的时候，她就调走了，不知道去哪了，可能回湖南了。我一直很感谢这个老师，也很后悔没有联系。

刘晓欣：参加工作，就是刚才您讲的校长给介绍的，是吧？

傅智勇：这个吧，回去我也没听他话，当时非常简单，非常单纯，小孩没主意。我看人家都在复习功课，都在考学，我在那待着也没啥意思，还得等半个月左右，我就回家了。回家到了生产队干了一段时间活，还当过生产队的会计。有一次机会，当时第一区中心校的校长是我叔的哥，他念的伪满国民优级学校[①]，小学是在三江念。伪满国民优级啥概念？伪满国民优级学校大概就在中心校这块，在那学校毕业的。我们是一个中心校，我刚不是说我们有五六年级，周围上下村的，包括四道井子、二道井子、头道井子、东三眼井，还有东边很远的地方，都上那地方读书去了，那是中心校。我叔领着中心校的校长到我家，找我代课，当时是10月，我一直代到第二年春天。

刘晓欣：也就是介绍您到中心校去工作？

傅智勇：代课。

刘晓欣：当代课老师。

傅智勇：教五六年级的自然、地理，还有历史。

刘晓欣：这就是您参加的第一份工作。

傅智勇：第一份工作。

刘晓欣：这第一份工作，您是如何接触到美术这块的？

傅智勇：到那去很巧，就是小学课本不足，我给解决了课本问题，盟文教科就重视了。

刘晓欣：怎么个情况？

傅智勇：那阵课本缺乏，小学缺很多课本。

刘晓欣：那您怎么解决的呢？

傅智勇：我是用油印的办法，就是刻蜡纸。蜡纸就是刻，包括图都得刻，那阵没有彩色印刷。我用蜡纸刻每一页，小学课本都有图，很多图，那个图我都刻得很准确，都印出来，把课本解决了。两页都印，然后折过去，使那白纸印，折上翻过去，跟课本那个页码都一样。后来校长很高兴，拿了一本课本，就给文教科科长看了，他很高兴。这个事别人都解决不了，就我能解决了。那时候都普遍缺课本。

---

① 伪满国民优级学校，伪满的普通教育制度，把小学分为国民学校（初小四午，大致相当于今天小学一全四年级）和国民优级学校（高小二年，大致相当于今天小学五六年级）两段。

刘晓欣：比如说一个班有50名学生，有多少人有课本，有多少人没课本？

傅智勇：起码三分之一没有课本。这只是解决了一个年级，不是全部的都解决了。后来就有一个机会，叫我到处长那儿去帮忙，画壁画，那是搞一个什么现场会，就推荐我去了，知道有这么一个人会画画，画得还可以。

刘晓欣：也就是您这个画画之路，是从课本开始的。

傅智勇：可以这么说。原来二完小的校长，就知道我会画画，他见过我画画，就是李平真校长，后来当了赤峰市副市长了，他还一直记着我。他当副市长时我们在一个食堂吃饭，也经常带着我，说带我上那个什么地方看看……他始终记着我，是我的贵人。

刘晓欣：您的画画用于实践，是用在这个课本上。

傅智勇：对，课本上。

刘晓欣：当时您印课本时是用笔刻在蜡纸上。

傅智勇：再油印，用铁笔。你这年龄见过这个吗？

刘晓欣：我见过铁笔。您都刻的什么画？

傅智勇：就是刻的单线条，那时候课本也是单线条，刻得跟它一样，也有带调的，也可以涂上调子，灰调子，黑白灰都有。

刘晓欣：内容是什么？

傅智勇：小学的，我都忘了，反正有一个人，两只手。当时那课本都是初级的，第一课是《人》，写个"人"字，两笔，非常简单。第二课是《手》。第三课是《一个人两只手》，人用手会做工，大约是这个吧，具体什么内容我忘了。每课都有图。

刘晓欣：后来您就被推荐到哪里了？

傅智勇：初头朗。

刘晓欣：初头朗？

傅智勇：嗯，去帮忙。

刘晓欣：帮忙啊？也就是不在您当时在的一区，当时赤峰这个区是怎么划分的？

傅智勇：一共 12 个大区，面积很大了。

刘晓欣：当时赤峰街里这块叫几区？

傅智勇：这块叫赤峰镇吧。我忘了，我不清楚这个，大概是赤峰镇。12 个区就包括现在的松山区、元宝山区，估计这都包括进去了，很大。

刘晓欣：初头朗和您那儿是一个区吗？

傅智勇：不是。

刘晓欣：也就是跨区给您推荐到另外一个区。

傅智勇：帮忙。

刘晓欣：帮忙干啥？

傅智勇：帮忙去画壁画。它那儿有个满街的壁画任务。初头朗当时也是很著名的一个镇。第一次解放的时候，赤峰县政府设在那。

刘晓欣：您画的壁画多大？

傅智勇：挺大的。

刘晓欣：是哪年？

傅智勇：那是 1958 年 5 月，我还是走着去的，没有车。我还不知道是让我做这个，头一天告诉我的，领导说你到文教科报到去，他也不知道啥事。我就来到文教科，来了以后说你今天就得去，挺着急，让自己找车，我说上哪儿找车，就走吧。走了大半道遇见一辆车，跟人家说好听的，人家一看我是小孩，拉着我走了，到那很晚很晚的了。

刘晓欣：走了多长时间？

傅智勇：早晨走，到那儿晚上了，漆黑漆黑的了。

刘晓欣：是吧？

傅智勇：还坐半道车，坐了一个大板车。

刘晓欣：大板车？

傅智勇：马拉车。那时候哪来的汽车，还都不方便呢，没有公交车呢。

刘晓欣：那您还能找着地方呢。

傅智勇：大约着走。我是比较能闯的。我小时候就经常出门，没出什么远门，就周围的村子十里二十里的，我都经常走。我父亲那阵都让我出去办事。

刘晓欣：您到那儿黑天了，那您是找的谁啊？就是谁接的您？

傅智勇：到那儿一说，当时是个镇领导接见我的，后来第二天就开始工作了。干了有一个多礼拜吧，就回来了。领导很重视我这个事，他们就把我直接调到乡文化馆。

刘晓欣：您这一个星期给他们画了什么？

傅智勇：画了十多幅壁画吧。

刘晓欣：都画的啥，都画到墙上，是吗？

傅智勇：就画在墙上，都是室外的。还有文化馆美术组的一个人也正好在那儿，他先去的那儿，正画着呢，画不过来了才让我去的。

刘晓欣：几个人在那儿画？

傅智勇：一共我们两个。

刘晓欣：两个人。

傅智勇：嗯。当时因为我造型能力还可以，都不用起稿。小的、简单的直接拿刷子蘸上墨，直接就画。

刘晓欣：画的壁画规格都挺大的？

傅智勇：大倒不大。那时候哪有多大的墙壁，就是一般的建筑外墙，建筑也没啥大型建筑。

刘晓欣：墙上抹上灰，在灰上画？

傅智勇：白灰，在白灰上画，特意抹的白灰。

刘晓欣：特意抹的，是吧？

傅智勇：嗯。我记得画农作物。

刘晓欣：农作物。

傅智勇：什么"水肥土种密"。"水"就是需要水，没有水它不长；"肥"，肥料；"土"，必须有好的土质；"密"，密植，高产得密植；"种"是种子。"水肥土种密"，这是保证丰收的必要条件，画这些内容。

刘晓欣："水肥土种密"，把这几个字弄上之后，每一个字都得弄成一幅画。

傅智勇：我记得这个"密"怎么表现的呢？就是画个小姑娘，戴斗笠，坐在收割以后的庄稼上面，"密"是那么呈现的。

刘晓欣："密"是小孩坐在庄稼上。画这些东西您有资料吗，还是您自己想？

傅智勇：有资料，那不是创造的。还有小高炉。

刘晓欣：哦，小高炉。

傅智勇：说小高炉还挺有意思的。这是我听到的一个故事，听我的老师卢欣如先生讲的。他讲他们那时候也到处画壁画。卢欣如给农民画壁画办班，办班说是讲透视——近大远小、近疏远密，讲这些个。头一天，看他们画得非常生动，这小高炉都一样大，非常生动，典型农民画的。一办班，继续讲透视，他们不会画了。第二天再去看，那小高炉都改了，都改成近大远小了，一下子砸了，反倒不好看了，没那个味道了，就是那个时候的故事。

刘晓欣：这就是后来您到美院学习时候听来的故事吧？那也就是说，这回您到初头朗画这个壁画，画完之后是不是又引起人们注意了？

傅智勇：领导重视了、关注了。他们都给我帮过忙或者指导，后来决定让我调到那个乡文化馆。

刘晓欣：也就是画完壁画之后，把您从学校调到乡文化馆，什么乡？

傅智勇：初头朗乡，不到半年。后来1958年10月，撤销赤峰县，成立赤峰市，下设四个区，有赤峰区、初头朗区。

刘晓欣：也就是1958年成立了老赤峰市，您又到了初头朗区文化馆？

傅智勇：不是，那时候乡文化馆划为市文化馆分馆，赤峰市文化馆下设四个分馆，初头朗乡文化馆是分馆。

刘晓欣：哦，下设机构。

傅智勇：嗯，下设机构。那时候我调到这个地方一天都没怎么待。一成立区，我就调到区政府文教部，文化教育都管。那时就我一人干，部长还没有来，我一次乡没下过。等部长来了，4月份我就调到赤峰市文化馆来了。干啥？还是画壁画。一直干到第二年3月左右。

刘晓欣：之后呢？

傅智勇：就回去了。回来又有个机会，1959 年，中华人民共和国成立十周年大庆，那年五一、十一必然要有庆祝活动的，在这个广场上。

刘晓欣：嗯。

傅智勇：现在的机场，原来也是旁边没建筑，就周围一个土墙，一个台子，一个舞台。

刘晓欣：就市医院那块？

傅智勇：就现在市医院那块。那个周围是很大很大的土墙，上面有个主席台。调这儿是干啥呢？十年大庆有十块牌子，牌子多大？有三米多长，宽有两米左右。第一块牌子是中国共产党万岁，第二块牌子就是伟大领袖毛主席万岁。这有几个像，"马恩列斯毛"，特意找我来画。我不是造型能力很强嘛，画壁画，画得比较准，领导就非常满意，就马上决定把我调这儿。我就这么一待，一直到退休前十年。

刘晓欣：您正式到文化馆是哪一年？

傅智勇：1959 年 10 月。我 1957 年毕业参加工作，不足两年，算是成为一个正式的美术工作者！不是专业画家，是美术工作者。真正当专业画家是在画院，那才是专业画家。专业画家啥概念？就是专业创作，没有别的任务。像美术教师，包括大学的美术老师，也不是专业画家，他们的专业是教学，他们可以搞创作，但是专业是教学，画院的是专业画家。

三、艺术创作与学习

（一）国画创作

刘晓欣：傅老师，请您把参加工作之后这段事再给大家来聊一聊。

傅智勇：我参加工作一开始就有"文教"，为啥？就是一开始在小学代课，工作以后也教过中专美术，也给师专代过课，但都是代课，都不是正式老师。后来就到初头朗文化馆，后来是初头朗区文教部，回到文化馆，所以简称"文教"。

这个阶段到文化馆时间最长，就是努力工作，那时没啥经验，也没啥基础，主要是学习。学习呢，也不是在专业单位、不是在专业机构。当时就是什么都干。

刘晓欣：到了老文化馆之后，您主要从事哪方面的工作？

傅智勇：文化馆设了两个组。那阵人很少，连馆长不足10个人，下边还有文化站，还有分馆。这两个组都不专业，从名字你就能感受到，它不是专业的文艺和美术，没有专业特点。一个是文娱组，音乐、舞蹈、演唱、演出在这里宣传。

刘晓欣：哦，这叫文娱组。

傅智勇：文娱组当时可能是全国统一形式，还有一个宣传组。我在宣传组，它也不是专业的，有绘画但不专业，宣传包括展览、辅导；文娱组也有辅导。业余辅导、办班辅导、下乡辅导，包括辅导文化站，阵地展览，特别是每逢重大节日，五一、十一都有庆祝大会，忙活那个。当时又没有专门的代理机构搞这些事，都在文化馆。

刘晓欣：也就是您调到文化馆工作是在宣传组，宣传组有多少人？

傅智勇：宣传组最多2个人，3个人的时候很少，有时候就我一个人，有时候两个组合在一起。我不是什么都干嘛，文娱组有活动我得跟着去，帮着去助力演出。像刘彬，刘爱国他父亲那时候，有时候往往是他一个人，有时候往往是我一个人在宣传组。有时候他演出，一旦遇到演出的场合，有时候配合会议我得有演出，文化馆组织业余队伍去演出。

刘晓欣：所以有大的活动，就是馆里的事就都得参加？

傅智勇：都得参加。他要负责后台的事，我负责前台。我负责前台干啥？催节目。一开始布置会场，场地、灯光，都很简单，布置上。然后演出，他在后台，编排节目；我负责催场，我在前面看着哪个节目演完了，我上后面看该哪个节目上了，这都得干。有时候不单在文化馆演出，也到其他地方演出，到会场去演出。

刘晓欣：也就是宣传组的工作性质，决定您进行文化辅导，应付当时节庆活动的一些涉及美术画画方面的事，像展览、会标、场地布置，等等。

傅智勇：对。那时候展览很多，一年好几个展览。老文化馆是赤峰城区唯一的一个群众文化事业单位。有京剧团，那是专业的；像艺术馆那阵都没成立；像美协、书协、其他协会或者文联都没有，就是这么一个文化馆。所以赤峰地区这些活动，就是说昭乌达盟如果要处理有关的事，都交代到文化馆来干。包括首届美术展览，赤峰市首届美术展览都是文化馆来干，那时候美术就归文化馆。

刘晓欣：首届美术展览是哪年举办的？

傅智勇：具体时间我不是特别清楚，反正是"文革"以前。

刘晓欣：那时候您参加工作时间不长。

傅智勇：那时候是市文教处和市总工会两家合着举办的，叫赤峰市首届美术作品展览，还组织评奖。那时候美术组就我一个人。

刘晓欣：那您在这个活动中扮演一个什么角色？

傅智勇：我是干活的主力，从业务这块我就是主力了。

刘晓欣：那就是选展览作品？

傅智勇：组织人，评选组具体我来组织。

刘晓欣：两个单位是组织者，但是委托您办具体的事。

傅智勇：办具体事。还有那个时候经常为华北区、内蒙古自治区搞一些展览，搞美术创作展览，组织赤峰地区的一些主要画家，包括马振祥、吴家硕等一帮人，一次抽调六七个、七八个人，不会太多，都抽调到这儿。徐宁义那是最早从内蒙古师范大学毕业的，到这儿，也都是我来负责。我是图展组长，组织他们来搞创作。

刘晓欣：您是事实上的各种美术活动的组织者、牵头人。

傅智勇：对。

刘晓欣：一些具体事都得您亲自办。赤峰首届美术展当时是怎么个规模，在什么地方展？

傅智勇：规模就是全市的。

刘晓欣：全市，有多少幅画作参加？

傅智勇：有100多幅。

刘晓欣：在什么地方？

傅智勇：在文化馆。文化馆有展览厅。

刘晓欣：文化馆当时在哪？

傅智勇：在三道街路北。三道街赤峰市红山区第一小学斜对过。

刘晓欣：夏志利商店的西侧。

傅智勇：有个大厅，在那展出。

刘晓欣：也就是后来书店的那个位置。

傅智勇：嗯，在那里展出。

刘晓欣：在那儿展出，100多幅。

傅智勇：嗯，那个大厅还包括后来的文物馆，那个屋也归文化馆。东、西两个大厅都利用起来，面积也不小，同时设计假墙。当时我设计一套假墙，没有假墙挂不开。那个展览搞得规模很大，都装裱。那时候啥叫装裱？那时赤峰没有装裱艺术家、装裱师，严格说找了一个裱糊匠，就是画匠。我们馆斜对面有个叫姜大爷的，他是扎纸匠，很巧的。你知道啥叫扎纸匠吗？

刘晓欣：不知道。

傅智勇：为死人扎车马人的，干那个的，但是他非常巧，指导他，他来裱。那是啥裱？不是用宣纸来裱，用手工，用普通的纸来裱，一百来幅。那是第一次展览，用装裱的形式，尽管是简陋一点，很简单点儿，但是属于装裱的。徐宁义有幅画，那是我们俩合作的，我给他画了一个半身像，他正在写生的像，我随便画，像速写似的，就是国画形式画的，他当时特别高兴，又去补了个向日葵，自己装裱，还把画报上一块绫子边剪下来，做一假绫子边，两侧裱了两条。

刘晓欣：都是画在宣纸上吗？

傅智勇：都是画在宣纸上，画画还是正规的。

刘晓欣：当时您是组织者，又是作者，您有多少幅作品在展览上展出？

傅智勇：可能是3幅。那时我刚学画，最早我是学油画，后来画国画。

刘晓欣：您这个油画是跟谁学的？

傅智勇：我都是自学。

刘晓欣：一开始您对油画感兴趣，到了文化馆之后，您又开始画国画。

傅智勇：从壁画开始喜欢画画。

刘晓欣：从 1958 年画壁画开始，后来又对国画感兴趣了。画徐宁义是您的第一幅国画吗？

傅智勇：不是。那阵儿我带队，有时候领他们出去写生。那都是市文教处统一组织，开介绍信，红山区没有资格到牧区、到平庄矿。第一次是到平庄，住在矿区招待所，一共三四个人，他是一个，我带队，到那去先画油画，后来突然画国画，打那天学国画开始。回来有一次我画了一个人像。徐宁义他是学国画的，他到我那儿去看，说我的国画很有意思，后来他就让我给他画一张，他也很满意。1963 年的夏天我开始学的国画，当年参加赤峰市首届美术作品展览。

刘晓欣：您开始国画创作之后，又有什么大的收获？

傅智勇：感觉对笔墨很有兴趣，第二年参加全国美展。

刘晓欣：第二年您就参加全国美展？

傅智勇：嗯，一张国画。

刘晓欣：全国美展。赤峰在这以前有人参加过全国美展吗？

傅智勇：全国美展没有，尤其是国画，我是第一个参加全国美展。这张国画还被内蒙古自治区文化厅收藏，给了点钱。

刘晓欣：给了多少钱？

傅智勇：当时给了 60 块钱。

刘晓欣：60 块钱。

傅智勇：当时 60 块钱不少了。

刘晓欣：当时您工资多少？

傅智勇：36 块 5。

刘晓欣：那俩月工资。

傅智勇：第二年五一又参加天津市艺术博物馆展览，也被收藏了。

刘晓欣：这是两幅画呗。

傅智勇：这是一幅画。

刘晓欣：一幅画？

傅智勇：后来天津市艺术博物馆在全国美展看到这张画了，跟我要复制品，画了以后，展览了，还收藏了，给了40块钱。天津市艺术博物馆后来和其他博物馆合并为天津市博物馆。

刘晓欣：您这是同一幅内容的画，挣了两次画费。

傅智勇：所以我也感到很受鼓励。

刘晓欣：这幅画是什么内容？

傅智勇：叫《田间小憩议春耕》，就是种地休息的那种场景，几个人坐在一起，有站着的、有坐着的、有在林子后边的，议论春耕这些事。主要人物就4个。

刘晓欣：4个什么人物？

傅智勇：一个生产队队长、一个老农，还有一个年轻人，后边站一个小伙子；两匹马拉的犁做背景；再后边远处还有，那就是小人物，不清楚了，就远景了，有柳树。

刘晓欣：这么一幅国画。

傅智勇：四尺纸画得还不小，当时四尺纸不小，两尺乘四尺的宣纸。

刘晓欣：这个尺寸不小。那您用多长时间画，怎么画？

傅智勇：这是下乡的时候，上平庄下乡。平庄归原赤峰市嘛，在平庄文化馆，就是平庄分馆。当时不有4个区嘛，区的概念据说是属于准地级，为什么是准地级呢？这4个区面积太大了。罗进副盟长兼市长，他长期在赤峰市这块，不在昭乌达盟。那个平庄有文化馆，我在那里下乡，在那里构图，回来不久完成。

刘晓欣：您是下乡体验生活。

傅智勇：全国美术作品展览什么概念呢？就是从中华人民共和国成立开始，五年一次，到现在仍然是五年一次。它叫综合性大展，不是单项的。我参加那次还没排届次，从第六届才开始排届次，它可能应该算第四届。大展是综合性的，国版油雕、水粉什么单项的都有，壁画都有。

刘晓欣："国版油雕"也就是国画、版画、油画、雕塑。

傅智勇：都有，所以叫综合性大展。而且都是 10 月 1 日举办，都是由文化部和中国美术家协会联合举办，很权威的。现在的展览多了，平时也都单项的，国画大展、写生大展、扇面画展、山水画展、花鸟画展。如果作为加入中国美术家协会的条件，三次参加全国美展，才能够资格，它这个条件是很高的，不是说掏钱就让入展的。平时的展览一年可能举办若干次，加入中国美术家协会的话一次只能算半次，积累三次才够入会资格。

刘晓欣：您参加全国美展是 1964 年？

傅智勇：1964 年。

刘晓欣：那您的作品是怎么被选上去的？

傅智勇：我从来没有主动投过稿，像这个展、那个展，他们都积极投过稿，我没有投过一次稿，包括写诗，从来没主动投过一次稿。是内蒙古自治区搞的展览，市文教处组织送作品，送到内蒙古自治区去，内蒙古自治区选送到全国。

刘晓欣：当时参加全国美展的作品，赤峰有几人？

傅智勇：赤峰应该有 3 人，国画就我一个人。

刘晓欣：国画就您一个人？

图 2　傅智勇（前排左二）在进行国画创作

傅智勇：那回还有邢逊的剪纸、马德林的版画。

刘晓欣：也就是你们3位。

傅智勇：后来咱这调来了一个桑吉雅，知道吧？他是从内蒙古自治区美术家协会调来的，他参加全国美展比较早，但是他那时候没在赤峰。他是"文化大革命"前后调来的。

刘晓欣：可以这么说，您是咱们赤峰本土国画首次参加全国美展的人。邢逊是剪纸、马德林是版画。

傅智勇：剪纸应该算工艺，那回不知道怎么还有剪纸，它不是大画种。

刘晓欣：那您的画一开始就出手不凡啊！

傅智勇：那谈不上，都是凑热闹的事。

刘晓欣：参加完全国美展之后，紧接着，又创作了什么样的作品？

傅智勇：我不说嘛，文化馆不是专业创作单位。那个时候刚参加工作，我的目的性不强，说实话，到文化馆成为一名美术工作者那就很高兴了，就是和美术沾边了，而且能够有机会画画了。那个阶段主要是努力工作，啥都干，包括演电影、搞舞会我都把门，现在我都把不了。那时候舞会就在文化馆，临街那个房子，就我一个人售票、把门。前面敞窗户，外边那小孩绕着走，都不敢看，三道街那儿嘛。

刘晓欣：小孩怎么还绕着走，不敢看呢？

傅智勇：看男的女的跳舞，那个时候人比较羞涩，比较封建一点，家庭教育也不一样，社会环境不一样，那都绕着顺南半拉走。要是现在就趴窗户看，那时候没有一个趴窗户看的。那个时候主要是工作，我觉得工作就是学习。实际上，那个阶段对我在绘画上、工作能力上、业务素质上都有一定的帮助和提高。我不说嘛，我的工作分为五个阶段，一个阶段基本10年，"文革"前10年，基本是这么一个状况。

（二）壁画创作

刘晓欣：傅老师，您参加过几次全国美展？

傅智勇：全国美展参加过三次。

刘晓欣：这是一次，第二次呢？

傅智勇：第二次是1984年。那是和马振祥合作《朱老、董老和草原儿童》，一幅年画，很大的，在杭州展览。全国美展是分区展的，国画在南京、年画在杭州，北京可能是油画。10月1日同时开展。我特意到北京，然后到南京，又到杭州去看展览。

刘晓欣：朱德、董必武和草原儿童？

傅智勇：画的是他们来内蒙古的时候。

刘晓欣：他们来内蒙古的时候，包括到赤峰来的时候，画的是赤峰本土的故事？

傅智勇：对，到草原的故事。他们也到过草原，不是在赤峰草原，可能先到呼伦贝尔，然后到的赤峰。

刘晓欣：第三次呢？

傅智勇：第三次就是南山的壁画，和张松柏合作的壁画《契丹王朝》。这是中国首届壁画大展，有史以来就搞过这么一次。

图3　傅智勇（第一排左一）在观展

刘晓欣：中国首届壁画大展。

傅智勇：对，也叫大展。因为壁画制作起来比较困难，周期性比较长，往往一年、两年，甚至几年才能够完成，特别是石刻壁画。

刘晓欣：这个开幅多大？

傅智勇：当时号称是华北地区最大的。

刘晓欣：多少，几乘几？

傅智勇：9米高，50多米长，500多平方米吧。内容分十个阶段，整个地概括了契丹历史，所以叫"契丹王朝"。

刘晓欣：合作者在里面起到了什么作用？

傅智勇：他可以创意、构思，在内容上合作。

刘晓欣：绘画这个东西都是您独立完成，是吧？

傅智勇：他也可以提出意见。

刘晓欣：这是第三次参加。

傅智勇：而且是获佳作奖，收入《中国壁画百年》。

刘晓欣：开赤峰美术界的先河，是吧？

傅智勇：这我真说不太好。赤峰以前可能也有过壁画。啥叫壁画？画在墙上的画，室外的、室内的都有。用油画形式、用国画形式，甚至用布艺的形式，都可以做出室内的壁画。我这个属于石刻壁画，石刻在室外的，这起码是赤峰最大的、最早的，而且是属于表现历史的。那年展出以后，《红山晚报》进行了报道，年底还作为当年他们报道的十大新闻之一。实际上，我搞壁画没有经验，也没有搞过，人家具体怎么搞，我也没见过，实际我是个外行。国画是在纸上，油画在布上，这是搞石头，跟石头、石匠打交道，有时候还得亲自动手刻。

刘晓欣：您退休之后开始搞的这种绘画？

傅智勇：对。我真正搞专业还是在退休以后，那才当石匠。有人问我干啥，我说当石匠呢，因为我亲自动手嘛。刻的时候，和石匠滚在一起，回来以后满身都是石头沫子。

刘晓欣：您哪年退休？

傅智勇：2000 年。

刘晓欣：2000 年。也就是 2000 年之后突然之间转入壁画了？

傅智勇：那是领导给的一个任务。原来我也没想到搞壁画，没这个概念，看的都很少，譬如石刻壁画，都很少看，没有专门出去看这个，好像跟业务没啥关系。等到建南山生态园的时候，我被抽到南山去，退休了，在南山担任艺术顾问。实际抽了张松柏我们两个，包括整个设计、策划，领导当时很重视。领导是总策划。

刘晓欣：就是南山生态公园，是吧？

傅智勇：嗯。在那儿建了一个契丹广场。广场要搞一个壁画，领导初步设想是搞个壁画，建一面弧形大墙，墙是 9 米高，50 多米长。说搞啥？南山主要领导确定是辽代文化嘛。这不赤峰有三山嘛，红山、南山、西山，红山自然是搞红山文化，西山搞元文化，市领导确定的南山搞辽代文化。那自然是文化广场，一进山不远上坡的地方，就是契丹广场，壁画应该是契丹壁画。

刘晓欣：您获奖的那个壁画就立在契丹广场上了？

傅智勇：嗯。这个壁画是搞什么呢？策划具体内容就是关于契丹王朝的。

刘晓欣：您创作这个壁画用了多长时间？

傅智勇：清华大学美术学院来一个老师谈这个壁画的创作时间。他说"这个是个奇迹"，这是他的原话。为啥？时间这么短，也就将近 4 个月，全部干完。因为有时间性，那时候要求设计必须年底搞完。因为有不少的活计，有好几个广场都是那年干完的，广场壁画是个重点。晚上设计，白天去指导工匠，我还得亲自动手，设计人的形象。工匠就是工匠，他不是艺术家，他做不到位，他只能刻个大画，主要人物都是我亲自动手，手啊、有些露肉的部分，都是我亲自动手。

刘晓欣：那也就是说从 2000 年之后，您开始创作《契丹王朝》这个壁画，是吧，一炮打响？

傅智勇：不算，不算。

刘晓欣：获得国家的大奖，是吧？这在咱们赤峰以前也是没有过的事。据我所知，赤峰有很多标志性建筑的壁画都是出自您的手，比如说咱们现在的火车站候车大厅里、广场那种壁画，还有国家矿山公园壁画，还有图腾柱，还有很多，这些年设计创作出多少壁画？

傅智勇：从那开始，我的壁画设计就没间断。我不是有五个阶段嘛，这是真正第五个阶段，接近10年。刻了有多少幅壁画呢？大型壁画有9幅吧，图腾柱一共是36座。都是大型石刻。

刘晓欣：图腾柱有36座。

傅智勇：规模都很大，至少都得12米。

刘晓欣：立在新城区的是？

傅智勇：新城区那是第二组图腾柱。第一组是在南山，那个是非常大，在内蒙古、在全国我估计都属于大的，而且是建在山上。那是跟张松柏合作的，他确定的内容——三个崇拜，祖先崇拜、英雄崇拜、自然崇拜。

刘晓欣：新城区图腾柱呢？

傅智勇：9根，都是元文化的，那是在车伯尔民俗园前边。那是咋回事呢？他们在建筑的时候就是建了那么9根柱子，也没说啥内容，没什么意向，后来说考虑考虑干啥呢？王燃那时候还在景观委员会，他负责，我不也在景观委员会嘛，说搞图腾柱吧。搞啥内容？元文化，确定让我搞。那个没有招标，因为一开始新城区的一些雕塑类都是全国招标，我这属于特殊，对我属于信任，也是鼓励吧，相信我还能够搞。因为有南山图腾柱，他们认为可以，都挺好的，让我设计这个，就没有招标。中间还有12个内容基本是我自己决定的。

刘晓欣：壁画也好、图腾柱也好，您这些作品，我也都到现场看过，基本上都是历史文化题材，是吧？

傅智勇：我想想，都是。像火车站的那4幅，第一是红山文化，第二是草原青铜文化，第三是辽代文化、契丹文化，第四是元文化。室外那4幅很高。

刘晓欣：4幅壁画。

傅智勇：当时装的时候还挺费劲，每天我都得去监工。装的时候，每次火车来去都相当于一次小地震，怕掉下来，都得先做拉拔试验。

刘晓欣：也就是您在退休之后这个阶段，创作出的这些美术作品，如壁画、图腾柱，文化影响力非常大，也成了赤峰的一个窗口，都能感到深厚的文化底蕴。您自己统计过没有，您这个阶段创作的壁画的面积有多大？

傅智勇：面积加在一起，连图腾柱、壁画，包括市外的，如哲盟僧格林沁[①]的老家也有 12 座图腾柱；宁城国家地质公园博物馆外墙就是 1000 多平方米。这些全加在一起，整个是 4000 多平方米。4000 多平米是啥概念呢？一亩地约是 666 平方米吧，相当于七八亩地。

刘晓欣：这个阶段的壁画也是您创作的一个高峰。

傅智勇：那倒谈不上高峰。我始终感觉在创作上没有什么突出的地方，或者给人留下什么感想，有什么激动人心的地方，没有这样的创作。

刘晓欣：也就是说，您的创作始终在路上。但是，不管您怎么认为这事，它的影响力是非常大的。比如在赤峰以外也有您的壁画作品。

傅智勇：就是僧格林沁的老家那 12 根图腾柱。

刘晓欣：您这一阶段，大量的壁画类创作包括图腾柱，您比较满意的除了契丹广场的壁画、车伯尔民俗园的图腾柱，还有别的吗？

傅智勇：还有一组雕塑，新城区蒙古源流雕塑园，有两人跳舞那个是我设计的，受安代舞[②]的启发。安代舞就是两个人跳舞，那个叫《彩虹》，标题是我起的，那个我设计得还比较满意。但是我对那个做工还是不太满意。

（三）参加华北地区年画版画座谈会

刘晓欣：傅老师，其实哪一件作品对于您来说都是心血之作。您是哪一年加入中国美术家协会的？

傅智勇：是 1997 年。

刘晓欣：1997 年加入的。在这之前，还有一些故事，比如当年的国家领导人刘少奇、周恩来接见您，是哪一年？

[①] 僧格林沁（1811—1865），清朝晚期重要的军事将领，科尔沁左翼后旗蒙古族人。
[②] 安代舞，内蒙古自治区库伦旗传统舞蹈，国家级非物质文化遗产之一。

傅智勇：那是 1966 年正月，"文化大革命"那年。

刘晓欣：那是什么原因？

傅智勇：当时开华北地区年画版画座谈会。我正在市里一个创作组任组长，当时抽调赤峰比较优秀的画家创作，我不算优秀，是我负责。后来听说，在会议期间内蒙古确定给赤峰 3 个代表名额，昭乌达盟委宣传部直接指定的。我带队，另外两个一个是徐宁义，还有一个是马振祥，当时让我通知。我刚通知完徐宁义，盟委宣传部又给我来电话了，说马振祥你先别通知他，改了，改成吴家硕了。

刘晓欣：徐宁义当时是？

傅智勇：那时候咱们赤峰有一个师范学校，他是第一批美术老师，第一届内蒙古师范大学艺术系美术专业毕业的。

刘晓欣：吴家硕当时是文化馆的？

傅智勇：他是林西文化馆的。

刘晓欣：你们三个都带作品去吗？

傅智勇：不带作品，就是座谈会。正月初九报到，初十开始开会。

刘晓欣：几天？

傅智勇：一共是 30 天。当时生活比较困难，我记得吃饭是一天交 1 块钱，晚上还 10 个菜，吃得非常好。

刘晓欣：您住在北京啥地方？

傅智勇：住在北京工人体育场那边。那边最早不是有个体育馆嘛，全封闭式的。体育场是咱们国内搞全运会搞的。体育场是开放的，上边全露天的，周围全部都是房子。住的屋子都是运动员住的房间，那床也特别长，运动员个儿高，这是一个印象。再一个印象，第三届全国少年乒乓球锦标赛的运动员，他们跟我们在一个食堂吃饭，他们在那边，我们在这边，他们跟我们的伙食一样，只是人家每一顿饭有俩苹果，我们没有。当时，苹果一般吃不着。他们在闭幕式时举行表演赛，上体育馆，就是全封闭式的。庄则栋他们都参加比赛，周恩来等领导人也要参加那次闭幕式，说让我们也参加。人不多，没有多少人。

刘晓欣：你们是连闭幕式也都参加了？

傅智勇：给我印象很深。我记得那回周总理参加那个闭幕式。事先我们也不知道，车直接把我们拉到会场门口，外面戒严，人不能过来，因为有重要领导。咱也不知道，进去以后就坐着，随便唠嗑，周围都没有人。不大会儿听见大家都站起来哗哗鼓掌，啥意思？一看周总理来了。

刘晓欣：那你们参加这个座谈会的时候，中央领导都谁参加了？

傅智勇：刘少奇、周恩来、李富春、李先念、谭震林、薄一波等领导人参加这个座谈会了，同时接见我们一帮画画的，还有一帮艺术家，和我们站在一起。你看我那张照片，一半是画画的，全国各省美协的头儿，人家都去了，中国美术家协会的，更不用说；接近一多半，比美术的多一点的是文艺家，包括常香玉也在场。没接见之前，大家欢迎她先唱一段，她唱了一段《花木兰》，给我印象最深。当时中央领导接见一帮回国大使、将军，他们在那边，先接见他们，后接见我们。

刘晓欣：还在一起合影留念，您当时在什么位置？

傅智勇：我靠近前排，我是第三排。

刘晓欣：赤峰这三个都在一起？

傅智勇：都在一起，跟内蒙古自治区的在一起。也没告诉干啥去，后来在美术馆开会，美术馆那天没开馆，就坐在美术馆大厅里开会。

刘晓欣：照片在美术馆照的？

傅智勇：不是，在美术馆开会了。通知说中午在那吃饭，从二楼改到三楼餐厅了，这是一个通知。再一个通知是吃完饭别动，集合，到人民大会堂，也没说领导接见，反正就到那去。然后排好队，到那去就按照这个队形，下车直接拉到北门。一般参观不都是正门嘛，拉到北门，进门的时候，分宴会厅了。

刘晓欣：在人民大会堂接见的你们？

傅智勇：嗯，在宴会厅。中午吃完饭去的。感觉领导们神采奕奕、精神焕发。正好走到我们那块吧，专门拍了一张照片，我还有那张照片。就到我那块，我正在拍手呢。那张照片在一个刊物上发表过，我从那刊物上拿去的，是一个铜版印刷纸的刊物。

刘晓欣：什么刊物？

傅智勇：北京的一个什么刊物，文化方面的，后来他们发了一本，把照片拿下来了，还是铜版印刷纸黑白照片。后来在"文革"当中找不到了。

刘晓欣：珍贵啊，找一找。

傅智勇：我那是立幅的，这么大，我乐呵地这么鼓掌。

刘晓欣：这么珍贵，那得找着，应该能找到那个刊物。

傅智勇：常香玉唱的《花木兰》，就是"花木兰羞答答施礼拜上"，那段给我印象最深，我也很喜欢那个唱段。

刘晓欣：您的年画也印刷发行过？

傅智勇：印刷过两三次，也是跟别人合作的，有跟马振祥合作的，画的是套马，前面说的《朱老、董老和草原儿童》就是马振祥我们俩合作，那时候我们俩是好朋友。

刘晓欣：您出过几张年画？

傅智勇：都是合作的，没有单独的。你问我几张，三四张吧。

刘晓欣：我记着当时都是新华书店发行的年画，发行量挺大呢。

傅智勇：那都没啥。

刘晓欣：那年画的题材都是什么？

傅智勇：我都忘了，没啥印象。

刘晓欣：好像都与草原有关。

傅智勇：草原繁花似锦，反正这一类的吧，就是很俗的名字。年画嘛，就得俗一点。

刘晓欣：您说在"文革"期间吗？

傅智勇："文革"结束以后还是"文革"期间，我都忘了。

刘晓欣：出版单位都是哪儿？

傅智勇：内蒙古人民出版社。

刘晓欣：在赤峰出版年画，向全国发行的，您这也是占第　的。

傅智勇：那不是，不是。现在咱们画年画有的是有能力的。林东有一个女子画的可能一年能出好几张。我那时太少了，还都是合作。

（四）在鲁迅美术学院学习

刘晓欣：这也是一段特殊的记忆。傅老师，对于画画，从一开始到后来的成熟，与您中间有一段经历，就是去鲁迅美术学院学习，有什么关系？

傅智勇：也没啥大关系。去鲁美时已经接近"文化大革命"结束了，要搞一个中国画创作研究班。

刘晓欣：中国画创作研究班。

傅智勇：嗯，搞那么一个班。那时候赤峰归辽宁管，一个地区可能也就去一两个，赤峰就一个名额。赤峰当时报了3个人，还得先送作品看，后来他们还来考察，批准我一个人去了，发了一个正式录取通知书，还挺正规的。

刘晓欣：在那儿学习多长时间？

傅智勇：将近一年。

刘晓欣：这一年您跟谁学习？

傅智勇：老师很多，当时配备的老师很好。那时候准备在全国请一些老师，包括非常著名的大师，最有代表性的像方增先，浙江美术学院的，画人物画；还有广州美术学院的，著名的画山水的老师。后来就没请，都是鲁迅美术学院最好的老师参与了教学。其中许勇老师，后来分组下去体验生活，到抚顺龙凤矿，我正好分到许勇老师那个组，跟他整整待了两个月。春节前在那体验生活一个月，春节以后开学又去一个月。天天下矿井，700米竖井。阳历年那天晚上，矿长、矿党委书记请我们吃的饭，吃完饭，人家下矿井，我们就跟着。竖井的电梯就像一个大鸟笼子，一层装20多人，共两层。先进去了20多人，下来，又装20多人。然后拉下去，使劲加速度，到底儿一刹车，心就悬起来，那时候最难受。

刘晓欣：在这期间您的学习有什么样的收获？

傅智勇：那是真正进了美术学院。原来没进过美术学院，很期待能进美术学院学习。

刘晓欣：科班。

傅智勇：科班。前面我说的 1957 年，学校保送我上内蒙古师范学院艺术系美术专业，没去成。现在有这么个机会，非常兴奋，当年又都是大名鼎鼎的老师，又是个创作研究班，教学都很正规；一起下去体验生活，老师对我还挺关怀、挺关注的。结业的时候还想让我在那当兼职教师。

刘晓欣：当时要是能留校，那也是很大的事。

傅智勇：不算留校，说当兼职教师。

刘晓欣：那跟现在借调差不多。

傅智勇：户口、粮食关系、组织关系都得转过去。支部书记找我谈话。

刘晓欣：您这个平台多好，如果您当时要留校，现在是中央美院的教授。

傅智勇：那可不是，不敢高攀。我孩子去年还埋怨我，今年还说这个事，说你要是到那去了，我们就不是现在这个状况。尽管我这姑娘考学考得挺好，但是她对这事也……

刘晓欣：闺女干啥呢？

傅智勇：她是内蒙古大学艺术学院美术系。

刘晓欣：在美术学院学习期间，您作品创作情况？

傅智勇：下去体验生活，那个时间比较长，画一些习作，在学校展览七八幅，搞展览。还有一张创作，叫《矿灯史》，正好是全国美展，学校认为挺好，拿到辽宁省文化厅，文化厅选上送到全国。据说是第一轮选上了，还在墙上挂着。但那次最后没入选。

刘晓欣：《矿灯史》。

傅智勇：戴的那个矿灯。小姑娘一个人讲矿灯历史，在中华人民共和国成立之前啥样，挖煤状况。人物很多，有七八个人。原作也没有了，不知道哪儿去了。

刘晓欣：您把这个作品找到，将来也给大家伙展示展示。

傅智勇：那个也在学校展出来着，学校认为很好，老师认为很好，所以选的这个。

刘晓欣：参加这个展览，那您肯定是画得很好，要不然学校也不能让您当兼职老师。

傅智勇：那阵儿我一去的时候很不起眼，后来学校还有那么个机会。我画的老师挺满意，还让我在班里讲一课，让我讲讲怎么画，甚至做表演。不能说我画得很好、做得很好，只能说老师对我很厚爱、很关心、很鼓励。这是我第二个阶段，"文化大革命"期间。第三个阶段主要是为我那两个孩子服务，我没有机会上大学，就希望让我两个孩子上大学，我给他们许愿，就是砸锅卖铁，让你们上大学。

刘晓欣：您也是通过您的切身感受，知道上大学的重要性了。

傅智勇：第三阶段是为两个孩子服务。为这两个孩子服务，我真正在他们身上用心思，做不了别的，做点基础的东西，每天在关心他们，看看他们。那时候我下乡都不愿意出去，出门也不愿意出去，出去也得花钱。出门领着我姑娘，到北京参观，天天看美术展览。那时候上北京非常困难，那也得省级介绍信，还得正儿八经省政府办公厅的介绍信，或者办公室介绍信，到了要有住宿的介绍信才能住。反正挺困难，前后去过两三次，后来能考上中央美术学院，我很满足。

刘晓欣：完成了您的心愿了。

傅智勇：她毕业应该是留在北京的，内蒙古给卡住了。

（五）书法学习与创作

刘晓欣：傅老师，您参加工作前、参加工作之后赶上"文化大革命"，这两阶段的创作有什么特点？

傅智勇：那阵儿没啥画，"文化大革命"几乎没什么。那时候国画已经不吃香了。我那时候正好学油画，就是画大像，不是搞创作。

刘晓欣：那个阶段主要就是为政治服务。也就是退休之后才真正是您创作的春天。

傅智勇：当时我感觉很难受。因为这个玩意是新接触的，没有搞过，给我一个任务，让我来搞，领导信任我，我非常感激。但是对我来说非常陌生，我是连看都没看过，怎么搞？尤其搞石刻，跟石头打交道。一开始抽调一个人，人家主动要搞，后来他曾经跟我说，傅老师你甭搞了，你就挂个名就中了。这人也是好心的，后来我寻思，我说，好，你搞吧，我还真乐意，我还真跟南山那边说了，就让那谁搞吧，因为我没搞过那玩意儿。我估计那玩意儿很费力气，而且又生，领导不同意。挂名我是不挂，但是我同意让他搞。

刘晓欣： 不管怎样，现在回想起来，虽然当初第一幅壁画是政府给您下派的任务，您没接触过，但是后来您用大量的、一件件的作品证明，您的壁画风格非常独特，效果非常好。无论从艺术水准，还是您摸索的这一套创作办法，在咱们赤峰都是前无古人。您的作品能够参加全国首届壁画大展，并且获得奖项，这是对您创作的一种肯定。我觉得就是啥呢？傅老师您深厚的文化底蕴，对赤峰历史文化的理解，和您的创作是分不开的。在赤峰，大家公认的，您不光是美术家，在书法方面的造诣也非常深。

傅智勇： 谈不上造诣，爱好这个。书法是从小因为父亲，他在我们那读书比较多，写字写得很好，受到家庭的影响。另外说到学画，特别是中国画，题字你总不能叫别人写吧，画完画，应该是自己的画自己写字。甭管写得怎么样，还应该是自己的风格。再说了，你写得太不好看了，一张画就算画得好了，你题字题砸了，那是给上面增加污点，这是一方面。再一个，有时候你要题一首诗，写的题字、题跋、题标多了，那也占很大的一块，它应该是绘画构图的一部分，或者是重要部分。再还有就是，画国画，书法也是基本功。后来我常说，画国画就像画西画素描基础一样，学好写字，就属于一举两得，先把字练好了，你写不写书法，你画面得题字。创作，就从题字这块开始，它是重要的一部分，所以说应该写好字，我说这是一举两得。另外，中国画是以线造型，它是线条的艺术，书法也是，而且还有"书画同源"这一说，所以必须得练好字。而且中国画的用笔，讲究的是古法用笔，古法用笔严格说，就是书法用笔，所以说必须写好字。但是练字必须得有老师，写字并不是说钢笔字练到了，就是书法艺术，写字和书法是两个概念。第一是要有好老师引导你走上这条路，走上正确的路，别走弯路。

刘晓欣： 有人引导您吗？

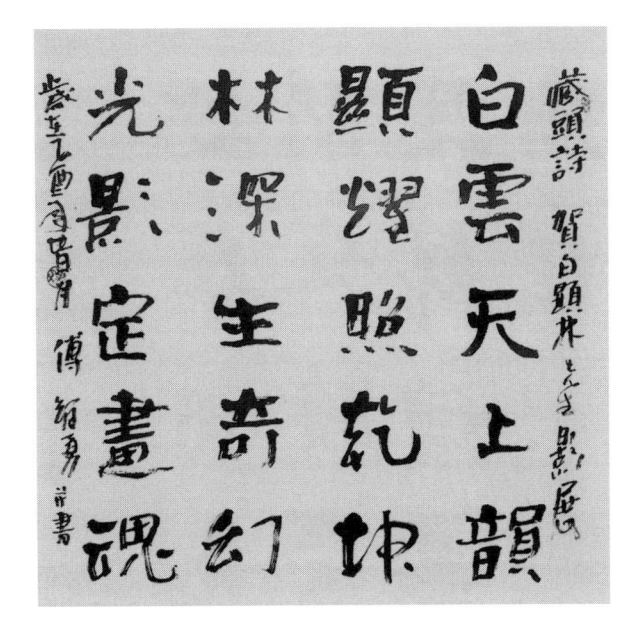

图4　傅智勇书法作品（2005年）

傅智勇： 我应该说是自悟。多看一些"题"，看着好字，我能激动、能够喜欢。练字也不是非得一个帖抱着练多长时间。第二就是练古人的帖，经典。

刘晓欣： 您主要练谁的字？

傅智勇： 我练的多了，都不成熟。有一句话："取法乎上，仅得其中。""取法"必须得最好的。得有好的眼力，首先懂得好坏，能看出来。你眼高手低不怕，就怕眼力不够、这方面的素质差，眼睛看不上去，就写不好了。我练的帖多了，练楷书、隶书、行书、草书，但还练得不深刻，基础不熟、不深，更谈不上以后书法创作这块。

刘晓欣： 您的书法创作，我理解是字形"朴""拙"，品味您的字，文化气息浓。您是什么时候形成这种风格的？

傅智勇： 我那谈不上风格。要说特点有点，特点有好有坏，可能我这个不一定是好的特点。一开始也写那种好看的字，大家都愿意看。后来根据我的性格，我不追求那种秀气，想要追求点枯涩、老辣，老到一点，厚重一点，或者是拙朴一点，应该说这是我愿意追求的风格，并不是我的风格。所谓一般说甜俗，甜

图 5　傅智勇书法作品（1997 年）

俗并不一定都是坏事，有的就是很唯美、很甜俗、很大众化，这也是一种美。因为你写字，它有几种功能，记录、文化传播、文化交流、书信来往，有这几种功能，这都是非常必要的。

过去在私塾学字和学文化同时进行，包括赤峰第一次解放和第二次解放我上学那时候，都是这样。第一次解放的时候，学校还是奉天来的老师，奉天就是现在的沈阳。老师非常洋气，西装革履，他爱人都是穿着布拉吉①，高跟鞋，烫着发，现在就是在赤峰出现这样的打扮回头率都很高。他们都是30多岁，将近40岁，教我们。不知道老师的来历，他写字写得很好，我也很感激他。因为我父亲管学校，他把最好的新砚台、新毛笔都给我。我写字时老师坐在我跟前看着，很严肃、很严厉，不太多讲话，板着脸，我都很害怕。那时候不理解，就是很怕，认为对我严厉了，不太好接触，现在非常感激他，他对我的影响也是很大的。我父亲在道上又遇见过他一次，就是国民党在赤峰待的那一年。我父亲上赤峰来，人家已经坐吉普车，他下车，跟我父亲说了几句话，寒暄一会儿，我父亲没敢问他在哪发财。就是说那个时候很重视写字，上学写仿，老师都写一手好

---

① 布拉吉，流行于20世纪50年代，一件俄罗斯风格的泡泡袖连衣裙，下半身是一条百褶裙。

字。那时候都讲究写字是门面。

刘晓欣：您都写哪些字体？

傅智勇：楷书、行书、隶书、草书，都写。

刘晓欣：那大多数情况下您写的是？

傅智勇：大多数是写楷书和行书，草书我也写，草书学得比较晚。草书要求标准化，并不是把字连起来就是草书。行书啥概念？把楷书连起来就是行书，它不离大格，都能够认识，实用性很强，记录或者是写书。行书或行楷比较大众化，还好记，比较容易普及，也容易掌握，实用性非常强。草书具有符号性，古人怎么写，按照符号来，你不能瞎创造，创造一个不承认。要参加全国书展，你自己创造的这属于硬伤，给你扔出来，不合格。我记得有的书法家专门写草书，现在也有人主要写楷书。草书我也能写，也能记个百分之六七十，就基本够用了。

刘晓欣：请您总结一下您的字有啥特点或者风格？

傅智勇：要说特点，我刚才说了，"朴、厚、拙、老"。

刘晓欣：四个字："朴、厚、拙、老。"

傅智勇：可能也未必达到"朴、厚、拙、老"，我自己感觉是这样，或者是我追求这样。可能没达到，你像"厚"，达到"厚"也不容易，但是我追求的，看好这东西，喜欢这样的作品。

刘晓欣：就是这四点，营造了您这独特的文气。

傅智勇：我的字也就赤峰市展览有时候带上参加，连内蒙古的书画展览我都没参加。在新城区有一个碑，知道吧？有一副对联是我写的，再就是有那个村子题名，有几处是我写的。

（六）赋体创作

刘晓欣：傅老师，在赤峰文化圈子里头，人所共知的就是赋，关于对赋体的创作和理解，您综合说一说。

傅智勇：关于写赋，过去是喜欢，没有写过。我就感觉赋非常有气势，文字也很精练，它又具备诗的那种感觉，实质它又很自由，也属于像散文似的，属于韵文，带韵的。

刘晓欣：韵文中间，像那种排比也都很厉害。

傅智勇：对，那种排比。它也富有音乐性。写好了以后，又很精简，一篇文章很短很小，就能够叙述一个事，或者叙述一种特别的盛况，能够写得很精彩，我很羡慕。我第一篇赋是怎么产生的呢？也不是为了写赋，那时候城区搞灯展，每年都搞灯展。

刘晓欣：每年正月十五灯展。

傅智勇：因为赤峰年年上中央电视台，正月十五当天晚上播，是吧？很出名。有一年文化大院说人人做一盏灯，参加灯展去，文化大院就是文化馆、图书馆。我爱人在图书馆，她也做了，必须都得做。她无意中扎了一个葫芦，那阵我还没有葫芦斋呢。做了一个金色的葫芦，光秃秃的，感觉很简单。在家扎的，单位领的纸，竹篾子扎的，我儿子见着了，他说，你写一篇文字放在上头，让我姐姐再画图。我闺女那时候已经大二了，在中央美术学院念书，正好放寒假。是正月十五之前，我写的这个，我姑娘先画几张画，画的都是人物。我姑娘速写画得很好，在中央美术学院，她速写是五分，可以不用起稿，就用毛笔在上面画几个小孩，很喜庆的场面。我就写了一篇《葫芦赋》。我儿子那阵儿还没考大学呢，在二中念书，他是1988年考大学。那时候我姑娘大二，闺女是1982年考大学，这是1984年的事。后来也是姑娘建议我写《葫芦赋》，里头有不少她的句子，也是她建议我斋名叫葫芦斋；斋名那时候是我儿子给起的，他喜欢文学。《葫芦赋》是我第一篇赋，第二篇写的《红山赋》。

刘晓欣：那您怎么想起来写《红山赋》了呢？

傅智勇：那阵儿没有更多的想法，因为老家是在红山脚下，那真是红山脚下，我就住在东南关，从小念书就在红山寨。

刘晓欣：《红山赋》非常有名，被赤峰各种媒体、报刊都登载过。之后您又创作了多少篇赋？

傅智勇：我写了有30多篇赋，都是约稿的，不是自己想写的。除了《葫芦赋》和《红山赋》，像后来写的《青苔赋》《红山砚台赋》，也在北京写了《二月兰赋》。我姑娘所在的院很大嘛，在花园侧面有很多花花草草，春天自生了好多二月兰，花开得非常好，一片粉紫，特别好看，所以写了《二月兰赋》。这是自己想写的，有的叫我给单位写，比如前年写的《人防赋》，还有公证处让我写的《公证赋》，还有《古柳赋》都是他们让我写的。《南山赋》是在南山当艺术顾问时让我写的，还埋在图腾柱底下了。图腾柱底下埋一个坛子，坛子里装五谷杂粮、现在的钱币，还有让我写的《南山赋》，装在玻璃罐里头加蜡封上，搁坛子里埋在那里。后来也有人建议，应该写《三山赋》。赤峰不有三山嘛，三山拱卫这个城市，五水争流嘛。

刘晓欣：南山、红山，那就差个西山了。

傅智勇：后来又写了《三山赋》。写得比较长，我还特意到西山顶上走了一大圈，好好看一看。西山不太出奇，当时很旷远，感觉很苍茫。

刘晓欣：还有《古柳赋》，是吧？

傅智勇：《古柳赋》是文钟镇一个副镇长约我写的，那个古柳应该是快赶上和村子同龄了。村子原来叫文登营子，后来叫文钟营子。两棵古柳非常棒，《古柳赋》刻在那儿。刻得不好。赋写了一些，也没写好，只是爱好，喜欢那种感觉、那种韵味。我可能没古人写赋写得那么深沉，我喜欢古人那种韵味，但是结合现代人写的赋，它应该有点现代的、时代的感觉。

刘晓欣：所以您有创新啊！

傅智勇：《大自然赋》也是约写的。植物园搞了一个外墙壁画，好像叫《人与自然》，让我写个赋作为序言。我写这个赋的时候，写完了，叫啥名字呢？突然想起来壁画的名字，就叫《自然赋》，但《自然赋》感觉平淡，后来加个"大"字，就叫《大自然赋》。赋写得没咋着，《大自然赋》这个名感觉有点气氛，有点大。

刘晓欣：赋挺难写的，有的时候比诗词这种文体更不好把握。

傅智勇：它也有诗的性质，像骈体。

刘晓欣：但是您把它拿去熟悉起来，创作了这么些作品。

傅智勇：实际上我写得也很费劲，因为每一句都得推敲。像《临潢赋》，写起来比较难了，也是约写的。巴林左旗辽上京遗址，在山东做的大石礅，一共是一米八宽，二十三米长，约我写篇赋，我说我不写，让林东的人写，他们更了解。他说写了没通过，让我写。后来我去了，了解了解，看看古城、看看博物馆，聊聊这个，座谈座谈，在当地召集他们的文人和搞文物的，包括博物馆馆长、辽史专家们都参加了。要求让我必须写到1400多字，那够长的了，在历史上大概算大赋了。还得写几千年的和合文化，主要写辽，写历史……他问我用多长时间写出来，我说咋也得半个月二十天，他说不行，得刻。我是用一个礼拜写完的。后来到那去通过的时候，也是把当地的文物专家、历史专家和文人叫去了，在那通过，读了一遍。我事先说了，这个属于文学作品，它不是历史。

刘晓欣：也不是考古。

傅智勇：但是涉及一些历史事件，得靠谱，否则出硬伤也不行，得写到，像大历史事件，是吧？我说要想知道它的全面历史、准确历史，得到这儿看它的博物馆，看《辽史》。后来他们同意，通过了。我的一个学生在景观委员会，他是教育局的干部，他跟我说，他们找当地高三的语文老师看了一下，啥也没提出来，标点符号也没提出来；又拿到北京找刘凤翥看。刘凤翥是辽史专家，他也来过赤峰、来过南山，是20世纪60年代北京大学的研究生。

刘晓欣：刘凤翥非常有名。

傅智勇：他很著名，是中国社会科学院民族学与人类学研究所研究员。

刘晓欣：他好像对契丹文字特别有研究？

傅智勇：专家。在南山我设计的壁画那个标题是他用契丹文写的。那个标题一般人不认识，叫《大中央哈喇契丹国》，"哈喇"是黑色，契丹民族崇尚黑颜色。标题是我起的，用汉字写的，我写的叫《契丹王朝》。

刘晓欣：很了不起。

傅智勇：他看完以后，说写得很好，就应该这么写，别的没说啥。这是他们转达给我的，我也不知道，找个史学家看看，里头别再有什么麻烦事。

刘晓欣：咱们现在聊了您的美术创作、聊了您的书法、聊了您的赋和近年来创作的大量标志性的文化作品壁画，大家伙说傅老是咱们赤峰的文化大家。

傅智勇：不敢，不敢。

四、赤峰文化见闻

（一）忆书法名家郑大光

刘晓欣：傅老师，赤峰文化方面的一些人物，无论是过去的和现在的，您也接触了不少。

傅智勇：赤峰文化这块还是有传统，也有些人物。刚才你说到赤峰书法，就要说到郑大光。我刚参加工作的时候，就知道他的名字，也认识他，跟他很熟。我刚参加工作的时候，原赤峰市政协有一个文史办公室，俗称老头办公室，我估计应该是政协的。文史办公室写赤峰文史，找了一些老的文人，过去一些老的知识分子，其中有一个是赤峰第一个大学生，姓李。那时候文化馆每年搞征联活动等，他们都去，我也熟悉，但是我没上那个文史办公室去过。郑大光就在这个文史办，他可能主要从事书法讲座教学，因为他写字在赤峰是出类拔萃的，很出名。当时赤峰还有几个写字的，没有他出名。他的学生很多，弟子很多，王福全是其中一个，现在我认识的就有好多是跟他写字的。

刘晓欣：郑大光当时就是办班？

傅智勇：不是办班，可能是给个别人授课，就是谁有时间到那去了，他授课。我不知道他的教学方法，我也没去过。他希望让我跟他去学，碰了我几次，跟我说，我没去。他还给我送字，我手头有过他 300 字，他给我送到文化馆，用写仿的形式，给我仿，一张大抄纸订一本，十来页，翻过去都能写，都是毛主席诗词，天高云淡之类的。还给我送过一副大对联。

刘晓欣：给您送过字，让您跟他学字。

傅智勇：但是我没去过。他的学生很多，他的贡献也在这块，教了好多人。其中有王福全，比王福全大的弟子有几个，像曹希明，知道吧，他是政府行政干部，后来调到文化馆，这人已经去世了。还有一个人写得非常棒，在赤峰一般不太知道他的名字，那时候也没有书协啥的，他写字这块不是很出名，但是他写得非常好。再一个，比如说徐六普，也是他的弟子，岁数都比王福全大，也在文化馆待过，当时他是政协的秘书。这个人非常有文采，很有文化，人们都称他是活字典，前几年也去世了。还有一个年轻人，赤峰宴宾楼就是他们家的，他那时候在工艺美术厂，爱好美术，儿童时期是我的学生，那阵儿画画，我们在一个美术组。他画画很好，他的字曾经拿给天津一个字写得非常好、也出过书的叫宁斧成的，给他看，他都有批语，拿来都给我看过。这个人后来精神不好，有病了，后来这些年也没见过他。郑大光在社会上教了不少学生，其中王福全是中国书法家协会会员，又是首届赤峰市书法家协会主席。

刘晓欣：傅老师，据您了解，在当时赤峰文化艺术圈，郑大光的书法究竟是一种什么水平，是最好的吗？

傅智勇：当时应该说是最好的了。那时候我到文化馆了，组织搞了一个书画方面的艺术展览。当时老舍还没来过赤峰呢，有老舍、林风眠、谢稚柳的字画，还有叶圣陶的诗。因为当时在我手头，都有展览，还有一些当地的，其中就有郑大光的字。再一个就是他给"松州饭店"的题字，别的在公众场合还没有看到，或者是什么题字，目前我还没有注意到。

刘晓欣：当时那个"松州饭店"是他题的？

傅智勇：嗯。

刘晓欣：具体情况您了解吗？

傅智勇：具体情况，谁找他、怎么找他我不知道。但是他写出来的字我看过，纸用的是边长7厘米的旧报纸块，"松州饭店"一字一个纸块写好了。哪里找他的我忘了、谁给我送去的我忘了，找我给它放大，怎么放大呢？那天我和我们的馆长到歌舞团去帮忙画布景，回来吃完饭的晚上，我把纸放的挺高，一米多高，钉在墙上，用那个图画纸，用"双勾"的办法，拿着修修改改、临摹放大的，那时候也没有投影。

刘晓欣：凭感觉，凭您的经验。

傅智勇：是这么个情况。

刘晓欣：放大了之后制作的？

傅智勇：制作可能是用水泥，我忘了。把那个双勾的字固定，水泥抹好了。那阵儿还没有挂大灯什么的呢，就是那么弄出来的，我估计。

刘晓欣：那是哪年的事？

傅智勇：反正是"文革"前，一九六几年。

刘晓欣：60年代初？

傅智勇：60年代初。松州饭店是赤峰最大的饭店。当时最大的饭店有两个，一个是鹿鸣春饭庄，那是早的；一个是松州饭店。后来出了个东风饭店，东风饭店最后也没有了。

刘晓欣：郑大光的字有什么特点？

傅智勇：他是写魏碑，写得很大气。

刘晓欣：我看他那字好像是横不平、竖不直的。

傅智勇：不是，他不是追求横平，他的素质很高，艺术感觉还是很好的，写字非常大气，用笔也很利落，很有自己的特点、风格。

刘晓欣：他当时的书法作品参加过什么展览，被大家肯定？

傅智勇：那我就不知道了，他有没有参加别的什么展览、大型的活动和更多的题字，我还没有听说过，我也没见过。在我的印象当中，他给学生好多字，学生手里，好多人都有他的字，包括我不是他的学生，我手头还有他给我送的字。

刘晓欣：我记得赤峰市教育局张子军张局长，给他成立了一个研究会。

傅智勇：还给他出了书。

刘晓欣：是吧。

傅智勇：前一阵子我听市书画院说给他搞个骨灰安葬仪式，搁到南山公墓去。市书协的参加了，是他外甥搞的。他没有子女吧，有个外甥，是他姐姐的孩子还是怎么回事，我不太清楚，我也见过。还要给他搞个纪念馆，搞没搞成我不知道，反正他的骨灰一直在他外甥那。

刘晓欣：您觉得他的书法成就有现在说的那么高吗？

傅智勇：这玩意就是仁者见仁，智者见智。因为艺术这东西，不能说你是第一、我是第二、他是第三，就在这个同时期，这么说话不准确，它跟体育不一样，你第一就是第一，3岁小孩都看出来了。有时候它"1+1"不等于"2"，它不是科学问题。就这一个时期，一般情况下来说，有一部分人写的是相当够一定水平了，大家公认，不能说谁是第一、谁是第二，因为它有风格问题，还有个人喜好问题。我不说仁者见仁，智者见智嘛。

刘晓欣：就是当时有名家对他的东西进行肯定吗？

傅智勇：那不太清楚。当时有人说，只是听说，说老舍看"松州饭店"的字，说他写得好。

刘晓欣：当时就是和他同时代的人，公认他的书法了吗？

傅智勇：大家都肯定了，说这最好。

刘晓欣：都说他的书法不错。

傅智勇：对，要不老头办公室专门给他开辟一个阵地，估计是给他一个房间，专门接待学生，供他辅导学生，地位已经很高了。

刘晓欣：那我也听说他从来没用宣纸写过字呢，这个属实吗？

傅智勇：我没见过他用宣纸写字，但是甭管用什么纸，写好就行，这么理解。

刘晓欣：郑大光是哪年去世的？

傅智勇："文革"结束以后，具体去世的时间我不太清楚。

刘晓欣："文革"时期受过冲击吗？

傅智勇：那他就不吃香了。他应该是回家了，知道他做点儿小生意了，维持生活了。

刘晓欣：做点儿小生意？

傅智勇：听说是，我没见过。做点儿小生意，走街串巷地卖点儿什么小东西。

刘晓欣：他的父辈，他的家庭是怎么样的？

傅智勇：他家庭是买卖家，可能是河北的。赤峰主要是晋商，也有河北的，他们可能是河北的老家。郑记酱园①是他哥哥开的，再往早，他的上辈是怎么个情况，我就不知道。他那个郑记酱园，我到文化馆，结婚以后，还挂着郑记酱园的牌。

刘晓欣：就在三道街？

傅智勇：三道街路北，文化馆东隔壁。我刚调到文化馆去，在那边住，是个大杂院，他的哥哥就在那院住，他不一定在那儿住。他哥哥是酱园的老板，或者是再上一代，我就不清楚了。

刘晓欣：他哥哥开的郑记酱园。

傅智勇：他在郑记酱园当过记账先生，是不是有他的股份，或者是他们大家族的，是不是一家的事，我就不太清楚了，反正他是管账，识文断字。写账不是用毛笔嘛，当时都是毛笔，哪有钢笔、圆珠笔等硬笔这一说。

刘晓欣：王福全是他的徒弟，这个是明确的，是吧？

傅智勇：这是明确的。王福全很用功、很刻苦的。郑大光练字也是很下力气，据说买了多少块大铁板，搁大铁板上练字。我分析，王福全也是跟着他师傅那种练字方法下功夫。王福全因为他写字挺好，调他去图书馆。那阵儿搞展览都要写说明，不像现在有电脑打字。那阵儿包括图书馆、博物馆，都得手工写，专门养着写字的人，写得规范，还写得美。他是一开始被抽出来搞那个。后来因为写字好，调到图书馆，每天看图书馆、看阅览室。

刘晓欣：三道街那个图书馆？

傅智勇：不是，他没去。是后来的图书馆。他到图书馆去以后，就搬到这边来，房间大了、书桌子也大了，桌子也多了，每天早晨他来得早，拿着大笔，蘸上水，在桌子上写一遍，可以上班了，来人了。

刘晓欣：还是很刻苦，是吧？

傅智勇：很刻苦。后来调到文化馆，那阵儿我当馆长，后来他跟着我到红山

---

① 今赤峰三中街一小对面。1958年，赤峰县人民委员会响应国务院"县办博物馆"的号召，决定在文化馆东侧原郑记酱园五间门面房建立文物馆。

画院。在画院仍然是那么下功夫，每天上班不迟到、不早退。一尺多厚一摞的旧宣纸，练得都成黑的了，都不是宣纸了，完全是黑色的。蘸墨汤子，就臭墨汁，净使好墨汁也觉得太浪费，往里一坐，也不出去，好像一上午都不上厕所，不抬屁股，练一上午走了，下午再来，那么下功夫。

刘晓欣：王福全他家里是怎么个情况？

傅智勇：他家里生活不好。他从小没母亲，父亲老早去世了，有个姐姐。比较贫寒，给我的感觉是。

刘晓欣：您对他的书法是怎么看的？

傅智勇：他的书法，当时应该在赤峰是非常突出的。好几个人包括曹希明都是那个时候的。曹希明在文化馆，写字很好，出去搞展览，当时都被抽过去写说明。

刘晓欣：王福全应当是一个有故事的人。

傅智勇：他是赤峰第一个参加全国书展的，所以入了中国书法家协会。

刘晓欣：他有一次跟我说，哎呀，我这个鸡蛋就吃不够，我觉得世界上最好吃的就是鸡蛋。

傅智勇：那没错，有人说他高血压就是那么吃出来的。

刘晓欣：是吧，他真是那么爱吃鸡蛋？

傅智勇：爱吃鸡蛋。

刘晓欣：他还有些什么故事？

傅智勇：他老实厚道，没啥这事那事，认真写字。有人说他朴实老成，这是肯定的；也有人说他死板，死板是必然的，因为做学问嘛，要想学东西就得老老实实、踏踏实实做起来，我觉得是正确的。

刘晓欣：围绕他发生过什么有趣味的事？

傅智勇：好像一时想不起来有什么生动的、听起来感觉有点趣味的。最主要就是坐那块好好练字，不这事、不那事。

刘晓欣：他就是这么练出来的。

傅智勇：第一次是王燃给他写报道文章，参加全国书展。那阵儿报道一个人，得先经过单位领导同意。那阵儿我当馆长，大老热天，下午我去的晚点，王燃在外边等。他说，我想访问王福全，可以吗？我说，那咋不可以。他是第一个出名、第一个参加全国书展，赤峰第一个加入中国书法家协会的，是赤峰市书法家协会第一任主席。

刘晓欣：您是哪年成为赤峰市美术家协会主席的？

傅智勇：原昭乌达盟时候开过一届文代会[①]，那时候文代会主席是王栋，我没在这个班子里头。杨义是主席，叫"昭乌达盟美术书法摄影工作者协会"。

刘晓欣：那届杨义是主席？

傅智勇：嗯。正式成立赤峰市美术家协会，我是第一届赤峰市美术家协会主席，具体哪年的我还忘了，是盟改市以后。

刘晓欣：您哪年被选为内蒙古美术家协会理事？

傅智勇：那是当了赤峰市美术家协会主席以后到内蒙古开会，内蒙古美术家协会换届改选，成为那儿的一个常务理事，后来就没有常务理事了，就是理事。

刘晓欣：您做了几任的主席？

傅智勇：一届是11年吧，5年改选，这没改选，11年吧。

刘晓欣：11年？

傅智勇：退休一直还代，后来改选。

刘晓欣：再之后您还是咱们文联副主席？

傅智勇：就是这届，这又要改选了。我是名誉副主席，有3个名誉副主席。

刘晓欣：您也是咱们赤峰市城市景观建设专家委员会委员，您兼职很多。

傅智勇：这么多兼职都没用，都是虚名，这是看我年纪大了。

---

① 1982年10月22日，昭乌达盟文学艺术工作者联合会第一次代表大会在赤峰召开。

（二）关于叶大匡

刘晓欣：傅老师，赤峰县的首任县知事叶大匡①这个人，您听说过吗？

傅智勇：听说过。他是一个很有文化，底蕴很深的人，那时候做官都是文化人，他就是个文化人，喜欢书法，喜欢绘画，而且是指画指书，用手指头。他也经常搞一些文人雅士的聚会。我见过他的作品。

刘晓欣：您见过他的作品？

傅智勇：那是在文物馆，他的作品是手指头画的，叫指画，画的墨荷叶，是什么标题我忘了。他没有什么亲人，据说就带个书童。谁对他最清楚呢？那个中医名家张同和最清楚，他的父亲张砚钦是老大学生，在天津法政大学堂读书，学法律的，他来了曾经给叶大匡做过秘书。叶大匡死的时候，还是他给发的丧，我也不知道在哪儿。叶大匡老家是四川万县的。

刘晓欣：后来这幅指画？

傅智勇：这幅画在老文物馆，在文化馆东隔壁，不是博物馆，后来那些文物不是合到博物馆去了嘛。

刘晓欣：三道街文化馆东隔壁是文物馆？

傅智勇：原赤峰市文物馆。就一个人，就是王宗章，王宗章也去博物馆了。他在伪满时期就是我的老师，我来赤峰念书，就是他写的介绍信。

刘晓欣：王宗章还在吗？

傅智勇：王宗章去世10多年了。他在伪满时期教学生，跟他一起教书的曾经来赤峰，也许是专门来看他，还到医院去，他那时候已经住院了。

刘晓欣：您说原先就在文化馆的东边，是吧？

傅智勇：文化馆东边就是郑记酱园，郑大光他哥那儿。文化馆那院我估计是个老买卖家，院里那个老房子上面刻着"管鲍风"三个字，房子前面也是很大

---

① 光绪三十三年（1907），赤峰县升为直隶州，朱墀生任知州，增设开鲁、林西、绥东三县。1912年1月，叶大匡成为赤峰直隶州的第五任知州。中华民国建立后，赤峰由直隶州改为县治，将知县职衔改为县知事。1913年7月，年过半百的叶大匡又成为赤峰县的首任县知事，所属的林西等县直隶属于热河道。1917年1月，叶大匡辞任，不久病逝于赤峰。

的厅。

（三）歌颂乌兰牧骑

刘晓欣：傅老师，您对乌兰牧骑的事了解不了解？

傅智勇：乌兰牧骑的事听说过，后来也见过。原赤峰市也成立过乌兰牧骑，一直到"文革"以后，后来取消了。现在旗县不还都有呢。

刘晓欣：文化馆和乌兰牧骑是不是都属于一个大院？

傅智勇：一个大院。乌兰牧骑一成立的时候，听说最早就12个队员，不包括车老板。一挂大车就是那马拉车，到牧区去走沙窝子、走草原，都是那个大车拉着。那时候哪儿有汽车。

刘晓欣：当时老赤峰市的乌兰牧骑还有一辆大车的编制？

傅智勇：他们没有，这指的是牧区。在城市里头，红庙子或者周围附近一些地方，可能坐汽车下去，或者是公交车，那就不太清楚。在那院里，一开始也是12个队员，后来就多了。现在不是了，现在都是好大的团体。

刘晓欣：乌兰牧骑一开始都是一个格式，12个队员？

傅智勇：一开始好像是。但是现在仍然保持那种作风，就是组织短小精悍，人员一专多能，一个人唱歌、跳舞、演奏，乐器吹拉弹奏。

刘晓欣：您用画表现过乌兰牧骑吗？

傅智勇：想表现来着。新中国成立30周年的时候，马振祥还健在呢，我跟他商量，我提出来想画一套组画，不是连环画，是成组的画。所谓组画和连环画，连环画都是连环的，下幅和上幅都有关系；组画是独立的画幅，有独立的情节、独立的场面。我编了一个12幅的组画脚本，共24句话，用诗歌的形式。

刘晓欣：您都用文字写？

傅智勇：写出来了，而且也想了构图，后来因为啥事就没画。乌兰牧骑的故事我觉得是很感人的。为啥要画乌兰牧骑？那阵儿好多单位都学它的先进事迹、学它的精神，甚至有好多部门干脆就办成乌兰牧骑式，像乌兰牧骑式的背篓商店，还有乌兰牧骑式的电影队。我在北京开华北地区年画版画座谈会的时候，有一个河北省的电影队长，是个女的，那个合影大照片还有她，她就是乌兰牧骑式的电影队队长，那时候都是很感人的。尤其下去以后，他们是全面服务，又是演唱、又是演出、又是宣传、又是服务，服务包括给老百姓理发、做家务、搞展览，等等，也就干了文化馆那块工作，也有人叫它轻骑兵团体，也有人说是流动式的文化馆。文化馆干的事他们好像都有，像搞展览、去各方面宣传、演出，文化馆不都有嘛。

刘晓欣：那您还记着您当时写的那24句话不？

傅智勇：当时是12幅画，一幅画是两句话。第一幅画我记得是"乌兰牧骑是颗红星，最早闪耀在内蒙古赤峰"。因为在乌丹①成立比较早嘛，是不是最早的，我也不太清楚，我认为是。

刘晓欣：翁牛特那个，是吧？

傅智勇：嗯。非常典型，在内蒙古也是非常典型的，像朱嘉庚局长、乌国政局长他们都在那儿。

刘晓欣："最早闪耀在内蒙古赤峰"，说的是翁牛特旗乌兰牧骑，那其他的？

傅智勇：第二幅写的是"一面红旗12个队员，毛主席讲话作为指南"。确实有一面红旗，我记着原赤峰市成立的时候下面都打着一面红旗，就是红山区乌兰牧骑的旗帜，那也是他们的一个形象，"一面红旗12个队员"。

刘晓欣：当时就12个人？

傅智勇：据说是。我到内蒙古开会，乌兰牧骑全国巡回演出，走遍全国的3支队伍，席宣政是文化厅厅长，他带一个队；还有一个副厅长，可能也是赤峰人，叫宝音达来，他带一个队。他讲到越南有一次演出，胡志明接见都知道是12个队员，他数这部队一共有13个人，说其中包括一名车夫。当时必须得学习毛主席讲话精神，就是《在延安文艺座谈会上的讲话》，必须学好学透。我们那时候也必须学。我领着几个人第一次下乡体验生活，我们还组织学习毛主席《在

---

① 乌丹镇是赤峰市翁牛特旗政府驻地。翁牛特旗乌兰牧骑始建于1957年6月25日，是内蒙古自治区两个首创试点单位之一。

延安文艺座谈会上的讲话》。

刘晓欣：也得学一遍。

傅智勇：第三幅是"千里草原千水万乡，走遍东西处处生情"。为什么是"千里草原"？内蒙古东西狭长，南北窄，所以真是"千里"，内蒙古地形是这么一个特点。千里草原"处处生情"，他们走遍了内蒙古，"走遍东西处处生情"。第四幅是"跋山涉水风餐露宿，两腿泥巴一身尘土"。他们确实是这样，很不容易，走道很艰苦。过沙漠，那大车不是拉他们，主要是拉着行李、拉着道具。车陷了，还得抬，那轴车在沙坨子经常陷车，遇着风、遇着雪都得走，所以是"风餐露宿"，"两腿泥巴一身尘土"。

刘晓欣：您这是写实呢？

傅智勇：写实。第五幅是"五里一家十里一户，送歌献舞不计劳苦"。那真是，到牧区哪有一个大营子？"五里一家""十里一户"这是正常的，很正常的。

刘晓欣：服务对象住得沥沥拉拉，但也是面面俱到，都要给演出到了。

傅智勇：对。写他们的精神，反映他们的辛苦，他们在草原演唱得那么和谐，"五里一家十里一户，送歌献舞不计劳苦"。

刘晓欣：您这说得非常准确啊！

傅智勇：第六幅是"边防哨所山里营房，鱼水之情深远久长"。

刘晓欣：军民鱼水情，这写的是部队。

傅智勇：第七幅是"能文能武服务便民，八路作风延安精神"。"能文能武"是他们的口号，就是能唱歌、跳舞，还得能够给他们干活，就是给老乡挑水，帮着老乡做饭、理发、展览，等等。

刘晓欣：您把乌兰牧骑的精神都给总结出来了。

傅智勇：第八幅写的是那达慕大会，"盛世空前荟萃群英，争芳斗艳一枝最红"。演出队很多，"一枝最红"指他们这枝。

刘晓欣：乌兰牧骑最受欢迎。

傅智勇：第九幅是"草原霞飞四方开河，乌兰牧骑走向全国"。"四方开河"指的是全国，草原像朝霞一样红遍大地，走向全国。第十幅是"亲切会见莫大鼓励,'二为'方向永远牢记"。我在内蒙古开会的时候,宝音达来局长给我们讲,周总理接见了他们。

刘晓欣：被周总理接见了。

傅智勇：第十一幅是"文艺使者异国之行,一席讲话两方深情"。到越南,胡志明讲话,"一席讲话两方深情"。最后一幅是"乌兰牧骑留史垂名,卅岁英年累累硕果"。

刘晓欣：您对乌兰牧骑的总结,从小到大、从国内到国外。

傅智勇：涵盖主要的方面和情节,这就是我的想象,也是非常打动我的地方。

刘晓欣：您确实做好了创作准备了,因为什么这组画没画？

傅智勇：忘了什么原因,工作忙就撂下了,过了那个时间再没画。

（四）中央文化考察团访问赤峰

刘晓欣：傅老师,您虽然没有去演、没有跟他们下乡,但是您对乌兰牧骑总结得特好,把乌兰牧骑的方方面面都点了出来。傅老师,1961年中央有一个文化考察团到赤峰来,是吧？

傅智勇：对。是来赤峰,规格比较高,人数最多的一个文化团体,都是专家,有的是一代文宗。

刘晓欣：当时来的这些成员都是些什么人？

傅智勇：有老舍。曹禺应该也来了,但没到赤峰。有徐平羽,文化部的副部长,可能是他带队。到内蒙古自治区以后,梅兰芳在京逝世,曹禺、徐平羽就都回去了。到赤峰来是叶圣陶代任团长,他是教育部副部长,作家、教育家,老舍担任副团长。作家还有端木蕻良。另外,还有歌唱家余淑岩、舞蹈家戴爱莲、摄影专家郑永康。郑永康是谁呢？在延安的时候,给毛主席照过相,有一张齐白石像的纪念邮票,就是他照的。还有音乐家王铁锤等一批人,都是大家。

刘晓欣：美术方面有谁？

傅智勇：林风眠、谢稚柳。

刘晓欣：您印象为什么这么深刻，隔这么多年，您这说起来都不差的？

傅智勇：因为我参加了他们在赤峰的几次活动，不是全部活动。首先是到红山。游红山公园那一次活动，市领导特意打电话叫我去的，我有这个机会参加是很荣幸的。

刘晓欣：让您陪着？

傅智勇：也不能叫陪着，就是跟着吧。领导陪着，在宾馆召开的文艺工作座谈会、联欢晚会我也参加了，还在宾馆作画。

刘晓欣：您说说参加的这几次活动。

傅智勇：第一次是到红山公园。红山公园很朴实、很简陋，那就是个大水池子，中间做个假山，修了个茅草亭子，周围是一圈水环着，是个环佩形。

刘晓欣：那个亭子在中间？

傅智勇：在假山上。用挖水池子的泥土做的假山，上面一个茅草亭子，临时为了迎接他们到那去。赤峰附近也没有很好看的地方，就到红山公园。红山也是文化名山。

刘晓欣：红山公园那水池子是那几年挖的？

傅智勇：现在的水池子就是原来那个。

刘晓欣：原先那块没有水池子？

傅智勇：没有水池子，是个沼泽地，到后面去有很大的洼水，那是湿地。现在可能还有。

刘晓欣：对，湿地，现在还有。

傅智勇：湿地嘛，就一片水域，形不成公园。为了形成公园，修了一个环佩形的水池子，作为人工湖吧。

刘晓欣：环形的水池，挖出来的土中间堆成假山。有桥连着吗？

傅智勇：现在的假山就是那时候的假山，那阵儿没有桥，四面都有通道，现在没有通道。这水池子分四半，每小半中间都有条土路，周围是柳树，没有啥景致，当时有没有游船，我也忘了。为了接待这些高贵的客人，临时使帆布搭了一个棚子，弄了几盆花，摆在两岸上。我带的纸笔墨去的。

刘晓欣：您给准备的纸墨笔。

傅智勇：我背画夹去的。四尺宣纸，16开吧，画夹挺大。

刘晓欣：用画夹把那些宣纸给带过去了。

傅智勇：可能没有墨汁，现研墨，墨盘子磨。

刘晓欣：这些都是领导安排的吗？

傅智勇：市领导叫我去，说能不能带上纸墨，让他们能够作画、写诗。当时画红山，还有一幅倒挂金钟花的画作；两首诗，老舍一首诗、叶圣陶一首诗。两首诗、两幅画在那儿。

刘晓欣：在现场画出来？

傅智勇：即兴作的。

刘晓欣：您是上午去的，还是下午去的？

傅智勇：下午，天气挺热的。那次还有建筑学家梁思成也来了。

刘晓欣：梁思成。

傅智勇：是不是老舍先写的诗，我忘了。就是那首诗，大家都知道的，赤峰人都知道的。

刘晓欣："茅亭望断柳丝丝。"

傅智勇："塞上红山映碧池，茅亭望断柳丝丝。临风莫问秋消息，雁不南飞花冷时。"

刘晓欣：不是"雁不思归"吗？

傅智勇：一开始是"雁不南飞花冷时"。

刘晓欣：这是一开始的原作？

傅智勇：原作。后来回到宾馆他们又改的，正式发表的时候，就是"雁不思归花落迟"。都不知道这段故事，我知道，因为当时原作在我手里。多年以后，有个《松州学刊》，赤峰市委宣传部常务副部长王燃让我写篇文章，聊这部分记忆。《红山文史》的高云华，也问过我这个事，他发表过我一张照片，也写过这段故事。叶圣陶当时写的是"林老挥毫写山貌"。对，是让林风眠他们先作的画，"林老挥毫写山貌，谢公妙绘吊钟花"。"谢公"指的就是谢稚柳，"林老"指的是林风眠，"林老挥毫写山貌"，画红山风景；"谢公妙绘吊钟花"，画的倒挂金钟花；"舍予诗就不思索"；"梁老凭阑闲吃茶"，这是指梁思成。

刘晓欣： 对他们其他4位进行总结。

傅智勇： 即兴作画、作诗。

刘晓欣： 对那种场面的一种描写？

傅智勇： 描写这个过程。

刘晓欣： 当时在红山公园茅亭，老舍写了一首诗、叶圣陶进行一下总结、谢稚柳画一幅倒挂金钟花、林风眠画了红山。写实红山？

傅智勇： 那幅画非常写实的，他先用铅笔速写本画了张速写，又照着这张速写加工，完成这张画。速写就是很简括地勾勒一下子红山的形色；他再把它进行加工、创作，画得深刻了、画得具体了，而且带上颜色了，红色。

刘晓欣： 您当时对这幅画有什么样的感觉？

傅智勇： 那当然是大师的画，我看着非常新奇；也感觉很幸运，能够见到那些大师，那些大师平时也是见不到的。

刘晓欣： 是。

傅智勇： 就是在北京也是很难见到的。在市宾馆搞完座谈会散去的时候，林风眠住在宾馆一楼，单独一个房间，我还特意到他房间去，找他唠唠嗑。我说要看看他的速写本，他就拿过来给我看。他是非常勤奋的，那么大岁数了，当时可能也是60多岁了吧，我记不太清楚。当时我看他，在兜里揣着速写本。他看京剧，画的京剧头像、京剧人物，都有，他随时随地画。他们来了以后，在这儿看京剧，特意看孟幼冬表演。老舍懂京剧嘛，孟幼冬演得很好。林老画的京剧那个场面，我看他画得挺好。

刘晓欣： 当时画红山是什么色彩？

傅智勇： 就是红颜色，很单纯的红颜色，不是大红大绿。水是轻描淡写，没画湖，湖面很开阔，就是画红山。倒挂金钟花也是写生。

刘晓欣： 当时公园有一棵倒挂金钟？

傅智勇： 我刚不说临时安排搭个棚子，放几盆花？其中一盆是倒挂金钟。

刘晓欣：林风眠作那幅画大概用了多长时间？

傅智勇：林风眠作画比较慢，他一层一遍、一层一遍，非常认真，就那么画层次，很厚重。他有认真的那个性格，不将就，不是说我在你这儿画，为的就是表演表演，让我画我就画，三下五除二就完了，就得了。他不是，他是很认真的，特别是在宾馆，我记得他画向日葵的时候，墨迹墨迹墨迹墨迹……所谓墨迹，实际就是一层一层一层……就在原地那么画。

刘晓欣：往上堆一层？

傅智勇：堆颜色，一层一层为了画得厚重，有层次感、有厚重感，画得比较深刻、比较认真。我记得那谢稚柳在后边都着急了，"中了，中了"。这就可见他在当时那个认真劲儿，画的时间长，不怕费事那种精神。老一辈画家都值得学习。

刘晓欣：是。当时画完这些画哪儿去了？

傅智勇：在宾馆画的都交给宾馆了，后来都哪儿去了，我不知道。在红山底下画的是我拿去了，在我手里，包括写的诗。"文革"当中，我那时候没结婚呢，有时候在单位住嘛，我就拿到文化馆去了。那会儿战斗队、造反队互相地闹腾，把文化馆砸了，画也失落了。

刘晓欣：也就是画的这幅红山、那幅倒挂金钟，包括老舍他们写的诗文都失落了？

傅智勇：对，在文化馆美术组那个橱子里头。我把那杂志、橱子都翻到了，一些宣纸都没有了，据说三中把那么好的宣纸拿去都写大字块了。那玩意儿还不好使，那些学生也不懂，说那还透，拿着糊了墙，都卖了。

刘晓欣：您当时在文化馆美术组那个平房啊，什么人把这些画给抢了、砸了？

傅智勇：都是学生，不知道是哪个学校，都是互相穿插着，几个学校组织在一起。

刘晓欣：这么重要的历史墨宝就在"文革"中遗失了。

傅智勇：遗失了。

刘晓欣：当时砸文化馆的时候，您在现场吗？

傅智勇：没有，他们夜间去的，就是破门而入。一个叫邢逊的老大爷，半夜在那儿住。

刘晓欣：就那个剪纸的邢逊？

傅智勇：对，他是看门的。他是文化馆的工友，会剪纸。他先是财政局的，因为会剪纸，特意把他安排到了文化馆，可以做剪纸工作。但他是工友，不是国家干部，算工人。他夜间在那打更，一个人住宿，我没结婚时候是我们俩在那住宿。我结婚以后，他自己夜里在那住宿，早上我们都来上班了，他回去吃早饭，再过来。中午我们回去吃饭了，来了，他再回去吃饭。

刘晓欣：当时文化馆谁在那负责呢？

傅智勇：李兴是馆长。我是美术组的工作人员。

刘晓欣：李兴在的时候发生的？

傅智勇：砸的那个画都谈不上，整个文化馆被砸是大事了，都顾不上这个画的事。

刘晓欣：这是您参加文化考察团的第一次活动，第二次呢？

傅智勇：在宾馆搞一次座谈会，讲老舍《全家福》的写作经过。当天晚上吃完饭以后，搞联欢会。联欢会有赤峰歌舞团的部分表演、二中岳玉函的小提琴表演，这是赤峰。余淑岩唱的"一道道水来一道道山"，女高音，那真响亮，震动全国。有作曲家杜宇的节目，他就借岳玉函的小提琴，随便就在烟盒上翻过来作这个曲子，可能是歌颂赤峰的，我忘了，然后拉的这首曲子。

刘晓欣：这就是您参加的三次活动。

傅智勇：这是三次，还有在赤峰宾馆作画。作家孟庆增特意骑自行车到文化馆找我，说领导找你。到那去，赤峰地区就我们俩参加了，画完画以后，又跟谢稚柳、林风眠合影。当时副盟长罗进在跟前坐着、俩画家、我们俩在后边站着，那么照的。那张照片没有给我，我觉着应该挺宝贵的，当时小，没见过大世面，因为那毕竟是大家。

刘晓欣：这张照片您没找着？

傅智勇：没有。

刘晓欣：那您手头有关这次活动的照片都有哪张？

傅智勇：就是在红山脚下那一次，林风眠在画画，我在旁边站着，挨着我站着的是端木蕻良，后面是歌唱家余淑岩，在旁边站着看他画画；再一张就是在宾馆，搞完座谈会到外边全体合影，罗进副盟长，还有布赫。在我手头就有这么两张。这两张照片参加了2015年老舍纪念馆来赤峰的展览，照片还是我提供的。

刘晓欣：老舍纪念馆？

傅智勇：老舍纪念馆。仿照他那纪念馆，门楼啊、牌子啊、里面影壁啊等等都有，在美术馆里边做了一个场景，纪念馆展览的大部分，是复制品。

刘晓欣：纪念馆怎么想起上您手头来找照片？

傅智勇：赵文戈找的我。我的原作还没有了，后来知道了，那阵儿找，怎么翻也找不着。跟老舍一起合影的那张，老舍的女儿还跟我要过，因为在《红山文史》上发表过，高云华把《红山文史》寄给了老舍的女儿。她要做她爸的诗集，要这张照片，我说原作不能给她。后来翻拍两张给她了，她挺高兴，还特意写了一封信，说感谢我给她爸爸收集，说照片上有的人她不认识，让我回复都是谁，我也给她写了。后来那个赵文戈把那封信给我，他说这封信给你，可是有意义，她感谢你。我给她翻拍的就是《赤峰沧桑》(2012)那本书里的照片，你手头也有。这两张照片用了多次。

刘晓欣：《赤峰市红山区文化志》中用过？

傅智勇：好几本书都用过，用过多次，怎么也找不着了。后来我找那个底片，上面都长白斑了。前一阵子我为了出书，他们说你得放上，找洗黑白相片的，很难找。找到了，把那个底片洗干净，翻拍，不是很清楚，比《赤峰沧桑》可能还强一点。

刘晓欣：傅老师，咱们今天就谈到这儿。

李宝祥

不尽歌舞颂盛世

采访时间：2016 年 10 月 18 日
初稿时间：2021 年 5 月 20 日
定稿时间：2023 年 10 月 27 日
采访地点：赤峰市图书馆"赤峰记忆"拍摄现场
版　　本：文字版

李宝祥速写

　　李宝祥　汉族，1945 年生于内蒙古赤峰市巴林左旗林东镇，毕业于内蒙古大学地方史志专业。曾任巴林左旗乌兰牧骑指导员、赤峰市群众艺术馆馆长、赤峰市艺术创作研究中心主任、赤峰市民族艺术研究所所长等职。2001 年被评为研究馆员，并被聘为内蒙古自治区群文系列副高级职称评委会主任和文化部群文系列正高级职称评委。现为中华文化促进会会员，北方草原音乐文化研究会副会长，国际亚细亚民俗学会会员，中国少数民族音乐学会及中国傩戏学研究会理事，赤峰市非物质遗产专家组组长等。

　　50 余年致力于对草原文化艺术的研究和红色革命文化的追寻。出版两部草原文化研究专著《漠南寻艺录》《草原艺术论》，先后获内蒙古自治区社会科学专著类二等奖、内蒙古自治区"五个一工程"奖及文化部艺术科研成果三等奖；红色革命文化专著《烽火草原鲁艺人》，获赤峰市委宣传部"五个一工程"文艺精品奖，以此为题材创作的话剧《热土》在全国产生强烈反响；文集《寻觅·守望·放歌——李宝祥草原艺术研究与创作文集》，在内蒙古学术界产生一定反响。创作一部音乐作品《契丹组歌》。在《人民日报》《光明日报》《中国文化报》《人民政协报》《内蒙古日报》等省级以上报刊发表百余篇论文、散文、随笔、人物特写及舞台艺术作品，曾获内蒙古自治区乌兰牧骑优秀论文奖、社会科学奖、"五个一工程"奖及文化部群星奖。作品入选《乌兰牧骑优秀作品集》《乌兰牧骑经典剧（节）目名录》并出版发行。因参与国家大型民间文艺集成志书的编纂，成绩突出，多次受到表彰，并被破格评为"优秀编审"，被内蒙古自治区文联及民间文艺家协会破格授予体现终身成就的"民间文化杰出贡献奖"，被东北三省一区群艺馆、群文学会授予"学术精湛、德艺双馨专家"荣誉称号。

刘锦山：各位朋友，大家好！今天是 2016 年 10 月 18 日，我们在赤峰市图书馆进行"赤峰记忆"的拍摄。今天我们请来的嘉宾是赤峰市知名文化学者、赤峰市民族民间艺术科研领域的领头人李宝祥老师。李老师曾经担任过巴林左旗乌兰牧骑的指导员、赤峰市群众艺术馆的馆长兼党支部书记、赤峰市民族艺术研究所的所长兼党支部书记。李老师，您好！

李宝祥：你好！

一、青少年时期的艺术梦想

刘锦山：非常高兴您能够接受我们的采访，首先请您给大家谈谈您的个人情况。

李宝祥：我的个人情况非常简单。

刘锦山：您是哪一年出生的？

李宝祥：我 1945 年出生在巴林左旗林东镇，就是辽上京遗址那个地方。8

图1　李宝祥（左）接受"赤峰记忆"采访

岁到13岁的时候在小学读书，然后到了中学读书。1963年高中毕业，正是国家困难时期，考大学很难，高中毕业七八十个人才录取五六个人，所以名落孙山。就到山村小学、中学代课，做代课教师。

刘锦山：在哪个学校？

李宝祥：在花加拉嘎公社中心校，后来到白音敖包国办第四中学。1966年巴林左旗乌兰牧骑成立，我就到了巴林左旗乌兰牧骑。先是队员；1975年提拔为指导员兼队长；1984年我调到旗委宣传部任党支部书记，也是办公室主任。

刘锦山：旗委宣传部？

李宝祥：旗委宣传部。1985年因工作的需要，调到赤峰市文化局。在赤峰市文化局主要是负责中国民族民间十部文艺集成志书赤峰部分的条目的撰写、编纂这方面的工作。后来，我给市长写信提出成立民族艺术研究所。我觉得赤峰地区的文化博大精深，各地都有博物馆，但博物馆只是管理"死"的文物，像古迹了、遗址了，活态的民间文化没有人去研究，所以我给市长写了一封信，后来成立了有9个人编制的赤峰市民族艺术研究所，我任所长兼党支部书记。这个是两套机构合并的，另一个是赤峰市文化艺术创作研究中心，我也兼任副主任和党支部书记，一直到退休。2006年我正式退休。

刘锦山：您是哪一年到赤峰市群众艺术馆工作的？

李宝祥：到群众艺术馆是1992年。从文化局出来，1992年到1995年期间到群众艺术馆，后来到民族艺术研究所。

刘锦山：从1992年到1995年在群众艺术馆担任馆长。

李宝祥：馆长兼党支部书记。

刘锦山：民族艺术研究所最早是在什么时候成立的？

李宝祥：最早是1990年成立的。那时候我到群众艺术馆当馆长以后，把民族艺术研究所就合并到艺术馆，后来又恢复民族艺术研究所，我又回来，几分几合。现在这个机构又合到群众艺术馆去了。

刘锦山：您是2006年退休的？

李宝祥：对，2006年退休的。按照规定来讲，我是1945年生，应该2005年退，可是我因为承担国家课题推迟了一年，所以2006年退的，这部专著在自治区、全国获奖以后，我也就退休了。简单的情况就是这样。到目前为止，我一共写了四部专著。

刘锦山：哪四部专著？

李宝祥：一部是《漠南寻艺录》，这是1996年出版的；一部是《草原艺术论》，2005年出版的，退休之前就这两部。退休之后的两部：《寻觅·守望·放歌——李宝祥草原艺术研究与创作文集》，是2010年出版的；《烽火草原鲁艺人》是2014年出版的。就这四部专著。还有百余篇论文，在自治区、全国获奖。这一生过得还算可以，我感到很欣慰。

刘锦山：李老师著述非常多。前几年根据您的《烽火草原鲁艺人》改编的话剧《热土》在全国演出，引起了非常大的反响。您是怎样走上以民族民间艺术为主的草原艺术研究之路的？请您向我们观众朋友介绍一下。

李宝祥：昨天（2016年10月17日）看到神舟十一号载人飞船上天，这是航天人的一个梦想。对草原艺术研究，也是我一个工作在草原地区的人的梦想，弘扬和传播草原文化是我终身的目标。在这个问题上，我觉得我是经历了由不自觉到自觉、由自觉确定为终身的目标，这么一个复杂的过程。我现在正在写我的第五部书稿，就是我的回忆录，现在基本定稿了，名字是《我的草原情——从艺五十年回眸》。从艺 50 年，就是我从 1966 年到乌兰牧骑，正式到文化艺术单位，到 2016 年正好是 50 年，所以要写一个东西。《我的草原情——从艺五十年回眸》对我的草原文化艺术人生之路进行了一些回顾，正好咱们图书馆搞"赤峰记忆"（项目）。我为什么要写这部书？因为我就是工作在基层的，我也没有大学学历，也没有进过什么研究生班，一生就在基层，能出版这样四部专著，对我来讲，在内蒙古自治区来讲，我觉得还是屈指可数、为数不多的。你问到我怎样走上草原艺术研究之路，说来话长。

刘锦山：您就从头开始说。

李宝祥：从我的家乡来讲，我诞生在巴林左旗林东镇，那是辽上京的地方。当时它是辽代的首都，当时的北京还是陪都呢。巴林左旗是半农半牧、农牧结合的地区，蒙古族文化和汉族文化相交融的地带，这让我对民间艺术产生了兴趣。在我的家乡，我老家那个四合院里面，蒙古族和汉族杂居，有一个喇嘛会唱很多蒙古族民歌。那时候他一喝酒，便唱起民歌来，尽管我不懂蒙古语，还是很喜欢。在我的家乡还有我一个亲戚，他会唱伞头[①]，每年春节的时候唱伞头，他唱得很好，大家也都很喜欢，内容都是吉祥词嘛，到每家每户去唱。在我幼小的心灵中，这个人了不得，也很了不起。

刘锦山：您是汉族，还是蒙古族？

李宝祥：我是汉族。我为啥从事草原文化研究？我的父母都是"斗大字不识一升"。在林东镇那个地方，为解决生活的困难，父亲常常赶个毛驴车，到牧区去拉牛粪。拉牛粪的时候，他还算是比较开放，带一些菜给牧民，牧民缺菜便可以给他解决住宿的问题，再买点牛粪到街里去卖。两天的时间赶毛驴车到巴林右

[①] 伞头，即伞头秧歌，是一种大型的民间歌舞活动。伞头是秧歌队中的领舞领唱演员，因以所执之伞为道具，故名。

旗老道板那个地方，也就挣个七八块钱。巴林右旗老道板到我们左旗七八十里地。卖菜期间有时候住在牧民家里头，听他们说说蒙古书、唱唱蒙古民歌，哎呀，这怎么这么美。我也听不懂，但我幼小的心灵好像对蒙古族文化有点初步了解，很是爱好。正因为爱好，我也想尝试着干点这方面的事。我想学吹笛子，那时候我家里没钱买笛子。我小学的时候，我的家乡林东有个四合店[①]，有从北部牧区来赶集上店里来的，他有牲口需要吃草，我到那河套边上割草，弄个竹篓背在后面，那草就卖个两三毛钱。那时候两三毛钱也可以了，逐渐也就攒钱买了个笛子。学吹笛子，那时候也没人教，就自己悟，有时候也看书，有点这方面的书，也是自己主动去找一找。后来用我姥爷的一个拐棍，与刘氏修锁的人换了一把二胡。

刘锦山：那是个什么拐棍，能换一把二胡？

李宝祥：就是拄的那拐棍。

刘锦山：木头的？

李宝祥：木头的拐棍，上面雕着龙。二胡、笛子这就算都有了。那个时候家庭生活困难，你一吹起来，笛子也吹不成个曲儿、二胡也拉得不成调，父母来讲只顾着生活，哪有闲心听这些，也烦得要命，笛子撅了一个又一个。

刘锦山：父母不愿意您学，把笛子都撅了？

李宝祥：不愿意，他们没心情欣赏那个东西。因为生活的压力比较大，我们家13口人。

刘锦山：您兄妹几个？

李宝祥：兄妹7个，姐俩，还有我大哥的一些孩子，一共13口人。7个读书的。

刘锦山：您两个姐姐？

李宝祥：两个姐姐、两个哥哥、两个弟弟。

刘锦山：总共您兄妹几个加起来是7个？

---

① 四合店，骡马车店。

李宝祥：7个。

刘锦山：7个人，加上您父母是9个人，加上您大哥的孩子是13口人？

李宝祥：13口人，家庭困难，没法欣赏。最后你说咋着？那个笛子给我撅的，最后我搁到顶棚上。

刘锦山：搁到顶棚上藏起来了？

李宝祥：那时候顶棚不像现在，是纸扎的顶棚，搁那上面藏起来。

刘锦山：您买的是蒙古族的笛子，是吧？

李宝祥：汉族的。

刘锦山：就跟我们平常见的笛子是一样的？

李宝祥：对，都一样的。

刘锦山：二胡也是汉族的二胡？

李宝祥：二胡是汉族的，蒙古族是四胡。小学时候我踩过高跷、扭过秧歌、演过"跑驴"。我们那有个秧歌艺人演"老抠"的，叫闫子真，表演时他耳朵带着两个辣椒，那表演得惟妙惟肖，有好多人都跟着他跑，看他表演，我也很迷他。到了林东一中以后，好像开阔了一个新天地。那时候中学的师资不次于现在的大学师资，文化氛围好，有吹笛子的、有唱歌的，整个对我的影响就很大。

刘锦山：中学是在林东一中？

李宝祥：林东一中在当时来讲，是昭乌达盟的重点学校，有好多的知识分子在那儿。这些人有的唱蒙古族歌、有的唱苏联歌曲、有的演话剧，等等。那时候音乐老师金世友把音乐室的钥匙给我了。音乐室单独在校园西北角，因为它和教室不能连着，影响别人上课。我没事就去音乐室，里面有手摇唱机，它可以听片子，这对我来讲是开阔了艺术世界了。让我知道了笛子演奏家冯子存，二胡演奏家蒋风之、刘天华。那时候就是模仿，看人家咋吹笛子，我还独奏过《牧童短笛》；二胡也是学着刘天华演奏过《空山鸟语》《病中吟》，都是自悟。同时，那时候还开辟了我对民间文化的一个天地。我听了很多各地的民歌，其中有好多的蒙古族民歌，唱片里面都有，像《草原上升起不落的太阳》《嘎达梅林》等。所以中学时代对我影响很大，我也成为学校校委会的文艺部部长了。那时候每到新年各班都拜年，也想有点出新，拜年节目整个啥呢？我说咱们整个《锯大缸》，我们班搞得还挺活跃。《锯大缸》是流传的民间小戏，传统剧目，扮演王大娘的周玉现在是辽宁省委副秘书长了，他是我的高中同学；扮演锔辘匠的杨荣后来是我们左旗交通局的局长了。总之，中学时代对我影响很大，我找到了一个艺术的新天地。

二、民间艺术的追求与创作

刘锦山：您是什么时候开始艺术创作的？

李宝祥：后来我有机会参加了一次全盟的"三独"汇演，就是独奏、独舞、独唱。巴林左旗要组织代表队，我那时候在左旗也算小有名气，所以把我临时抽调了。在学习班上，让我为一位歌手用笛子伴奏，这位歌手叫阿拉坦格日勒，阿拉坦格日勒老两口无儿无女，后面我要讲他的故事。他那时候住在林东文化馆对面那个民族旅社里头，因为我给他伴奏，我就得跟他唠，跟他谈一些情况，他把我视为自己的儿女了。那时候记录民歌不像现在能够录音，全凭笔记谱。我记得给他伴奏的过程当中，听他演唱，记录他的蒙古族民歌，感受到蒙古族音乐文化的博大精深。比方说蒙古族民歌有一种喇嘛纵欲的民歌，后来写文章我说不要把这样的民歌作为讽刺的对象。过去在清朝的时候，一家蒙古族人，两个儿子必须有一个当喇嘛的，那就是为了消除北方民族的戾气，是吧？

刘锦山：对。

李宝祥：都当喇嘛去，他用这个精神，统治着北方的游牧民族，所以喇嘛纵欲的这类民歌就很多。当然有赞颂山河的、有婚礼祝赞的，还有赞美家乡的等等很丰富。我从民歌里了解到蒙古族的文化，初步感受到蒙古族文化的博大精深。在我参加"三独"会演期间，一个马头琴手对我讲了他亲身与马头琴经历的传奇故事，让我深刻地理解到牧民和马头琴那种深厚的情感，这是一个真实的故事。那时候我们从林东到赤峰参加昭乌达盟文艺会演的路上，遇到的那个马头琴手叫蒙根特古斯。

刘锦山：蒙根特古斯。

李宝祥：他是我们乌兰达坝苏木的一个牧民。我记得他拉的是蒙古族传统器乐曲《八音》。但是在道上，因为车上挤得满满的，坐六七个小时，把弓弄断了。哎呀，我说这怎么办？到了昭乌达盟以后，不行给他借个弓子。

刘锦山：就是马头琴拉的那弓断了？

李宝祥：嗯，在文工团借一个，借了根弓子，他使不惯。他多少年都使那个弓子，就像人使各种工具似的，他使惯了，换一个，他不好办。所以这时候老人就很着急，就要表演了，要参加比赛了，你说弓子坏了这怎么办？于是他讲起了他们家族与这个马头琴的故事。他说我们从科尔沁那边逃荒要饭来到了巴林左旗，那时候是父亲把这把马头琴交给他，来到了左旗定居。定居以后先住在左旗的沙那水库阿贵庙①那块，经历了两次灾难。一次灾难是发了一场大洪水，这场洪水把什么都冲走了，但是这把马头琴始终在他身边；后来 1944 年遭遇土匪抢劫，他说你什么东西都可以抢，那马头琴我不能给，把马头琴留下。后来他家又迁徙到乌兰达坝苏木新浩特嘎查去了。"文化大革命"他又挨整，为了保住这把琴，他就把琴偷偷地转移到锡林郭勒盟西乌珠穆沁旗的一个亲戚家里头去了。

刘锦山：会演是哪一年？

李宝祥：那是 1965 年。

刘锦山：当时他的琴弓断了，会演的时候怎么办？

李宝祥：他也拉了，拉了不得劲。我让左旗文化馆的摄影人员给他照了一张相，后来还发到《内蒙古日报》上去了，在头版发的。马头琴的故事一般都是传说，什么一匹马死了以后，主人对它的思念，把它的头型作为马头琴的头、用它的骨做成了琴杆、尾巴做琴弓，都是这么个故事。但是这些故事毕竟是传说的故事，而这是一个真实的故事。这个故事我曾经写了一篇散文《情系马头琴》，发表在广西民族文化艺术研究院主办的一个《民族艺术》（1989 年第 2 期）期

---

① 阿贵庙，位于内蒙古巴林左旗富河镇沙那水库淹没区。此庙名来源于庙后的石洞，蒙古语"阿贵"，即山洞之意。

刊上。

另外，在左旗乌兰牧骑，因为一部民歌集使我产生了对民间文化抢救的动力。一个歌手、一个音乐家抢救蒙古族民歌的经历，让我很受感动。我说的是哪一个？就是我现在带的这本《东蒙民歌选》。我在左旗乌兰牧骑的时候，在"文化大革命"当中，曾经有幸从造反派的"废纸堆"里拿出一本《东蒙民歌选》。那时候民歌当作"封资修"，是不准唱的。《东蒙民歌选》是音乐家安波[①]搜集整理的，记录了很多的民歌，是在巴林左旗记录的。因为蒙古族民歌是很难界定的，它在哪个地方搜集就是写的哪块。像《牧歌》也是，在昭乌达盟搜集的，就是昭乌达盟的。好多的民歌，就产生在我的家乡巴林左旗。我当时在乌兰牧骑还兼任创作员，我就觉得我生活的这片土地上，我不知道有这些民歌，这对我来讲触动很大。人家安波是个音乐家，不是本地人，也是个汉族人，他抢救蒙古族民歌，在这儿待了几年，抢救出两部民歌，一个是《东蒙民歌选》(1952)，一个是《蒙古民歌集》(1949)，这对我启发太大了。所以我就有意识地，只要有空，就搜集整理民歌。我刚才说，乌兰牧骑为我从事草原文化艺术研究打开了一个方便之门，是我艺术人生的摇篮，所以我有这个机会。我觉得我应该主动地、每逢演出后我都有意识地拜访当地的民间乌力格尔[②]、说书的艺人。

刘锦山：乌力格尔？

李宝祥：乌力格尔就是蒙古书。还有唱好来宝的、唱蒙古族民歌的，了解当地的民俗、风情、信仰，等等。《东蒙民歌选》和安波对我一生的影响可以说是很大啊。我到中国音乐学院曾经讲，安波是我第一个启蒙老师，《东蒙民歌选》

[①] 安波（1915—1965），作曲家、音乐教育家、民族音乐学家。学名刘清禄，曾用笔名牟声，山东牟平人。曾任冀察热辽军区胜利剧社社长、冀察热辽军区文艺工作团总团长、冀察热辽联合大学鲁迅艺术文学院院长、中国音乐学院院长等职。1947—1948年，亲自组织搜集、整理蒙古族民歌，共搜集整理了200余首民歌，后来出版了《蒙古民歌集》和《东蒙民歌选》两部民歌集。

[②] 乌力格尔，一种蒙古族的曲艺说书形式，约形成于明末清初。其汉语意思是"说书"，因采用蒙古语表演，故又被称作"蒙语说书"。

是我学习蒙古族民间音乐的第一部教材。1975 年我当选乌兰牧骑队长了，我就在左旗筹备资金。

刘锦山：您是哪一年到的乌兰牧骑？

李宝祥：1966 年。

刘锦山：1975 年担任队长？

李宝祥：对，指导员兼队长。那时候指导员是一把手，我就筹备了一个班。那时候我不仅是左旗第一个办这个班的，也是昭乌达盟第一个办这个班的。1976 年"四人帮"刚倒，整个的蒙古族民间文化还没有得到非常重视，我办的这个班是好来宝、蒙古书、民歌三代人传承班。传承班啊，现在看起来那时候也是很超前的了，是不是？三代人传承班有老的、有中的、有少的，我要把蒙古族的文化传承下去。在那个班上，我记录了 100 多首民歌、60 余首好来宝、乌力格尔的音乐曲调。

后来我又想到传统的艺术不能仅限在传统，我们要在新的历史条件下，把它传承、发展、弘扬，所以我就尝试写了一个好来宝表演唱《阿爸的喜事》。为啥叫好来宝表演唱？你知道好来宝这种艺术过去就是一个人，拿着四胡可以演千军万马嘛，对人物采取实进实出的方式。我现在要进入角色，把它进入一个具体人物表演。讲的是一个全国人大代表要到北京开会，要把草原的这些巨变、新气象通过和一群姑娘的对话表达、表现出来。我觉得，从形式上本身是出新的；从内容上来讲，它转变了传统的，就是古老的说书的那些调没有了；另外音乐曲调上我要变，我有意识要尝试一下创新。可创新怎么"创"啊？音乐上，好来宝曲调我采取节奏的变化，节奏一变化它情绪就变化了；还有，把好来宝原始的曲调根据剧情的发展，我给它嫁接、衔接了。

1978 年全盟乌兰牧骑会演，我那台节目全都是崭新的，和别人不一样，可以说震动了整个昭乌达盟。但只有一个表演者获奖，我那时候年轻，所以很来气，我追求的东西没有获奖，而没有追求的东西都获奖了，我心里不服。主要是评委会上有人说，这也不是蒙古族音乐，而是藏族风格等一些意见，我不服。年轻人嘛，也不管那个事，所以让我在全盟乌兰牧骑介绍经验的时候，我就讲《阿爸的喜事》的创作过程，我连说带唱的，哪段我是怎么变化的、怎么发展的、怎么创建的……后来盟文化局以左旗乌兰牧骑代表队为主，参加辽宁省专业团体文艺会演，挑选节目，选来选去这个节目又被选上了，还任命我为代表队队长，让我改。我跟艺术科的人说，我改不了。因为我在写的时候，从词到曲子，都是和白连瑞精心雕琢的，你让我再改，也有难度、也有困难，我改不了，那你们再请高明。就这样到辽宁演出了。但是我这个想法得到辽宁评委会的肯定了，说是对好来宝的创新发展。我现在都留着当时《辽宁日报》及专家评委会的评论文章。所以我在蒙古族音乐创新这方面，还算是得到了专家认可吧，自己也挺高兴。

另外通过采风，我写了很多文章。比如说我写了《巴林民歌内容与风格初探》，登在了《巴林左旗志》，后来《巴林右旗志》也用了，现在凡是写巴林民歌的人都在抄我那儿的东西。后来我跟蒙古族从事翻译的一个人征求意见，我说我是汉族，有时候我不能直接理解领会蒙古族的音乐文化歌词，你看我这行不行？他说你还真懂，我们没研究出来，你研究出来了。我分析的巴林民歌的特色风格，还得到了蒙古族的认可，我觉得也很欣慰。另外我写了《内蒙古草原——民歌的海洋》《歌海行》等，在《内蒙古日报》、内蒙古的文艺期刊上也都发表了很多。我在乌兰牧骑这段生活，对蒙古族音乐文化做了一些探索和尝试。

我们那个地方属于半农半牧区，搞音乐的人，一方面要重视对蒙古族传统音乐的研究，另一方面还要注意研究东北民歌。东北二人转，在这个地方也比较盛行。因为我们那个地方是半农半牧区，面向半农半牧区，你必须创作反映蒙古族和汉族的剧目。那时候20多个公社，有3个苏木，因为你面对的对象就是这么个比例，所以在创作时要兼顾这个特点。我也注意研究、搜集传统的东北民间音乐，也应用了一些，写了一些东西，其中在全盟乌兰牧骑比较有影响的就是《纳鞋底》了，至今好多人谈起我来还是记得《纳鞋底》。我觉得在任何情况下，都可以通过"纳鞋底"这种形式发扬革命老传统，是吧？我觉得可能你们年轻，父辈的人也是穿着纳鞋底的布鞋，不会穿皮鞋的。回顾过去，不忘传统，这里边虽然有将近40来年的时间，现在有些人开会还是记得我那首东北民歌。

文艺工作者要贴近生活,不能离开生活,生活本身是艺术创作之源。另外我还写了一首表演唱《姑娘我拉着小车上大坝》。我下乡到基层,到了我劳动生活整整一年的那个地方,去看我修过的那个大坝,到了那拍照片,我在那里写的《姑娘我拉着小车上大坝》,那大坝有我们的汗水在里头。有人说,"文化大革命"是八个样板戏和一个作家的时代,这样有生活气息的歌,我觉得还是很少的。这个歌黑龙江省歌舞剧院演出了、黑龙江人民出版社的一本书里收录了。由此我也讲了,我们乌兰牧骑人不要自卑,我们有生活的优势,只要我们把生活的优势发挥出来,写的这些东西也能登大雅之堂。刚才我说的《纳鞋底》,也参加了辽宁省专业团体文艺会演,在春风文艺出版社也发表了。那时候在乌兰牧骑我有十几首作品能够参加省会演、在省出版社发表、在电视台播出,那时我还不知道啥叫电视呢,这是1978年。

像《姑娘抡锤好气派》也是描写我们当时挖"五七"洞的生活。有时候创作会想很长时间,半夜甚至会想起来一些。"锤起呼啸卷风雷,锤落山崩顽石碎,锤响震得千山抖,锤挥万水排成队。"这首歌春风文艺出版社也出版了。我还写了《蒙汉人民心心相印》,"独木不成林,匹马不成群,欣欣向荣的内蒙古,离不开情同手足蒙汉人民"。所以在乌兰牧骑创作的时候,最根本的体会是多彩的生活是艺术创作之源,民间文化是艺术创作之根。

在乌兰牧骑这段我谈了点创作体会,另外我觉得也留下了一些遗憾。我这一生也就进过一次学习班,还是在昭乌达盟文工团举办的作曲学习班。我的遗憾在哪儿呢?一个是我没有进入音乐学院学习,沈阳音乐学院的老师和我们在一起搞过创作,他们极力让我去音乐学院学习。他们当时说你在旋律上很美,但是你系统地学习一下会更好。再一个遗憾呢,就是我没有很好地学习蒙古语,不学外语我不遗憾,但是我没学蒙古语,这是我终生的遗憾。

三、挖掘与研究草原艺术

刘锦山:李老师,您1985年从旗里调到赤峰市文化局,后来就逐渐开始了对草原艺术的研究工作，取得了不小的成就。您把研究草原艺术这方面的情况，再给大家介绍一下。

李宝祥：赤峰市局领导对我的情况还比较了解，对我在乌兰牧骑期间的工作还比较认可，另外我也创作了一些东西，在市里比较有影响，也写出了一些关于民间文化艺术研究这方面的文章，然后就想把我调来。单单要从行政方面来调，有困难，调不来。像我这种工作在基层，领导认为还不错的，那更难调，地方不放。当时全国正在搞十大民间艺术集成，就是民歌、戏剧、曲艺、舞蹈、民谣，等等，十大民间艺术集成是文化部领导的。这个工作在当时来讲，还算一个新鲜工作，就是抢救民间文化，它和后来的非遗相比，范围较窄，非遗的范围更大。当时调是不好调，就采取了迂回政策，临时借调到市文化局，负责十大民间艺术集成志书赤峰部分的条目撰写工作。

我在左旗乌兰牧骑的时候，是以创作为主的，然后兼研究民间文化、搜集民间音乐，现在不能搞创作了，就是要搞十大民间艺术集成志书赤峰部分的条目的撰写工作。为了搞好这项工作，我认真做了半年的案头准备。我原来毕竟是在旗县，现在到了市里，这么大的范围，9万平方千米的范围，我需要了解各地的历史、民俗风情，才能有的放矢。所以我翻阅了各旗县区的地方史志，也翻阅了政协编的文史资料，从中了解赤峰到底有哪些民间文化、民间艺术。其次我也学习了解上面的信息动态是啥样、全国的信息是啥样、自治区的信息是啥样，然后决定我怎么开展工作。因为我也要做个明白人，原来虽然搞一点小型的演出，毕竟现在到了更大的范围，我是陌生的，所以做了半年的案头准备。

然后我就抓骨干培训，搞好普查。普查是十大民间艺术集成的基础工程。搞好普查，我就是举办一些培训班。那时候民委、宣传部这些机关联合组织了领导小组搞十大民间艺术集成。文化战线的经费都是很困难的，所以我就利用每年召开文化工作会议的机会，这个时候文化站和文化馆干部都来了，我说给我两三个小时，我要讲一讲怎么深入搞好普查。讲上面的信息，中央现在是什么样、内蒙古自治区啥样、地方应该重点搞啥。比如说对我们喀喇沁旗来讲，蒙古族王爷府艺术要深入去挖掘，宁城那一带，我说你们要注意，因为属于蒙古族、汉族交织的前沿地带，是蒙古族、汉族相互交融的地方；敖汉旗有呼图格沁[①]，要进行跟踪追击；还有一些传统的大型庙会，像宁城的大明庙会，等等。掌握这些东西，然后才能在讲的过程中，跟他们共同研究，他们才能明白，要不基层人不明白。我举个例子，比如说什么是民间舞蹈？他说我们这地方哪有民间舞蹈？我说秧歌就是民间舞蹈。哦，秧歌就是民间舞蹈。这才知道咋搞。培训骨干，普查，发动了很多人，可以说有上万人了，凭我这三寸不烂之舌四处游说，让他们领导重视这项工作，各级单位都把这项工作列为岗位责任制，要完不成的话就减分了。比较辛苦，自己掏钱给民间艺人买东西，有的骑着自行车、有的赶着小毛驴车，搞深入普查。那时候搞得还是不错的，内蒙古自治区文化厅在这里开的现场会。

刘锦山：哪一年开始做普查的？

李宝祥：1984年。我是1985年来的，1986年全区的现场会在这开的。现场会对一些普查先进单位进行表彰。当时内蒙古自治区文化厅的王世一是顾问，他是作曲家，原来的文化局副局长，退休了以后，文化厅返聘他具体负责这项工作。普查工作做得特别好，《中国民族民间舞蹈集成》编辑部也通报了赤峰搞好普查这方面的经验。另外我在普查工作当中、在深入基层当中，还有好多的重要发现。我当时确定了三个重点区域：一个是北部的阿鲁科尔沁旗，靠近科尔沁草原那边，因为那里有一些蒙古族民间文化的研究者，很重视这方面的东西，作为市里抓的重点；然后是中部，喀喇沁亲王府作为重点，喀喇沁亲王府的文化是很先进的，还有很多民间戏剧活动，等等；再就是南部，我把宁城作为一个重点，宁城是蒙古族与汉族交织的前沿地带，过去他们那里有很多民间艺人，很出名的像马振东、于书田等。从市里来讲，不可能面面俱到，但是要坚持以点带面，这是我的想法。

[①] 呼图格沁，又称"好德歌沁"，蒙古语为"丑角"之意，因其带有喜剧色彩的滑稽表演得名。是以歌舞为主，具有浓厚宗教特点的蒙古族民间艺术，内容以驱邪、祝福和送子为主。流传在内蒙古赤峰市敖汉旗萨力巴乡乌兰召村一带，据考证，至今已有200余年的历史。被国内外专家学者视为"蒙古族戏剧的起源""弥足珍贵的蒙古族民间艺术瑰宝"。

重要发现呢？在阿鲁科尔沁旗发现了米拉查玛①，这个在全市寺庙比较普及；更重要的是发现了流传300年的蒙古族婚俗——阿日奔苏木②婚礼，就是阿旗北部罕庙那一带。这个婚俗经过整理以后，用蒙古文记录下来了，整个婚俗一共是2万多字。后来我到那去以后提出了一个想法，我说这个东西能不能找个年轻人，用传统婚礼的形式把它记录下来？因为我了解婚俗在史料中记载较多，像布里亚特蒙古族婚俗多数都在史料当中有记载，我说能不能用现代化的科技手段，把传统的东西记录下来，再现一下，让蒙古族的后代也了解其婚俗史？

我提出这个想法以后，文化局很重视。后来，阿鲁科尔沁旗图书馆副馆长乌云格日勒表姐家侄女结婚，原来打算旅游结婚，后来同意用这种形式结婚。1985年，我前后5次跑到阿鲁科尔沁旗运作这件事情。最后定下来男方、女方家里各出1000块钱；公社也很支持，出了钱；民委那边也出了点钱；文化局负责录像。订下婚礼8月举行。8月时候恰恰发了一场洪水，主要是在南部。市文化局的领导就说，这都发洪水了，搞婚礼咱们在这又吃又喝的也不合适。后来我又去了几次，当地领导说，这个婚礼我们还要搞。南部发洪水，领导做了安排；北部没有发洪水，婚礼照常进行。

这样的话，婚礼正常进行了，录了3天时间。我们就一部摄像机，没有别的摄像机，几乎是吃不上饭，男女双方各自在两地，一个摄像机，你说咋录？中间隔了一条黑哈尔河，三四天根本吃不上饭。终于算把婚礼录出来了，录了18个小时的资料片。我在市里头请电教馆的黄树海老师，他是摄像的，懂美术、懂音乐，我们俩是老乡，合作起来，他也愿意干，他摄像，我编写脚本。18个小时的资料带，我编了30天，最后形成的是一个小时，配上解说，也配上音乐。当时有一个辽宁的歌舞团到这里来，我请他们提点意见。他说你这是演员演的？我说一个演员也没有，只有一个男方说客，他是文化馆的，说书的，说《乌力格

---

① 米拉查玛，是蒙古族一种融歌、舞、说、唱、表演于一身的宗教庆典仪式舞蹈。
② 阿日奔苏木是清朝的行政区域名称，泛指现阿鲁科尔沁旗北部的罕苏木等三个苏木一带地区。阿日奔苏木婚礼是国家级非物质文化遗产。

尔》，这个人后来调到内蒙古曲艺团去了，当时他是文化馆的、被男方聘的说客，实际上参与录制的都是当地人。婚礼整个形象也都是不错的，骑马的动作、醉酒的动作，演员根本演不了，那娶亲的马队原来是民兵连的。

婚礼拍完以后，文化馆太高兴了。当时整理这个书稿的乌·宝音乌力吉，文化馆的副馆长，也是个民间诗人、作家，有好多作品在全国获奖。他把我叫过去了，说你办了一件大事，我们太高兴了。当时正好是1986年他们旗开"四代会"，开完会以后他说为了你这个东西，咱喝一杯，我说我也不会喝酒。不行，我代表我们阿旗的蒙古族，对你做这样的大事表示感谢。临走时，他说，我还有东西，我说，你还有啥东西？他拿出一本古乐曲（32开大小）来，是阿旗的一个活佛（根丕庙五世云增活佛）在"文化大革命"中担着巨大的风险保留下来的一部乐曲。哎呀，我说你这部乐曲很重要，我觉得价值很大。实际是蒙古文、汉文整个一套从宫廷里流出来的宗教音乐。我说这个很重要，我还弄不清它的渊源，但是我觉得这个比《赤峰雅乐》[1]更重要。回来以后我就查阅了很多的资料，终于查清这部乐曲就是被列为清代蒙古族的宫廷音乐的"蒙古乐曲"[2]。后来我写了一篇文章——《一部清代蒙古族宫廷音乐重见天日》，在《中国文化报》头版发表。这个事也引起了重视，内蒙古古籍办，还有研究蒙古族宫廷音乐的音乐家门德，到赤峰来找我。他带着从故宫拿出的那个版本，和我那个阿旗的版本一对照，他说不是一个版本的。我这个上面有词的，他那个没词；他那个上面有词的，我这儿没词。他那个是宫廷版本，我这个是民间宗教寺庙的一个版本。

所以这两个事，一个阿日奔苏木婚礼，现在已列入国家级非遗项目了；这个蒙古族乐曲，蒙古汗廷音乐也是国家级的非遗项目了。我这次到阿旗，我说你们

---

[1] 赤峰雅乐，在赤峰地区曾经演奏、流传，并得以保存下来的一种古乐。1982年成立"雅乐抢救小组"，经过一年多时间，形成最初的音响资料，并编印《赤峰雅乐》一书。
[2] "文革"中，根丕庙遭到了毁灭性的破坏，混乱中曲本丢失，只残留下了《吉庆篇》《吉祥师》《大合曲》和《牧马歌》等15首歌曲，歌词是蒙古族、汉族、满族3种文字，配备有工尺谱及乐器配制、演奏方法说明等。2009年，在阿鲁科尔沁旗召开的第二次"查干浩特·林丹汗"学术研讨会上，论证了该曲本为林丹汗宫廷乐曲。

有两个项目进国家级了，从我内心来讲，我也算为你们做出了贡献。还有一个重要发现，就是蒙古秧歌。

刘锦山：蒙古秧歌？第一次听说。

李宝祥：1986年的时候，中国舞蹈家协会，还有《中国民族民间舞蹈集成》编辑部、辽宁省舞蹈家协会联合搞了一次"北方秧歌学术研讨会"。内蒙古自治区文化厅确定了两个人参加研讨会，来撰稿。西部区有个乌兰察布市艺术研究所的乔志成，让他写西部区秧歌，让我写东部区秧歌。当时就让我把赤峰、科尔沁和呼伦贝尔等东部区的秧歌都研究一下。接到这个任务以后，我说我写汉族的秧歌写不过辽宁、黑龙江、吉林那边，那边研究多少年了，我再研究也不如人家，人家在他们那儿叫"二老艺人"，一辈子都研究秧歌。既然我写不过人家，那我就找点特色的东西吧。敖汉旗的《呼图格沁》，是内蒙古独有的，当地群众称蒙古族秧歌；还有翁牛特旗德日苏嘎查有个民间舞蹈，蒙古语叫"雅布根呼格吉木"，翻译成汉语就是"步调音乐"，在当地也有蒙古族秧歌之称。我觉得群众承认它是蒙古族秧歌，那专家学者也得承认吧。所以我就写了篇文章《蒙古族秧歌与汉族秧歌渊源初探》，发表以后引起很大的反响。我是用比较分析的研究方法，蒙古族秧歌是受汉族秧歌的影响，实际上它是从宗教传来的，渐渐形成蒙古族秧歌的一些东西。过去学术界说秧歌仅属于汉族歌舞，现在得这么说，在汉族秧歌的影响下，少数民族也有民族地区特色的秧歌，比如回族秧歌、蒙古族秧歌等。这也算是我在学术方面的一个重要的发现。

还有一个就是我刚才说的蒙古族秧歌好德歌沁。它有两个名称，一个叫好德歌沁，一个叫呼图格沁，这两个名称翻译过来是不一样的。好德歌沁是"丑角"，呼图格沁翻译过来就是"祝福和吉祥"了。1990年，中国傩戏学研究会让我必须写篇文章，搞清楚它的来龙去脉。中国傩戏学研究会会长曲六乙先生说，赤峰要把这个搞清楚。原来我也多次说，让敖汉旗民舞基层人员深入调查研究这个问题。我到那去以后，看见跳这个舞的人，有很多是还俗的喇嘛。有人过去把好德歌沁当作米拉查玛了，一个是宗教的，一个是民间的，分不开了，说明这两者之间有一定的关系：表演的时候米拉查玛是黑白老头，呼图格沁也是黑白老头，它俩有时候是混乱的。我说这东西可能来自宗教,有几个方面:一是表演人物上,表演黑白老头;另外舞步上,它的舞式就是"咚咚咚恰、咚咚咚恰",查玛和西藏羌姆在节奏上有一些共同特点。那么它产生在什么时候呢?根据它的唱词,我才知道是清代乾隆年间:唱词说把这大车粮食拉到八沟去了。八沟当时在哪儿?唱词里面出现这个年代。因为当地海林王府那个地方,汉族都有秧歌表演,蒙古族秧歌也受汉族秧歌影响,也得给王爷拜年去,它也要搞,所以来自查玛,宗教和汉民族的文化相融合。

搞清楚这个东西了,我的这篇论文曲六乙看了以后非常欣赏。说你写得还很有道理,写得很好,但是你对自己臆想的东西,要有真凭实据,我给你改一下。这篇论文比较全面地介绍了呼图格沁形成发展的历程。在学术界,现在好多人都把它写成"好德歌沁",在十大艺术集成当中,呼图格沁其实是"丑角",当然对这个问题我也有不同的看法。随着历史的变迁,出现了两个名称,"丑角"是近些年出现的。呼图格沁的"白老头"是神仙,语言上就是蒙古史诗的语言了,它是给人们消灾、免除灾难的人,它是个神,你不可能把它叫作"丑角"。那么这个"丑角"是怎么形成的?我认为它就是随着时代的发展,宗教文化越来越淡

图 2 蒙古族秧歌呼图格沁

了，娱乐的功能越来越强了，它就变成了"丑角"，就像汉族秧歌里的"丑角"。这个论述，就包括中国艺术研究院博士生导师王克芬先生，也是我《烽火草原鲁艺人》的顾问，她写的时候用的是"好德歌沁"。我说王老你不应该用这个，你应该用"呼图格沁"，她说你讲得有道理，后来我们成为朋友了。这也是一个重要的发现。

还有一个就是在喀喇沁亲王府发掘出的密宗乐舞。你可能不知道大型庙会经常有表演那个戴着面具的舞，你有经历过吗，你没看过，是吧？

刘锦山：没有看过。

李宝祥：大型庙会都有那种像米拉查玛那样的表演。

刘锦山：戴着面具表演？

李宝祥：对，他们就有那种形式，都是在室外表演，而室内表演的查玛现在全国都没有发现。当时搞民舞集成的时候，内蒙古是王景志负责这项工作，他说你赤峰不要把查玛作为重点，我当时就说你搞你的，我搞我的。查玛在每个地方，它有不同的特色、不同的变化，我应该研究这个东西。米拉查玛到我们阿旗以后变成藏语演出，蒙古语也演出，从服饰上说整个都被蒙古族化了，它就不是藏族的东西了。那么发现了密宗乐舞，这个是谁提出来的呢？昭乌达盟政协副主席苏赫。苏赫先生是考古学家，他是喀喇沁亲王府王爷的后代。他说他年幼的时候在寺庙里头看过那么一个舞蹈，一帮喇嘛扮成年轻的姑娘去祭神。后来内蒙古自治区文化厅副厅长宝音达来先生，他家也是喀喇沁亲王府的，他说他幼年的时候，有时候寺庙里头人手不够了，到民间找人，他去跳过那个舞，让我们调查一下是不是有这个舞，它还存在不存在。在我没调到赤峰之前，他们曾组织人员去过几次，但是也没有得到信息。我来了以后也是几上几下，先跟传承人王色楞打交道，他开始也不说。我想我总得做个明白人，让他知道我不是外行，我得读密宗的书，我读了好多密宗的书。你怎么取得民间艺人的信任呢？你得尊重他、理解他。有些民间艺人是这样的，他知其然不知其所以然，他知道这么做，为什么这么做他可能不知道。所以我说了以后，王色楞说他也明白，他说了是怎么回事：原来是祭祀一个护法女神的，叫娜诺·卡吉德玛[①]，整个仪式由喇嘛扮成十七八岁的姑娘，绕圈跳舞，就是祭祀上供，祭祀各种东西，喇嘛念这部经卷的时候，有四五十种手势。

刘锦山：密宗有好多手势。

李宝祥：对。梅兰芳的艺术好多不都有手势嘛，但是在宗教里面现在很少了。我觉得可以把这些手势都记录到内蒙古民间艺术集成里，这个东西得传承下来，让乌兰牧骑表演，传承给下一代，比如在旅游景点。王色楞这个人是很虔诚的，他每天三点钟就起来念经去，那冷屋子也没有暖气，他冻成那样，这个人现在已经去世了。后来我和他关系很好，我每次去，他都说，小李子，我每天都给你念经，我说你给我念经好啊，祝福你。我们关系非常密切，他让他弟子给我做饭，我在那待了有一个月，把那个舞蹈抢救一下。

刘锦山：在喀喇沁旗待了一个月？

李宝祥：就把各种手势图抢救下来。这是一个重要发现。

刘锦山：舞蹈名称叫什么？

李宝祥：娜诺·卡吉德玛，藏传佛教密宗乐舞。再有就是成吉思汗的军歌。我在写《草原艺术论》翻阅资料的时候，在广西的《民族艺术》上发现了湖南一篇研究傩戏的由专家林河写的文章。我认识这个人，因为我也是傩戏学研究会理事。他发了一篇文章，他说他父亲原来在包头的时候，在冯玉祥部下任报纸的编辑，他从他父亲的遗物中收集到一段成吉思汗的军歌。我说这是个重要发现，当时就觉得有机会一定要拜访一下老头。终于有机会了，1998年9月，傩戏学研究会在湖南湘西召开沅湘傩戏傩文化国际学术研讨会。因为我是理事，所以我也就去了。当时我去的目的，更重要的是找林河。我报到的时候，他正好也在报到。我说，林老师我这次来，想了解一下成吉思汗军歌，因为我在《民族艺术》

---

① 娜诺·卡吉德玛舞于乾隆五十三年（1788）由西藏传入喀喇沁，至今已经有200多年的历史。娜诺·卡吉德玛是一位具有"伏恶之势、护善之功"的裸体护法女神。传说，她是司阴阳学说的"上乐金刚"之妻，也有"空行母"之称。其身上呈宝红色，裸体，披骷髅，做欲饮状，右手持月牙利刀，形象凶猛，双足踏鬼蜮，置莲花台座上，身上能发光，给宇宙带来光明。

上看到了你的文章。他给我拿来他写的一篇文章，写他父亲留下的成吉思汗军歌。我看了以后，觉得非常珍贵，70多句，五言绝句。我翻了一下《蒙古民歌集》，所有的民歌里面都没有这个军歌。

刘锦山：有歌词，就是五言的？

李宝祥：有歌词。我写《草原艺术论》的时候，翻了各地的报刊，通辽的内蒙古民族师范学院（今内蒙古民族大学）有一个人写了一篇有关成吉思汗军歌的，还写了蒙古文，也有汉文。他说《丙寅》杂志在成吉思汗诞辰日的时候，刊登了蒙古文军歌。

刘锦山：哪一年的《丙寅》杂志刊登了成吉思汗的军歌？

李宝祥：在新中国成立前，1926年的《丙寅》杂志。那个作者正好是林河的父亲。后来我又请了我们赤峰的希儒嘉措，作家、著名诗人。我说你看一看，这个蒙古语的和这个汉文的是不是一致的？他说是，一点不错。这就说明蒙古语版有了。曲调打哪儿来呢？还得找曲调。我正好又在《民族艺术》上看到苏赫巴鲁发表的一篇文章。苏赫巴鲁是吉林省著名的蒙古族学者，他出了很多著作，出版文集20多本。他写的文章中有一篇谈马背音乐的，谈到成吉思汗军歌。他在鄂尔多斯写《嘎达梅林》电

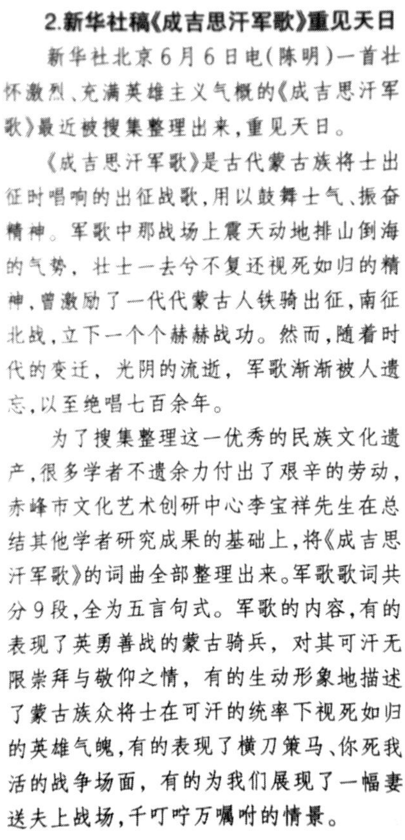

2.新华社稿《成吉思汗军歌》重见天日

新华社北京6月6日电（陈明）一首壮怀激烈、充满英雄主义气概的《成吉思汗军歌》最近被搜集整理出来，重见天日。

《成吉思汗军歌》是古代蒙古族将士出征时唱响的出征战歌，用以鼓舞士气、振奋精神。军歌中那战场上震天动地排山倒海的气势，壮士一去兮不复还视死如归的精神，曾激励了一代代蒙古人铁骑出征，南征北战，立下一个个赫赫战功。然而，随着时代的变迁，光阴的流逝，军歌渐渐被人遗忘，以至绝唱七百余年。

为了搜集整理这一优秀的民族文化遗产，很多学者不遗余力付出了艰辛的劳动，赤峰市文化艺术创研中心李宝祥先生在总结其他学者研究成果的基础上，将《成吉思汗军歌》的词曲全部整理出来。军歌歌词共分9段，全为五言句式。军歌的内容，有的表现了英勇善战的蒙古骑兵，对其可汗无限崇拜与敬仰之情，有的生动形象地描述了蒙古族众将士在可汗的统率下视死如归的英雄气魄，有的表现了横刀策马、你死我活的战争场面，有的为我们展现了一幅妻送夫上战场，千叮咛万嘱咐的情景。

图3 新华社稿《〈成吉思汗军歌〉重见天日》

影脚本的时候，在成陵①那一带，听见老喇嘛唱这个歌，他记录了两段词。我一看，正是汉文词的俗话，五言诗用来唱歌是不行的，那个音乐算是一种马背型的音乐，马背上的歌。这就算是基本的音乐和歌词都找到了。

当时我是《赤峰日报》特邀撰稿人。我和《赤峰日报》总编辑王燃说我要写个东西，你给我一个版面，他说行，李老师你写吧。我占一版，先写了。后来《内蒙古文化》《内蒙古艺术》也都发了，新华社发了一个特稿，标题是《〈成吉思汗军歌〉重见天日》。军歌我觉得应该进一步调查，它究竟是什么时代产生的？过去成吉思汗征战的时候，不都得擂鼓助威嘛，不都得唱歌嘛，那是不是在那时候唱的？什么时代产生的，这我弄不清；另外翻译者是谁，也弄不清。我已经退休了。

刘锦山：您当时把歌词和曲子都找全了吧？

李宝祥：都有了。

刘锦山：这非常有意义。

李宝祥：还有很多。到了宁城，宁城有十番，锣鼓乐谱铢铢镲，锣鼓乐。我刚不是说宁城是蒙古族、汉族文化交织地带嘛，十番，其他地区也有，南方也有十番。宁城十番就是蒙古族和汉族相互融合的，属丧葬音乐，它是从宗教传入的音乐，这个也挺有意思的。直到现在，演奏者都是蒙古族和汉族。宁城十番锣鼓乐谱保留了十三代，有些谱都被虫子嗑了，现在在民间依然有八九个乐队在演奏。咱们宁城在明代还有个帝王音乐家朱权。朱棣是燕王，他弟弟朱权是宁王。

刘锦山：宁王，后来跟燕王一起反叛了，是吧？

李宝祥：对。朱元璋让他孙子当了皇帝，朱棣来找宁王，两人合着造反，原来想平分权力，但是朱棣得权以后，就根本没给他弟弟，把他封到南昌那一带了。朱权是个音乐家，他写了《太和正音谱》（1398）、《神奇秘谱》（1425）。《太和正音谱》是研究元杂剧都离不开的东西，《神奇秘谱》有好多的东西传承到今

---

① 成吉思汗陵，简称成陵，是成吉思汗的衣冠冢。位于内蒙古自治区鄂尔多斯市伊金霍洛旗草原上，距鄂尔多斯市区40千米。

天。所以宁城这片土地上出现十番是不足为怪的。十番的音乐也是有传承和发展的。

刘锦山："宁城"这个名字是怎么来的，是不是跟"宁王"有关系？

李宝祥：它最初是喀喇沁中旗。以前有喀喇沁右旗、喀喇沁左旗，喀喇沁中旗是中间地带，后来才改成宁城县了。这个地方也是喀喇沁文化的一个中央地带。

刘锦山：当时宁王就在宁城这里？

李宝祥：就是。出版《宁城十番·唢呐与锣鼓乐谱》（2010）是我策划的。当时宁城县政协常务副主席陆殿文，他是文化站走出来的干部，当年收集十番的时候，他就在文化站，亲自跑，天天跑，一家一家跑。后来觉得宁城十番乐谱就在文化馆锁着也不是个事，他对文化还有一定情感嘛，想编本书出版发行，就来找我了。我是赤峰市非物质文化遗产专家组组长，基层同志干过的都知道这个辛苦，能尽力帮忙就帮忙吧。我说你出这个书，有些地方比如工尺谱我不懂，传统乐谱都是工尺谱，我需要给你找一个国家知名人士。陆殿文这个人很有韬略，他说，李老师，我们怕是请不起。我说，陆主席，我请的人，都是干实事的人，不是上你这儿捞一把完了就走、不干实事。最初找冯光钰，民族音乐家，他是中国少数民族音乐学会会长，过去是中国音乐家协会书记处书记嘛，他很高兴。后来他一听说朱权的故乡就是宁城，那是非常感兴趣的，说有没有遗迹，我去拜访。后来再找一个人就是张振涛，中央民族乐团的副团长。冯光钰和张振涛都是国家非物质文化遗产保护工作专家委员会的。这本书出版后的影响还是很大的，有些东西在中原就没有被发现。

还有就是宁城铢铢镲，中国古乐谱。在内蒙古草原地区，我还没听说过有一部锣鼓乐。成吉思汗征战的时候，是敲锣打鼓的，有没有在今天也存下来的？锣鼓乐谱也是道传的、丧葬的，都是由宗教传入的。有一个人，在这方面搞了二三十年的田野考察，也出书，人家请我作序，我也给做了。我是赤峰市非物质文化遗产专家组主任委员，我参与了市级的、自治区的、国家级的非物质文化遗产申报，推荐都得写意见，曾经有一个时期都是我一个人写。另外，不是说评完就拉倒，有些项目还得帮助基层向上推荐、向上跑，这里有几个事，我给你讲一下。

比如说赤峰雅乐，它已经是赤峰的一个名牌了。可是在赤峰、在内蒙古，对这个项目有争议。它争议在哪块？属于民间音乐还是宫廷音乐搞不清楚，所以没法立项。我跟内蒙古评委这些人都熟悉，他们也提出这个问题。我回来以后，跟红山区文化局说，我从业务的角度上给你们跑，那你们从行政角度上，你们也去跑跑。因为这么大个项目，现在青少年演奏、老年艺术团演奏、学校演奏、社会演奏，在内蒙古立不上项也说不过去，是不是？另外，中央人民广播电台播过专题，在东南亚都引起轰动。最后局长说我得去跑。后来他说这个事你得去，我也不认识那些人，评委会都开了，咋整？我说跟着我吧，我跟他们都说好了，评委那些我知道。我去了以后，见着音乐部分的评委，正好我也认识，我们中国北方草原音乐文化研究会会长李柯沁夫（李兴武），我是副会长。我说，李院长，对赤峰雅乐这个事，你得给关照。我给你讲道理，民间音乐和宫廷音乐，都总是分不清，你看有道理吗？你认为有道理就可以跟他们讲讲。我说宫廷音乐和民间音乐并没有一条鸿沟，宫廷音乐来自民间音乐，经过宫廷乐师改编以后为宫廷服务，那么随着宫廷的解体，比如说清朝解体以后，宫廷艺人就流落到民间，可能就变成了民间音乐。我说就是这么个道理，你看能说得出去吗？他说，行，这个能讲了。这样，赤峰雅乐被列入内蒙古自治区非遗项目了。

刘锦山：这是哪一年的事？

李宝祥：2011年。

刘锦山：赤峰雅乐就是一种音乐形式？

李宝祥：赤峰雅乐是器乐，它是从承德避暑山庄过来的音乐。传承人张海峰已经去世了。另外还有个巴林左旗的皮影，也是国家级的非物质文化遗产项目，这是我家乡的。有一批老知识分子，校长、高级教师、中高级知识分子在关于皮影的恢复、抢救、挖掘方面做了大量的工作。有一个中学校长叫申凤山，他从小就爱唱、爱演，影戏班一来他就跟着，跑的鞋丢了，他也照样跟着皮影班子，他退休以后就搞这个。排了很多反映契丹民族的皮影戏，如《辽太祖传奇》等。申报非物质文化遗产，在咱们内蒙古这块立项没问题了，往全国报几次也不行，他们后来还跟内蒙古文化厅说，说这玩意儿我们报一次不行、报两次不行，咋报啊？内蒙古文化厅说，你就找你们赤峰李宝祥得了，让他帮助你策划策划，看看怎么整。我到那去填表，我给他们讲，草原嘛，你把这个蒙古族音乐融入皮影中，过门的节奏、蒙古族的好来宝、唱腔加上蒙古族的长调……你只有突出特色才能立项。这一观点得到了曲六乙的欣赏，他是国家评委。这样的话，2010年巴林左旗的皮影被评为国家级非遗项目，一年给四五十万元。

另外呢，从事草原艺术文化研究，我还有我的初衷。一个是要为本地的经济建设服务。特别是当时朱镕基总理考察赤峰时，他谈了赤峰将来发展旅游业，要研究赤峰的文化。所以我在这方面写了很多的文章，民族文化的挖掘、利用与经济建设，无形文化形成的保护，整个文化和旅游业的结合，等等，这是为经济建设服务。另外一个是咱们赤峰社科联搞一个牧区经济发展的项目，我写的文化篇，就是《牧区经济与文化纵横谈》，3万字吧，牧区经济文化是不是要摆正几种关系了、发挥几个优势了，等等，怎么搞观光，写这个东西。这篇文章在全国获奖，当时我是内蒙古自治区群文战线唯一获奖者。

刘锦山：您获得的是什么奖？

李宝祥：在全国群众文化论文评奖中获三等奖。

刘锦山：什么单位组织的这个评奖呢？

李宝祥：文化部群文司和中国群众文化学会举办的。那个通知我现在都有。另外，为本地文化名牌的打造服务，我举几个例子。一个是草原文化节。赤峰搞过"永远的牧歌"草原文化节，策划的时候我们都参与了。当时我们提出这个《牧歌》怎么样在赤峰打响，取得一定地位；然后他们跟踪，找中央电视台了。中央电视台资深的那些人，他们提出问题来了，说《牧歌》有争议，不是你们赤峰的，你怎么把它论证过来说是你们赤峰的，你才能搞这个以"永远的牧歌"为题的文化节。在这之前，我对这个事也有个认识的过程。原来安波在《东蒙民歌选》里头把《牧歌》写成是昭乌达民歌，我不同意这个意见，我说是东蒙民歌。

刘锦山：东蒙民歌？

李宝祥：有些人说我把赤峰卖了，我觉得我的认识也有所提高。我仔细地考虑和分析，《乌日尔图辉腾》和《牧歌》，究竟是怎么回事，怎么进行分析论证？《乌日尔图辉腾》传说是在呼伦贝尔新巴尔虎草原，一场大火燃烧了草原，牧民失去了亲人、失去了爱人，是一种对草原的咏叹调，是悲伤的；安波创新地发展了这种牧歌形式，他是对草原赞美的诗情，"蓝蓝的天空上飘着那白云，白云的下面盖着那雪白的羊群"，多美啊！直到今天都是经典。那么怎么认识这两种形态？后来我到中国音乐学院讲的时候，我又讲了我的观点，报纸上我先发了观点，我说《乌日尔图辉腾》属于民歌范畴。这个《牧歌》是在民歌的基础上创新与发展的，它是属于另一种类型了。《牧歌》是在赤峰收集整理，由赤峰人演唱而从赤峰走出去的，《牧歌》在赤峰应该是唯一的。所以我这个观点在报纸发出来以后，也算是为咱们草原文化节铺平了道路，然后中央电视台认为分析得也有道理。这就是为打造文化名牌服务。

其次，巴林左旗要搞契丹辽文化节，打算搞一个小时的开幕式。他们文化局的局长到赤峰来找我，他说我们跟政府领导分析，请外人我们请不起，请你吧，因为你在乌兰牧骑工作，你也懂这方面的艺术。另外呢，说实在的，你对辽文化还有所了解，更为重要的是你还有一种对家乡的情感，所以我们就聘你作为开幕式的艺术总监，由你聘请相关艺术门类的创作人员。但在当时，我刚刚跟你说过，到赤峰来基本上我不搞创作，搞理论了，已经由形象思维转化成逻辑思维了，我说我也有一些困难。后来他们很恳切，我也不好拒绝。因为当时赤峰市民族歌舞团搞了契丹乐舞，我也协助他们搞过，还有点基础，就承担下来吧。我翻阅了200多万字的辽史资料、专家写的各种文章，得从艺术的角度把它提炼出来。因为他们的经费还很有限，就十来万块钱，来搞这玩意儿怎么搞？很困难，大部分还是由群众演，不可能由专业团体演。

刘锦山：那钱肯定不够。

李宝祥：没法整。所以只能是利用造型，中间舞台上可以由专业团体演。涉及六个部分、一个《序歌》。第一乐章是《青牛·白马》，契丹族古老的传说，用好多大的色彩，搞布景都有色彩，有色彩群众就好表演；接着是《绿草·金鞍》，契丹族腾飞的摇篮；《黄土·赤山》，走进中原相互交融的篇章；然后是

《蓝海·彩路》，契丹走向世界；《丝绸之路》，铸造历史的辉煌；最后是《遥寄契丹》。这个歌，到左旗去了几次，整个框架结构把契丹族在中华民族历史上的地位都说了，主要是宣传巴林左旗。正好赶上左旗非典。

刘锦山：2003年。

李宝祥：加上地震，没搞成。

刘锦山：这事最后没搞成？

李宝祥：没搞成。但是我写了七首歌啊，七首歌怎么整？后来与作曲者呼格吉夫商量并经左旗研究同意，变成组歌形式出版。契丹族的音乐究竟是啥样？这是个值得探讨的问题。赤峰市民族歌舞团搞过契丹乐舞《太阳契丹》，也请我去就契丹的音乐谈谈自己的观点，契丹音乐是啥样。我也谈我的观点，在作这部曲子的时候，也跟赤峰市市歌的曲作者呼格吉夫谈过，他也说这怎么写？契丹音乐怎么找？我认为吧，契丹族音乐是一种多元的、复合型的音乐文化，为啥说它是多元的？因为契丹族音乐是由唐朝、后晋的宫廷音乐传入的。除此之外，它还有一部分民间音乐，这部分民间音乐现在已经没有记载了，没有相关资料，但是可以肯定它是个游牧民族，它作为一个上下承载的游牧民族，有游牧民族古老的遗风。从遗传学上来讲，经过基因鉴定，达斡尔族是它的后人，我们能否从达斡尔族的民间古老传统音乐当中去找寻它的原生性特点？还有辽朝灭了以后，西辽还在新疆有100年的统治历史。所以说中原的风格、西域的风格、蒙古族游牧的风格，啥都有，什么也不像，"四不像"就是契丹族音乐，我的观点就是这样。现在我到左旗，看了他们唱我写的歌，也唱了其他作曲家写的歌，全部都是蒙古族风的。这七首歌后来以组歌的形式由内蒙古音像出版社出版，我除了出版四本书以外，《契丹组歌》算是第五部。这个我觉得就是探索尝试性的。原来左旗打算打造一个名牌普及，但是领导一调走，就没人搞了。

刘锦山：当时整个的题目叫什么？

李宝祥：《放歌契丹》。

刘锦山：当时他们演出叫《放歌契丹》，那么您出版的叫《契丹组歌》？

李宝祥：对，《契丹组歌》就是《放歌契丹》。另外，我参与过喀喇沁亲王府文化节、翁牛特旗"龙凤之乡"的策划并撰稿，在克什克腾旗的迎宾专题晚会上写过一些歌，他们现在有的都谱上曲。这就是为赤峰文化品牌的打造服务了。另外我为专业团体服务。这么多年，我写了很多关于乌兰牧骑的文章，大概十几篇，可以单出一本书。像《乌兰牧骑的传承、创新与发展浅谈》《论乌兰牧骑的生命力》《乌兰牧骑存在的问题及对策》，等等，因为我这一生跟乌兰牧骑可以说从没断过。在巴林左旗乌兰牧骑近20年，到赤峰市文化局艺术科我管乌兰牧骑，退休后又被推选为内蒙古乌兰牧骑赤峰分会的副主席。编了会刊11期了，刊物忘了给你拿两本了，就是《艺苑轻骑》。

图4 《契丹组歌》

另外，创编昭乌达蒙古剧《沙格德尔》。1984年，阜新蒙古剧《乌银其其格》作为中国少数民族第九个剧种出现；接着1988年就是科尔沁蒙古剧《安代传奇》。昭乌达盟蒙古剧怎么搞？我们局长李凤阁是剧作家，说咱们也得创造咱们的蒙古剧，题材选的是沙格德尔。沙格德尔是著名的蒙古族诗人，是中国少数民族民间史诗上举足轻重的人物，以他和封建王公贵族、宗教反叛人物斗争为题材写的。让我们也参与了，那我得研究，怎么参与其中。后来在整个创演的实践过程当中，我写了一篇文章《关于创建昭乌达蒙古剧的探索与思考》。我觉得昭乌达蒙古剧"一剧两式"，用蒙汉族的语言，用两种语言的方式，音乐上一种板腔体，一种民歌连缀体，等等，我认为在赤峰的文化史上应该是有一个篇章的。这篇文章也上了国家民委编辑的《中国少数民族戏剧研究论文集》（1997）。另外，这个剧目参加了内蒙古自治区草原文化节展演，蒙汉语演出，两种剧式，两个版本。两种剧式就是一个是戏剧板腔体，一个是民歌连缀体；两种语言就是一个汉文，一个蒙古语，就是为了传播文化嘛。

刘锦山：刚才您讲的这件事是哪一年发生的？

李宝祥：1990年。李凤阁搞完这戏就病故了。他是执笔创作、编剧的一把手，后来到人大了，提拔为副主任，一天也没做。他最后要写一篇论文，就是关于昭乌达蒙古剧怎么创建的，可发现得了癌症要去北京住院治疗，在赤峰临走的时候把我叫去了，他说这个论文我要写，怎么写，咱俩研究研究。他说能写出来的他自己写出来，写不出来的那部分你帮我续上，临去北京之前就这样来交代。后来到北京，他是小细胞癌，很厉害。本来那个手术不应该做的，但是他求生的愿望很强，他以三寸不烂之舌说服大夫，后来就要做手术。手术之前，又把我叫到他跟前说，宝祥，我那篇论文写完了，你看着再给我改改。他是用铅笔写的，很好。昭乌达蒙古剧最初的两个编剧都走了，丛培德和他。但是这个剧目我觉得还是很有价值的，我很怀念这段生活。

再有就是为年轻的一代草原文化研究者服务。我每年都接触很多研究生、博士生，通过有关单位介绍，或者朋友介绍，都找我，因为他们要研究民俗啊、蒙古族传统文化啊。

刘锦山：请您指点。

李宝祥：都找我。求学不容易，所以一方面我把所有资料，我写过的东西无偿给他们，有些东西网上都没有。在我的资料里，他们可以吸取很多的东西。像《草原艺术论》，每一部分都可以用，无偿地奉献给他们。这个地方要突出讲一下。有一个人叫董波，内蒙古师范大学的，他现在是副教授，带研究生了。他在中国艺术研究院考的是方李莉的博士，他的研究方向是人类学，原来想写翁牛特旗乌兰牧骑。他到内蒙古文化厅找我们这些和乌兰牧骑熟悉的人。我那时候正是《草原艺术论》定稿的关键时刻，很忙，根本没时间。他一来了不走，我说你写乌兰牧骑倒可以，它和人类学也有关系，但是你不如写敖汉旗《呼图格沁》，我说这个毕竟有几百年历史，它有个发展演变的过程。他说我得跟我们导师去商量，我说我相信你们导师会同意我这个意见的，我说你们导师大概也知道我这个人。结果方李莉同意了。第二次又来了，董波家在赤峰，春节前来的。正月初一又要去。我说你啊人家都放假呢，咋也得初七八人家上班你再去，到初七八以后，我就亲自带着他去，当地文化部门、当地民间艺人我都认识，接触接触，打打前站。后来他总算写出来了，就是关于《好德歌沁》民俗剧。我把我全部研究的东西、录音的资料形成本都给了他。

刘锦山：太好了，这叫提携后学。

李宝祥：根本就不需要再找什么敲门砖，从历史的角度可以再扩大范围。中国音乐学院有个博士徐天祥，他写了篇有关东蒙民歌的论文。

刘锦山：这是什么时候？

李宝祥：是2014年出版《烽火草原鲁艺人》之后，2015年。他的老师，院长赵塔里木说，你要了解这个东西，你得找李宝祥去，他搜集了很多的东西，出版了一本书。来了以后，我把《烽火草原鲁艺人》这个书给他。后来他获得国家社科基金项目资助，发表了一篇文章，最后表达对我的谢意吧。

还有赤峰学院的哈斯其木格，她是在中央民族大学读博士时，写关于蒙古族民歌的论文，我也提了许多意见，也参与了很多。另外一个就是内蒙古大学艺术学院的一个硕士研究生张静。她的导师色仁道尔吉说，现在一般论文都是研究上边的专家、上边的作品，很少涉猎基层的人，他说干脆你就写赤峰李宝祥，因为他的学术研究在内蒙古地区是很有成就的。她导师给我来的电话，他认识我，他读研究生的时候，关于内蒙古地区的查玛，就从我的论文中参考了很多东西，他说让我帮帮这位学生完成研究，写成硕士论文。后来她到赤峰来了，哎呀，我说张静啊，我这个人是杂家，你说音乐学这方面，当然写过一些东西，我的研究比较杂，你研究我比较难啊，她说试着让我研究研究，我说你先读我的书去吧，然后你自己提出想法，我帮助你整。她提出以后，我始终就帮助她，告诉她怎么做，要不然凭她的学识啊有些困难。在我的想法当中，我能帮就帮，毕竟我年龄大了，培养年青一代的草原文化研究人才也是一种责任、担当，是吧？当硕士研究生或者博士生来的时候，我都讲，毕业论文好写，我希望你们要继续干这一行，不要论文写完了就拉倒。我都说这番话，当然这是一个非常寂寞的职业。但是有好多的人，得到文凭以后就干别的去了，很少有人继续从事这方面的工作。

所以，整个到赤峰这一段，我觉得漠南草原是我草原文化艺术研究驰骋的新天地，我的视野更宽了，我的研究范围更广了，我觉得在我的研究范围之内呢，我有几点体会。一个是要甘于寂寞，要有一种持之以恒的坚守。当然也面临着仕途、金钱的诱惑。市文化局领导要培养我当官，我也没干，我说我干不了。我跟局长说，多累啊，想干的事干不了，不想干的事还得老干。我当三年艺术馆馆长，我也真的体会了，一天吃喝拉撒睡你得管，我一篇论文没写过，搞不了什么。我觉得这是一种坚守，不为仕途和金钱所诱惑。另外我觉得一个人在理论研究这方面要顶天立地。"顶天"是指你要研究某些东西，就要了解全国的、世界前沿的东西，你必须掌握，你要不掌握前沿的东西，你研究起来就白费，你要尽可能地接触泰斗式的学者、艺术家，听人家一番话，胜读十年书啊，我接触了很多的国家级泰斗式人物，对我影响很大，他们对我在基层的工作也很欣赏，也给我很大的帮助；"立地"，就是要踏踏实实地深入田野考察当中去，真正深入民间当中去，和那些老艺人交朋友、交心，为他们排忧解难，为他们的困难呼吁。

我举两个例子。一个是阿拉坦格日勒，1964年冬参加全国少数民族群众业余文艺汇演，胡松华写的文章赞扬他，中央人民广播电台为他举办专题节目，中央领导也几次接见。回来以后他想办两件事情：一个是培养民歌手，这是领导的嘱咐；另外就是在东山上种一片树，留下一片绿色。可是因为他见过乌兰夫，"文革"当中受迫害。开批判会时把他的一片树林拔掉了，停止培养农牧民歌手。但是这老头威信高，群众影响好，并没有因为这些被监禁，可批斗会斗他，老头能不来气吗？辛辛苦苦为党干的事，为家乡做的事，受到这样的批判。患了肝癌，到左旗治病去，他让一个说书的名人张布和到我家去传话，说想最后看看我。我没在家，下乡去了，后来再没见过，他就病故了。"文化大革命"耽误了他，我知道要不是"文化大革命"，他就到艺术学院当长调民歌教师去了。后来我一直想找人写写他，去找记者、去找作家，我说你们写写阿拉坦格日勒，他们都写不了，因为不了解阿拉坦格日勒。

图5　2012年7月，阿拉坦格日勒立碑仪式（碑右一为李宝祥）

    1976年"四人帮"刚倒，我1977年春节的时候到了他的家乡，我想知道他到底是怎么死的。我在大队住着，在煤油灯下走访那些人。我写了一篇文章，叫《飞奔吧！我的云青马》，在《昭乌达报》上全文登载，后来内蒙古文艺期刊《鸿雁》也登载了。这么多年一直想为他呼吁立碑，多种场合，在市里头、在旗里面，我为他呼吁。特别是在非遗工作开展以后，他是我们内蒙古长调民歌的传承人啊。一直到2012年，巴林左旗草原传统文化协会终于把我的愿望实现了，给他立了碑，而且以他的名搞了长调民歌的比赛，让我必须去。当时我感冒，正在医院输液啊，嗓子都说不出话来，无论如何拔掉针我也去，这会我得参加，因为这是我多年呼吁的结果。我去了以后，在他立碑的坟头上，跪到那儿，我说了几句话。我说："阿老啊，虽然我们民族不同、语言不同，但是蒙古族的音乐把我们紧紧地连在一起。我多少年来为你呼吁，为您老立碑，今天终于实现了！您在九泉之下也感到欣慰吧。"在追思会上，左旗政府给我做了一身蒙古袍，这是我没想到的；左旗人大常委会副主任新巴雅尔给我穿上长袍，我当时很激动。我穿上这身服装以后，我说这是 30 年以后，故乡人对我的认可，这是故乡人对我一个汉族人、另一个民族的认定，我感谢故乡，我永生难忘！"阿拉坦格日勒杯"长调比赛，今年搞第二次，又请我回去了，全区的比赛，在今年 7 月 4 日。我 7 月 4 日那天要到内蒙古自治区参加话剧研讨，所以没去成。据说人大常委会副主任新巴雅尔对民间文化很重视，在全体会议上说，李老师是一个汉族人，跪到坟前的那段话，我至今记得他说了什么，他也哭了，不能忘。

《格斯尔》说唱家参布拉敖日布也是我的一个朋友，20 世纪 60 年代参加自治区群众文艺汇演，和阿拉坦格日勒，我们都是一个队的。他演唱的好来宝《毛泽东思想放光芒》，给我印象很深，嗓子非常浑厚，后来他参加了《格斯尔》的收集整理。这人很了不起，他是被国家民委、文化部、中国社会科学院等单位认定的《格斯尔》"说唱家"，有文件的；还是全国抢救《格斯尔》的先进工作者。我在群众艺术馆工作的时候，1993 年他来赤峰看病，他把那些有关《格斯尔》的材料都给我了，说给别人没用，就你留着吧。后来，我给他跑上跑下地找医院，我和大夫说，他是咱们的宝贝，著名的《格斯尔》说唱家，你们好好给他治病，最后确定是直肠癌。我当时找文化局，我说老爷子来了，能不能送回去，没车；后又找民委，也是没车；最后我就找了老白（白显林），他当时有吉普车，我要亲自送他回去，因为他不可能再来了。我把他送到巴林右旗大板他姑娘家。

他临终前把他所有的资料，领导的讲话、拍摄的图片，都交给我了。他说我交给你我就放心了，我 13 个孩子，你把这些复印以后，交给孩子们。

刘锦山：原件留您这儿。

李宝详：交给我了。他回去以后，还几次给我来信让我去一趟，那个意思就是有些事还得交代。他一个是用蒙古语写的，一个是用汉

图 6 《格斯尔》史诗传承人参布拉敖日布

语写的，还要给我交代一个东西。后来中央电视台来到这了，我说要给他搞一个专辑，就是《寻找参布拉敖日布》。到了他的家乡索博日嘎，他老伴儿拿着那个红布包着的东西，还没出版的"格斯尔诗"及当地的传说故事，她说这是老参生前要交给你的。当时由于文化馆、文化局的人陪着我去，再说我也不懂蒙古语，当地文化部门在这，我也不好意思拿，我说你们要好好保留着。我这次到右旗，我还问这个事，那资料也找不着了，但是右旗《格斯尔》也被列为国家级非物质文化遗产了。我又去了一次，他姑娘来了，让我把材料拿回去。我对他姑娘说，我说你一定要保护好你爸爸生前的这些东西，你要当回事。现在《格斯尔》引起右旗重视了。就像我前面举的例子，像王色楞，就是要和民间艺人建立起一种深厚的情感。在《草原艺术论》出版的时候，我在《前言》中说，当本书问世的时候，我最应该感谢的是那些给我无数营养并促使我走向草原民间艺术之路的民间艺术家。我写的这段话。

四、《漠南寻艺录》的写作和出版

刘锦山：李老师，您在长达50多年的艺术创作、研究过程中，写作了大量的文章和著作，《漠南寻艺录》是您第一本草原艺术研究方面的专著，请您向大家介绍一下《漠南寻艺录》的研究、写作和出版情况。

李宝祥：我从事草原文化艺术研究四五十年的时间，有四部专著问世，这对我来讲是最引以为自豪的事情了。我这小小著作跟那些大家不能相比，我不会用电脑，每个字、每句话都是我用笔写出来的。

刘锦山：相当不容易。

李宝祥：我不敢说我的理论水平有多高，但是字字句句都是我内心深刻思想的表达。尽管和那些大家的作品相比只是小菜一碟，但在我的心中分量很重，孩子再丑，自己的总是很好的。这四部专著都是我在50岁到70岁之间写的，有人说是大器晚成，也是一个厚积薄发的结果吧。《漠南寻艺录》是我的第一部专著，那正好是在我50岁的时候出版的。当时对我来讲，一个农民家庭出身的人，父

图7 《漠南寻艺录》书影

母根本没有文化，别说要出书，就是看书，可以说也只是一个梦想。因为在报刊、杂志上我发了很多的东西，论文、散文，还有接受电视台的采访，一些朋友建议我出一个集子，觉得我的草原民间文化研究很有价值。当时我想，很难。学术著作在我的现实条件下，出版是很难的，我也一直都不敢去运作这件事情。

后来有一个机遇。我在群众艺术馆工作期间，曾抓了两个国家级的典型：一个是元宝山区马架子村的文化园，是少数民族地区第九个国家级的试点文化园；又抓了元宝山区马架子村"金马驹"少儿艺术团两个少儿节目进中南海演出，即《草原小骑手》《小小摔跤手》。这对于赤峰来讲，对于内蒙古群众文化史来讲，那是很少见的了。后来文化部命名，要挂牌，挂牌的时候文化局调来了一个卞永馨局长，一个女局长，她说文化部来挂牌，咱们应该怎么办？我说我们应该像企业一样，找个车沿街走一下，一路到元宝山区，宣传我们自己的产品，也算自己的产品嘛，文化产品和其他商品一样嘛。整个活动搞得不错。卞永馨局长原来是共青团的干部，她也喜欢这样做事情。当时我从群众艺术馆已经调出来了，我是在辞掉群众艺术馆的职务以后，跟文化局提出来给我一年的时间，我想出书，给我一个专门的办公室。就在这个时候，卞局长说，李老师，你有什么事？我说卞局长我就想出书，出书吧，困难重重。那个时候我也就几十块钱的工资，我出不起。卞局长说这个事情这么着，经费我给你解决，你就准备书稿，我直接打报告报市政府，我去跑。她找到当时的分管副市长范勇，范勇是从内蒙古调来的，他在大学里面也当过领导，能体谅知识分子这个心情吧，他真心地帮助我，就从他的市长资金当中批给我 5000 块钱。

刘锦山：这是哪一年的事情？

李宝祥：1996 年年初吧。

刘锦山：5000 块钱也不少了。

李宝祥：5000 块钱我觉得可以开始运作了，起码我觉得这是政府支持的项目、领导关心的项目，也给了我信心。当然这些钱是远远不够的，出这部书那时候一共得 3 万多块钱。后来我一想，书出来以后也可以找文化部门的人，各个单位啊支持一些，像图书馆、文化馆、博物馆、乌兰牧骑，都可以购一点，我再想点办法。出书的时候，有人说，你请人作个序，或者请领导题个词啥的。当时曲六乙是中国傩戏学研究会会长，我是理事，他对我也很赏识，我求他作，他说没问题，把书稿给他寄去作了序。

然后呢，又有人说，你这个书应该请领导题个词。我这人吧，社会活动能力差，当时真没想到找领导题词去，因为让领导给你题词，一旦拒绝了该怎么办？知识分子的脸面就是挺薄的。当时赤峰市委副书记照那斯图，后来是咱们市里人大主任了，因为他在哲盟[①]就是管文化工作的，调这儿来先是当副市长，后来当副书记、人大主任。我说你给我题个词，他说没问题，我给你题，另外人家说，范勇副市长都给你批钱了，你也不让人家题个词？我说这也行，我找找他吧，范勇副市长也给题了词。后来又有人提出来，说你这个书啊，价值还可以，是不是找刘云山题个词？刘云山在这儿任过市委书记，但是我也没接触过，我也不认识，他担任过内蒙古自治区党委常委、赤峰市委书记，后来他调到中宣部，先是副部长，后来是部长了。我说我也不认识，在赤峰也没接触过，也没有接触的机会啊。后来市政府驻京办事处的领导知道这个情况以后，他说你把主要的文章、目录，有关的东西拿来，有时候我们要见他。就这样，把我写的这个目录、曲六乙先生作的序，还有一些主要的文章，通过这个驻京办事处给他送去了。送去以

[①] 哲盟，原内蒙古行政区划名"哲里木盟"的简称，位于内蒙古自治区东部，现通辽市。

后不久，我就接到了一个大信封，中共中央宣传部的。

刘锦山：题词过来了？

李宝祥：题词过来了，我也没和人家见过面。

刘锦山：（看题词）"开发民族文化资源，振兴民族地区经济建设，题赠李宝祥同志。刘云山，1996年7月。"他当时是中共中央宣传部副部长？

李宝祥：当时是那样的。领导题词的问题解决了，然后送到印刷厂打字、排版。一直运作了将近一年的时间吧，1996年11月出来的，出版单位是内蒙古人民出版社。

刘锦山：您那5000块钱不够，后来经费是怎么解决的？

李宝祥：我这人不愿意给领导添麻烦。这个书1996年年底出来之后，发行单位是内蒙古新华书店。内蒙古新华书店有个副经理王忠，是咱们当地的一个下乡知识青年，他过去在报纸上看过我写的很多东西，对我很了解。他说李老师，你要年底出来，赶紧给我邮来几本，明年年初中央党校搞一个全国图书销售，你给我用快件打个三两本，拿那儿展销去。我邮寄给他以后，还不错吧，就算是在全国销售了500多本。他跟我说按照书店和作者的分成，一般是五五分成，后来王经理说看你个人出书也很困难，你"六"，我们"四"吧。我说那你把书款赶紧交到印刷厂，因为我欠着人家钱呢。后来这个书出来以后，我那时候就像高级乞丐似的，请求领导，文化系统直属各单位给予支持。说实在的，文化系统各个单位，还给予了支持，然后我借机到各旗县，旗县有些人也了解情况，也有一些朋友帮忙。在朋友帮忙、领导支持下，这本书1996年发行出版费凑齐了，这就中了。这是第一部书稿。

刘锦山：当时赤峰图片社的经理白显林老师还资助了一些？

李宝祥：他给我资助1000块钱嘛。他说你为我们蒙古族文化做宣传，应该支持，挺高兴。《后记》当中给我支持的人我都写了。这个书出以后，《赤峰日报》刊登了曲六乙的序；《红山晚报》等的资深作者写了一些文章；还有一些专家、教授，如罗宗义、戴云卿写了很多的评论文章，那时候此书在赤峰掀起了一个不大不小的波澜，新闻媒体给予了高度的关注。另外因为在全国销售了500多本，现在国家图书馆还有。最令我想不到的是这本书出来以后，中央电视台第七频道，有一个《农村文化寻访》的栏目得到这本书了，我也不知道是通过什么渠道得到的，他们打电话给我，我的电话号码都写在书里头呢，因为我要和海内外学者进行交流嘛。

刘锦山：家里电话、办公室电话都留了？

李宝祥：嗯，我就是给海内外学者一个见面礼吧，大家互相交流探讨草原文化。正好赶上全市乌兰牧骑汇演，我是评委主任，一天几乎3台节目，晚上连续作业，都吃住在宾馆里头。中央电视台往家里打电话，说看了这本书我们想列为专题来进行跟踪采访、播放，我老伴儿说他没在啊，他在乌兰牧骑参加汇演呢。那时候信息不像现在，没有手机啥的。等我汇演结束以后，老伴儿告诉我，说是中央电视台第七频道《农村文化寻访》栏目组，一个叫高飞的女士，她留下电话，让你给她打个电话，有些事儿跟你说一下。散会以后我赶紧给她打个电话。我说你是怎么得到书的？她说我们通过销售的渠道，感到你在漠南寻艺30年也很不容易，酸甜苦辣也很多，和我们《农村文化寻访》这个栏目比较切题，我们想列为专题，对你进行专访，跟踪采访。她说你能不能给我提供车？我一听说车子，我说那我可提供不了，我说你最好通过宣传部或者通过文化局，让他们解决。

这个事我得和文化局打个招呼。我和局长说中央电视台要采访我，咱们需要提供车，我们局长说，现在忙一点，过段时间行不行？我一琢磨，我也不好意思说，人家既然提出来了，你还让过一段时间来，我也就撂下了，这个事就先这么着吧。后来制片人高飞给宣传部打电话，说我们想采访你们赤峰市的李宝祥，他出版了一本书《漠南寻艺录》，首先问宣传部副部长王燃，就是后来《赤峰日报》的总编，说这个人行不行？王燃回答那人没问题，你们报道就报道，那没问题。另外王部长又问要钱不？他说这个我们不要钱，一切经费我们出，主要就是你们给我们提供方便就可以了，车啥的给解决一下，我们坐飞机去。然后宣传部就直接给文化局了，文化局的领导列入议事日程，这回就算是正式同意了。然后研究什么时间到、怎么解决这个事。文化局的领导和科长都去接站，把人接来了，这就算接上头了。

　　接上头，我想了一个问题。我怕给文化局增加麻烦，因为这些人来又吃又喝的，我心里头就想着怎么样减轻文化局的负担，文化系统都很困难。我想跟他们谈，不要只介绍我，根据我书中的内容，再把我们赤峰列出几个专题来，到元宝山区马架子村，然后到右旗，到各旗县，分散一下。晚上吃饭的时候，分管的刘副市长也来了，他是中央广电局下派的干部，他说，李局长，文化系统尽管困难，你们要接待好，中央台人家南方给个十万八万录个片子都不去，你这列为专项了，人家自费，你要招待接待好了。后来文化局派个车到处跟着走访，一共编了5个专题，其中一个是《漠南寻艺三十年》，这是以我为主的；另一个是《寻找〈格斯尔〉说唱家参布拉敖日布》；还有马架子村的《"金马驹"少儿艺术团飞向中南海》；巴林右旗的《巴林草原西拉木伦河畔的乌兰牧骑》；还有《马架子村民族儿童文化园》。这5个专题在1997年大概11月的时候，一个星期播一次，一次十分钟左右，播了一个月。一本书能产生这个影响，这是我没想到的。

　　刘锦山：中央电视台如此报道这很难。

　　李宝祥：对。与此同时赤峰电视台也对我进行了专题报道。另外这本书出版以后呢，广州音乐学院原来的院长、广东省音乐家协会主席、著名民族音乐学家赵宋光先生给我写了一篇文章。我和赵宋光先生是在参加中国少数民族音乐学会年会上相识的，他对我很欣赏。1990年我第一次参加中国少数民族音乐学会年会，我发表了一篇论文《对民族音乐的困惑与思考》，老头对我印象很深。我当时在文章中提出一个观点，音乐家需要汲取民间音乐艺术的乳汁才能成为音乐家，但是有很多民族民间艺人仍生活在穷山僻壤里，生活非常艰难，比如阿拉坦格日勒，我们不应该忘记他们，政府在这方面应该给予补贴、补助，并在法律上给予支持。现在国家级的非物质文化遗产代表性传承人国家给予的补贴都达到一两万元了，我那是1990年提出来的，在当时很超前的。大会发言人密西根大学民族音乐学院的一个学者林萃青在做学术报告的时候，他说我非常欣赏内蒙古李宝祥谈的这个观点，就是中华民族文化博大精深，各民族都有多彩的文化，怎么样才能把文化保护起来？要做好传承人的工作，要在政策上、生活上都给予他们倾斜。赵宋光先生那时候对我就比较欣赏，所以在这个书出来后他从头到尾读了，他是南方的，冒着酷暑读的这本书。后来他写了一篇文章《他从草原来，草原在他心里》（2010）。他说李宝祥的研究是多方面、多侧面的，他是采取多学科交叉的办法，而且都是比较前沿的东西；他最后谈到一点，假若我们中华民族有100位这样的民俗学家、历史学家、舞蹈家、音乐家对这些综合性学科进行科学研究，那么我们中国的民族音乐、民族艺术就大有希望。他是北大哲学系毕业，后来搞音乐。这篇文章在《中国文化报》上发了，第一次在《中国文化报》上对我做了一个全面的介绍。

另外一篇评论文章就是印洗尘先生写的。印洗尘就是《雕花的马鞍》（1988）、《乳香飘》（1980—1982）的词作者，内蒙古文化厅的艺术总监，1943年出生于辽宁省昌图县，也是个文艺理论家。到了内蒙古文化厅以后，任《内蒙古文化》主编，他也写了很多文艺理论方面的书籍。还给我写了一篇文章《天道酬勤自有因》，他说宝祥同志这么多年都是勤劳的结果、勤奋的结果，他的研究是多方面的：不仅研究专业文化，还研究群众文化；不仅研究民俗文化，还研究宗教文化；等等，涉猎很泛。他做学问脚踏实地，等等。这篇发表在《内蒙古日报》副刊上。另外，这本书出版一年以后，鉴于这本书在全国的影响，赤峰市文化局开了个研讨会。

刘锦山：《漠南寻艺录》研讨会？

李宝祥：研讨会。

刘锦山：就是1997年了。

李宝祥：1997年。我记得文化局给拨了2000块钱开那个研讨会。我国著名的戏剧理论家，文化部"文华奖"、中国剧协"梅花奖"评委曲六乙先生来了，咱们赤峰的专家都到了，还有中文系的教授罗宗义、影视剧作家戴云卿，还有作家张向午等。

刘锦山：罗宗义教授是赤峰学院中文系的？

李宝祥：是赤峰学院的。他本来是北京师范大学的高材生，20世纪50年代被打成右派发配到这里来的，才华横溢，演讲能力也非常高。曲六乙先生应邀也

图8 1997年,《漠南寻艺录》作品研讨会

参加,特意从北京来了,曲六乙先生也算是我的至交吧,老朋友了。曲六乙先生说赤峰这个地方文化源远流长,赤峰的文化是开放性的,也是多元性的,宝祥在蒙古戏剧及傩戏研究方面,在内蒙古草原是个佼佼者。好多的外地人,都研究内蒙古这个傩戏,他给了我很高的评价,说我是内蒙古草原的一只骏驼。他对我的总结就是勤奋,说我在基层,没有学历,但是扎扎实实地进行田野考察,不是学院派的。

刘锦山:实践出真知。

李宝祥:都是实践当中出来的,有扎扎实实的基础。另外在治学严谨、人品各方面,也都给了我高度评价。罗宗义教授说,赤峰是我第二个故乡,但是我觉得我对赤峰的民间文化并不了解,看了这些,那个土哇哇的味儿啊,"土"出的这个精气神儿,他写了篇文章《"土"出了精气神儿》(2010),在《赤峰日报》发了。戴云卿多年搞电视剧,写过长篇小说,他说我是个作家,应该体验生活,真正深入到生活的海洋,真正了解蒙古族深层次的文化知识。我们不仅要表面化地去模仿那些民俗风情,还要真正深入生活里面去,应该形似,更应该神似。他说宝祥很多的文章是在乌兰牧骑创作的，还有一些民俗的文化知识，给我很深的启发。另外他强调一点，民间文化是各民族团结和谐的一个纽带啊。中华民族是56个民族的大家庭，民族团结是个主旋律，你离不开我，我也离不开你，你中有我，我中有你。这是从艺术的方面来探讨，不是政治方面，他也有一些体会。有年轻的同志也都说，别人不注意的东西他注意了，就是生活中不是没有美，而是我们没有发现美的眼睛，他从民间看到艺术魅力了，心灵受到感动，写了这些东西，都是扎扎实实的……我觉得大家给我很多的鼓励。这部书在内蒙古自治区第六届社会科学优秀成果评奖中被评为二等奖，大概得了1300块钱奖金吧，二等奖在赤峰所有申报当中是最高的了。

刘锦山：这是哪一年得的？

李宝祥：2000年，第六届内蒙古自治区社会科学优秀成果二等奖。

刘锦山：挺不容易了。

李宝祥：一等奖都是内蒙古那些专家。我可以这样说，我所有的评奖没有不正常运作，我也不会那个，咱们就凭实力吧。能得上二等奖、中央电视台播了、专家学者有评价，这给了我很大的勇气啊。所以我要一直朝着这个路坚定不移地走下去。

刘锦山：李老师，您这本书叫《漠南寻艺录》，既然叫"漠南"，可能还有"漠北"，您把漠南、漠北、大漠这些概念给大家介绍一下。

李宝祥：这个书名起的啊，我费了很大的劲呢。反复地征求了好多人的意见，最后定型的是我们市的文化学者高云华，他是红山区的政协副主席，回族，内蒙古大学中文系毕业。他比我大，现在已经病故了。起书名的时候，我就想着："内蒙古文化艺术研究""草原文化艺术研究""内蒙古艺术寻访"？最后他说学术性的专著，得带有学术风味的东西，他说你叫《漠南寻艺录》吧，我说对，这个名门。漠南是什么？横亘在外蒙古和内蒙古之间有一个大漠，漠北就是外蒙古，漠南就是内蒙古草原，实际就是内蒙古。

刘锦山：这个名字给人以无限的遐想。

李宝祥：对。这本书的《后记》我是用问答方式写的。还有人提出一个问题，说你这本书出来以后能有多少人看？你能挣多少钱？我这里面都谈了。这个书出来以后，我自认为很有价值，多少人看我说不清楚，但是我总得给后人留下一个东西吧，我的认识、我的理解，我对草原认识这方面，我也谈了很多。

刘锦山：一看这个名字就很吸引人，就想看。现在好多人了解漠南、漠北、大漠，都是通过金庸的小说《射雕英雄传》《神雕侠侣》，等等。所以这个词对年轻人也有吸引力，很有张力，所以这个名字起得好。

李宝祥：你看《后记》当中，你说的这个问题，我也写了。像为什么要出版《漠南寻艺录》？大漠是怎么回事？这本书出版你觉得是否还留下许多遗憾？等等，我都采取问答形式，新颖一点。过去还没有人这么写"后记"。

刘锦山：您这本书收录的主要内容涉及哪几个方面，根据书名来讲，应该是记录您在内蒙古草原上搜集、挖掘民间艺术的过程。内容具体包括哪几个方面？

李宝祥：内容我分了几个部分。一个是"传统文化探幽"，就是民间流传的那些传统的艺术；第二部分是"现代文化抉微"，像牧区经济发展、创建昭乌达蒙古剧、发展蒙古族舞蹈、乌兰牧骑创作的思考等；第三部分是"艺海风流"，是我和一些文化艺术家的接触；第四部分是"艺海折枝"，我的一些散文，行走的东西。最后还有《跋》。

刘锦山：应该说记录了您过去到1996年这30年里，在挖掘、搜集、保存草原民间艺术为主的草原文化这方面做的一些事情，是吧？

李宝祥：对。

刘锦山：非常珍贵。

李宝祥：这就算我的第一部草原文化艺术研究的专著。

刘锦山：现在人文社会科学研究特别强调田野调查，这本书就是您做田野调查，深入基层、深入民间，去搜集、挖掘的一个非常好的验证。

李宝祥：其实我也不少参加学术研讨会呢，像中国少数民族研讨会、舞蹈研讨会……我是个杂家，人家说我什么都研究，什么都整。但是我觉得我们基层的人，凡是用心写出来的东西，好像在社会上都能引起一定的反响。因为就像你所说的，我们扎扎实实做田野考察，都是我们的真情实感，不是从网上、从外国抄来的东西拼凑形成的。

刘锦山：所以它有鲜活的生命力啊，来自民间、来自基层，有鲜活的生命力。

李宝祥：这就是曲六乙先生说的扎扎实实做田野考察，这对我们很重要。我们没有进科班进行专业的、系统的学习，就是在实践当中摸爬滚打，拼出来的。

刘锦山：所以弥足珍贵啊！

李宝祥：这个路呢，回忆起来还是可以的，自己也尝到收获的喜悦。

刘锦山：而且关键就是通过您的这些工作记录了蒙古族民间艺术、民间文化的发展，包括有些可能要失传了，通过您的挖掘、整理，把它又长期地保存、传承下去，这个意义特别大。

李宝祥：这是个基础性的工程。这是第一本书，对我来讲，也算是成功。

刘锦山：开门大吉，引起了比较大的反响，中央电视台因为这本书来拍了专题片，然后市里边又给开了研讨会，还有学术界，包括艺术界对这本书的关注，我觉得挺好的，这个书确实非常好。

李宝祥：这就是很大的鼓励！所以要继续前行，不骄不躁继续前行。这个路我觉得自己还是走对了。

五、《草原艺术论》的写作和出版

刘锦山：李老师，《草原艺术论》是您几十年来研究草原民间艺术的一部集大成之作，是您的第二部专著。这部著作被誉为草原艺术研究的开拓之作。请您向大家介绍一下《草原艺术论》的创作、研究以及出版过程，包括它的内容和产生的影响。

李宝祥：《草原艺术论》是我从事草原文化艺术研究的代表作，也是拓荒之作。之所以能在内蒙古自治区、在全国立足，这也是最重要的一部著作。如果说《漠南寻艺录》只是对内蒙古地区的草原文化艺术个案的研究，《草原艺术论》的研究范围更广了，不仅指内蒙古地区，凡是草原游牧地区都是它的研究对象。另一方面呢，如果说《漠南寻艺录》我们还就艺术而谈艺术，那么《草原艺术论》就采取多学科交叉的方法来进行研究了，它必须是社会学、民族学、宗教学、艺术学等多学科的交叉，不采取多学科交叉，单纯地谈一种艺术，那可能看不到它的全貌。另外在草原艺术研究这方面，新疆也好，西藏也好，内蒙古地区也好，研究者大都局限在一个地区研究，很少做跨地域、跨民族的研究。所以我觉得这个项目之所以能够取得成功，这是我们立足的几个点。这个项目是全国艺术科学"九五"规划的重点课题，文化部下发落实通知的时候，我的名字挨着文化部代部长周巍峙，我感到很荣幸。我从头说这个事吧。

为什么要搞这个东西？1996年年底，赤峰市民族艺术研究所从群众艺术馆分出来了，我当时就担任民族艺术研究所的所长兼党支部书记了。当时我就想能不能申报个课题，争取点资金？因为赤峰文化部门除了工资以外就没啥钱，事业费也就每个人一两千块钱，能干啥？啥也干不了。所以我想申报一个课题，争取点资金，对我的学术研究，草原文化艺术研究更进一步。正好是1996年年初的时候，《中国文化报》发表了一个《课题指南》，就是怎么样申报课题。我就反复看，动了心了，我能不能报一个？行与不行无所谓。我把这个想法跟咱们文化局分管这方面工作的领导朱嘉庚谈了，当时还有社科联的赵向阳，现在是赤峰文联的副主席，是青年学者，这几个朋友在一起。我说我想申报，大家一拍即合，咱们申报一下，搞一搞。还有我们单位一些人，民族艺术研究所得承担课题，不承担课题，这个人才不就浪费了？所以我也给同志们评职称的机会。这样我们课题组以我们单位人员为主，有王树杰、史宝珊、毕世才等；然后在社会上聘一些人，还有博物馆的两个人也都聘过来。我也给内蒙古文化厅打了招呼，文化厅积极帮助我往上推荐。当时辛贵宁是社科处的处长，后来调到内蒙古杂技团当团长，现在是内蒙古文联副主席。我说我想申报这个课题，他说，李老师，我不认识你，咱俩没见过面，但是我读过你的书。他说的就是我这个《漠南寻艺录》，那个时候给文化厅的各位领导一人一本，拿去二三十本。他说，你积极申报吧，在这项工作上，咱们内蒙古还是个薄弱项目，你申报，我们积极给你往上推荐。

就这样的话，我们几个人在一起研究，得有框架啊！在研究的时候，我主张就研究内蒙古艺术得了。但是我们的青年学者，现在的文联副主席赵向阳，他说你要立国家级项目，必须得把所有草原包括在内，要不然你立不上项，单纯研究内蒙古不行。那时候不敢想，说实在的，我不知道申报项目怎么写，填的一系列表多了，我们的副主编赵向阳明白，我说咱们一起研究，最后填框架结构。为什么要申报？现在有哪些条件？具备哪些条件？还有哪些困难？就把申报材料报上去了，时间是1997年4月。报上去以后迟迟没反应。1997年大概是七八月份，《中国文化报》发表了"九五"规划课题组专家评审已经完了，还得经过全国艺术科学规划领导小组、社会科学规划领导小组的评审，那才能正式立项。这时候我就给文化部社科司打电话，我说我报了"草原艺术论"，不知道怎样，专家评审已经完了，有没有希望？他说现在都没定下来，专家评审组得经过领导小组，还得经过层层审批，国家级的项目很难，现在申报的项目很多，也就是10%的中标率。我说你告诉我，我们这个到底行不行？他说那我也不清楚，我也不知道。

刘锦山：人家有工作纪律，肯定不能告诉。

李宝祥：我心就凉了。后来可能在1997年10月吧，我看《中国文化报》上刊载召开"九五"规划课题的工作会。

刘锦山：没消息？

李宝祥：我一看一点信息都没有，肯定是凉了。什么时候得到的通知呢？正是我《漠南寻艺录》1997年年底开研讨会之时，曲六乙先生也来了，那个会散了以后，文化局说有一个传真（我们也不知道咋回事），你看一下。我一看，是关于"九五"规划立项课题的通知——立项了，国家级。

刘锦山：这是不是赤峰市第一个申报的国家级的项目？

李宝祥：不仅是赤峰，内蒙古自治区文化战线也是第一个。

刘锦山：那真了不得。

李宝祥：过去因为内蒙古很少有人报，立项以后大家都很兴奋。向领导汇报，有一些领导，我就不说（名字）了，说宝祥啊，这个项目运作起来挺难。

刘锦山：确实难。

李宝祥：确实难，经费给得少，我得到各地采访，搜集各地资料，需要大量资金啊。这是一个难处。第二个难处，领导说资料你有吗，内蒙古地区你倒是有一点，那么新疆、西藏，什么吉林、黑龙江，你有吗？

刘锦山：包括一些阿拉伯国家。

李宝祥：你没有资料，是不是？第三，编写人员也就是你，除了《漠南寻艺录》你搞点，有些东西，其他人员搞过吗？都是创作人员，或者是文物考古那头的人，都行吗？这我就不说谁了。

刘锦山：领导实际上也是给您考虑到这些实际存在的困难。

李宝祥：这些困难我承认。第二天我找局长去了。我说局长，你这一番话弄得我一宿没睡觉，我说你这不是给我泼冷水吗？我说你作为领导，提出的那些问题都是客观存在的，我也得承认，咱也得实事求是说。但是你作为领导不应该这样说，应该鼓励、支持，文化局得支持，是吧？最后，我说，我告诉你，我这还有一帮子人，一个课题组就算是我自己，我也要把它搞出个东西来，我告诉你，起码它不是废纸，还是有点价值。因为我之前确实有点基础了，参加了全国的学术研讨会，我掌握了很多前沿的东西，也有意识接触了很多的游牧地区和咱们相关的文化，像西藏、新疆，我都接触了。我说我就求你支持，反正我肯定能把它完成。我们的考古学家、历史学家苏赫先生，全国政协常委，那老先生是很资深的人，说哎呀，宝祥你这个太难了，因为游牧民族这么多，跨越历史这么长，又这么丰富，这么多地域，你怎么去写？你怎么能了解？就说我们基层七八个人，一个小小的艺术研究所怎么完成啊？一系列的问题摆在你面前了，怎么办？不能退却啊，已经申报了。

这时候我说实在的，朱嘉庚他这个人是有韬略的，站得很远。他说既然我们瞄准了这个山头，我们就应该抢占上去。现在草原地区，从跨学科、多学科交织来谈草原艺术论的还没有，要不怎么能立项呢？我们就应该站上去。他是分管局长，高瞻远瞩，思考问题站得高、看得远。我这个时候呢，不是有点经费了嘛，我可以开一个编写工作会议，实际上我这个编写工作会议，就是向有关部门领导宣传立项及准备的情况。我就想，我把我的想法说出来。人大的宋英达也是很支持我的，你们可要专门采访他。

刘锦山：人大教科文卫委员会的主任。

李宝祥：他很支持我的，那时候是列为编委的。还有人大常委会副主任吴香馥、民委的一个领导、宣传部部长、政府的秘书长都去参加了。我就进行了汇报，课题准备情况、怎么申报的、怎么立项的，我们的想法。我最后表态，我说你们领导工作是千头万绪，都很多，但是我求你们对这项工作给予支持。我说，科学常常是人们先想出来的，然后才能干出来，我们既然"想"上去了，就要千方百计把它"干"出来，我请你们领导放心，这是一个观点。另外我说，科学发明不一定都属于上面那些专家学者，有些发明就出自平民百姓当中，你们要相信我们能做出来。我说，你们在工作范围之内能够给我一点支持，我就阳光灿烂，你们给我一点帮助，那我就让你们青史留名，我很激动啊。这是编写工作会议，向领导汇报、宣传。

刘锦山：这也是1997年开的？

李宝祥：是的，也是1997年。立项以后，先向领导宣传啊，不向领导宣传，这项目怎么进行下去？然后是自己运作，课题组人员来自这个单位那个单位的，开个会也不容易。嘉庚局长就提出，咱们到宁城热水，把这些人集中到一起，到宁城热水集中了一个星期，大家讨论重新确定框架结构。原来申报材料里面已经有框架结构了，那框架结构说实在话不易操作，那时候就是为了申报，具体怎么操作，说实在话，还想不了那么多呢。现在我们得进入实质运作的过程了，就是怎么写，大家研究确立框架结构，统一思想，统一认识。

首先我们定位为科研项目，它的最终成果是一部书，既是一部草原文化艺术研究的专著，提供给国内外专家学者研究之用；同时也是一部针对于生活在草原地区广大群众的一般性、普及性的读本。现在科研的东西，有好多写得高深莫测，老百姓看不懂，离得太远，我们这本书一定要让老百姓能看得懂，初中以上文化程度就可以看懂，非常朴实的。这是一个基本定位。

另外这个书在编写内容上，也是很难的，跨历史、跨地域、跨民族，怎么写？怎样发挥我们的优势？怎样扬长补短？要知己知彼，所以在研究中我就提出，以内蒙古草原为主要研究基地，以蒙古族的文化艺术为重点研究对象，再对草原文化进行比较分析，论证的过程中兼顾其他草原游牧地区的艺术。为什么这样来定位？我觉得我们草原文化艺术研究不是另起炉灶的，我们应是在其他草原游牧地区研究成果的基础上，谈出我们的观点，要尊重人家的劳动成果；但在他们研究成果上，我们提出创新的观点，提出我们的思考。所以从这方面来讲，以内蒙古艺术为主，兼顾其他，兼顾的时候，在对艺术进行比较、分析、论证的时候，我们内蒙古草原跟西藏的艺术相比较、和新疆的丝绸之路等地方的艺术相比较，找出我们的优势和差距。所以在编写内容上，我们就这样来确定，一个是发挥我们的优势，另一方面，将来给其他草原游牧地区的研究留下一个余地。

在编写体例上，整个框架结构上面，是这么确定的：根据前面的定位，根据前面的主导思想，这部书主要由五大部分组成，有将近五分之一的篇幅介绍形态。

刘锦山：艺术的主要形态。

李宝祥：为啥要介绍形态？本书稿主要介绍草原服饰艺术、草原民间歌舞、草原戏剧艺术、草原音乐艺术、草原曲艺艺术等十大艺术，好多还没包括进来，为啥要把这部分做一个十来万字的篇幅去写？主要是让生活在草原地区的群众了解这种艺术的形态，不以"论"为主，是以"介绍"为主；然后在这个基础上加上"四论"：发展篇、交融篇、审美篇、价值篇。在这"四论"当中，我们提出一个观点来，不要长篇大论地、空洞无物地去论述；不要大量地引经据典，弄得云山雾罩、晦涩难懂，要深刻提出我们自己对草原文化的思考，懂就是懂，不懂就是不懂，我们能说多少就是多少。在形态篇当中，我们遇到了很多的问题，怎么介绍形态，"论"当中也有这个问题。从民族上来讲，东胡、匈奴、鲜卑、契丹、蒙古族、满族，等等，怎么介绍？从历史到今天，有多少个民族，跨越了多少年，几千年的历史，咋介绍？最后大家讨论，从艺术分类学上进行划分，不管是哪一个朝代、哪一个民族，都有三种艺术分类：一个是民间文化，一个是宫廷文化，一个是宗教文化。

刘锦山：这么来划分，全包括在内了。

李宝祥：全部概括在内了。有人按民族写，写多少都写不完。这是形态篇我们就这么来定位。原来向文化部申报的时候，没有交融篇，为啥没有交融篇？因为它应属于发展篇的内容，因为文化的交融，是艺术发展的根本的动力，所以就没有单列。后来为什么把它单列出来了？因为当时中央提出民族团结，那么怎么样把民族团结的核心内涵通过艺术手段介绍出来？于是就有了交融篇。艺术是民族团结的纽带，这个作用在新的历史时代下仍然发挥着作用，各民族你中有我，我中有你，谁也离不开谁；艺术上也同样，你中有我，我中有你，谁也离不开谁。所以把交融篇拿出来，因为原来申报的时候整个框架没有这个东西，要变，得经过上面允许，得汇报，以后我再说汇报这个事。这样在编写，在具体的写法上，我们要采取一种散文式的笔法，这当然很难，但这是我追求的风格，不要长篇大论讲理论，散文式的笔法更易于人们接受，看起来有一种美感，通过一种通俗的语言，讲出一个深刻的道理。整个框架结构都是散文式，每个章节之间、导语的语言都是散文式的，这样也有利于读者欣赏。再有呢，因为我们课题组有从事艺术创作的，有从事考古的，他们过去都写过东西，但是在行文上都是不一致的，在一个课题组当中，行文如何一致，这也是一个很值得研究的问题。一个是我们互相通融、互相探讨、互相学习；另一方面在我们审稿当中，能统一，尽量统一起来，不能统一，我认为有些地方也可以保留各自的风格，这也是允许的。最后我们确定在2000年以前，每个人都要交初稿。这就是宁城热水一个星期的工作会议，基本上把框架结构确定出来了。

这个时候拿回来给市文化局领导看，领导就看到希望了，说不错，整个很新鲜，不同于任何一部草原文化艺术研究的书，很高兴。2000年，朱嘉庚副局长，还有艺术科的科长杨亚宁，我们三人就把打印的文字稿正式送到文化部。文化部相关领导在非常忙的情况下，听了我们的课题汇报，也听了嘉庚局长就文化局如何支持这个项目的汇报。他表达能力很强，说得很感人。嘉庚局长是四川人，文化部童明康司长正好也是四川人，很受感动，他说，你们这个框架结构，和我们的想法是非常统一的，不谋而合，很好。这稿子我没来得及看，但是听了你们的介绍，我认为你们这个很成功。你们这个艺术研究所，基层的七八个人，搞出这么大的课题来，太不容易了，为了这个课题，你们牺牲了节假日，克服了许许多多的困难，令人感动。我们当时去了北京都住地下室。在运作当中，我的母亲病故，我的大哥病故；我们课题组还有几个人住院，赵向阳也住院，朱嘉庚也住院，那时候面临很大的困境。童司长说你们这个艺术研究所应该作为文化部的一个试点，我们要把你们的经验推广出去，要在适当的场合给你们推广一下，要给你们一个表彰决定，至于怎样奖励，我们得研究，就是表示我们对你们课题组的肯定。

嘉庚局长很明白，他说我们来了，汇报完了，那我们得拿点东西回去给领导汇报，也好做工作。最后他们研究完了，发个表彰决定吧，这个表彰决定就这么来的。但是据我了解，就承担国家级课题，直接以文化部科技教育司、全国艺术科学规划领导小组办公室的名义发文，还是不多见的。2001年，全国艺术科学规划领导小组办公室第一号文件下来了。

成稿给文化部送的时候，还给北京的一些专家带了10多份。我聘了很多顾问，从框架结构到内容，都让他们参与进来，不能吃夹生饭，要一步到位。一步到位就必须要这些专家参与进来，顾问不是可做可不做，顾得上才是顾问，顾不上就不是。他们都是我的朋友，很认真，框架结构也都跟他们研究了，也把这个书稿、文化部通知，给他们一一送去打印本，也给新疆、西藏、吉林、内蒙古、辽宁等地的专家都同时寄去了，请他们在春节期间审读；过了年以后，我们再来听听这些人的意见，然后再进行修改。新疆、西藏那头我们提出要求，框架结构就这样了，不容易改了，但是在论证的过程当中，我们所举的例子有没有代表性，你们给我把关。因为人家毕竟了解那些艺术，我看的那么多资料也可能会有出入，也不一定有代表性。人家提出好多意见，哪个应该举代表性的、不应该举哪个，等等。

刘锦山： 那个时候请专家也得给一些劳务费吗？

李宝祥： 都没谈这个，没有。

刘锦山： 专家也真是不错。

李宝祥： 都是奉献，有啥费用。说实在的，看着我这基层工作实在难，都是很支持我的。我所接触的专家不是为了挣钱，他们都是真正搞学术研究的人，是真正给你办事的人。要是出钱请那些专家，那咱用不起，就是奉献，啥也没有。就像我们编写也没有稿费，那些专家更别提了，而且首发式在呼市举行的时候，专家有的都自费去了。

　　从北京回来后，我们拿着全国艺术科学规划领导小组办公室第一号文件给市长汇报。在困难的时候，我们遇到一个好市长，就是高延青。高延青也是个书画家，他的艺术修养是很高的，书法作品也很出色，曾经是内蒙古自治区文化厅厅长，在北京搞过他的书画作品展览。他找我们谈话，问我们有啥想法。他也看了稿子。

　　高延青看了表彰决定后，他说朱镕基总理不是让赤峰人研究赤峰文化吗？要发展旅游业吗？这就是落实朱镕基总理指示的具体行动，你们要好好干，钱的问题我解决，我给你们张罗，这个你不用犯愁，稿子你要给我改好。他提出"游牧文化天人合一"这个观点要强化，另外形态篇在内容上再增加一个草原书法艺术，他是书法家嘛，他说蒙古族有蒙古书法、西藏有藏族书法、新疆有新疆书法，应该把这部分内容加上。他建议找宋英达写这一部分，宋英达不是书法家嘛，说你们去找他，就说是我说的。另外他问你们要用多少图啊？我们当时也没想这事啊，朱局长琢磨着回答说大概100张图吧，高市长说100张图行吗？最低也得300张，我们这个书一定要和国际图书接轨，图文并茂，单纯文字的太枯燥了。后来我说这意见倒挺好的，但现在我们整图书、图片啥的，也得有钱吧？没钱我咋整这些？当时我就打了一个5万块钱的请示报告，高市长当即批给财政局，从市长预备金中，立即付给艺术研究所征订图片。这不简单，后来市文化局局长说高市长对你们太重视了，你们这要钱要得容易，说给你们几万就几万。

　　根据文化部领导、专家学者的审读意见，我们进行了第二次修改，几次易稿。第三次修改较大，因为在内容和图片上，专家也提出某些内容应该增加，有的专家说我手头有图片，你们拿去用，等等，那都是各方面专家，都是研究少数民族艺术的人。曲六乙先生专门研究少数民族戏剧艺术；冯光钰研究少数民族音乐艺术；王克芬是研究少数民族舞蹈艺术的；乌兰杰是中央民族大学的，他研究蒙古族音乐。他们手头都有一些资料，都是无偿提供。回来以后我们从内容上、图片上做了一些较大的修改，特别是发展篇，搞了好几稿。最初有人按照民族写的，写了几万字，还没写到现在呢，那咋写发展呢？没法整了。不管是哪一种艺术，哪个民族，它都是有一定的发展历程，有相同之处，如何从功利性走向审美，从最初的形态发展到宫廷文化的、宗教文化的、民间文化的衍变，从这个历程来写发展史，从艺术发展的角度来写发展史。改了好几稿，整个稿子就算成了。

另外我们在审稿当中，发现有好多重复的地方。因为民间文化登不上大雅之堂，它们在民间史料当中、地方史志资料当中记载的都很少，所以资料非常有限，有些东西在引证这方面，像内容上、图片上，重复的地方很多，我们都得处理。当然资料少，我们可以在多处地方使用，在不同的地方有不同的功能、不同的作用，没有重复的概念，这一方面下的功夫很大。我们选出来的图片，有好多是从网上调的，有些是从《民族画报》上、从图书馆里调的，将中华人民共和国成立以来的资料尽可能地调到我们研究所，放了一屋子，有一股熏人的味道，每个作者都能到那里去寻找自己需要的图片。这样就出现了图片的版权问题，出版社也提出了这个问题，怎么办？最后我说选吧，把重复的图片，在我们审稿当中重点去掉，在文法上逐渐统一，基本上稿子也要成型了，你说怎么的？高延青调走了。

刘锦山：高市长调走了。

李宝祥：他承诺的出版经费没了。我这个人社会交际能力不行，我不愿意找领导，可能是知识分子的弱点。我说这咋整？有的人说了，高延青临走之前，你为啥不让他快点把经费给你批了？我说我也不想在人家临走之前，给人添麻烦，是不是？这个时候我找了我的一个同学周玉，中共辽宁省委副秘书长，正厅级。他是我高中时候的同学，很要好的朋友，他从农村考上内蒙古大学政治历史系，基本上来回都住在我家，关系还是不错的，让我上他那，我也没去了。我跟他说我遇到困难了，《草原艺术论》要出版，我说你能不能在辽宁找找春风文艺出版社。我把目录部分传给他了，他说我学历史的，对内蒙古文化我也了解一些，草原文化这方面我也知道一些，看你这个框架，我觉得很新鲜，你能不能再给我写一下本专著的价值？你也不要客气，填补空白就填补空白，社会影响价值是啥样就是啥样。我给他写了传真过去，他委托辽宁省委宣传部出版处一个人，跑到春风文艺出版社。辽宁春风文艺出版社在全国那算比较有影响的、大的文艺出版社。人家看了以后，觉得很有价值，同意无偿出版。我觉得这就行了吧，结果赤峰市委宣传部不让了，为啥不让了？

刘锦山：赤峰的项目怎么能拿到辽宁去出版？

李宝祥：对。另外市委宣传部要申报"五个一工程"奖，必须是内蒙古的出版社。这不遇到问题了吗？要出版你得掏钱啊，经费迟迟到不了位，就停了将近一年时间。我对宣传部领导说你们到底咋着？他们最后申请内蒙古自治区党委宣传部出资出这本书。自治区党委宣传部请了一位搞文学评论的博士专门看这本书，他读了整个书稿以后感觉还是不错的，很有价值，所以自治区党委宣传部就将其列入了出版规划，给资助出版。内蒙古有两个出版社要出版，为啥呢？因为该书是内蒙古党委的重点图书，要争取在自治区和全国获奖的，又有人投资，谁都乐意承担，是吧？内蒙古教育出版社、内蒙古文化出版社都抢，最后让内蒙古文化出版社争取去了。文化出版社负责人乌力吉是蒙古族，就把这个项目给他们了。

这样，内蒙古自治区党委宣传部出版处的处长、内蒙古文化出版社社长都到赤峰来了，研究出书的事。图片等方面都基本够了，这时候封面设计又出现问题了，找谁设计？最后宣传部领导说，咱们请北京知名专家设计；然后请北京知名校对来校这本书。要参加评奖嘛，所以我们文化局的、艺术科的人加上我，到北京专门找设计封面的。最初找了国家民委文宣司的副司长陈家才，是我们赤峰人，他是回族，找他帮助我们，找了一个人民文学出版社的装帧设计家，叫张守义。文宣司那个女同志说去听过他的课，他是封面设计的大家。后来我跟他接触了一下，我说我们是草原地区的，这本书要参加自治区、全国的评奖，要搞一个封面设计，请您老帮忙。他说那行吧，到我的工作室，我们到他的工作室。谈了以后，老头很愉快，也签了合同。他提出这么一个要求，他说我对草原文化不太了解，我到过你们巴林右旗，但只是在那短暂地待了一两天，对草原文化深层次的了解、按你们的要求我不行，你得提供我一些图片。他设计完以后，发来两个稿子，我们都不太满意；自治区党委宣传部也很重视，出版社社长也都来了，也认为不太理想。怎么办呢？我们把领导的意见和赤峰地区专家的意见汇总一下，提出修改意见，他又设计了两个稿子，依然是没通过。

在这期间我们也跟他谈过，帮着请一个校对，他了解这方面情况，他也给我们找了一个。找的是人民出版社专门负责图书校对的，叫智福和。后来张守义说我给你联系一下，看他能不能参与你们这个项目，这样，签订合同以后，我就走了。当我走到西直门车站的时候，他给我打电话说，智老师可以，他最近可能不算太忙，可以校对，但是他说这校对必须在第三校基础上，才能给你审稿再看。我们回来以后，张守义给我们邮过来的那几个封面设计稿不行，又给他集中提一些意见，他又提供两个，还是不行。

刘锦山：那怎么办？

李宝祥：我觉得没有达到目的。最后我们赤峰也在找人设计封面，课题副主编赵向阳，最后这个封面就是他设计的。我说向阳，你搞一下吧，向阳说，李老师，你们在北京请了个专家，来几个稿都不行，我设计的那能行吗？就我设计完了以后，你怎么交代这个事情？我说向阳啊，咱们也不要迷信专家，毕竟你对草原文化比他更了解，另外你搞了多少个封面设计了。赤峰好多书都是向阳设计的，像予舒那些书都是他设计的。我说你琢磨，你研究，你搞一下。他说那咋交代，我搞出来以后那行与不行的，张先生怎么办？我说我的想法是这样，向阳，你设计出来，如果我们都同意了，我们再找张先生，让他提下意见，你们俩合作。

刘锦山：这样好，都照顾到了。

李宝祥：他设计了几稿，最后定了现在这个稿。整个图案是蒙古族特色的，金马是游牧民族的，骑马民族嘛。就是这么一个非常简洁的封面设计，我们同意了，把这个设计给张先生传过去了。我在电话里说，张老师，这是我们一个年轻人设计的，你看有哪些修改的嘛，你有啥意见？如果你同意，在这个稿的基础上，你们联合署名，您老给我们费心了。

刘锦山：对，确实。

李宝祥：张先生说，小李子，我看这个设计还可以，我没啥意见，我也不参与了。我说张老师，这个你不要客气了，我的想法是您还要署名，他说不要署名字。最后我一直坚持我的意见，我在后记当中也写了。他先头也不同意，后来点头，行吧。我说你这是帮忙嘛。不久，我在《人民日报》上，发现张先生病故了。后来我写了一篇文章，就是《张守义：一个书籍装帧大家的风范》，发在《寻觅·守望·放歌——李宝祥草原艺术研究与创作文集》上。我的这篇文章，也没给他的家属传过去，他们也不知道，我就是表达内心对他的崇敬心情，大家的一种风范。封面设计就这么定下来了。校对呢？我们把稿子也给传过去了，智老师也很认真，他说有的地方我不懂，我就查了很多资料。因为他校对，得明白这个事，好多他不明白。他说，我不明白，我不懂的地方，我就画个问号吧，你们再钻研钻研。这样的话整个书，这不就算完成了嘛，就出版印刷了。

我刚才说了，出版之前，评奖那个事又说回来了，文化部要搞第二届文化部文化艺术科学优秀成果奖评奖活动①，我原来想，书还没出来咋评奖？我那时候不会网络，后来咱们文化局人事科的潘德华科长说网上说了，参加的不一定都是出版的，具有一定价值、产生了一定社会影响的作品也可以参与。我们这才把文字稿打印了10多份，送到文化部去，最后获第二届文化部文化艺术科学优秀成果三等奖。我们这部作品《草原艺术论》是内蒙古地区唯一一个获奖的。

后来还邀请我参加北京的颁奖仪式，主持人是文化部副部长、《在希望的田野上》的词作者陈晓光，还有文化部部长孙家正也参加了。我是作为基层的代表，颁奖晚会也让我参加了。在此期间，我和新疆一个十二木卡姆②的研究者周

---

① 第二届文化部文化艺术科学优秀成果奖，是文化部设立的社会科学部级奖项，自"九五"以来，五年一届；本届评奖，设一、二、三等奖，由文化部向获奖者颁发奖励证书和奖金。
② 十二木卡姆，维吾尔族的一种集歌、诗、乐、舞、唱、奏于一体的大型传统古典音乐。

吉[1]住在一个屋子里，他是二等奖，人家那是正式出版物。当时文化部社科司领导说非常遗憾，你们参评的是未出版的文字稿，假如有如今图文并茂的彩版，那就不一样了，起码给你提到二等奖了。十二木卡姆研究者周吉，那是我的课题顾问啊，他现在已经去世了。十二木卡姆申报联合国教科文组织"人类口头和非物质文化遗产代表作"，他是项目人。他是上海人，到了新疆，原来在歌舞团乐队吹大号、长号的，写了很多歌，是个音乐家，后来从事民间文化研究。他精通维吾尔语，我们召开少数民族音乐学会的时候，他给我们当翻译。后来我在《中国民族报》上看到他病故了，我写了一篇《一份没有发出去的唁电——缅怀"十二木卡姆"研究专家周吉》，也没给他家属看。

刘锦山：《草原艺术论》正式出版是哪一年？

李宝祥：2005年。

刘锦山：1997年申报的项目？

李宝祥：对。

刘锦山：2005年出版，8年。项目当时有没有验收周期？

李宝祥：我们2000年就已经把初稿交上去了。

刘锦山：已经通过验收了？

李宝祥：对，通过了。正式出版以后，我们想在北京开一个研讨会，请一些专家。后来文化部的人也在，他说你们自己开一个，你们自己找专家。因为现在艺术学科这方面，专家学者意见也不统一，各有各的看法，不像体育比赛有标准，路子不一样，你们自己出版了就算完成了。

刘锦山：后来是在内蒙古文化出版社出版的？

李宝祥：对。那时候要出版了，内蒙古文化出版社社长乌力吉、内蒙古自治区党委宣传部出版处的处长，他们一起到赤峰来，我跟他们汇报。汇报的时候，我也流下了眼泪，这个书稿，停了这么多年，终于算有了盼头了吧，男儿有泪不

---

[1] 周吉（1943—2008），男，江苏宜兴人，汉族，中共党员。新疆艺术研究所所长，研究员。在新疆从事艺术工作40余年，在音乐学研究及音乐创作等方面成绩卓著。

轻弹，经过这么多年，终于有出版单位了。

出版以后，内蒙古自治区党委宣传部很重视，把这本书列入内蒙古自治区重点项目，而且是列为内蒙古自治区新闻出版局出版规划的重点图书。原来还打算申报全国"五个一工程"奖，但是后来宣传部换领导了，所以也没推荐。我们原来想在内蒙古自治区开个首发式，自治区党委宣传部决定在2005年开常委扩大会议的前后开这个首发式，这样省的领导专门为这事儿来了。但是后来大概2005年11月，中央有一个社会治安的紧急会议，所以首发式时市长、书记就没参加，就我们赤峰市委常委、宣传部部长钱荣旭参加了，他现在是人大主任了。会上我简单地介绍了整个编纂过程和完成情况，当时我请了北京几位泰斗式专家。我的课题顾问曲六乙先生来了，他是研究少数民族戏剧的专家；冯光钰先生来了，他是研究音乐的专家；王克芬带着她的博士生来了，她是研究舞蹈的专家。他们代表北京的专家发言。内蒙古也很重视，也准备了几个发言人，有《内蒙古社会科学》原主编冯军胜、内蒙古文艺评论家协会副主席宋生贵、文艺评论家李树榕等。我们带去的书啊，都一抢而空了。内蒙古社会科学院的各个课题组都来人了，民歌课题研究组组长、内蒙古大学艺术学院副院长李柯沁夫（李兴武）也来了，来了七八十人呢，规模很大，很隆重。我现在还留着那个签到簿、录像带，都哪些人参加的。

北京来的这些专家，也全程策划参与这部书稿了，框架结构参与了，初稿他们都读了。这些专家认为，这部书稿由赤峰人编写、赤峰人制作、赤峰人出版，没想到能达到这个程度，没用任何外力。刚才我讲，就校对用了外地的，其他都是我们自己做的。他们很惊讶，他们也没想到能达到这样的程度，他们作为课题的顾问感到很高兴。他们觉得采取多学科交叉的形式，社会学、民族学、宗教学交叉的形式来研究草原文化艺术，在全国这还是第一部；另外他们认为这部作品是非常厚重的一部草原文化研究的专著；装帧设计方面庄重精美，从内容上如此丰富多彩，他们没想到，所以这也是一部填补了国家草原文化研究空白的项目，给予很多的评价。内蒙古自治区文艺评论家协会副主席宋生贵，他的文章后来在《内蒙古日报》发了，文中说在我所接触的草原文化研究专著当中，如此厚重、如此丰富多彩，这是前所未有的。民族文艺评论家李树榕，她说这对我们了解草原文化，是一本很好的读本，促使人们热爱故乡的传统文化，只有热爱故乡的传统文化，我们才能热爱祖国。了解这个文化，我们觉得很有自豪感。另外很多人觉得草原文化这么博大精深，幅员多么宽广，民族这么众多，能把这些构成在一起，这是很难的。

刘锦山：太不容易了。

李宝祥：这是我们赤峰的考古专家苏赫说的。他说把这些构成在一起，这是很难做到的。课题组就八九个人，小马拉大车，能做出这么大一个课题来，我们都没想到。阎焕东是我课题组的顾问，为啥请他做顾问呢？他是我课题申报时专家组的组长，是《中国文化报》的副总编辑嘛，原来在大学里教学，也是搞文艺理论研究的。我专门见他，我问他我们这个课题为什么能立项？一般别说是我们基层，就是首都的那些专家，在全国立项也不是那么轻而易举的。他说，你们基层的研究者，生在草原地区，有你们生活的土壤，你们对草原有深深的感受；你们申报材料写得也不错，就是怎么运作做的这个事，让我很受感动，所以我力主，要把你们列上。你们是草原地区的人，你们有些人出版了一些专著，有基础。我说，阎老，我真感谢你，能给我们这个课题立上国家级项目，没有你力主，没有你理解我们基层的人，根本立不成项。首发式他因有事没去，但是他给我们发了贺电。他说我在审批这个项目的时候，在支持立项的同时，也在怀疑能不能完成；他说我反复看了这个稿子，看了一开始的框架结构，我们就觉得很有希望，但是看了最后的版本，很高兴，这是我想不到的，能写到这样一个程度。

另外像我请的西藏的专家刘志群，他是西藏自治区民族艺术研究所的副所长，《中国戏曲志·西藏卷》（1993）主编。他曾经专门搞藏戏研究，1965年毕业于中央戏剧学院，在西藏待了40年，研究藏族的文化，研究藏经。他说这对草原文化研究来讲，是很不容易做到的事情。草原文化博大精深，但是跨地域、跨民族、跨学科来研究是开天辟地的，很少的，我们觉得这是很有价值的一部书。他认为这本书的出版不仅是课题组的努力，也得益于赤峰市人民政府的支持，他写了一篇文章，给予很高的评价。新疆学者赵塔里木也给予了很高的评价。我为啥要请这些人作为顾问，为啥要让这些人写出文章来排在书后，我有我的想法。因为这本书要评奖，不好评啊，因为它不是一个艺术门类的，又不是一个地区的专项的东西，所以我要请那些游牧地区、草原地区的专家学者，取得他们的支持，取得他们的认可，这样在评奖当中，起码有个基础。不管咋地，新疆的、西藏的专家，他们都很支持这部书，这就是咱们的立足之本吧。所以请专家学者写了以后，附到书后，对评奖也产生了很大的作用。

刘锦山：主要还在于书本身，这个项目做得好，这是个基础。

李宝祥：是，这个项目运作到这种程度，我觉得在内蒙古地区来讲，当时内蒙古社科院也有很多的项目，什么草原物质文明、草原精神文明，但实打实凿地从田野中来、从民间文化研究角度去研究这个的，内蒙古地区没有。所以内蒙古社会科学院各个课题组都去了，他们跟我要书，我说不可能给你们课题组一人一本。拿了100本大家在那抢，有些人也不是为了参加研讨会，一听说这本书影响挺大，到那拿本书就走了。现在我觉得这本书是我的代表作，有好多的人在网上查都说，有些博士生、研究生为啥慕名而来，因为有这个东西在这儿。

这本书大概出了2000册吧。出版了，也获奖了，因种种原因，没有被推荐参加全国"五个一工程"奖评选，我也不知道啥原因。当时是内蒙古自治区新闻出版局首选申报全国"五个一工程"奖的项目，但是没申报，可能选另外一部书了。这个书印了2000册，拿出来七八百本，还有1000多册始终压在印刷厂，为啥？钱没到位，咱也弄不清楚。

刘锦山：就是印了2000册，压到印刷厂1000多册？

李宝祥：对。咋办？这时候，高延青来了，他退了，从文化厅当厅长退了，找我一起吃饭。我们因《草原艺术论》而结交，他是学者型的领导干部，在内蒙古地区也是很有影响的人物。他说那个书怎么样？我说还有1000多册在压着。什么，1000多册还压在那儿呢？我们搞这个应该投入社会，取得一点社会效应吧，怎么还压在那儿，为啥压在那儿？我说印刷厂说钱没到位。他说这太不像话了，这么着吧，你给现任市长包满达写封信，再把书给他，同时给秘书长一套。我回去赶紧写，第二天就给包满达把信送去，信里写《草原艺术论》怎么出来的，等等。我交给秘书长孟昭均，秘书长说知道这个事儿。然后我跟市文化局局长于凤先说了，他说你争取你那事儿，是好事儿，你写吧。我又找了分管副市长梁淑琴，她说我知道，这么一个重量级的科研成果，为什么书在那儿压了，弄得我们都不知道这个事儿，那你赶紧让文化局打报告，我给你跑，找包满达市长去。这才打了报告。过了段时间，所欠经费到位，我才把书拿出来。

刘锦山：这是哪一年的事？

李宝祥：2014年。所以我最后就说，没有高延青，就没有《草原艺术论》。还有一件事情，就是在运作最困难的时候，高延青不是走了嘛，我们在鄂尔多斯参加文化大区会议，广电局、文化局的领导都去了，我作为专家也参加了。在那个会上，我们讲了这个问题，就是说《草原艺术论》由于无经费，现在出版不了，参加不了评奖。主持此次会议的自治区党委副书记陈光林说，内蒙古有关出版社应该无偿出版。实际人家出版社有出版社的难处，是吧？

后来高延青到了内蒙古自治区文化厅当厅长，我给他汇报过，当时我想出个文字本就得了。带着5万块钱的经费报告，和我们文化局现在的乌力吉局长一起去的。我说高厅长你走了以后，经费现在有点困难，我这人不善于交际，也不善于找领导汇报。我说想出个文字本就得了。他说必须图文并茂，你们也继续跟市里要求，我有机会再给你们做做工作。你放那儿，按我说的一定要和国际图书接轨，要图文并茂。后来，在他的协调下，赤峰市财政局局长吴力吉让文化局打了个报告，就给把经费解决了。

这样最后1000多册书，我也拿出来了，给各地图书馆都赠送了。在我主持《草原艺术论》期间，高延青无论是任市长期间，还是当文化厅厅长，都对课题运转给予了多方面帮助，我觉得没有高延青就没有《草原艺术论》。所以在这本书问世的时候，某些人不同意他作序、不同意他题词的时候，我说我宁可不出，我要坚持。所以最后我给他寄书的时候，我说没有你多方面的帮助指导，就没有《草原艺术论》。能够得到一个市长的支持，这是我最大的动力、一生的荣幸！

六、《寻觅·守望·放歌——李宝祥草原艺术研究与创作文集》的写作和出版

刘锦山：2010年内蒙古文化出版社又出版了您另一部著作《寻觅·守望·放歌——李宝祥草原艺术研究与创作文集》，记录了您40多年对草原艺术进行研究和创作的一个作品集。请您谈谈这部作品的情况。

李宝祥：2006年我主持的《草原艺术论》在自治区、全国获奖以后，也就算很体面地退休了。对于退休以后的生活，应该怎样度过，对我来讲是面临的一个很大的问题。如果说退休以前，从单位到家构成两点一线的话，我基本上就按照这两点一线，运行了十几年的时间。一年365天，咱们实事求是地讲，我是几乎300多天，都是在我的办公室里度过的。人在这个工作状态下生活，一下退休，应该怎么样生活，面临很大的转变。儿女们也担心我，觉得我不习惯回到家里待着，所以让我到图书馆去看书，每天到图书馆，可以解脱烦恼。我原来住的房子是60平方米，这时候老伴儿也卖了旧房换了新房，给我也弄了个工作间，这样的话读书写作，有一个很好的环境。

实际上我退休以后，与退休之前相比较而言，更忙了、视野更宽了、范围更广了、交的朋友更多了，并没有寂寞下来。退休以后，曾经应一些单位要求做一些演讲，做一些奉献。我到赤峰学院音乐系（后来改成音乐学院了）、赤峰学院历史系给他们讲；我也给赤峰学院的学生，中央民族大学的博士生、研究生上过这方面的课。文化系统的单位也有请我的，也做一些报告。另外基层的单位，各旗县区，也有一些实际困难，需要请我帮忙，比如说开文化工作会议，基层文化站的培训也找我。这期间一般都是在本地，也应邀到外地。退休以后两次到呼和浩特参加研讨会，我算一个特约嘉宾。一次是长调蒙古族民歌研讨会，这是内蒙古大学艺术学院举办的，我也算基层的唯一的特约代表，那时候给他们写了3篇论文。一个是《对蒙古族音乐文化的几点思考》，我在这篇文章中提出，长调和短调不能分离，它是不同历史阶段的草原民族创作的音乐文化。因为有个长调民歌研讨会、一个短调民歌研讨会，两个研讨会。还参加了草原文化百家论坛研讨

会，也是邀请我参加，我是唯一的特约嘉宾。因为我退休了，所以往返路费一切都给报了。我还有两次到中国音乐学院，讲《烽火草原鲁艺人》，一个是纪念安波同志100周年诞辰（2015），一个是中国音乐学院建院50周年（2014）的时候，这个我后面再讲。

所以在闲下来的时候，我在想我1970年结婚，到2010年结婚40年，能不能把我的过去做一个小结，总结一下，归纳一下？因为也算是出版了两部专著了，同时在报刊上，也发表了很多的东西，能不能把这些东西汇集在一起，出一个文集？书名也定了几次，书名是点睛的。《寻觅·守望·放歌》从内容上来讲，分为四大部分。一是《求索在草原》，是理论集，就是我在自治区及全国报刊上发表的比较有影响的论文。二是《行走在草原》，就是散文集，主要是在民间走走，到区外，到游牧地区走走，写出的一些散文集中在一起。三是《放歌在草原》，就是艺术创作集，这一部分就是前面我提到的，我在乌兰牧骑工作将近18年，写出来近20个作品参加省级的会演或期刊发表的作品；有一些作品，在我们昭乌达盟乌兰牧骑里流行的东西，我都载入其中，但是没有演出的、存在我那儿的手稿当中的也有很多，我认为比较有价值的，我也把它们全部收录在这部分。四是《相识在草原》，即友情集，这部分主要是我这么多年和专家学者交往，与之成为至交、成为朋友的过程，他们对我的帮助，等等，这些大概有30多个；还有一部分是和民间艺术家的交往。最后附录《收获在草原》，即成果集，主要是在我40余年的创作演出当中，专家学者对我的评价、对作品的评价。比如说对《漠南寻艺录》的评价、对《草原艺术论》的评价、对我在学术研讨会上发表的论文的一些评价，以及在国家、在自治区获奖的情况。

整个过程，说实在的，也是个心愿，能不能实现也面临着很大的困境。我这人在工作方面是这样，有为有位，为有源头活水来。不管是《漠南寻艺录》也好，《草原艺术论》也好，我都先干出来，我先把东西搁在那块，领导如果认为有价值，领导也会支持你。这部书也是同样的，我把稿子基本写出来后，给领导看一下。首先找文化局领导，我简单说一下，我这人不想给领导找太多的麻烦，我说能不能帮助一下。因为我多少年来挣的是死工资，说实在的，没有更多的经费投入这里，后来局长他们研究以后，说给我 2 万块钱，就算支持我一把。我说远远不够，那我再有困难的时候再找你们，但是后来我也没找，我不愿意给领导添麻烦。有 2 万块钱以后，我就开始运作了。那时候因为几部手稿都在那个印刷厂印刷，我和印刷厂的关系也比较好吧，早一会儿晚一会儿给他钱都没啥问题，给他 2 万块钱垫个底，他就可以给我运作，这部书一共花了六七万块钱，上下两本，加上书号。书出来以后，我说我慢慢还你。

书出来以后，文化系统各单位也还要个十本八本的，像旗县有些时候也跟他们征求一下意见，让他们给发一下。我还愿意送给一些能够读懂这本书的、对他工作有实用价值的这些人，别人我还不乐意给，你给了他也没用啊，是不是？基层的同志都是朋友，我也有点威望，当然还有很多同志帮忙。最后总算是把印刷厂的大部分钱还上了，当然我自己还得承担一部分，我就心甘情愿了，我也没找领导再要去。

四部书只有这一部没参加评奖，其他三部都参加评奖，都获奖了。因为这一部比较杂一点儿，另外我退休以后信息也不灵了，有些事我也不知道。这本书出来以后，社会影响方面还是可以的。首先是赤峰电视台了解我这个书要出版，他们派出文艺部的人要拍专题片，我跟他们讲，你们不要急于拍，你们把书读一读，然后从中提炼提炼，你能不能走进我的内心世界。文艺部的主任陈博先生写稿，写完也给我看了一下，大概 15—20 分钟。另外我把书赠给各地图书馆、市图书馆、各企业图书馆，有时候基层文化馆（站）请我去讲，去培训，我讲一天半天，就带着书，我一般把书捐给他们。在基层里，特别是基层文化站，急需提高人员素质，这本书对他们还有一定的帮助。

内蒙古文化厅艺术处的李洪军处长，在职时分管乌兰牧骑，他是摄影家，今年八十六七了，我们在西苏旗[①]的时候，参加乌兰牧骑艺术节，我给艺术节赠送了几本，同时也给了他一本。我出的这几本书他都有，因为他是文化厅的，关系也都不错。他退休以后回到北京，就给我来电话，说宝祥啊，你这么多年给内蒙

---

① 西苏旗，锡林郭勒盟西部的苏尼特右旗。

图9 《钟情于民族艺术研究的汉族学者——记李宝祥和他的书》部分截图（李洪军，《内蒙古艺术》，2011年第2期）

古地区写了这么些东西，我很受感动，我要写个文章，对你进行一下全面介绍；我说，李处长，你这么大岁数了，算了吧，不要写了，我也不值得让你写；他说不行，我得写，专业性挺强的，应该写。后来他写了大概六七千字，发给我看一看。我认为他是把我的这几部书稿全都读了，这是很难得的。一个人把你的书全部读的，真的不多，我认为他是我的一个知音。他写的文章叫《钟情于民族艺术研究的汉族学者——记李宝祥和他的书》。

刘锦山：题目非常好。

李宝祥：他从中选了三个方面的内容：乌兰牧骑——"是我艺术人生的起点"、草原文化——永无止境的课题、勤奋治学——强烈的求知欲望。所以就我看他整个的文章，他对我的书是全看过的，而且引发了他的思考。后来他把这个稿子投到《内蒙古艺术》，《内蒙古艺术》是公开出版发行的期刊，是内蒙古唯一的文化战线的对外期刊。《内蒙古艺术》全文发表，并且在封三的位置上，发了我的专著《漠南寻艺录》的图片，还有我深入田野考察的照片。我觉得这是第一次在内蒙古地区对我比较全面的介绍。我后来写了一篇文章《朋友李洪军》，知音啊，现在提倡全民阅读，真正读书的人不多了。李洪军对乌兰牧骑，基层的人他都非常关照，人品也好，所以也是我的一个朋友。

总的来讲，这本书的社会影响还是可以的。另外，把我在乌兰牧骑创作的那些东西都呈现在这里头，这基本是30多年以前的事情了。我姑娘说我啥都稀里糊涂，啥都忘，但是就那些事，它哪怕是一张废纸，但凡有字儿的，都能留住。

在我家里就形成这个习惯，在我的工作室里头，他们谁也不敢给我收拾，就怕有用。

刘锦山：收拾了，您找不到了。

李宝祥：怕我找不着。所以老伴儿说我这个毛病没治，她说家里来人了，你乱七八糟的，你觉得咋样？我说就这样吧。原来在那60平方米房子里的时候，床上、床下都是书，电视台采访我，我说就这样吧，原生态。那你何必呢，你没那个条件你还要啥？就这样，现在也这样。这本书算是我的回忆录的上集，这本书是横向的；下集是啥呢？就是《我的草原情——从艺五十年回眸》。我在《前言》当中说了，我说这个书只能是《寻觅·守望·放歌》的续集，它们是姊妹篇。《寻觅·守望·放歌》主要是横向的，收纳我发表的论文、散文、舞台作品、获奖作品。《我的草原情——从艺五十年回眸》，是纵向来写我的一生，分为"故乡林东：青少年艺术的梦想""乌兰牧骑：艺术梦想的金色摇篮""漠南草原：艺术梦想驰骋的天地""夕阳晚霞：依然追逐着艺术梦想"。在职期间是两部专著——《漠南寻艺录》《草原艺术论》；退休之后又是两部专著——《寻觅·守望·放歌》《我的草原情——从艺五十年回眸》。最后这部书百余万字，基本上印刷厂制版都制完了，现在也面临着一种困境，怎么出也是很困难，最低也得五六万、四五万块钱。书稿出来，我打出样本来，给有关领导。书稿中每一个阶段，有几个大事，不是写我个人的，写整个的草原文化研究之路，所以有些人也说，领导也会支持你，写的也不是你个人的事，都是大事。所以我还是坚持为有源头活水来，我自己先把它做出来给领导看，你要觉得有价值，你就给我投资，你要觉得没价值，你不投资也可以。估计从领导对我的印象看，不会不支持，会给予支持，我相信这一点；另外社会上也会给予支持。

这个东西写出来以后，我觉得对我人生也就做一个小结了。我们这一行人，都是这个样子，永不停歇，他停不住，他有很多东西要写，那他没办法。现在我就觉得，我还有很多的老的、留存的东西要写，我觉得要适可而止了。我始终是处在一种透支的状态当中，这些年我根本就没在家干别的事情，脑子里就还想这个事。今年我参加中国延安鲁艺校友会换届，原来王昆是会长，刘烽是副会长，就《山丹丹开花红艳艳》的曲作者要退了。我接触了在我同一桌吃饭的，好多是红二代啊，像吕骥的女儿（吕英亮）、萧三的后代、马可的后代、赵毅敏的后代等等，都是我们学会的理事，我作为特聘研究员也成为理事。那天理事会上我说了一番，他们说这会是一本很好的书，那些人在那个时代都是很有影响的。因为现在通讯录啥都有，比我写那本书可容易多了。将来我想找个年轻同志，如果乐意写这个可以，这本书还是很有价值和意义的。

刘锦山：您这个书印了多少册？

李宝祥：1000册。

刘锦山：您自己出资？

李宝祥：都是我出资。现在不是各旗县都赠送了嘛，市图书馆也赠送了，都赠送了一部分。有些地方觉得我挺辛苦，通过我讲课，就把这个书费给我，这也有可能，我就走这么个路吧。咱们这地方经济不太发达，出书都很困难。学术著作出版不仅是我，在北京有些纯搞学术的专家也很难。

刘锦山：北京出书也是一样的。

李宝祥：也很难。

刘锦山：也得有出版经费。

李宝祥：在我出版运作这部书稿的时候，我不能不提到一个人，就是内蒙古自治区文化厅的原副厅长，也是我们内蒙古自治区十大艺术集成的总负责人，是内蒙古自治区党委政府授予的杰出贡献奖的优秀艺术家、作曲家，他叫王世一。

我在小学教学的时候，因为爱好音乐，就读过他的书；后来我有幸见到他，他对我比较赏识。前面我讲过了，我搞十大艺术集成、非物质文化遗产的普及挖掘，在赤峰地区还算是很有影响的，全自治区开过会，我介绍过经验，我编的《阿日奔苏木婚礼》等，他都看过，都很欣赏。在我做这部书稿的时候，他是很重视的，我这部书稿要问世的话，我想请他作序，因为他是我走向草原艺术研究的领路人。但是他接到我的电话以后，感觉到很困难，年龄太大了。他2013年病故了，享年88岁，他说写序我是有点难度了，我读你书稿了解一些，但是我不能读你全部的书稿，我不能写了；后来，他很认真地给我写了一首诗，这首诗放在《寻觅·守望·放歌》当中，全诗是"赤峰赤子赤诚心，漠南寻艺数十春。夜静心沉灯未灭，秋深叶落憾犹存。草原艺术垂青史，锦绣篇章盘祖根。夜静功成人渐走，因来问故而知新。诗赠挚友宝祥先生。王世一。2009年7月"。

刘锦山：他是您走上草原艺术的领路人。

李宝祥：我还要讲他一段故事。他是我很尊崇的艺术家，他在文化艺术界威信非常高，德高望重，没有他，内蒙古艺术集成工作根本就搞不了，经费、人员等等都是他亲自跑，在内蒙古自治区有一定影响。这里面我讲一个事儿，我这个"全国民间文化艺术集成志书优秀编审"是怎么来的？我很感激他，当时都管他叫王顾问。在内蒙古自治区艺术研究所成立20周年的时候，我们去参加了。正好内蒙古自治区也搞了一次艺术理论的研讨会，当时我写了一篇论文获了一等奖。事后召开了一次会议，看看基层有什么意见，那时候我有点控制不住感情，很直率地说了我的很多想法。我说我们这些基层的人，搞十大艺术集成，搞了很长时间了，一部书稿仅给我们一个地区1000块钱，我怎么分？我分不了，这太低了。我们搞了这么多年，不管是舞蹈集成、戏剧集成，我们连个书也得不到。再有呢，搞了这么多年，所有的奖，都让你们自治区编辑部拿去了，我们基层人没有。我说我有点想不通，载入各个卷本的内蒙古地区卷，材料是谁送的、基础的资料是谁写的，那不都是我们写的吗？我们做了多少工作？我们在这方面来讲没有奖励，我们怎么评职称？

我说了一段狠话，王顾问这个人并没有因为我直率而不满意。他说宝祥同志的意见，我认为也有道理，基层同志确实是深入田野考察，是很辛苦的，不容易，只有把这些材料集中到我们自治区编辑部来，我们才能编辑。可是因为过去的评奖，上面规定只限于自治区卷本的编辑部，没有基层的编辑部，所以这是个问题；但是这个问题，咱们内蒙古自治区还解决不了，所以说我们得向上反映。他说你们能不能写个基础的材料，写个调查报告之类的东西，他说我们也要搞一份这方面的调查，向文化部请示一下。这老头真是认真，把我们的意见，基层的意见提上去以后，跟文化部领导汇报了，特别是和周巍峙同志汇报了。周巍峙同志主要负责十大艺术集成。最后是这么定的，每一部书稿问世以后，选一个基层的人评为优秀编审。所以这个事情内蒙古文化厅就直接定了，都了解情况。我这个优秀编审就是这么来的。

所以现在我很感激王世一先生。当我这本书问世以后，每次到呼和浩特，我都到他家里去探望他，他都很热心。后来他接到书以后说，哎呀，宝祥，我不知道你还搞过创作啊，写了那么些东西呢，你有时间一定到呼和浩特来，到我家来，咱们再继续唠。我说王顾问，我是受你的影响走向草原音乐文化创作的。我当年看到你那个书以后，对我一生的影响是很大的，后来我见到你了，我感到很高兴，这都是受你影响的结果。我的《草原艺术论》首发式他也去参加了，他那天还生着病。这本书很遗憾，他没写序，但他是很认真的，写了这首诗。我很感激他，他病故以后，我写了一篇文章，《追忆王世一　艺研领路人》，放在《我的草原情——从艺五十年回眸》的《艺术梦想知音难忘》栏目。这个栏目里我写了很多人，像高延青也载入其中。

七、《烽火草原鲁艺人》的写作和出版

刘锦山：李老师，您的这部对红色革命文化追寻的著作《烽火草原鲁艺人》，记录了20世纪40年代冀察热辽联合大学鲁迅艺术文学院师生在咱们赤峰地区生活战斗的情况，后来根据您的这部著作改编的话剧《热土》，在全国演出也产生了很大的反响。您谈谈这部著作的编著情况，以及当年鲁艺在赤峰地区的生活和战斗情况。

李宝祥：这个说来话长了。这本书是我历经40多年通过资料搜集整理、3年的艰难编著而成的。我觉得我的人生出了这四部书以后，以《草原艺术论》为代表作，它体现在学术研究范围之内，它可以说是我在全国学术研究这方面的立足之作；那么这部书就是面向社会了，面向众多的鲁艺师生以及他们的后代，产生的影响还是很大的。我为什么要写这部书？首先因为我积累了40年的资料，前面我也说过在"文化大革命"期间，我得了一本《东蒙民歌选》，让我知道了安波，让我知道了冀察热辽鲁艺就建在我们赤峰，这是我初步的了解。第二呢，

20 世纪 70 年代，我们昭乌达盟属于辽宁省。在一次到辽宁省开文代会议的时候，在火车上我碰到了一个人，叫叶贺吉如木，他是当年鲁艺短训班的学生，家在巴林右旗。哎呀，我一看叶贺这个名字，我心里头在想，《东蒙民歌选》里说《牧歌》的首唱者是叶贺，是不是这个人呢？我问他，他说是我，安波当年搜集整理《牧歌》的时候，是我唱的。哎呀，我觉得这是重大发现，所以赶紧下车，买了点酒、买了点小咸菜啥的，就跟他唠。他就把整个短训班怎么搜集整理的情况介绍了。我觉得收获匪浅。

刘锦山：李老师，《牧歌》是不是那首"蓝蓝的天空上飘着那白云，白云的下面盖着雪白的羊群"那首歌？

李宝祥：对啊，就是这个。但它不一定是原来那个，叶贺唱那个牧歌，也可能是《乌日尔图辉腾》，现在这个是经过安波改编以后的，原始曲调安波就觉得很美。所以在我了解以后，这是我对鲁艺的一个认识，就是进一步了解当年安波搜集民歌的情况。我在左旗的时候，我订各种报纸，《文汇报》《光明日报》《人民日报》我都订，因为创作需要了解各种报纸文艺这方面动态、信息，特别是文艺副刊。20 世纪 80 年代初，我在《人民日报》上看到一篇文章《那拉碧流 我文学的摇篮》，是著名的蒙古族作家阿·敖德斯尔写的，他曾获得"内蒙古自治区文学艺术杰出贡献奖"金质奖章。因为从书中我知道那拉碧流[①]，不就在宁城嘛，宁城二龙镇有个那拉碧流，鲁艺迁徙到过那个地儿。

刘锦山：那拉碧流是个地名？

李宝祥：地名，那里有个天主教堂，当年鲁艺师生就在那块办学。敖德斯尔是著名的作家，也是鲁艺短训班的学员，和叶贺他们都是一样的，从左旗我家乡来的。他在文章中写为什么走向文学的道路？都是当年鲁艺老师培养他，教育他。他写了一首《骑兵之歌》的词，当时只有 20 多岁，对汉语还不是那么懂，

[①] 那拉碧流，现宁城县汐子镇四平庄村前那拉碧流村。冀察热辽鲁艺先前办学的村子本来叫那拉碧流村，在这个村子的北面有个叫后那拉碧流村；后来做地名志时弄错了，把冀察热辽鲁艺先前办学的村子叫成了前那拉碧流村，北面的村子叫成了那拉碧流村了。

汉语创作对他来讲，更是个难点，但是他写完这首词以后，安波给他改词。像巴·布林贝赫，那也是著名的诗人，都是不太懂汉语，但他们用汉文创作。安波非常认真地给他改了词，而且又主动地给他谱了曲。他写了整个过程，安波是怎么引导他、自己是怎么走上创作之路的；安波是怎样培养年青一代的蒙古族学员，是怎样抢救民歌，热爱自己民族的文化，同时怎样创作新的反映民族题材的剧目、作品，等等。这是我对鲁艺的又一个认识。可以说内蒙古在中华人民共和国成立前后文艺界的人才，大部分来自冀察热辽鲁艺，只有很少一部分人来自延安鲁艺。所以这些人对内蒙古的文化事业是立下了汗马功劳的。

1988年，在赤峰宾馆召开了冀察热辽鲁迅艺术文学院40周年庆典活动，1947年到1987年是40年，1988年由政府主持在这个宾馆召开的。80多名来自全国各地的鲁艺师生参加庆典活动。我当时在市文化局工作，我跟文化局领导说，不要安排我具体工作，我就是走近这些人，我要搜集这方面的资料。你要厚积薄发，就得不断地积累，积累是个过程。借院庆之机，能访问的我都访问了，能搜集到的资料我都搜集，回来复印，包括会议材料、录音、往来火车票我现在都留着，都复印一份，谁来了、是哪的，这都留着。还有当年鲁艺编辑的文艺期刊《群众文艺》，3本我都复印下来，也留下照片，等等。第一次走近这些人，像高庄，画家，已经去世了，他儿子来了；海默也去世了，后人来了；安波也去世了，好多后人也来了……有些是后人，有些是学员健在。这些人见面相互拥抱，热泪纵横，40年没见了，给我印象非常的深刻。你看我第一部、第二部、第三部著作，都提到安波了。当我拿起那些材料以后，我在想，我得为这些人树碑立传。

图10 李宝祥保存的《群众文艺》（刘锦山摄影）

我当时为什么要写这部书

呢？出于这么几个目的：一个是这段历史是一段辉煌红色的革命史，不仅对内蒙古，对全国解放区的文艺史也有填补空白的意义，应该注意积累这方面的东西。其次在我运作这本书的时候，正是毛主席《在延安文艺座谈会上的讲话》发表70周年。我就深深地感到鲁艺的精神并没有过时，鲁艺的精神应该继续弘扬，毛主席的讲话精神实质也没有过时，但是我觉得文艺界确实存在一定的问题——深入生活的问题，如何贴近群众，如何更接地气的问题都存在着，文艺界的浮躁现象很严重，不注重生活。像一个剧本，都是大制作，重视舞美，不在内容上进行加工修改，创作方面反映现实生活的东西太少了，都翻拍古典那些东西了。我要写这本书就是要弘扬鲁艺精神，我是这么一个目的。我要在毛主席《在延安文艺座谈会上的讲话》发表70周年的时候把它写出来，正在我要写的时候，我看到《中国电视报》有文章说，中央电视台要于《在延安文艺座谈会上的讲话》发表70周年之际拍摄纪录片《大鲁艺》。它也搞这活动，和咱是不谋而合。写这本书还有一个目的，我觉得，我们打造文化大市也好，文化大区也好，靠什么打造？当然我们要打造古老的文化，像我们赤峰有四大古老文化，红山文化、青铜文化、契丹文化、元文化；在打造古老文化的同时，我们更应该打造现代革命的文化品牌，我觉得冀察热辽鲁艺就是光彩夺目的一个红色文化品牌，应该把它再现出来。我在好多场合讲了这个观点，怎么建设文化大市、文化强市，这不是一个亮点吗？这不是一个品牌吗？所以鉴于这几个目的，在这几个认识基础上，我就想把它写出来。

但是怎么运作这件事情？我跟文化局领导谈，想向文化部申报一个国家课题，课题名字就叫"冀察热辽鲁艺办学启示录"，它可能是一本书，也可以写成一篇论文。如果能进入国家级或者文化部的项目，那我经费就没问题了；另外以口述史为主写一本书，作为科研项目的副品。后来局长说，那假如立不上项呢？我说立不上项我就主要以口述史为主了。从我的准备条件来讲，比《草原艺术论》充分多了，搞了这么多年的调查，另外我又写了好多的东西；即使立不上项，那我也不后悔，我就得编这本书了。后来我开始运作这件事情了，我跟局长说我可能就出这本书，那时候还不知道叫啥名，不是现在这个名，这个名字是经过几次修改了。文化局领导同意我运作。怎么运作，怎么编写，我觉得我应该走进那个时代。我过去搜集整理的东西，我采访过的人，整个资料我翻出来，越看越觉得写这个东西很有必要；根据当前文艺战线的形势，我觉得应该很有必要。另外我想走进鲁艺办学的地方，采访那里的群众。

我先到了原赤峰市京剧团旧址，到了宁城县那拉碧流，到了当年建西县的新邱村陈家大院。原赤峰京剧团旧址是鲁艺开始办学的地方，后来因为鼠疫蔓延，转到当年建西县的新邱①，再后来迁到宁城那拉碧流，最后迁到锦州，一共是两年多不到三年时间（1947.6—1949.4）。这些地方我走一走，看能不能激发我的创作灵感，我都是自费跑的。这时候我得到了宁城县政协的支持，给我出车，他们说李老师，这个事也涉及我们宁城，你在宁城采访，我们给你一辆采访车；当我走到新邱，了解的人非常少了，因为是70年前的事，1947年嘛。我是1945年生人，1947年的事，70年前的事，80岁以上的人稍微有点记忆。新邱的地主庄园没了、那拉碧流的天主教堂没了，一片废墟。当我站在新邱看陈家地主庄园②、看那拉碧流天主教堂的废墟，我在想，难道曾经生活在这片土地上的这些知名的艺术家们，就这样销声匿迹了吗？在这么僻静的小山村，来了那么多知名的艺术家，人们都不知道啊，这段历史不就没了吗？我就很感慨，我一定要把它写出来，把那段历史还原一下，让故乡的父老乡亲了解这段历史。这激发了我创作的激情，促使我一定要把它搞出来。

那么接着怎么搞？我觉得要争取领导的支持。当年的鲁艺师生在我们赤峰还有，现在健在的一个人，叫褚广森，他90岁了，是当年鲁艺戏音系的学生，见过安波，他给我提供了资料。我以口述史为主怎么写？采取滚雪球式的办法，一个人找他的那些校友，然后校友再找校友。我也没有办公室，就在我家里头，全

---

① 当年的"建西县新邱村"就是现在的喀喇沁旗乃林镇福胜村。1962年发洪水，新邱村很多人家都被淹，从1976年开始搬迁，到1978年新邱村村民全部搬迁到西面距离500多米远的福胜村，从那时起，地图上再无"新邱"之名，新邱村落也早已成为一片耕地。

② 陈家地主庄园，国民党蒙藏委员会陈清云的庄园，日本投降后，陈氏家人迁居北平，学院便借住在陈家大院。

部都是自费，就跟这些人电话联系；联系了以后，好多人都认为这一段是他们一生中最美好的时光，很难忘，都很怀念这片地方，也都很想到那拉碧流、新邱去看一看。这些人说，还有人想着我们，还有人在做这件事情，都非常感动。这批人都是毛泽东思想武装起来的人，非常正直，对他们来说，这段时光为什么是最好的时光？虽然艰苦，吃糠咽菜、拉犁种地，上有国民党飞机骚扰，下有土匪堵劫，从全国各地奔到解放区，一路上的艰辛不说，生活也非常苦，但是他回忆起来，感到难以忘怀，还是人生最幸福的时刻。人与人平等，官民平等。给我写序的刘哲说，据我了解我们鲁艺这些师生，还没有一个腐败的，但是有一些人，在"文革"中、在"反右倾"运动当中死了，所以每次谈话，他要说起来就没完，一个小时半个小时都是他；包括我采访的王渔，现在也病故了，中央党校党史研究专家王渔，博士生导师，他跟我说起这段历史，那说起来都没完，他说我在有生之年也想写，但是没有时间了。

通过一个人，滚雪球式地找到这些联络地方，滚雪球式地给提供资料、给提供图片，等等。我自费到了北京，也得到了中国延安鲁艺校友会的支持，我说你们应该也作为该书的策划单位，王昆会长同意了。在北京的时候，他们就主动帮我联系北京的一些人。宁城县政协、赤峰市文化局都是策划单位之一。井下没水四下掏，大家都帮助，是吧？就这么着吧，我得先确定体例。

掌握了一定资料以后，我是这样构思的。前面是冀察热辽中央分局的领导人题词，这都是人家提供给我的。黄火青、程子华、李运昌、赵毅敏、杜星垣、周巍峙等都给我的书题词。这个书分两部分。第一部分展示鲁艺师生的办学风采，这部分以口述史为主，主要介绍他们在赤峰生活的情况。我得主要写赤峰办学这段，没来赤峰的人我就没写，是在赤峰这段生活的口述史。口述史不是单纯地你怎么说、怎么叙述，我就给你整理，不是，我都是以第一人称叙事的，我是走近这个人物，说出我的感受，每篇几乎都是以第一人称叙事，时进时出。这种笔法，他们觉得还可以，因为可以直抒我们每个人的情感，让作者的感情深入进去。我和所写的人物不是剥离的，始终都跟他在一起，说出我对这个人物的感受。另外，原来冀察热辽鲁艺有一些人写回忆录了，我也掌握了一些，我不仅用了这些回忆录资料，而且回忆录中没有的、每个人物走出鲁艺之后在艺术上有哪些贡献、中华人民共和国成立以后做了哪些事情，也做了一个概括性的介绍。在前面有人物简介，有人物图，找人物图费多大劲，很困难，找不着。现在基本上我所写的70多个人，每个人平均是四五幅图，有的还多一点。这是第一部分，展示冀察热辽鲁艺办学的风采。

第二部分展示鲁艺师生办学的足迹。为了让读者更全面准确地了解冀察热辽鲁艺，我搜集了鲁艺学院，鲁艺师生名单，鲁艺的办学宗旨，鲁艺当年办学的报告、重要讲话，等等。比如徐懋庸讲辩证法，就是30年代和鲁迅论战的那个人，他的笔法，和毛主席《矛盾论》《实践论》的写法基本一致，浅显易懂，说明一个深刻的道理；高庄的《今昔之感》，国民党和共产党的比较；安波的报告；其中也有我撰稿并发表的《安波主编的两部蒙古族民歌集采录出版始末》《冀察热辽鲁艺办学启示录》等，这些都附在后面了，让读者有一个全面的了解。当然鲁艺培养了近千人，我这里面只写了70多个人。我已经退休了，我就很难再把它全面写出来。我曾经跟咱们文化局局长说，我说这个项目，你花个几十万能拿下来吗？文化局局长对我自费很感动，说李老师你太不容易了，我给你鞠一躬吧。另外，你有啥困难，出书这事我可以帮你，重点考察地区你实在没能力，咱们还可以提供资助。

我到武汉去了，带着我老伴儿去的，那是文化局出的资。当年从冀察热辽鲁艺走出来60多人到了武汉中南人民艺术剧院。我到了以后，他们也睡不着觉，我也睡不着觉。他们睡不着觉原因在于回想起年轻时代的生活，他们也为鲁艺的故乡——赤峰人没有忘记他们而激动；我睡不着觉出于我的采访压力，我在有限的时间内，要尽可能多地采访更多的东西，给国家省点钱。所以那基本上是白天黑夜采访，那些鲁艺人也是很认真，白天采访，晚上也跟着谈，师生主动找我谈的也很多。说我们太高兴了，这段历史武汉并没引起重视，但在赤峰引起这么大的重视，我们很高兴。

他们把相关资料都给我了，特别是莎莱。莎莱就是延安鲁艺首唱《黄河大合唱》的女高音独唱，她们姐妹几个都投入了延安，她的妹夫李焕之是作曲家。莎莱那时候是武汉文联的党组书记了，她很认真，听说我去，主持召开了一个座谈会。我说第二天我想单独采访你。她是当年戏音系的副主任，她教音乐，写了好多的歌，产生过很大的影响，其中《纺棉花》，就是在咱们喀喇沁旗写的，王昆后来看到这本书以后，说《纺棉花》不是在延安写的，是在你们新邱啊，他们感到很奇怪。莎莱很认真，回去以后把她的东西都放在那让你看。第二天我带了我们宁城政协的一个人，他也带了摄像机、扫描仪。莎莱要求每样都要扫，那人说那样咱整不了，她不太乐意了；后来我说你扫吧扫吧，咱回去再挑一挑，要不莎莱老师不乐意了。她就认真到这种程度。莎莱在湖北省获得了"终身成就艺术家"称号。中央电视台专题片《大鲁艺》也有她，坐着轮椅去的，和王昆他们都在一起。她也给我这本书题词："解放战争显神威，烽火草原鲁艺人。"

这些鲁艺师生的支持和鼓励，对我写这部书确实产生了很大的动力。有好多人说，这个事应该由我们这些鲁艺人去写，但是现在我们走的走了，就是健在的也快见马克思了，最小的80多岁，没有那个能力了；你能干这个事，我们都很感动，你需要啥，我们就给你提供啥。但是在鲁艺的后人当中，也有不同心态。有的人非常重视他父辈留下来的书刊、创作的那些东西，书稿、图片等都留着；有的后代却啥也没有留，都烧了。像在林西搞土改的时候，写的经典剧目《苦尽甜来》（1947），那是后来武汉话剧院的院长，著名的导演、演员吕西凡导演的，在冀察热辽分局的时候，演出后受到嘉奖，描写土地改革已经翻身的农民的苦难史，影响很大。但是我到武汉要找这个本，他们说没有，所有东西后人都烧了。

刘锦山：没有保存。

李宝祥：都没有保存。海默是剧作家，1953年电影《草原上的人们》中的插曲《敖包相会》的词作者，大剧作家，才华横溢。电影《洞箫横吹》《母亲》都是他编剧，他因为《洞箫横吹》也挨整了，除了安波，海默也搜集蒙古民歌。他在那拉碧流创作的蒙古歌剧《十五的月亮》（1948—1949），音乐全都用的是当地民歌，这个本我一直没找到；后来我到中国音乐学院讲课的时候，徐天祥博士送给我《十五的月亮》剧本。我把这剧本给他姑娘，我说你有吗？她说我没有；我说那你拿去复印一下，他的姑娘叫侬嘉。海默爱蒙古族民歌爱到什么程度？为他姑娘起名就有意思。我到北京采访的时候，听安波的儿子刘嘉绥说，"侬嘉"你这名怎么来的，你知道不？她说我不知道。有人说这是你爸爸根据一首蒙古族民歌给你起的，《诺恩吉雅》这是很出名的，就是谐音，"诺恩吉雅"就"侬嘉"，挺有意思的，是不是？后来我又找人求证一下，当年搜集民歌的人许直还健在，在北京，89岁了。我说"侬嘉"这个名字是怎么回事，你知道不？他说我知道，那就是海默根据民歌起的。

海默和安波他俩有一段故事。安波是山东人，海默也是个直爽坦率的人，他俩因为工作干起来了，海默打了安波俩耳光，事后他觉得挺后悔。有些人劝他，说你这会儿主动到安院长那里赔礼道歉，他不会忌讳的。他就觉得我去了的话，我们俩再僵起来咋整？后来他们说你去吧，没事，安波不是那种小肚鸡肠的人。结果他去承认错误，安波说我也有错误，我已经向分局领导检查了。中华人民共和国成立以后海默挨整，安波在辽宁，他在北京，那是因为电影《洞箫横吹》编剧挨整，他当时被打成右派了，要走了，头也剃了，老婆也离婚了。安波到北京出差，与辽艺一名导演说咱们得请他吃顿饭，我掏钱，让他能过得去，安慰安慰他。另外在一次舞会上，安波跟中央领导也把这事说了，说海默创作《洞箫横吹》的事，说我们知道，他当然也有缺点，他动机是好的，没什么问题，也给说情。这就是安波的为人。

刘锦山：您刚才说"侬嘉"的名字是根据一个民歌的谐音起的。"侬嘉"这个名字是什么意思？

李宝祥："诺恩吉雅"是歌名，也是个人名，这是蒙古族流传很广的一个民歌，它有故事。

刘锦山：这是怎么回事呢？

李宝祥：一个蒙古族姑娘下嫁到另一个地方，现在流传的说法多了，有的说下嫁到了左旗，有的说下嫁到宁城，还有的说下嫁到奈曼、阜新等，她非常眷恋家乡，思念家乡。这个民歌就是一首思念家乡的歌。

刘锦山：后来海默把这个名字的谐音"侬嘉"起成女儿的名字？

李宝祥：对，就这么一个故事。这部书经过两次大的修改。我写初稿的时候，写了三四十个人，也没有做到图文并茂；后来内容不断扩大，现在大概写了有八十来个人吧，有夫妇双方的。褚广森说，这不行，写得太少，一再要我扩大，我说褚老再写也写不完，1000多人，分布在全国各地，大部分不在了，我说怎么整？再说了，我跟你似的，我也70来岁退休的人了，咱也没那工夫、没那个条件再继续调查了。文化局还是具有远见卓识吧，要把这部书编成戏，让我们的人搞了几次策划，写了几个提纲，在这个基础上他们汇总了一下，请辽宁的宋国锋来的，还有辽宁的编剧黄伟英，就是话剧《祖传秘方》的那个编剧。导演宋国锋原来就是赤峰乌兰牧骑的。这部话剧让我们开始拿了几个稿子，框架拿了三四个，在这个基础上，他们就讨论，拿出个初稿来；在初稿的基础上，朱嘉庚、我和白显林，还有陈计中这些剧作家，提了很多的意见，以应该怎么突出民族特色、地区特色，怎么样通过鲁艺在培育蒙古族文化这方面做出的贡献，进而抢救蒙古族民歌等主题来贯穿。

宋国锋作为艺术总监，反复地看了我的书。他根据自己的理解，进行了二次创作。排演之前，他们请我去剧组讲了一次，因为这帮人没经历那个年代，也不了解那段历史是啥样。所以请我给他们做了个时代背景介绍，鲁艺是怎么建立起来的，做了哪些工作，有哪些生动的、鲜活的人和事等，讲了很多，对他们来讲也算补上这一课。后来宋国锋又邀请我做了史学顾问，做了节目单。他们排出来以后，2015年10月15日第一次在赤峰国际会展中心大剧院演出，正好赶上习近平总书记《在文艺工作座谈会上的讲话》发表一周年。后来就是借着这两个机会，一个是习近平总书记《在文艺工作座谈会上的讲话》发表一周年，再有就是安波100周年诞辰（安波是1915年10月22日出生），在国际会展中心首演的。

刘锦山：话剧《热土》？

李宝祥：对。当时我也去看了。在赤峰国际会展中心演完以后，宋国锋特意约我，说你得上台，和他一起，咱们和观众见见面吧，我说行吧。文化局的主持人还献了一束花给我，觉得挺自豪。在赤峰工作多少年，还没有这样的时候，上台见了观众，还给献了花，这个机会也挺好。当时演完以后，宋国锋说，李老师，你对剧情太了解了，你觉得这个戏编得怎么样，看了以后有什么感觉？我说你这个戏吧，我用"五个一"来给你说：选取了一个好的题材，抓住了一个好的时机，聘任了一个好的导演，排演了一个好的剧目，培养了一批好的话剧演员。

刘锦山：总结得太到位了。

李宝祥：我是座谈会上说这番话的。中国话剧协会的主席对我这还挺欣赏的。所谓"抓住一个好题材"，就是冀察热辽鲁艺是内蒙古地区的红色文化品牌；所谓"抢占一个时机"，就是习近平总书记《在文艺工作座谈会上的讲话》发表一周年；所谓"聘一个好导演"，宋国锋回到家乡来，热心奉献；所谓"一个好的剧目"，《热土》，起码剧目演出之后，群众反响还是很大的，因为从来没看过，话剧在赤峰还是新鲜的东西，没演过话剧，另外它又涉及赤峰的内容，赤峰人看了就亲切啊；再有"培养一批好的话剧演员"，赤峰没有话剧基础，乌兰牧骑那都是演歌舞的，宋国锋来了培养了一批话剧演员。话剧去喀喇沁旗演、去林西演、去宁城演，在赤峰掀起一股话剧风。这是中国话剧协会主席说的。当然这个戏，还有这样那样的缺点。我写了篇文章，文化局给发到《赤峰日报》上了，有

图 11 话剧《热土》剧照

4 个人写了文章，将我的放在了首篇。

后来我又采访宋国锋，采访的题目是《绿叶对根的回报》：你为什么回到家乡来？你为什么排这个戏？你是怎么排这个戏的？你还有哪些想法？有哪些不足之处？跟我都谈了。这篇文章最初在乌兰牧骑协会的会刊上发的，然后在文联那儿发了，最后在《草原文艺论坛》又正式发表了。后来我应邀参加内蒙古文联、内蒙古文艺评论家协会主办的话剧《热土》研讨会，我写了一篇文章发表在《内蒙古文艺》上，写的啥呢？就是《弘扬鲁艺精神的两朵并蒂花》，我指的是一本书即《烽火草原鲁艺人》和一部戏即《热土》，掀起了一股学习习近平总书记讲话的热潮，掀起了一股纪念安波的活动，可以这么讲。后来我到中国音乐学院也讲，中国音乐学院那些领导都不一定知道安波、认识安波。我跟宋国锋也讲，我说我这个书出了以后，因为受到客观条件限制，印数有限，1000册，出版社还拿去百八十本去，读者面也非常有限，那么你编成话剧了，能在更广的范围传播，我说这两者相辅相成，我很高兴。他说得感谢你，没有你这本书，就没有我这个戏；我说没有那些鲁艺人的帮助、支持和鼓励，没有文化局的资助出版，我也办不了事。所以我就想起毛阿敏演唱的《绿叶对根的情意》，宋国锋这飘浮的绿叶，回到家乡排的这么一出话剧，做了这么多的事，这不就是"绿叶对根的回报"吗？我也带着一种感情写这些文字。《热土》在赤峰会展中心演了两三场。

2016年5月22日和23日，《热土》作为"第二届中国原创话剧邀请展"的参演剧目，在中国国家话剧院演出。演出的时候我没去，我听他们回来介绍，在首都还引起一定的反响。中央电视台《新闻联播》做了报道，《人民日报》发表了我们文化局局长于凤先和宋国锋合写的文章《话剧〈热土〉：烽火草原鲁艺人》，在《人民日报》副刊上发表的。另外我们宣传部部长和导演宋国锋，走进中央电视台直播间，畅谈了这部戏创作演出的过程。说是除了北京，还有其他地方，包括香港，很多家报纸都进行了报道，引起了很大的轰动。2016年6月参加了第十三届中国·内蒙古草原文化节开幕式的首场演出，自治区党的领导都参加，调这个戏演出。那时候自治区党委书记王君，就上台接见，给了很高的评价。

我当时打电话给胡尔查先生，给我书作序的第一个人，他当年同安波一起搜集整理民歌。我说你找宣传部，你找他们要票。这我得告诉他，出点主意，那我要不告诉他，人家可能也不一定找他，因为他是当事人，胡尔查是翻译蒙古民歌的，是著名的翻译家。我说你找宣传部，因为每年自治区领导都上家中拜年去，也认识，都知道这是个艺术家、翻译家，好多民歌，东蒙民歌都是他翻译的。开幕式他也去了，自治区党委书记还让他讲话，后来电视台也采访他。2008年8月，赤峰搞"永远的牧歌"草原文化节的时候，我也把他请来了，这是见证人。《热土》在第十三届中国·内蒙古草原文化节上引起了很大的反响，获了四项大奖：2015—2016年度优秀剧目奖、优秀导演奖、优秀表演奖、"萨日纳"奖。

《热土》大概首场演出自治区政府就给了100万元，原来这个剧目排练时投入200万元，是内蒙古党委宣传部给予的支持，那就是300万元了。然后到各盟市巡演，巡演一场2万元。在这个基础上，2016年7月，内蒙古自治区文联，内蒙古文艺评论家协会召开话剧《热土》研讨会，这次文化局让我去了，和他们剧组的一些人，宋国锋没去了。我在会上介绍的主要是历史背景；另外我念了我写的那篇文章《弘扬鲁艺精神的两朵并蒂花》，掀起了一股纪念安波的热潮。这本书出来以后，我两次到中国音乐学院讲课，书刚一出来的时候，我没想到正好赶上中国音乐学院建院50周年（1964—2014）。

刘锦山：安波是中国音乐学院的第一任院长？

李宝祥：是的，第一任院长是周总理任命的。中国音乐学院比中央音乐学院（1949）成立得晚，它主要宗旨是民族音乐及其创新发展。院长赵塔里木是我原来在新疆的课题顾问，他在新疆艺术学院的时候是副院长，是民族音乐学家。因为经常通电话，听说我写这本书，他说你写了，千万给我们拿来看看，正是建院50周年的活动，能不能列上一个项目。这样把书寄给他以后，他马上就同意，说是列为建院50周年项目，你做个准备，然后又派人跟我协商怎么办。所以我在建院50周年上作的就是《安波在烽火草原的岁月》的演讲，我讲了三个问题：一个是冀察热辽鲁艺是怎么建立起来的。

刘锦山：这方面的情况您要介绍一下。

李宝祥：我得讲这段历史，这是前提。冀察热辽鲁艺成立起来以后，安波及鲁艺师生对草原人民的贡献，做了7件大事：创建了冀察热辽鲁艺、培养了24支专业业余文化队伍、抢救了蒙古族民歌、办了几期《群众文艺》刊物、配合解放战争土地改革、创作了许多深受人民群众欢迎的剧目、培养了许多内蒙古地区顶尖的红色艺术人才干部。

因为中国音乐学院现在的领导他们也不了解安波，第二个我讲的是安波给草原人民及鲁艺师生留下的印象。安波在当代来讲是文艺界的楷模，对自己要求非常严格，清正廉洁，那有好多好多的事。他清正廉洁的程度，我举个例子。安波是最能抽烟的人，那时候卷白菜叶子、向日葵叶子，一根接一根的。安波基本是属于一种透支式的工作状态，搞完《东方红》（1964）舞蹈史诗以后，他病故在北京（1965），有好多人说安波是累死的；安波在延安时期，已经创作了《兄妹开荒》《拥军花鼓》等，那已经很有名气了。纵观他的整个一生，他不愿意当官、不愿意当领导，但是又没办法。冀察热辽设立剧社，他当剧社社长；冀察热辽分局成立鲁艺让他当院长；到东北当东北人民艺术剧院院长；到了沈阳是辽宁省委宣传部的副部长、辽宁省委文化工作部的部长。始终是当官的，他没有时间去创作，他只能是业余时间来创作。那在解放战争期间，晚上点个松明灯搞创作。

他能抽烟，我举个例子，抽烟抽到什么程度上。那时候因为他群众关系比较好，解放区有好多人都来看他，他有时候也给人家点烟，人家走以后，那个烟头掉下来，他捡起来再抽；有一次警卫员看他就在窗子那伫立，他犯瘾了，没烟了，咋整？警卫员在后勤处给他要两盒烟，他坚决不要；新中国成立以后他到了当年工作的解放区，公社特意给他准备一桌席，这桌席他坚决不吃，说我掏钱给敬老院；他所有的稿费，他都分给基层老百姓和单位困难的人，甚至门卫。我再给你举个例子，安波在辽宁省委当文化部部长的时候，他有车，一般不坐车，办事都是骑自行车，有一次到省委去了，让门卫查着了，不让进。你说他朴实到什么程度上。就说他和海默的关系，我前面介绍的，你看他的为人。安波这些事多了。

第三个问题我说的是"安波，草原人民及鲁艺师生永远怀念您"。就说赤峰怎么样弘扬鲁艺的精神、怎么样打造鲁艺文艺品牌，我讲了3个小时。在他们可能是几十项的院庆活动当中，只有我这个演讲是全院领导班子参加的，党委书记、纪检书记、院长全部参加。

我是带女儿去的，我也不会电脑，我姑娘给我操作的课件。那时我还不知道课件是啥，后来市艺术馆一个研究生，他说李老师，您要讲得做个课件，要有课件就更生动了。当时我讲了安波以后，我说你们音乐学院博士生也好，研究生也好，安波这个艺术实践的活动应该引起你们的注意，应该成为你们博士论文或者硕士论文的一个研究课题。他的艺术创作的过程，应该在全国文艺界引起进一步的重视才对。后来院长说我们可能还要搞一系列的活动，以后我们搞活动还请你来，因为这次活动很多。我讲的时候，他们全程录像，网站也报道了；因为我去，他们做了一个大宣传片广告，到处张贴。院庆所邀之人就我一个是基层的，科研处的领导说，李老师，我们对你的宣传特意做大的，你的生平、你的图片，因为大家不认识你、不知道你。

这个时候我见到赵毅敏的儿子、儿媳妇。赵毅敏是冀察热辽分局宣传部的部长，后来当了中联部副部长，在"反修"中立下汗马功劳。毛主席写的"独有英雄驱虎豹，更无豪杰怕熊罴"，就是赞扬他和伍修权的。赵毅敏是延安鲁艺的常务副院长。延安时期遇到困难了，老百姓意见很大，群众意见这么大，我们怎么和老百姓接触？赵毅敏就和延安群众一起扭秧歌，他是莫斯科东方大学毕业的大学生啊，能和老百姓一起扭秧歌。我这次去北京很荣幸，赵毅敏的儿子和儿媳妇都去了。我到中国音乐学院讲之前，先到延安鲁艺校友会，我想把我的讲稿，我想讲的内容征求一下他们的意见，然后他们把我送到中国音乐学院。赵毅敏的儿子（赵战生）也是在延安出生的，儿媳妇都70多岁了，他们很感动，这本书他们也看了，赠给我一本《赵毅敏纪念文集》。就在我那次演讲以后，全国掀起了纪念安波的热潮，我认为应该是这样的。

2015年12月19日，中国音乐学院又搞"纪念安波诞辰100周年暨中国音乐教育体系建设学术研讨会"。这次换了院长，是王黎光，赵塔里木退居二线了。这次也请我去了，往返费用都报销，让我提前把论文提纲发过去。我写了一篇文章《文艺界的楷模：民族音乐学的拓荒者安波》。会上有些是领导，有各大艺术院校的领导，只有我是个最基层的。当时我就谈了，我说过去的时候全国学雷锋，干部学焦裕禄，我认为文艺界应该学安波，那是楷模。那些老文艺工作者，原来和安波在一起的，都赞成我的意见，安波就是文艺界的楷模。可以说，没有人说他不对的。鲁艺当时既有大学教授，像高庄、徐懋庸，都是大学教授；还有一批从清华、北大出来的热血青年，反对国民党、被通缉而送到解放区来；还有一批南方的知识青年，也是投到解放区来，也是不满意国民党；还有一批从东蒙地区来的，不懂蒙古语，不会说蒙古话的学生；还有农民，民间艺人。也就是说把这帮人能够融合到一堆儿，这个院长好当吗？不好当。所以说到安波的为人，真的很值得敬重，活了50岁，太年轻了。他懂好几门外语呢，世界语、日语、英语，都能达到会话程度；创作上他是多面手，歌剧、剧本他写，音乐创作也搞，曲艺、戏剧他全搞，是全才。难得的德艺双馨的、学者型的艺术家。安波的人品从各方面来讲，我觉得咱们文艺界现在应该很好地学习继承。

所以这么多年来，我的文章可以说都写到安波。直到这时候我才找到安波的原型——他究竟是什么样，他的高尚的品质我才知道，过去他对我的影响就很大。我两次到中国音乐学院，我讲了安波以后，有很多和他同时代的人，也讲了安波。比如说傅庚辰——影片《闪闪的红星》曲作者，他说他在东北鲁艺的时候，他十几岁写的作品，安波很重视，给他发表出去了，又演唱了，他记得这个事；还有一些人比如贺敬之，《南泥湾》是贺敬之作词，那是安波给他的任务，让他作词。安波还写了《说唱雷锋》《雷锋颂》等，和李劫夫他们一起搞的，后又搞《东方红》舞蹈史诗。安波临死之前还是在创作，就是透支状态。

刘锦山：安波哪一年去世的？

李宝祥：1965年。好多的艺术想法他没实现，中国歌剧应该怎么发展，中国歌剧不是单一的《白毛女》，那还有别的艺术形式。他还写了很多的歌剧本，他在艺术这方面不断地探索创新。他还是个文艺理论家，他的文艺理论怎么形成的呢？先到各地看演出，写评论、写观后感。像到了咱们赤峰，我刚才说的那个《苦尽甜来》话剧，他就连夜写了剧评，他写的是《具有里程碑作用的话剧〈苦尽甜来〉》。文中说我在延安看了陕北秧歌,到这来看了话剧《苦尽甜来》,老百姓演自己的事、演身边的人,具有里程碑作用。他写的文章发表在《冀察热辽日报》《群众日报》。

刘锦山：李老师,请您再介绍一下当时鲁艺的成立过程。

李宝祥：简单说就是这么个过程。1945年抗日战争胜利以后,从咱们党来讲,为了争取东北革命根据地,就把大批的干部往东北输送。中央曾经让赵毅敏负责往东北输送干部,因为他是莫斯科东方大学毕业的,懂俄语;中央还有个想法,就是要把鲁艺也迁到东北来。但是在输送干部的过程当中,由于东北地方交通堵塞,国民党设阻,所以从延安来的一批革命文艺工作者,被赵毅敏留在了承德。因为他在延安就是鲁艺院长,对这些人都很了解,对文艺也有偏好、爱好,既然交通堵塞走不了,他把安波、海默、骆文、严正、杜印,大概近20人都留在承德。承德当时有个胜利剧社,这些人的到来充实了胜利剧社,胜利剧社的社长就是安波,副社长是李劫夫。

后来承德失守,被国民党占领,这些人又撤到林西,就是当时的冀察热辽分局所在地。那是1946年的冬天,1947年年初了,这批人也是在非常紧急的状态下到了林西。他们当中有一个人叫汪洗,两口子都是鲁艺的,汪洗是戏音系的副主任,他老伴儿是少艺班的班主任,在撤退的途中,带着刚生下几个月的孩子,为了不暴露目标,孩子在包裹里活活地憋死了。安波给开了个很隆重的追悼会,说他是我们的小烈士,跟随我们队伍死在途中,埋在平泉与凌源交界的水泉山坡上。在去往林西的途中,是非常艰难的,上有敌机轰炸,下有国民党土匪堵截。这批人到林西的时候也搞了一些活动,辅导了当地中学,排练话剧《血案》,我刚才说的《苦尽甜来》话剧,就是在那个时期创作的。冀察热辽鲁艺成立之前,他们在那搞文艺辅导,到农村、到学校里搞辅导,搞了很多宣传活动。那个冬天是非常寒冷的一个冬天,鲁艺为了解决取暖问题,到山上捡牛粪。他们在剧场里面搞演出,主要是宣传土地改革。中央分局重要会议开始之前,他们就在那块进行群众文化活动,也编辑了很多的演唱材料,到群众中去教唱。

等到1947年6月,赤峰二次解放,这时候战争环境基本上算比较缓和了。

这些从延安来的文艺工作者，有来自枣园文工团的、延安鲁艺的、青年话剧院的等。在从承德到林西的途中，安波他们就讨论了这件事情，在时机成熟的时候，我们要办一个鲁艺，为解放区培养干部和文艺人才。赤峰二次解放以后，他们从林西撤到赤峰，报了一个方案，得到冀察热辽分局批准，创办了冀察热辽联合大学鲁迅艺术文学院，主要目的就是为解放区培养文化干部和艺术人才。那会儿文化干部是很少的。鲁艺最初是办在咱们赤峰京剧团的原址，就是红旗剧场那块，日伪时期的骡马大车店。当时招收了第一期学员，仅仅7个人，在一个旧市场里的日本贸易货栈，也是个骡马大车店，办在那个地方。后来派了一些人到了东蒙地区、河北这一带招收学员（将第一期学员扩招为40余名）。

　　1947年12月，在赤峰红山发生了鼠疫，很严重，那时候红山脚下死了很多人。在冀察热辽鲁艺办学的贸易货栈里头，就拉起一道长线，只能进不能出，那就很艰苦了。后根据分局的指示，鲁艺被迫撤到当年建西县的新邱——地主陈清云庄园，这个地主已经跑到北京去了，庄园空了，在那办了班。第一期已经招了100多个人了，就在那招了第二期学员。

　　刘锦山：招了100多人？

　　李宝祥：对。招了第二期学员呢，赵毅敏有个重要的讲话，他讲的什么内容呢？就是我们办鲁艺要粗粮细作，先要"粗"，后再"细"。他为啥要提倡这个？因为鲁艺的主要任务是为解放区培养干部和艺术人才，面对群众文化贫乏的现状，你不能净搞"精"，因为"精"是少数人享受的东西，要搞让大众能享受的"粗"的东西，不怕粗，粗点就粗点。再有，我们所学的东西必须有所用，学了不用的不要学。像美术系，你得会画个板报，你得会写个美术字，会绘画临摹，画个模特儿素描，简单的东西要会；像戏音系，你得学会几个歌，你得学会几种乐器，另外你得学着能编个小东西；还有那个文学系的，你得写个作品等，就是普及型的，先普及后提高。我觉得这是赵毅敏同志对毛主席讲话普及和提高的辩证关系在这儿的应用。那个时候，一切都是从实际出发。比如鲁艺办学还有短训班，有些部队的业余性团队，怎么进行辅导，这都是需要从实际出发的。安波采取办学期间，整队来的在原来的基础上有整体提高，使他们创作演出的节目得到提高；然后把鲁艺编创的比较好的节目再教给他们；教给他们怎么策划一台节目，怎么创作，怎么结合实际，从实际来做。

刘锦山：这种教学方式非常实用。

李宝祥：是的。短训班来了一批各地的蒙古族青年，安波也抓住这个机会，抢救蒙古族民歌。安波搜集民歌已经在心里酝酿很长时间了，在延安时他听过吕骥搜集的民歌，在归绥一带，就是呼和浩特那儿；另外他也听过刘炽在鄂尔多斯搜集的一些民歌，刘炽就是《我的祖国》的曲作者。他说我什么时候能到热北草原体验生活，搜集民歌？所以他搜集民歌的想法在延安的时候就形成了。1946年年初，他带领承德胜利剧社的一些人到喀喇沁旗搞土改、减租减息运动，那个时候他就搜集了七八十首民歌了。鲁艺办学设了几个系，和延安鲁艺一样，戏剧系和音乐系合成戏音系，还有文学系、美术系、少儿班、短训班。主要是一方面要培养艺术人才，一方面对当地的宣传队进行辅导，帮助组建24支宣传队，有地方的、部队的，有专业的、业余的，有蒙古族学员班、短训班等，那都是一一在册的。安波特别提出，你们蒙古族要珍惜自己祖先留下的艺术，你们要学会抢救整理自己的艺术，你们要把自己这些艺术发扬光大创作出新的作品来，这是他的一个主张。《东蒙民歌选》是汉文的，《蒙古民歌集》是蒙古文、汉文的，但是汉文不能唱。他在这方面做了很多的工作，怎么搜集少数民族地区民歌，怎么进行转换，这在全国是开拓性的。我为啥在我那个论文当中说他是民族音乐学的开拓者？就是这个原因。另外他配合解放区写了很多的东西，像《打倒蒋介石 解放全中国》也是在这个地方写出来的，《运动战歼灭战》《因为有了共产党》《人民一定能战胜》《三绣金匾》等，一个是配合土地改革斗争，一个是配合解放战争。在二龙镇那个地方，就排了《黄河大合唱》。

在新邱也因为鼠疫蔓延，又搬了，分局指示迁到宁城二龙镇的那拉碧流村，那里有天主教堂，在那里头继续教学，创作演出，学习实践，培养人才。一般来讲，创作节目专门有鲁艺文工团，各系也排节目。鲁艺文工团创作出来一个节目以后，一般来讲都对群众公演，一方面是征求他们的意见，几乎每个星期都开一个音乐会、戏剧观赏会，都和当地群众打成一片；另一方面文艺工作者体验生活

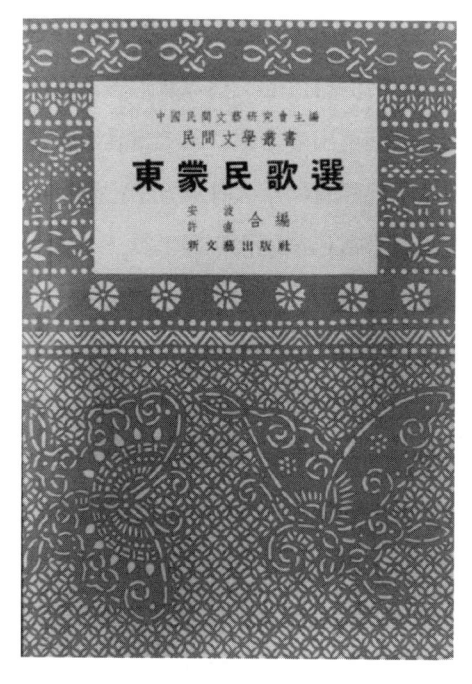

图12　1952年，由安波、许直主编，上海新文艺出版社出版的汉语版《东蒙民歌选》

图13　1949年，由内蒙古日报社出版的汉语、蒙古语双语版《蒙古民歌集》

　　也是很重要的。那时候非常困难，院领导要求一边办学，还得上山打草，老百姓没吃没穿，非常困难，特别是1946年干旱，1947年颗粒不收，这咋办？有好多的师生都拉犁种地去了，没牲畜的农户，就帮着拉犁下种。干旱的情况下，那个犁铧进不去，肩膀都肿了。老百姓没粮食吃，鲁艺师生节约粮食，送给老百姓，他们也吃糠咽菜。那时候是供给制，半军事化供给制。当时到一些老百姓家里头，甚至一家人一床被褥，一家人连个上衣也没有，去个人还得用锅盖来挡着。鲁艺师生在老百姓当中，做了很多实事。另外他们还协助当地搞土改，也是分成几个队，体验生活，有的人觉得我到鲁艺就是来学习的，怎么还让我搞土改去了呢，等等。但是参加完土改，回来再演那些剧目，像《忆苦思甜》，他就有真情实感了，找到人物的感觉了。

　　那拉碧流那个教堂的神父比较开放，只要不做宗教活动的时候，就让给鲁艺。这是一个挺大的、能装近千人的天主教堂。那时候不断有国民党的敌机轰炸，怎么上课？鲁艺的学生为了躲避国民党的飞机轰炸，就从校园里头往外挖洞。我到那个防空洞遗址去看了，当时美术系学员、村民毛文亮对我们说，敌人飞机一来，他们就进洞里头，敌人飞机一走，他们再出来上课，课上讲延安文艺座谈会的讲话、学习文艺理论，等等。天主教堂上面有一个大铁塔，怕把目标暴露给敌人，得把它掩盖住，所以让一帮学生，也没有什么现代化的工具，人梯似的一步一步往上去，用那个草给它盖上，那是戏音系的一些学生。这些学生还犯了错误了，犯啥错误呢？挖防空洞的时候，在校园里头有些果树，秋天的时候那些果树结果了，有些人看见掉在地下了就捡了吃点，有的人还爬在树上摘果解馋，那困难时期啥也吃不着，大胆的还爬在树上那么一摇晃，晃下来不少，大家都吃了，受处分了，停课检查；后来由于这帮学生冒着生命危险遮盖这个铁塔，立了功了，所以惩罚减轻了。

因鼠疫鲁艺从新邱迁往那拉碧流的时候，美术家高庄说，我们共产党员都是和老百姓在一起，灾难时期我们走了，老百姓还在这儿，这还是共产党员吗？对这位老知识分子、老教授，安波做了不少工作，冀察热辽分局为了保护这些知识分子，迁移到新邱、那拉碧流那一块。就在迁移途中，安波写了歌曲《打倒蒋介石　解放全中国》；后来《河北日报》记者高峰写过一篇文章，记述了从新邱到那拉碧流途中，《打倒蒋介石　解放全中国》歌曲的创作过程。安波一边写一边征求意见，一边走着道儿一边躲着弹，到那拉碧流村也修改完了，也唱出来了；后来高峰说自己看到了电影《风雨下钟山》以此歌作为主旋律，感觉非常亲切，想起了那峥嵘岁月来。

刘锦山：鲁艺在宁城待了多久？

李宝祥：几个月，都是几个月时间。后来锦州解放了，根据中央指示鲁艺到锦州去。锦州解放以后有几个任务：一个是宣传演出；二是有一部分人可能要做俘虏的工作。做俘虏的工作有几条政策：你愿意回家，给你发路费；你乐意回去找国民党，你就走；你乐意当兵，留下等着收编。鲁艺师生住在锦州北大营的一个破旧军营里，在那个地方又组合重建起来，招了第三期学员。一共三期学员，培养近千名文化干部和艺术人才，这是安波讲话中说的。

刘锦山：加上短训班的人数？

李宝祥：都算上，就培养了这么多人。我觉得给内蒙古地区培养了几百名以上，我查资料有名有姓的就100多名。锦州解放后，鲁艺师生分几路人马，一部分到了东北，安波、严正、杜印等这一批人到了东北人民艺术剧院。东北行政区撤销以后，他们又回到辽宁，安波后来任辽宁人民艺术剧院院长。还有的到了武汉，武汉成立了中南人民艺术剧院；还有的留在承德，承德地区话剧团的《青松岭》就是鲁艺这帮人培育起来的；还有留在北京的。鲁艺的贡献是很大的。

刘锦山：它的火种撒向了全国。

李宝祥：火种撒遍了全国各地。中央电视台拍的《大鲁艺》就讲了鲁艺的故事，但是鲁艺的精神在今天的弘扬传播、火种的作用没有讲。我觉得在草原地区，冀察热辽鲁艺完全是按照延安的办学模式，据我了解，像这种办学模式，在全国还是第一个。现在赤峰如何打造鲁艺文化品牌，出书是一个；还想建立一个鲁艺专题展馆，将来赤峰大剧院建起来以后。现在也在搜集一些原始资料，鲁艺这些人写的作品、走出鲁艺后的作品。像我刚才说的莎莱，给了我70年前的一个马灯，我也写了一篇文章：《马灯颂——聆听音乐家莎莱讲述她与马灯的故事》。我到了湖北武汉的时候，有人说她有个灯，我就跟她要了，我说莎老，你能不能把灯给我们办展览用？她说你咋知道的？我说反正我知道，那给你吧。当我从她家出来以后，到了外面坐出租车，她说，小李子（管我叫小李子），那个灯你可保护好了（那意思是你可别给我乱扔），那灯跟了我70年，从延安一直到鲁艺，再回到武汉，我什么都舍得，我没舍得这个。灯现在还在我家里，那展馆现在还没建好。

另外，我给文化局提出把这些景点，把这些鲁艺原来办学的地方，办成一个红色的文化教育基地及红色革命文化旅游线路，即"承德—喀喇沁亲王府—林西大营子村—赤峰—喀喇沁旗新邱—宁城二龙那拉碧流—辽宁锦州"。如今这些地方的建筑已经没有了，当年这些鲁艺人回来都没法看。能不能在这些地方做个微缩景观，搞个小型展览，展出各地鲁艺活动情况，比如陈氏地主庄园、天主教堂等可以搞微缩景观，立在这个地方，当年鲁艺办学培养多少人，再加上林西

图14 莎莱赠送给李宝祥的马灯（已捐赠给赤峰市档案史志馆）

排练《苦尽甜来》那个地方……这帮人先到了林西，再到赤峰来才成立的鲁艺。将来我们还要想办法在赤峰建个雕塑园，把鲁艺艺术家的故事建立一个雕塑，比如抢救蒙古族民歌、帮助牧民去拉犁种地、帮助牧民开展群众文化活动等。这个在策划，现在也有人大代表往上提这方面的议案，我们也提了，主要是如何进一步打造鲁艺品牌，我们也想做点事情。

现在从某种程度上说，我成了鲁艺人的联络员了。现在这帮人，健在的分布在全国各地，他们不会网络，没有微信群；他们都很想知道，跟他们有关系的人在哪儿、现在怎么样、还健在吗？另外我的书里写的，他们走出鲁艺以后还办了一些事吧，有哪些事？他们应该很感兴趣，都找我。

最近，中国文联《美术》杂志原主编华夏（1923—2019），93了，没得到我这个书，通过一些人联系，找到我的电话。华夏耳朵聋了，他又不能讲话，他老伴儿还可以，90岁，她给我来电话，她说宝祥，我费好大劲才找到你电话。我到北京的时候到她家采访过，她说，我书也没有。我说这么长时间了，都一年多了，我说当时书出来以后，凡是我采访的，我都签名了，一起寄给中国延安鲁艺校友会，给安波的儿子刘嘉绥了，我说那你找一找他，看有没有，不行我再给你寄，您老别着急。她从北京搬到河北的一个高级养护中心去了，因为在北京看病不太方便，在那儿可以吃住，她觉得很理想。她说我搬到那儿去了，可能他们找不到我，也没给我送书。后来说刘嘉绥也没有书了，我说行行，我马上给你寄，打快件寄。老太太高兴了，说一天一天地看。她问我多大岁数，我说我今年72了。那你在那儿待过吗？我说你们创建鲁艺那年我才2岁。她说好像看着你经历过那个年代似的，我说我根本没经历那个年代。她说太好了，我看了，岁数也大了，也是慢慢看。还有好多老年人翻起书来，老翻着看，觉得新鲜。儿女不让她看，有好多人说我妈老拿着那个，放不下似的，它是一种情感嘛。华夏老伴儿徐青老太太后来又来电话了，她说我儿子人在北京，我们两地，有些人他都认识，也熟悉了，他也六七十岁了，也想要一本，再给我邮一本，我付钱行吗？不用。我又给她邮一本去，邮一本以后，这老太太太认真了，给我汇来200元钱，她说那本书我们该得，他们（指儿女）不应该得，他得买。

就说鲁艺这些人，就我在运作的过程中，他们有的通过快件给我发来照片、发来资料；有的打了电话和我联系，问我需要什么；还有不少写信的，等等。我觉得这一辈子好像做一点有利于党和人民的事，为赤峰文化大市、文化强市建设做点实实在在的事，我觉得就挺高兴。再有我这四部书稿，我深深地体会到我能出版，在《寻觅·守望·放歌——李宝祥草原艺术研究与创作文集》封底我有几句话，大概是我的一个概括了：我作为一个出生在父母斗大字不识的文盲家庭的人，作为一个没有学历的人、没有进过大学的人，作为一个从乌兰牧骑走出来的基层文化工作者，之所以能有百万字的作品问世，是我赶上了一个好的时代。好的时代就是指十一届三中全会，我做的这些都是在1978年以后了。是我碰到了一些好的领导，不管是在左旗、是在赤峰，还是在内蒙古；是我遇到了一些好的朋友，也碰到了一些好的机遇，没有机遇是不行的；也靠的是全力支持我的老伴儿和我的家人；也靠对草原文化的心灵的感悟；还靠我这个人笨鸟先飞、以勤补拙的勤奋的态度。所以我才能够有今天。我感谢领导，感谢时代！

张向午

大漠纵笔著华章

采访时间：2016 年 10 月 15 日
初稿时间：2021 年 4 月 27 日
定稿时间：2023 年 12 月 3 日
采访地点：赤峰市图书馆"赤峰记忆"拍摄现场
版　　本：文字版

张向午速写

　　张向午　汉族，1931 年出生于农民家庭，内蒙古赤峰人。幼年读过 8 年私塾和 3 年官办学校。1951 年毕业于热河省立第一中学师范进修班。1948 年参加工作，任小学教师。1953 年调翁牛特旗文化馆做美术工作，1961 年任文化馆馆长。1972 年调昭乌达盟文教局工作，任创作员、政工组组长。1980 年调赤峰市文联工作，任秘书长、副主席、督导员等职，专业作家，文学创作二级。1993 年离休。1984 年加入中国作家协会，现为中国作家协会会员。著有长篇小说《红花》《戎马传》《大漠神鹰》《大漠风云》《血沃北疆》《金兰谱》《青春的火焰》，诗集《桑榆短歌》，中篇小说集《秋月扬辉》，短篇小说集《魂系故土》，剧本《战士回乡》《春满草原》《石桂林》等。2012 年，除剧本外，所有文学作品由内蒙古人民出版社出版约 300 万字 10 卷《张向午文集》。作品中，长篇小说《大漠风云》曾获内蒙古自治区"1957—1980 年文学戏剧电影创作二等奖"。

刘锦山：各位朋友，大家好！今天是 2016 年 10 月 15 日，这里是赤峰市图书馆"赤峰记忆"拍摄现场。我们今天邀请到的嘉宾是赤峰市知名作家张向午老师。张老师曾经担任过赤峰市文化局政工组的组长、赤峰市文联副主席、赤峰市作家协会的副主席。

张老师，欢迎您！

张向午：你好。

一、辗转半生，笔耕不辍

刘锦山：张老师，首先请您给大家介绍一下您的个人情况。

张向午：我 1931 年出生于农民家庭，幼年读过 8 年私塾和 3 年小学，1948 年正式参加工作，在农村当小学教师。因为我幼年时就好画画，所以在当教师的时候，给学生画过幻灯片；幻灯片在全校播出，后来到别的学校演出，被上级

图1 张向午（左）接受"赤峰记忆"采访

知道学校里面还有这么一个人物。1953年把我调到翁牛特旗文化馆，搞美术工作。其间曾到热河省文联参加过半年美术班学习，《热河画报》出版过我的连环画——《合作社就是我的家》；这本连环画后来被东北幻灯制片厂合作出版社制成幻灯片在全国发行。从那以后我觉得我一生的命运应该是画家。后来翁牛特旗和乌丹县合并[①]，两个文化馆也合到一起，人员多了，就把我调到文化局当文化科员，专管文化工作，从那以后搞美术就没条件了。因为要经常下乡，也没绘画工具，所以就把美术扔了。我开始写点小诗和快板之类的东西。因为是文化干部，尤其是1958年"大跃进"，农牧民都写诗，文化干部也得写，我就写一些好人好事、小剧本、小快板、数来宝这类东西给业余剧团演出用，从那得了一个"土作家"的称号。

转折的时间是1959年。当时内蒙古文学刊物《草原》编辑部的主编带领编辑到翁牛特旗去写一部蒙古族、汉族杂居的公社史，让当地配一名作者，领导就让我参加了；之后和写作组一起写了几篇报告文学，都在《草原》上发表了，影响挺好。从那以后我开始搞文学创作，写小说、报告文学，曲艺的东西就不写了。内蒙古人民委员会副主席王逸伦在昭乌达盟当总队司令的时候，在翁牛特旗桥头小平房村歼灭了"压五洋"和"老二嫂"的一股土匪，当年给他当警卫员的人给我讲了这些事迹，我就写了一篇《平房歼匪记》，在《内蒙古日报》副刊发表了。

为了纪念内蒙古自治区成立20周年，昭乌达盟宣传部把各旗县业余作者都抽调来组成一个创作办公室，为自治区成立20周年献礼。当时把我也调来了，此外还有林西的李凤阁、丛培德，克什克腾旗的马达，阿鲁科尔沁旗的戴云卿，专门为内蒙古自治区成立20周年写祝贺作品。但是作品还没写成，"文化大革命"开始了。盟委造反派写了一张大字报，批创作办公室是为内蒙古走资派歌功颂德的，这一张大字报就把创作办公室解散了，大家各回各旗县，我回到翁牛特

---

① 1956年乌丹县建制撤销，与翁牛特旗合并，乌丹镇为翁牛特旗政府驻地，城关区改建为乌丹乡。

旗参加"文化大革命"。因为我有《平房歼匪记》这个给王逸伦歌功颂德的作品，所以被打成文艺黑线人物，造反派把我"文革"前发表的作品如剧本、报告文学、小说、曲艺等都给抄走了，大约有几十万字。我成了罪人、文艺黑线人物，蹲了8个月黑屋，那时叫牛棚，所有的刑罚基本都受过。

1967年，我蹲了8个月牛棚后被放出来。受过这次教训之后，我灰心了，不想再写了，当时我作为翁牛特旗文化馆馆长的职务也被免了。"文化大革命"以后，我就搞展览，也没写东西。1969年昭乌达盟划归辽宁省，辽宁要搞现代戏会演，参加会演必须拿出自编的现代戏，蒙古语没有现成的东西，上级了解到我有一个《牧业学大寨》的长篇小说素材，就把我调来给昭乌达盟京剧团写剧本。我、丛培德和李凤阁3人组成创作组，由我执笔。我是共产党员，得服从党，服从组织的调动，虽然我不情愿，但又开始写作了。把剧本写完参加辽宁会演，受到好评之后，就把我直接留到文化局工作。

刘锦山：张老师，您留到盟文化局是哪一年？

张向午：我是1961年8月调到翁牛特旗文化馆当馆长，后来我蹲牛棚被免了文化馆馆长之后调到这里来的，那是在1972年，当时叫文教局，不叫文化局。我调过去之后在文教局待了3年。文教局当时缺少创作人才，就成立了一个创作办公室，我既是创作办公室的成员，又让我管政工组的工作，当了一段时间的政工组组长。

1976年，辽宁要出一部反映知识青年上山下乡大有作为的作品。因为昭乌达盟的牧区插队的知识青年比较多，所以编辑就来到牧区，找知青办和文化局。完成这个任务得组成写作组，文化局就确定让我参加，又从知青办抽了一个知识青年和一个办公人员，3个人组成创作组，还是由我执笔。之后由编辑带领创作组到各个青年点、牧区、农村进行实地采访，采访了半年，由我执笔写成长篇小说《红花》，由辽宁人民出版社于1976年4月出版。这是我的第一部长篇小说。参加这次写作之后，我的创作情绪被激发起来了。我曾写过一部《村史》，这个素材是内蒙古人民出版社布置的，因为"文化大革命"而没有出版，我就用这部《村史》素材构思我第二部长篇小说《大漠风云》，构思基本上成熟了，但苦于没有时间写。

这个时候盟委宣传部、辽宁来的"五七战士"佟兴武部长找我谈话，想调我到宣传部当文教科科长，分管报社、电台、文化局。我告诉佟部长我现在正有一部作品要写，他说你来，一年给你3个月创作假，我说我考虑考虑。回来领导把我批评一顿，说你考虑什么，你可是共产党员。怎么办？我就去找自治区分管文教的副书记白俊卿，我是他的兼职秘书。因为那时候我家属也没在城里，我在办公室住，吃机关食堂。白书记所有的讲话材料，都是他秘书给他写，他都相不中，完了送到我这，让我重新给他修改一遍，所以他对我很熟悉。这时候我就去找白书记，我说宣传部佟部长找我谈话，让我当文教科科长，您给我说说，我愿意写作，我不愿意搞行政。白俊卿书记就给佟部长打电话，说他愿意搞创作，不愿意搞行政，你们另物色别人吧。就这么着，我把文教科科长辞掉了，但还是没有时间创作。这怎么办？这时候正赶上抓"农业学大寨"，组织干部下乡蹲点一年，我就向文化局领导提出申请下乡蹲点，获得批准到喀喇沁旗一年，这样我下去之后就可以利用业余时间把这部小说写出来。

到了喀喇沁旗，我和工作团长说能否给我安排点时间写作，团长挺支持我，他说这样吧，你下去之后，上午的时间专门写你的东西，下午劳动，晚上开会。我就按照工作团长的安排，住的是农牧民家庭，

图2　长篇小说《大漠风云》（1980年）

工作组 4 个人住一个小屋，还有一个老头，我们 5 个人挺挤。正值冬天，没有桌子，只有炕和一个小火盆，我就利用这个条件，趴在行李上，每天上午写两到三个小时，终于把《大漠风云》完成。后来由辽宁春风文艺出版社于 1980 年出版，这是我的第二部长篇小说。

下乡回来之后，因为我爱好京剧，文化局领导想让我担任京剧团团长，我一听这个更不行，俗话说"军队好管，文艺团体不好管"。这时正好要在创作办公室的基础上成立文联，而我就是创作办公室 5 人中的一员，这样，1980 年成立赤峰市文联，文联开文代会，选王栋任主席，我和戴云卿任副主席，我兼任秘书长。从那以后一直到我退休，再没有离开过文联。那时候文联都是搞文学的，对其他方面照顾不过来。虽然有八大协会，但只注重了作家协会，注重文学，其他的顾及不到。第一届、第二届都是这样。王栋退休以后，文联主席由勒·敖斯尔担任，他是蒙古族，用蒙古文写作，只会管蒙古文刊物，别的他都管不了。到了第三届，高晓力任主席，和现在李文智主席这一届，他们抓得挺全面的，把各个协会都抓起来了。

20 世纪 80 年代初，赤峰市文联只有 3 个中国作家协会会员，包括我、王栋和王兰。通过这些年的发展，赤峰文学队伍很快壮大，据我了解，目前赤峰市文联里中国作家协会会员就有 23 名，这对于地级市来讲，在全国也是最多的，有的自治区恐怕也没有这么多。像西藏、青海、宁夏也没这么多全国会员。自治区级会员有 50 多个。在文学发展上，成立文联之后，确实使得创作队伍发展壮大，其他协会最近这几年也有全国会员了，活动开展得也不错。

写东西之后，可以在《百柳》发表，《百柳》就是培养作家的园地。原来《昭乌达报》有个副刊叫《青纱帐》，只能发表小东西，散文、特写、通讯这类东西，《百柳》可以发小说、报告文学、诗。

刘锦山：昭乌达盟一开始是内蒙古的，后来划归辽宁。划归辽宁是哪一年？

张向午：昭乌达盟从 1969 年划归辽宁，1979 年又划回内蒙古。划归辽宁的 10 年，辽宁对文学这方面挺重视，像我有 3 部书都是在辽宁出版的，《红花》《大漠风云》，以及我的中篇小说集《秋月扬辉》。我在辽宁的影响比内蒙古要大。

图 3　赤峰市文联主办的期刊《百柳》(1988 年第 2 期)

图 4　中篇小说集《秋月扬辉》(1993 年)

图 5　小说集《魂系故土》《秋月扬辉》出版发行仪式

刘锦山：赤峰市文联是哪一年成立的？

张向午：赤峰市文联是 1980 年建立的。1980 年的时候赤峰刚从辽宁划回来。内蒙古实际对文学创作不如辽宁重视，赤峰刚划归辽宁的时候，辽宁就搞现代戏会演，内蒙古多少年也没有搞过。到文联之后，我专管刊物，专管编辑《百柳》，个人业余时间也写一些，但是因时间不够，基本写些短篇、中篇的，完成 6 部中篇和 20 部短篇。写过一部长篇《戎马传》，由内蒙古人民出版社于 1984 年出版。

1985 年之后文联有一些变化。刚开始 3 个主席都是汉族，组织上要求必须有一个是蒙古族。文化局乌国政乌局长，是蒙古族，他兼职文联副主席，实际他也不上这里工作。这时我想辞职搞专业创作，于是就向组织提出退居二线，当专业作家，组织上考虑让我和戴云卿都退到二线当督导员，享受正处级待遇。从这以后基本上就成专业作家了。

刘锦山：这是哪一年的事情？

张向午：我是 1993 年退休的。退休前就出了 5 部书，1 部中篇小说集，1 部短篇小说集和 3 部长篇小说。退休以后，有很多素材已经写完，但是当年我得了胃癌，我很担心，估计自己下不了手术台，赶快把中篇小说集和短篇小说集在手术前都编好，写上后记。我给孩子也写了遗嘱，我要是死在手术台上，让他们给我出版。做手术之后我没死在手术台上，这样就行了，估计会缓期两年再死，出院之后，过了半年，我就把这两本书出版了。这一年我没啥事，就读书，读了不少书。两年后，身体恢复得还挺好，这还得写作；从那以后三年也没死、四年也没死，五年还是个坎儿，到五年也没死，医生说你这基本上根除了，因为发现得比较早。我是溃疡性胃腺癌，过了五年之后就没事了，所以五年之后我就把写《村史》的素材、写《公社史》的素材，考虑写成长篇。一直到 2014 年，我又写了 4 部长篇：《血沃北疆》，是写敖汉清末反"红帽子"的农民起义；《大漠神鹰》和《大漠风云》是姊妹篇；《金兰谱》写朋友之间的故事；还有一部写农村青年的叫《青春的火焰》。

写长篇之余，我也写点诗，出了一部诗集叫《桑榆短歌》。另外也写了不少

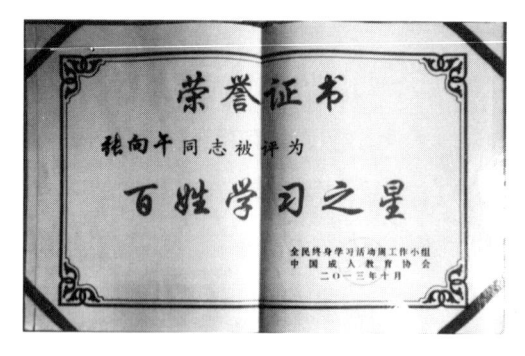

图6 "百姓学习之星"获奖证书

图7 2014年,张向午在《张向午文集》出版发行仪式上发言

散文,有100多篇,给别人写评论文章,还写过一些报告文学。2012年我出版了8卷文集,300多万文字,本来应该出10卷,"文革"前的作品让造反派给抄走了,我没处淘去了,没有了。另外还有3个剧本没有编进去:翁牛特旗评剧团演的多幕剧《石桂林》、给京剧团写的《碧波激荡》(后改成《春满草原》,参加辽宁会演),还有《鸿雁》给我发表的话剧《战士回乡》。得癌之后,退休这些年,组织部和老干部局对我挺重视,我被评为离退休干部中的模范党员;我还被评为"百姓学习之星",全国评了102个,内蒙古有4个,其中就有我。我既没有大学文凭,也没有中专文凭,念私塾出身,就享受了这样的待遇,国家给我这么多荣誉。

二、学习不止,硕果累累

刘锦山:张老师,您刚才介绍小时候读过8年私塾,3年小学,您是1931年出生。我觉得过去能连着读8年私塾,家里情况应该也不错,您家父母是做什么的?

张向午:我7岁从读《百家姓》开始,一直读到13岁,这是7年;上了小学,卜四年级、五年级、六年级,又3年;3年回来之后,1947年我又读了一年私塾；1948 年成立了小学，小学私塾先生不能教了，我直接接他的班，在农村教小学。

刘锦山：那时候您家里情况，经济条件还可以吧？

张向午：我家里土改定的是贫农。我 7 岁丧父，我父亲活着的时候，家里有地，应该是个富农；我父亲死得早，我母亲就靠折腾家产过日子；到土改的时候，就剩 3 间土房和 4 亩地；后来分了几亩地、分了头牛，划为贫农。

刘锦山：您是在哪个地方出生的，父母是哪里人，籍贯是哪里？

张向午：我出生的地方现在是赤峰市松山区太平地镇八肯中村。我家属从 1976 年才批准进城。因为我是"文革"受害者，1976 年批准家属进城，还给我一个孩子安排参加工作当工人；如果"文革"不是受害者，没这待遇。

刘锦山：您当时有兄弟姐妹吗？

张向午：我有一个姐姐，早就去世了，我哥哥也去世了，都是农民。现在还有一个弟弟，还在八肯中，现在生活不错，达到小康水平了。那个地方的土地肥沃，都是浇水的地，产量高，生活还是不错的。

刘锦山：您念私塾的时候，第一年念《百家姓》，后面几年都读了哪些书呢？

张向午：《百家姓》《三字经》《千字文》《名贤集》《弟子规》《治家格言》，这是童蒙读物；接着是四书《大学》《中庸》《论语》《孟子》；接着是《诗经》。这都是大通本。1947 年我念到《尚书》时，我们的老师因为土地改革用文人，上村里当干部去了，后来把学校交给我；交给我以后，就用国家供应的课本来教小学。

刘锦山：1947 年您 16 岁。

张向午：1948 年年初我接手的本村小学有二三十个学生，一直到 1953 年。这当中把我调到哈拉道口完小，我画的幻灯片是在那里画的；翁牛特旗县城在红山水库那里，在乌敦套海，后来又把我调到乌敦套海去。

刘锦山：当时念私塾，老师怎么教、怎么背？

张向午：死记硬背。这些都是大通本，都是从头背到尾，还有《千家诗》我现在都会背。我现在能背 250 首唐诗宋词，这些都和我童年有关系。

刘锦山：私塾先生做不做讲解，让小孩背"四书五经"、《百家姓》，背完以后什么时候老师给做解释、讲解？

张向午：也给讲解。《千家诗》给讲解，其他的不给讲解，我那时候也不理解。以后我复习，在"文革"蹲牛棚的 8 个月就集中学习了，晚上看书时在外面把门一锁，屋里就我一个人，因为我是文化馆馆长，我让图书室管理员悄悄地送一些我需要的书。那个时候我是集中读书的；再就是我得癌症判处死缓这两年，集中读书了。评我为"百姓学习之星"，我都是坚持自学十来年，平常也学习。

刘锦山：私塾读的这几年，因为小孩的记忆比较强，不断地朗诵、朗读，都记下来了。您记得是什么时候对私塾读的东西突然有些领悟了、有些了解了？

张向午：对"四书"的了解都是参加工作以后。参加工作以后没事复习，温故知新，那会儿才理解，比如什么是中庸之道，半部《论语》治天下，《论语》怎么治天下。但是当时先生不给讲，就讲讲诗，背这首诗之后，他给讲讲是什么意思。念私塾就是认字。

刘锦山：就是告诉字怎么读。现在我们用的是新式教育，跟过去私塾传统教育不一样。传统教育让大家读、背，可能不求甚解，过了很久，随着时间增长，自己年龄增大，了解了。但是我想，那时候的做法也有一些好处，因为小的时候记忆力特别强，就能记很多东西，到以后还能回忆起来；但如果那时候不记这些东西，年龄大了以后再要记那么多东西，可能就记不住了。所以您能走上搞创作的道路，我觉得跟您 8 年的私塾有很大关系。

张向午：年纪大了，现在读了东西，当时记住了，过一两天就忘了，不行了，记忆力消退了。我现在有时候没事读读唐诗宋词，当时看一遍差不多记住了，过两天就忘了。有时候走在道上没事，背诵背诵，到公园去，坐在椅子上背诵背诵，巩固记忆力。写作，学习语言是最关键的，语言是文学创作的工具，就像木匠的锛凿斧锯是一样的，没有工具做不出家具，文学没有语言是写不出东西的。语言我从几方面进行学习：读古典文学，我读过私塾；读外国文学，从外国文学中学习；再有从群众中学，平常接触群众，有好语言就记下来，谚语、歇后语。想写出地方特点来，必须得熟悉当地风土人情，特别是谚语、地方语，都要学会。

我写的作品，有一半都是写蒙古族的，对蒙古族生活必须了解。我在文化馆的时候常上牧区去，对牧区生活我是很熟悉的。现在一般的蒙古话我都能说。写蒙古族生活，不深入牧区，不体验是不行的，是写不真实的。我搞创作受影响比较深的是，在我退到二线这几年，辽宁、内蒙古都挺熟悉，曾参加几次大型笔会，如中国作家协会举办的首届黄河流域八省区作家笔会，在山西太原召开，内蒙古代表团7个人，赤峰就我自己。各省各个代表团，跟全国作家交流，尤其是跟一些小说作家在一块儿交谈，对自己有提高。再有山东蓬莱笔会，住在海滨的宾馆里，体验海上生活，跟山东作家、辽宁作家一起探讨写长篇。

刘锦山：山东蓬莱笔会是哪一年召开的？

张向午：1982年。

刘锦山：黄河笔会呢？

张向午：黄河笔会是1985年。内蒙古大兴安岭笔会是1989年，体验了大兴安岭的生活，跟内蒙古作家、北京作家一起。赤峰地方太受局限，不开阔，跟外界作家多接触，多交流经验，一起创作。还有辽宁的大石桥笔会，是由辽宁《鸭绿江》刊物办的，跟辽宁这些作家在一起，交流创作中长短篇小说经验。这些对我搞文学创作有很大提高。

刘锦山：辽宁笔会是哪一年？

张向午：可能是1984年。大石桥归营口市管，是一个很有名的镇，那里作者也挺多，所以《鸭绿江》编辑部在那里。从那以后，咱们文联也搞一些笔会，比如到克什克腾旗、到宁城，每年也搞一次笔会，培养作者。赤峰市文联在培养作者这方面是一直挺重视。现在赤峰作家，尤其赤峰还有女作家群，女作家有七八位，是现在赤峰创作的主力。赤峰市文联从建立到现在，最突出的成绩就是，培养壮大了作家队伍，全国会员就有23名，这是很突出的成绩。

刘锦山：张老师，您前面介绍了在50多年的创作过程中写了好多作品，有短篇、中篇、长篇，也有诗歌，这么多作品中，您自己觉得最满意的作品是哪几部？给大家介绍一下。

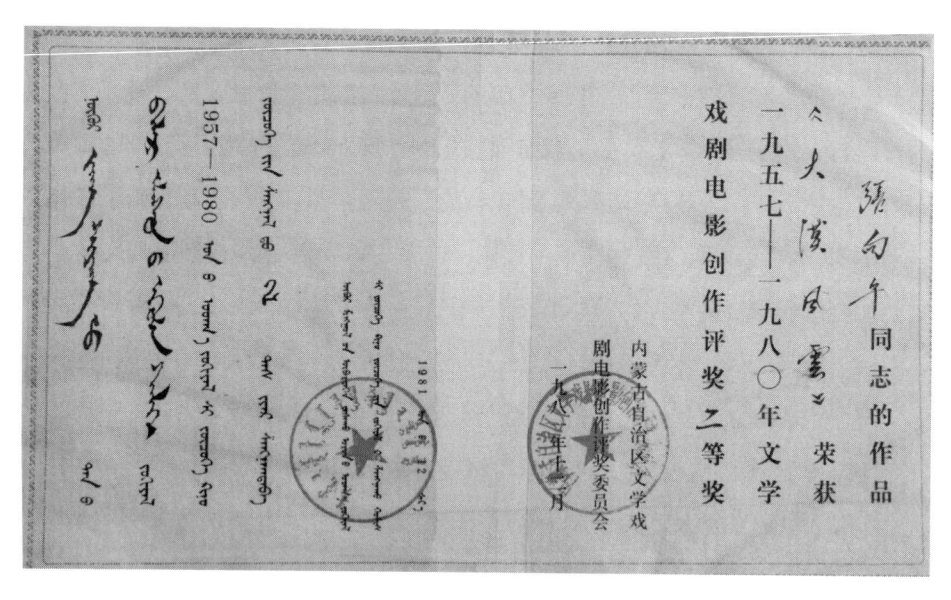

图 8 《大漠风云》获奖证书

张向午：我得奖的作品就是《大漠风云》，1980年下乡蹲点写的，写的是土改时期牧区发生的故事，由辽宁春风文艺出版社出版，在内蒙古获得优秀作品奖。这部作品在网上被称为是红色经典作品。评论很多，评论文章很多，都是权威人士，这是我的第二部作品，我最满意的。但之后的几部，像我写得反响好的清末反"红帽子"的农民起义《血沃北疆》，也是一个大题材，但因为出得晚，是在我退休以后了，也没往外宣传，也没卖，对其有一半评论认为是本土文学里的范本，我挺满意的。还有《金兰谱》写的几个朋友间的故事，语言上模仿《红楼梦》，写了不少诗，有些用的是文言文，在写法上，我自己比较满意，但是也出得太晚。离休后出的书都没上书店卖。《大漠

图 9 长篇小说《血沃北疆》（2014年）

风云》辽宁春风文艺出版社印了 2 万多册。最多的是写知识青年的《红花》，印了 10 万册，《戎马传》也印了 2 万多册，其他的都是印了二三百册，给朋友赠送，给图书馆朋友们赠送，都没卖。

图 10　向赤峰市图书馆捐赠《张向午文集》

图 11　张向午作品研讨会

三、扎根沃土，传承发展

刘锦山：张老师，接下来再请您介绍一下，赤峰市文联和作家协会的发展情况，以及赤峰市本土作家队伍方面的情况。

张向午：赤峰市文联从1980年创建以来，到现在几十年了。刚才我说了，开头两届注重培养文学作家，因为这两届主席对艺术方面不太熟悉，所以也没怎么重视。虽然建立了协会，但是没太重视，主要重视作家协会，办刊物，蒙古文刊物叫《西拉沐沦》，汉文刊物叫《百柳》，这两个刊物主要是发表文学作品，曲艺、戏剧作品都不发，培养文学创作方面的人才比较多。作家协会在文联直接的领导下，由王栋担任主席，有几个副主席，戴云卿、我都是副主席。重点把刊物办好，多发一些当地文学作品。作者队伍逐年壮大，各个旗县都有。

到现在各个旗县都建立了文联，但是没有专职干部，都是兼职的，由文化局和文化馆以及乌兰牧骑共同办的。现在甚至连一些中学也建立了文联，比如赤峰四中、赤峰二中；还有的小学因为有文学爱好者，老师和学生就建文联，发表学生的作品。

现在《红山晚报》"柳丝丝"几乎是每周都发一版，《西拉沐沦》发这些东西不多，但是有时候好作品也发，通过这些来培养作者。报社本身也培养小记者，小记者就是小文学爱好者，他们写的小文章都不错，比如四中的文联，主要是有几个爱好文学的老师，他们本身也写作品，有的组织学生、辅导学生写作品，就建起了文联。其他旗县有的办了刊物，像喀喇沁、翁牛特都办刊物了，尤其是现在写诗，写古体诗词比较多，诗词协会各个旗县也都建立了。赤峰还建立起一个老年诗词协会，现在叫《赤峰诗刊》，影响也挺广；在文联的领导下创办的这个刊物，它的影响面现在看比《百柳》要广，能发表一些外国的，如亚洲、美洲诗人的作品，这个挺好。自治区建立20周年的时候，我曾给它写过一个词，叫《相见欢》，大概最后一句是"亚欧华裔文学情感凝聚松州"。赤峰过去叫松州，辽代起的这个名字。

刘锦山：松州？

张向午：松树的"松"，九州的"州"。松州巷、松州园小区都是这个字；乌丹叫全宁，都是辽代起的名字，这些影响都很广。喀喇沁最近有一个剧参加北京演出，写的乡村村长，用真人真事写的，影响也挺大；宁城也有一个乌兰牧骑；赤峰市民族歌舞剧院演出的话剧《热土》，是以冀察热辽联大鲁艺在赤峰办学为素材，成为全国优秀剧目。这些都是在文联的组织和安排下出的。小说虽然没有太著名的，但是话剧挺突出。

文联最近这两届，高晓力也退了，现在李文智主席是原宣传部副部长，他兼赤峰市文联党组书记，现在把他派到文联当主席，抓得比较全面。比如书法，赤峰市书法现在也挺好，最近刚搞过一个书画展，美术馆可能正在展出 10 个人的书画，这些都经常搞，最近可能要出一本集子，赤峰的书画集。现在搞个人书画展的不少，像苏涛，喀喇沁的书法家；林西的白续智，大书法家，他的画展在新加坡和北京、台湾地区都展过；还有宁广瑞、宋英达、黄凌云，都搞过个人展。这些都是在近两届文联的安排领导下，搞得挺好。鲍凤林的画现在在全国也挺有影响，这是一个蒙古族画家。

但是唯独京剧在赤峰市不景气。赤峰市京剧有 200 余年历史了，清朝末年时喀喇沁贡桑诺尔布的父亲在王府组织了一个京剧团，自己有舞台，清朝的官员来了为他们演出。还有一个翁牛特右翼旗西老府镇，那有王府，有王爷，也有京剧团，都是从天津、北京聘请来的师傅，教当地的徒弟，都是蒙古族的徒弟。赤峰的京剧就是从这两个京剧团的基础上发展起来的。到 20 世纪 50 年代，赤峰头道街老戏园子一直有外来的演员到这里演出，像裴云亭、草上飞[①]这些名演员都曾在赤峰演出。那时候有个叫宋子安的人，他是班主，农忙的时候在市里演，闲的时候到农村演，一直延续到中华人民共和国成立以后。

中华人民共和国成立以后赤峰归热河省管，热河省两个国营剧团把赤峰的评剧演员调到承德，把承德的京剧演员调到赤峰，1953 年成立了赤峰京剧团。那

---

① 草上飞，中国国家京剧院武生演员李景德，男，1937 年生，汉族。代表作《武松打店》《三江越虎城》《四杰村》《战马超》《白水滩》《三岔口》《乾坤圈》等。

时候的赤峰京剧团行当俱全，麒派[①]、杨派[②]、裘派[③]、言派[④]都有，杨派孙龙、言派孟幼东。到学样板戏的时候，"八大样板戏"里的五部京剧都能演；自编的《巴林怒火》参加过北京演出，受过文化部的接待。那时候行当齐全，到哪儿都能演，到华北、东北都打得挺响。前几年赤峰执行凡够25年工龄都要退休的规定，一律退，一刀切，其他单位也是，行政单位、事业单位也都这样，结果京剧团一刀切，都切去了。凡是有25年工龄的演员，正是成熟的时候，都退了，结果就剩了5个人，这样一个京剧团就没了。干部可以这个退了那个上来，艺术这东西，到四五十岁正好是成熟的时候，培养这样一个人不容易。艺校也没了，艺校有京剧班，后来艺校被合并了，改成模特儿学校了，这样京剧整个儿没了。我们这些人都不再管了。

后来赤峰知名人士联合给市委、市政府写信，说明京剧团历史，说明人民对赤峰京剧团的喜爱，现在赤峰就靠业余票友演京剧，一直等了好几年，恢复不了了，一退休编制都没了，就剩5个人，搁歌舞团去了，很遗憾。这是一个很大的事情，京剧爱好者和剧场也向上反映了，这是地方政策，没办法。后来经过多方面努力，现在把京剧团恢复了，把原来这些老人又请回来，现在都六七十岁了。回来之后，也不是国营了，也不在编了，就组成个民营剧团，还有二三十人，给他们弄个屋，现在只能演演现代戏，演演样板戏、选段，全剧演不起来了；历史剧也是，只能演演折子戏，演成本大套的戏都不行了。有些人都去世了，国家也不给拨钱，也不能再培养下一代，对此我也写了一篇文章《呜呼！赤峰京剧》，但这也不起作用，戏剧协会受到了这么大的挫折，没办法。赤峰京剧没了，增加了一个话剧团，现在话剧挺吃香的，演《热土》等还行。从艺术方面，由于内蒙古特殊，每个旗县都有乌兰牧骑，乌国政他们建的，牧区像翁牛特旗、巴林右

---

① 麒派：京剧老生流派之一，以周信芳为代表，代表剧目有《斩经堂》《萧何月下追韩信》《打严嵩》等。
② 杨派：京剧老生流派之一，以杨宝森为代表，代表剧目有《空城计》《文昭关》《捉放曹》等。
③ 裘派：京剧净行流派之一，以裘盛戎为代表，代表剧目有《赤桑镇》《铡美案》《探阴山》等。
④ 言派：京剧老生流派之一，以言菊朋为代表，代表剧目有《卧龙吊孝》《让徐州》《骂殿》等。

旗、巴林左旗、克什克腾旗、阿鲁科尔沁旗这些可以演舞蹈；但南部这些旗县不能演舞蹈，都演评戏。随着京剧一砍，把评剧演员也砍了，赤峰京剧团原来有个评剧队，现在评剧队也没了，这些人现在自己组织，上各个旗县演出，挣钱归自己。敖汉、喀喇沁、宁城这几个乌兰牧骑都演评戏，他们好歹没断这个剧种，现在京剧他们都不能演。

图 12　正在写作的张向午

刘锦山：第一届文联成立的时候是什么情况？

张向午：第一届是1980年成立的。那时候，正好是昭乌达盟由辽宁往内蒙古过渡的时期。那时候，开第一次文代会挺隆重，文联是昭乌达盟历史上新增的机构，原来没有。在"文革"前文化局设一名专职干部管文联，最早的文联是在翁牛特旗。中华人民共和国刚成立时，翁牛特旗归热河省，我调文化馆去了，翁牛特旗文联有3个人，这3个人负责组织业余剧团演出，组织干部排小戏。这是昭乌达盟最早的文联，那时候热河省各个县都有文联。1953年就合到文化馆，在那之后，1955年热河省被撤销，回归内蒙古自治区；热河省一撤销，把昭乌达盟人民委员会就挪到赤峰来了。

刘锦山：热河当时的省会是哪儿？

张向午：省会是承德。热河是个小省，管两市十六县四旗。1955年，热河撤销后承德并给河北了，翁牛特旗归内蒙古。回归内蒙古以后，盟一级都没有文联，一直到1980年，成立文联，从那以后才有文联。文联是由八大协会组成，那时候我还是内蒙古作家协会的理事，在赤峰成立文联之前，"文化大革命"以后，我是内蒙古作家协会理事。

刘锦山：赤峰作家协会成立的时候，有多少会员？

张向午：赤峰也就有30来个会员。在《百柳》上发表过作品，或者在其他刊物上发过3至5篇作品，都可以申请加入会员。但是加入内蒙古作家协会、加入中国作家协会就不一样了。加入内蒙古作家协会必须在内蒙古《草原》发表几篇作品，或者是在内蒙古一些出版社出过至少一本书。加入中国作家协会的条件就高了，必须在国家一级出版社出版3部作品。比如我第一部作品《红花》，第二部作品《大漠风云》，第三部作品《戎马传》，这都是国家一级出版社出版的，都是有稿费的作品。我1984年加入中国作家协会；王栋是1981年加入的，他出过一个中短篇集，两个短篇集；王兰出过一部长篇，在刊物上发表了一些短篇。这样的条件，我们3个加入了中国作家协会。

现在还是这个条件，出版3本书，但和我们那时候不一样了。够了3本，但必须得经过省一级的作协推荐。原来还有一条，由两个老会员推荐也可以，现在这个不管用了，我和另一个人推荐好几位，都没批，现在必须由作协层层往上报，中国作家协会才会批，加入条件比较严格了，虽然对作品放松了，但是手续还挺严的，原来两个人介绍不管用了。

赤峰文学在内蒙古来说，文学队伍在内蒙古是占第一，比呼和浩特、包头和其他盟市队伍都大，作品也多。我一个书橱里面全是本土文学，谁出书都赠给我，我攒了一书橱了，最少也有300册，我自己就有15册。所以赤峰本土文学还是很丰厚的。

刘锦山：赤峰市作家协会会员大概有多少人？

张向午：现在有的旗县作家多，有作家群，也成立作家协会了，有的旗县没有。文联都有了，文联这些年我觉得就是这方面突出，别的方面抓得不够，尤其是上两届，第二届主席是蒙古族，用蒙古文写作、写诗。现在虽然办了《西拉沐沦》刊物，连蒙古族人都不太看，蒙古族人现在也学汉文，蒙古文都用得少了。官方挂的牌匾，因为是少数民族地区还有蒙古文牌匾，将来蒙古族留下的遗产大概就是奶茶了，奶茶已被汉族普遍接受了。我是汉族，我每天早上熬奶茶，弄点点心一吃，早餐就解决了。现在满族，文字没了，就留下旗袍，旗袍都普遍接受，现在世界上人都穿旗袍，这都是民族的遗产。赤峰南部这些旗县像喀喇沁、敖汉、宁城，现在年轻人都不说蒙古语了，老人还说点，他们蒙古语还没我说得多。所以《西拉沐沦》刊物，文联给的经费都花这上面了，订阅的不多，就得靠国家给拨款办刊。

刘锦山：《百柳》和《西拉沐沦》每年出几期？

张向午：《百柳》原来是双月刊，现在可能是月刊，一个月出一期，有时候包给商业，哪个企业需要宣传，这一期就包了印刷费；再就是广告，页数不多，广告也不多。《西拉沐沦》发行也就是一二百册，《百柳》发行量也不够，但这是一个全国刊物，可通过邮局订阅。

刘锦山：《百柳》是有刊号的？

张向午：是全国刊号，《西拉沐沦》是内蒙古刊号。

刘锦山：文化局一年给文联拨多少经费？

张向午：文化局给文联拨的经费不少。除了这两个刊物之外，有些困难作者出书，没钱，还可以给补贴点。今年我听说文联经费挺充足，所以可以办一些笔会。

刘锦山：一年给个几十万元？

张向午：今年听说是二百来万元。

刘锦山：那还行。

张向午：赤峰经济还行。在内蒙古，赤峰经济属中上等，从GDP的角度，不如呼和浩特、包头二市，比有的盟市好。赤峰的旅游挺好，像克什克腾旗，去过没？

刘锦山：去过，每年都去，去了好几趟。

张向午：克什克腾旗是世界地质公园，克什克腾旗每年经费最高。翁牛特旗是一个半农半牧区，海日苏草原、白音塔拉草原这些都挺好，旅游方面不错，玉龙沙湖比月牙湖景致好，全国沙滩排球赛、沙漠赛车都在那里搞，经济收入是翁牛特旗的热门。到那去旅游的，有全国各地的，还有国际上的，不仅看沙漠，骑骆驼、骑马，还可以在沙湖里面划船、游泳，吃蒙古族饭食，吃全羊，在旅游景点可以烤全羊，全羊很贵。赤峰的羊肉现在30多块钱一斤，一只全羊起码三四十斤肉，再加上烤的手续，1000多块钱。

刘锦山：要是做成烤全羊的仪式，组织一些活动，一只烤全羊两三千块钱。我们到景点，烤全羊推上来有一个仪式，让游客扮演王公和王公夫人。

张向午：手把肉在赤峰有些蒙古族饭馆可以吃到，但这个也挺贵。赤峰吃嚼口米，到翁牛特都很标准，用老奶油原料把炒米一拌，搁点糖，那是最高级的点心。吃嚼口米，再吃手把肉，这一顿比在大城市的大饭店还要贵。翁牛特旗靠旅游景点，和克什克腾旗不一样，克什克腾旗主要是山、草原、森林，它主要是靠这些，翁牛特旗靠草原，各有特色。喀喇沁的旅游景点是王府，贡桑诺尔布[1]在清末时候是个大王爷，他下面管着6个旗，其他旗的王爷都归他管，他担任现在民族宗教事务委员会主任的角色，所以他的王府特别大。去过吗？

刘锦山：去过，喀喇沁亲王府去过。

张向午：王府现在恢复原样了。刚才我说他们自己办京剧团，自己有戏楼、有花园，非常阔气，现在是赤峰市的重点旅游景区，保存最完整的王府也就是那里。赤峰有好多王府，但是有的没有保存下来。像翁牛特旗的王府，现在在红山水库底下；还有松山区老府和敖汉旗贝子府。喀喇沁亲王府最有气魄，巴林右旗、巴林左旗都有王府，都归贡桑诺尔布管。这个人很开明，他曾到日本访问过，吸收了日本明治维新经验，办学堂培养很多人才，赤峰最早的学堂[2]就是他办的，现在赤峰市的蒙古族离退休干部，很多是他那蒙古族学堂的学生。出了王府往外，挨着是一个公爷府，锦山镇公爷府，也挺好，也是个景点。除此之外，像马鞍山景点也挺好。所以翁牛特旗、克什克腾旗的经济收入都靠旅游景点，没有景点不行。巴林左旗是辽代的京城，上京临潢府，那有些景点，比如召庙，都是辽代的庙宇。召庙、石房子没去过吧？

刘锦山：这个地方没去过。

张向午：房子四面都是石头的，整块石头，房顶也是石头，有门。石房子的

---

[1] 贡桑诺尔布（1872—1931），晚清著名的开明蒙古王公，内蒙古卓索图盟喀喇沁右翼旗（今赤峰市喀喇沁旗）亲王。
[2] 贡桑诺尔布1902年创办的崇正学堂是赤峰历史上第一个新式学堂，1903年又创办了守正武学堂和毓正女学堂。

模型就在南山，要小得多。宁城县是辽代的中京。辽代有五京，上京是巴林左旗，东京是辽宁辽阳市，南京就是今天的北京，中京就是宁城。中京就剩下一面土墙了。宁城大明塔保存完好，每年四月初八大明塔庙会很热闹。赤峰这些旅游景点很受国家旅游局重视，我看报纸上介绍，这些地方为赤峰经济做出的贡献比其他旗县好多了。

刘锦山：这样对文学文艺方面支持也比较大了，给文联的经费也可以。

张向午：对。敖汉也有一个全国知名的点，就是敖汉小米，已经是全国的重点了，现在敖汉有基地。赤峰有两个温泉，克什克腾旗温泉和敖汉温泉。克什克腾旗温泉20世纪50年代初就是露天的，坝后[①]蒙古族年年到数伏，就赶着勒勒车，拉着人，拉上帐篷，到这里来扎帐篷，在这儿洗，就露天的，洗21天回去了。克什克腾旗温泉比辽宁凌源温泉都好，出名就在这儿。敖汉温泉也建起了温泉城，成为一个著名的旅游景点。赤峰的经济靠这些得到提升，处在内蒙古中上等。赤峰工业方面较差，就靠旅游。正因为经济收入充足，今年给文联拨的经费200万元，比任何一年都多。

四、随遇而安，顺其自然

刘锦山：张老师，您现在主要忙什么呢？

张向午：我现在正在写第九卷文集，已经写了20万字了。这卷没有小说，写小说太长，写不动了，主要是写散文、写诗，我再争取写10万字之后出版，这可能是在我有生之年，最后一卷。如果有可能，我还准备出第十卷。赤峰我们这一批快没了，我今年虚岁86了。

刘锦山：您精神真好。

[①] 坝后，全称是锡林郭勒草原。是大兴安岭南下进入赤峰境内的终点，因为大兴安岭进入赤峰境内后大体呈东西走向，山势明显放缓，故人们已不管其叫"岭"，而称其为"坝"，习惯上称南侧的赤峰地区为"坝前"，北侧的锡林郭勒草原为"坝后"。

图13 生活中的张向午

张向午：我们一起的这一批人，王栋没了；张长弓调内蒙古去了。我们参加内蒙古自治区成立20周年献礼抽调出的这帮人，李凤阁、丛培德、马达都没了，现在就剩我和戴云卿了，还有个杨荫林。我又得了癌，我的癌现在可能是没事了，20多年了，一直活到现在，这可能没事了。

刘锦山：癌症尤其是胃癌，一般不太容易看好，您现在这么健康，精神这么好，也请您介绍一下养生经验。

张向午：老子哲学思想两句话一直是我的精神支柱：随遇而安，顺其自然。得癌症之后，有的人挺不住死了，精神压力太大；我不把它当回事，我准备好死了，两年，但是没死。没死就别再等了，该干什么干什么。那两年我就等着死了，看书也不想写东西了，因为医生跟我说过，他说得了癌症的人，两年死不了，最多也挺不过五年。但是两年我挺过去了，我觉得这五年就没什么问题，所以过了两年之后我又开始写东西。

不要把病放在心上，保持心态平衡，这和我读私塾有关系。我读"四书"里面的《中庸》，我懂中庸之道，什么事情按中庸之道办，就不会出偏差。有的人说中庸之道就是做老好人，可不是那个意思，孔子说过："中庸之为德也，其至矣乎。"中庸是最高的道德标准，孔子最反对老好人。我写过一篇文章，《中庸与心态平衡》，一个人保持心态平衡，这比什么都重要。顺其自然，这个事情摆在你面前，你怎么着，你生气，发脾气都没用，顺其自然，按照它的道理去做，随遇而安。今天我遇见一个不痛快的事，饭也吃不下去，觉也睡不好，没用；遇到这样的事，就得随着事情保持心态平静。比如说我今天出门，我想得挺好，我坐上公共汽车，到那个地方怎么样，没想困难，到那儿去没买到票，你扫兴不？如果你扫兴，或是丧气了，那都没用，没有票，保持心态平衡，明天再买或者怎么样。

日常生活保持心态平衡，这是很重要的。我受到那么大刺激，我这条腿断了，腿是接的，现在钢板还在里面，骑自行车摔断了。住了一个月院，出院用双拐半年，过了半年用单拐，过了半年拄拐棍，后来把拐棍也扔了。当时摔坏了，我老伴着急，我说着啥急，接上不就得了。保持平和的心态，不要受刺激，对七情——喜怒忧思悲恐惊，这些得控制，不控制这个保持不了心态平和。所以我癌症20年能健康地活着，我觉得和我的心态有关。

图14　张向午与儿子、儿媳妇合影

我常跟我的朋友讲的就是这两句话：顺其自然，随遇而安。我86岁，和我同龄的人都拄着拐棍。我现在每天都走几里地，早上我做一套自编的广播体操。现在冬天冷了就不出去了；夏天的时候，早晨6点钟起床，到公园做一套体操回来，9点多钟再出去，出去走，每天最少走5到10里地，晚上不超过10点睡觉，早晨不早于6点起床，这一天生活安排得有序。我今年86岁，估计我活90多岁没问题，到现在我也挺高兴了。

刘锦山：您饮食方面因为胃不好，有没有什么特别注意的？

张向午：我的胃割下去五分之三，恢复到什么程度我也不知道。现在吃饭吃不了太多，最多二两，一天主食六两；多了吃不了，吃了不舒服，吃二两就饱了。几十年了，我每天喝一次酒，不多喝，高度的喝一两，低度的喝二两，每天中午一顿。也不吃过多的油腻，生活很有规律。我多少年没生气了，看见不高兴的场合我回避，所以也不生气，也没有什么烦恼，一直保持乐观。我会唱京剧，要不原来为啥让我上京剧团当团长，因为我对京剧有研究，我会拉京胡，京胡的西皮、二黄我都会拉，给样板戏伴奏。

刘锦山：这是您什么时候学会的？

张向午：这都是我在文化馆的时候学的。样板戏我不全会，但是有的选段我都会。我还辅导过样板戏，在"文革"时期把我打倒了，文化馆馆长革掉了，后来昭乌达盟归辽宁省，学样板戏，普及样板戏，盟里让我去，到那儿学一个月回来，连拉京胡再辅导唱腔。普及样板戏，我普及的业余剧团很多，教的弟子很多。李铁梅《痛说革命家史》选段，《智取威虎山》《沙家浜》，这些我都辅导过，那时候净干这个了。一直到1972年才又把写作捡起来。

刘锦山：您前面说过，您也会画漫画，画画是什么时候学的呢？

张向午：画画是我在童年的时候，念私塾的时候我就喜欢画。我在写毛笔字的纸上，画蝴蝶、画小鸟，也挨过老师的手板。那时候家庭困难买不起年画，我就照着旧年画里的人物，给它画下来，用颜色一染，贴起来也挺好。到哈拉道口完小当教师的时候，就开始给"五好学生"画幻灯片演出，从那以后就把我从教师这行改行了。热河省文联办美术学习班，我去学习了半年，画出一套连环画，叫《合作社就是我的家》，几十幅图，《热河画报》给我全登了，登了之后被东北幻灯制片厂合作出版社制成幻灯片，全国发行。这就是我的美术史，我从那以后想，当个画家是个发展。

刘锦山：要不是环境变，没准您现在就是画家。

张向午：环境变了，没条件了，所以把美术也扔了；扔了之后搞的文学；书法我也得了不少奖。

刘锦山：书法是从什么时候开始练的？

张向午：我念私塾的时候就写毛笔字，我有毛笔字基础、有楷书的基础。但是参加工作以后，毛笔字没用了，就用钢笔了。除了逢年过节写写对联、写写标语，没有写毛笔字的机会，所以就扔了。等我到文联工作，退到二线之后，又开始练书法，觉得单纯搞文学创作单一了点，那时候有的作家画画，像内蒙古张长弓他就画画。但画画太麻烦，正好有无锡书法艺专函授，我学了3年。这3年楷书我有基础，大致练练，主要学行草；3年后，行草有很大长进，参加不少全国书法展，市内、内蒙古自治区、全国的书法展。像香港地区、新加坡的书展，也都参加了，得了不少奖，如新加坡的"金龙奖"、香港地区的"金爵奖"，所以我准备出一部书法集。

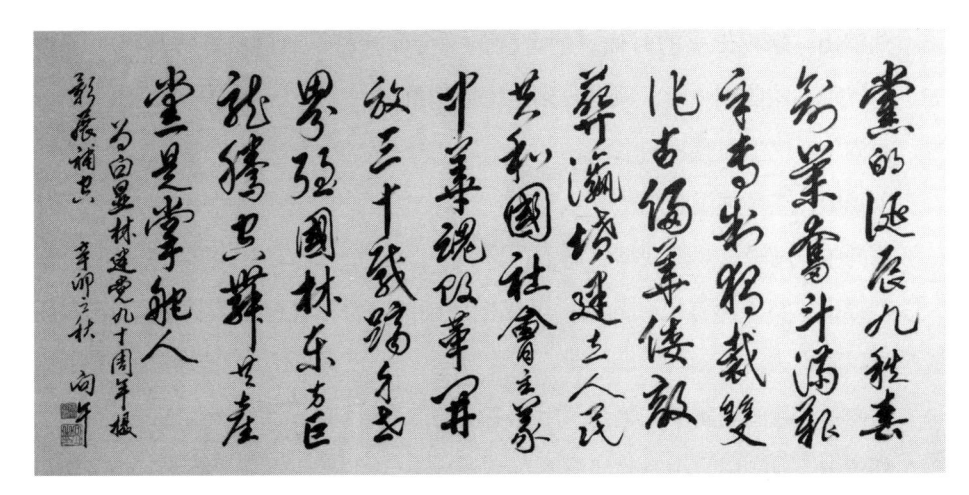

图 15　张向午的书法作品

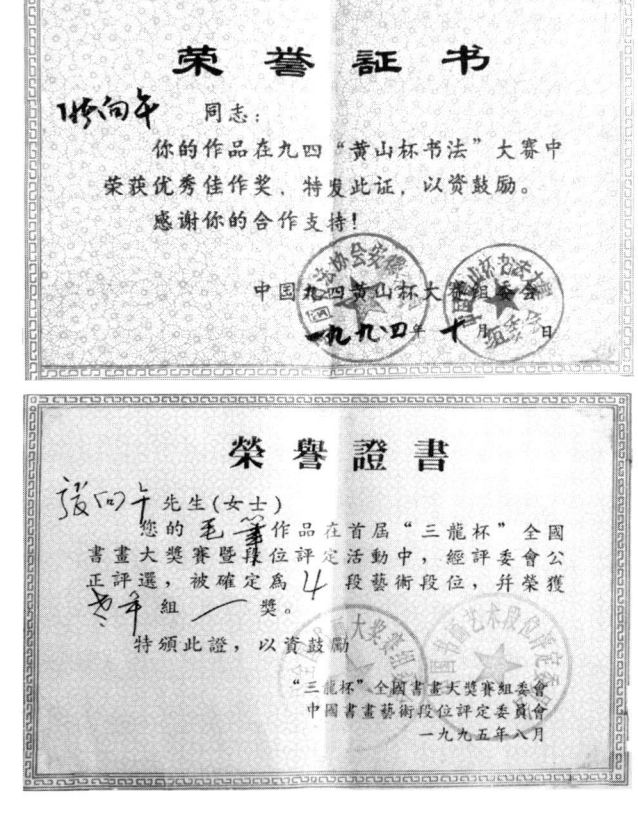

图 16　张向午书法作品部分获奖证书（1994 年、1995 年）

张向午：大漠纵笔著华章

刘锦山：您再出书的时候，把您画的《合作社就是我的家》连环画也收进去，可以跟书法收到一起，或者收到这里面也行。

张向午：这里面有我的书法。

刘锦山：连环画没有吧？

张向午：画没有，画我彻底扔了。

刘锦山：将来再有机会的话，可以把您画的《合作社就是我的家》，五十几张也可以收进去。

张向午：我画画属于工笔画，小儿书。

刘锦山：我知道，小时候经常看。

张向午：写意我画不了，我将来成画家也是工笔画，出小儿书。这个太费劲，彻底扔了，光搞文学就得了。

刘锦山：以后可以把这个收进来，这样作品集就比较齐全了。

张向午：作家也有多面手。

刘锦山：您就是多面手。作家；对京剧也有研究，也能唱也能拉；书法；绘画；养生还做得不错。

张向午：这一生没从政，尽搞文了。我这里有一首诗："未着戎装未入世，从文半世已平庸。碌碌一生无建树，空留数卷纸上生。"

刘锦山：张老师，谢谢您。

何文生　宫先义　宫建元
全民抗战济苍生*

采访时间：2016 年 10 月 16 日
初稿时间：2020 年 4 月 26 日
定稿时间：2023 年 10 月 3 日
采访地点：赤峰市宁城县存金沟乡老局子行政村
　　　　　宫家店自然营子
版　　本：文字版

何文生速写

何文生　内蒙古赤峰市宁城县存金沟乡老局子行政村党支部书记。
宫先义　内蒙古赤峰市宁城县存金沟乡老局子行政村宫家店自然营子村民。
宫建元　内蒙古赤峰市宁城县存金沟乡老局子行政村宫家店自然营子村民。

---

* 1939年开始，日本侵略者为加强统治，把越过长城的八路军与老百姓隔开，在长城沿线实行"集家并村"的反动政策，把附近十几个村子的老百姓"赶"在一起，用围墙围起来，称之为"部落"，"部落"以外的村落全部烧杀干净，"部落"里的人生不如死，牛马不如。老百姓因为憎恨"部落"都管它叫"人圈"，民间亦称其为"围子"。本次采访反映的是日寇在宁城县一带修建"人圈"的情况。

一、何文生书记的回忆

刘晓欣：今天是 2016 年 10 月 16 日，这里是"赤峰记忆"的拍摄现场，今天我们同宁城县图书馆梁振川馆长一行，来到了存金沟乡老局子行政村宫家店自然营子。我面前的是何文生书记，下面就请何书记谈一谈您和村子的情况。

何文生：我叫何文生，是老局子村支部书记。我们老局子村共计 380 户 1256 口人，分 9 个自然营子，我们所在的是宫家店自然营子。宫家店自然营子有 89 户 340 口人，也是老革命根据地，八路军曾在这儿住过，为广大群众做过好事。日本鬼子为了不让老百姓和八路军接触，曾经在宫家店营子后面修过"围子"墙。

刘晓欣：什么叫"围子"墙？

何文生："围子"墙就是用土石垛的围墙，东西长 480 米，南北长 280 米，

图 1 何文生（左）书记接受"赤峰记忆"采访

为了不让老百姓和八路军接触，不给八路军做饭吃，不让八路军有住的地方，让老百姓集中住在一个地方。老百姓住在一个马架房，就是一大间茅草房，顶上不抹泥，一家不管几口人都挤在一个屋子里住，就是控制人身自由，不许随便活动。

刘晓欣：当时这里住了多少户人家?

何文生：据老人讲最多的时候住了二百四五十户。当时限制人身自由，不让随便出动。随便干活都不中，出门都得有通行证，没有通行证不让进、不让出。"围子"有东西大门。

刘晓欣：还有炮楼?

何文生：对，"围子"墙4个角是4个炮楼。

刘晓欣：炮楼有多高?

何文生：有三米半近四米高。

刘晓欣：墙呢?

何文生：墙也有三米半高。

刘晓欣：墙的厚度有多少?

何文生：厚度有一米半，墙有两米宽，底下是石头，上面是土打墙。

刘晓欣：现在"围子"的保存情况怎么样?

何文生：现在已经过去七八十年了，"围子"墙有些地方保存不太好了，风吹日晒都风化了，大体上能看出来。

刘晓欣：现在炮楼的建筑保存得怎么样?

何文生：现在还保存2个，东西的炮楼都能明显地看出来。

刘晓欣：另外2个呢?

何文生：另外2个是在水库开之后，连冲带建村庄就扒了。

刘晓欣：水库开是什么意思?

何文生：北边营子上面建过一个水库，1959年水库一开，就把村子冲了。

刘晓欣：这个水库叫什么名字?

何文生：水库叫黄金盆水库。1959年要开水库的时候，有个叫黄金盆的为了救人牺牲在那里了，后来水库就叫黄金盆水库。水库开了就把那两个城角的炮楼给冲没了，现在都建上村庄了，原来的炮楼就没有了。

刘晓欣：关于修"围子"的这段历史，您以前听老人讲过一些建"围子"的情况吗？

何文生：听老人讲过。建"围子"都是抓劳工强迫修的，不光抓本地人，也抓外地的，像二十家子镇、八里罕镇一带的人，也都抓来修。详细情况我们的老队长最清楚。

刘晓欣：老队长今天来了吗？

何文生：来了，也在场，详细情况让老队长给介绍介绍。

刘晓欣：那行，谢谢何书记。

二、宫先义老人的回忆

宫先义速写

刘晓欣：宫先义老队长，您好，您今年多大岁数了？

宫先义：今年76岁。

刘晓欣：今天我们到这来，主要是向您了解新中国成立前宫家店自然营子存在"围子"的情况，请您介绍介绍。

宫先义：听老人家介绍，在伪满洲国时期，日本人在这组织建造"围子"，围墙长400来米，宽也有200多米，修有4个炮台。

刘晓欣：为什么修这个东西？

宫先义：日本人为了挡八路军，把沟沟岔岔的老百姓都聚到这营子来，大约是300多口人来到这儿。在修这个"围子"的时候，男的不让出去。当时日本人

图 2　宫先义（左）老队长接受"赤峰记忆"采访

见到周围有男的干活就抓过来修"围子"。"围子"有 4 米来高。

刘晓欣：这个"围子"有多宽？

宫先义：地基足有一米多宽，上边不到一米，七八十厘米。

刘晓欣：您刚才说在 4 个角还有炮台？

宫先义：嗯，炮台上都有炮眼，看见八路军就放枪。把老百姓抓来打更，打更围着围墙转悠，来回转悠打梆子。

刘晓欣：都是什么时候打？

宫先义：晚上打。

刘晓欣：是整宿地打，还是偶尔？

宫先义：整宿地打，到时候换班，就像更夫似的，有查岗的。

刘晓欣：当时"围子"里有日本人吗？

宫先义：没有日本人，有当地二分所的自卫团，这些人有枪，管着"围子"里的人，这种情况人也没少死。我们本队上面五队的老黄家，就是晚上打更的，绕不到一圈，听不到响，被灌凉水灌死了。

刘晓欣：这个打更的叫什么名字？

宫先义：他叫黄金祥，他晚上打梆子，二分所的人听不到响了，证明到他值班的时候他没干活，二分所的这些人就把他抓起来施酷刑。这事咱们不记得，听他儿媳妇和他小子"忆苦思甜"[①]的时候说的。

刘晓欣：当时管理也是挺残酷。

宫先义：把沟沟岔岔的老百姓都聚在这里，四下逃不出去。

刘晓欣："围子"里的人出去干活怎么办呢？

宫先义：得让人出去，有东大门、西大门，东大门是个板条钉的。

刘晓欣：这个大门有多大？

宫先义：大门有八尺来宽，一丈多高，西大门是黑的油漆大门。

刘晓欣：有门楼吗？

宫先义：都没门楼子，东大门是板条，西大门也是板的，油漆黑的，西大门比东大门好像建得更好。我刚记事时听老人介绍，特别是聊到过去，修这个"围子"老百姓可苦了。

刘晓欣：围绕这个"围子"您还听到过一些什么样的故事？

宫先义：一里多地长的"围子"很大，就是"人圈"。

刘晓欣：为什么叫"人圈"？

宫先义：就把人都"圈"在这里头，让八路军在山沟里没地方藏、没地方住、没吃的。

刘晓欣：您刚才讲这是革命的根据地，周围有很多八路军，为了把他们和老百姓隔离开建的"人圈"，也就是集中管理，怕老百姓反抗、接济八路军。

宫先义：是这么个意思。

刘晓欣：您父亲是咱们本地人吗？

宫先义：就当地的，他也是个庄稼人，老百姓。

[①] "忆苦思甜"，20世纪60年代前后，国家通过引导群众回顾旧社会的苦难生活，对比新社会的幸福生活，激发人们的革命热情和建设动力。

图 3　宁城县存金沟乡老局子村宫家店自然营子"人圈"旧址（刘锦山摄影）

图 4　宫先义介绍宫家店自然营子"人圈"炮楼上的枪眼（刘锦山摄影）

刘晓欣：您的出生地是什么地方？

宫先义：我是出生在朝阳，来到这儿才2岁。

刘晓欣：您2岁左右为什么到这里来？

宫先义：父亲没了，母亲娘家是这里的。

刘晓欣：您2岁的时候父亲没了，跟着母亲到了这里，因为您母亲的家在这儿，您这里还有舅舅，来投奔这儿。投奔这落户在什么地方，落户在老局子村吗？

宫先义：就落在老局子宫家店，继父叫宫建新，我也跟着姓宫了。

刘晓欣：您原来姓什么？

宫先义：我原来姓白。

刘晓欣：这回就闹清楚了，您到这之后看见"围子"，4个炮楼，随着年龄增长，您对这些都有印象。

宫先义：来的时候才2岁不懂事，七八岁才知道。

刘晓欣：当时您来的时候记事起就住在这个"围子"里吗？

宫先义：就有这个"围子"了。

刘晓欣：您就在这个"围子"里住吗？

宫先义：就在"人圈"里住着了，后来听当地上岁数的老人介绍是这么个情况。

刘晓欣：您的这段记忆非常珍贵，将来村子里、乡里可以把它作为一种爱赤峰、了解赤峰的历史资料，建一个教育基地，所以您的讲述，对告诉后人记住这段历史有非常重要的意义，谢谢您的讲述。

三、宫建元老人的回忆

刘晓欣：宫建元老师，您好。

宫建元：您好。

刘晓欣：刚才我们围绕着"围子"转了一圈，我发现在"围子"的两边，有两个大的豁口，豁口是怎么形成的？

宫建元：1958年，小梁子流域修了个水库。1959年7月份止是雨季发大水的时候，那年我8岁，已经记事了。水库容不下水了，一下子就开了，把大坝冲毁了，咱们现在坐的这个地方就有一米深的水。因为事先发出警报了，人都集中到后面的坡上去了，当时相当紧张，大水呜呜响，人挤着往上跑，那个豁子是为了往山上跑，人为刨开的。

刘晓欣：水库离村子远吗？

宫建元：不远，一公里外。

刘晓欣：这个水库当时修的时候叫什么名字？

宫建元速写

宫建元：那时候我太小，不清楚，但是水库开了以后，改了名叫黄金盆水库。

刘晓欣：哪个"盆"呢？

宫建元：就是锅碗瓢盆的"盆"。

刘晓欣："黄金盆水库"是怎么回事呢？

宫建元：水库开的时候，有一个修水库的民工，他是小城子那边的蒙古族人，小名叫黄金盆，他把别人救了自己淹死了，为了纪念他，后来就把水库叫"黄金盆水库"。

刘晓欣：咱们这里叫"存金沟"，也和"金"有关系，为什么叫"存金沟"乡呢？

宫建元：这个历史就挺久远的了，这段传说我也是听别人说的。过去有些南方人，其实就相当于现在地质队似的，他会踩地方，能发现有什么东西，到这地方发现两个"金狗"跑了，一个跑到三座店那边去了，那个叫"大金狗"（大金沟），另一个跑到咱们这儿找不着了，就叫"存金狗"（存金沟）。

刘晓欣：很有意思，咱们老局子村历史文化很厚重，以前也发生过很多事，就您了解的情况说一说。

图5 宫建元老人（左）接受"赤峰记忆"采访

宫建元：我今年66岁，是中华人民共和国成立以后生人，对那段历史也不清楚，我也是听我父亲说的。我父亲那时候在县林业科工作，咱们赤峰市（昭乌达盟）原来有个张广经副书记，他在咱们镇上打过游击，为什么我父亲常提起他？因为他们都认识，我父亲要活到现在都96岁了。据说有一次敌人在后面追张广经，他在前面跑，跑到这营子，这营子有个叫宫生的，那是我三大爷，他要活着现在也百十岁了。日伪统治时期，每10户有一个负责人，上面来收什么钱了，就是让这个人负责，就让他和这10户联系，就和咱们现在村长似的，那会儿我三大爷就是这个角色。张广经来了就奔他那儿去了，我三大爷家山沟里有柴火垛，柴火垛头上窝进去一块，是冬天冷为了防冻挖的山药窖，我三大爷就把张广经藏到山药窖里了，山药窖上面是柴火垛，再盖上柴火，就发现不了了。救了张广经以后，我三大爷他们两个磕头拜了把兄弟。现在我三大爷也没了，张广经副书记也没了。刚才你们过来的时候，那边打场那家主人是我三大爷的二儿子，现在他和张广经的家人还保持着联系。

刘晓欣：那是一段特殊岁月留下的友谊。咱们老局子村尤其是宫家店这个地方，有比较厚的义化传统。

宫建元：我父亲也常说这些事情。山后面的炮楼这些故事，我都不清楚，因为我生在新社会，但是在"文化大革命"时期，"忆苦思甜"的人提起过这个事。

刘晓欣：他们都怎么说的？

宫建元：那时候我也年轻，对这些事不是太在意，现在回想起来还能记住点。那段时期也有贼，所以老百姓为了安全起见，沟岔也住人，到处是山沟，各沟岔都有人住，日伪统治时期，八路军打游击，不是往这个山沟藏，就是往那个山沟藏，日伪害怕老百姓家藏八路军，就想着把各山沟的人都聚到一个地方，修一个"围子"墙看起来，和八路军不就断绝往来了嘛。八路军进不了"围子"里来，旁边有站岗的，让八路军没粮食吃，饿死；没处住，冻死。

刘晓欣：为了防八路军。

宫建元：当然这些事我都是听"忆苦思甜"的老人们说的。现在国家对我们这个地方比较重视，我觉得也挺好。

刘晓欣：国家对老区人民关心，对老百姓也关心。"围子"墙保留下来有什么好处呢？我认为，一个是能够回顾历史，一个是能激励后人，要不然年轻一代不知道原来那段历史是怎么回事。

宫建元：对，我都不清楚。

刘晓欣：认识赤峰，首先得了解赤峰，了解赤峰得了解这段历史，谢谢您。

尹洪英

鱼水情深留佳话

采访时间：2016 年 10 月 16 日
初稿时间：2021 年 4 月 27 日
定稿时间：2023 年 10 月 3 日
采访地点：赤峰市宁城县存金沟乡格日勒图村
版　　本：文字版

尹洪英速写

尹洪英　内蒙古赤峰市宁城县存金沟乡格日勒图村村民。

刘晓欣：今天是 2016 年 10 月 16 日，这里是"赤峰记忆"的拍摄现场。今天我们与宁城县图书馆的梁振川馆长、杨光主任，一同来到了存金沟乡格日勒图村尹洪英老人的家。尹洪英老人今年已经 81 岁高龄，在她的生活中经历了赤峰很多的大事件，也经历了赤峰解放前夕的一些事情，下面我们请老人家谈一谈她的经历。大娘，您好！

尹洪英：好。谢谢。

刘晓欣：今天见到您很高兴！

图1　尹洪英（右）老人接受"赤峰记忆"采访

尹洪英：这就得感谢毛主席，感谢党！

一、机智勇敢的小九月

刘晓欣：您身体挺好的！您是哪年出生的？

尹洪英：您问我哪年出生的，我答不上，不知道是哪年出生的。

刘晓欣：这样吧，您先谈一谈您的家庭情况，您出生时候的家庭情况。

尹洪英：我听老人念叨的，我爸爸他们哥四个。那时候我爷爷还有呢，我爷爷老实，别人净欺负他。

刘晓欣：您父亲叫什么名字？

尹洪英：我父亲的大名叫尹存陈，他是老三，学过银匠，大家就不叫他叫大名了，都叫他三银匠。

刘晓欣：三银匠，因为他是一个银匠。您母亲呢？

尹洪英：我不知道她大号叫啥，那时候妇女也不起大号。她娘家姓白，我们姓尹，都管她叫尹氏。后来她47岁就病死了。

刘晓欣：你们兄弟姐妹几个？

尹洪英：我们姐妹 4 个、1 个哥哥，共 5 个。

刘晓欣：您老几？

尹洪英：我是老二。老大没了，我哥哥也没了，就剩老三、老四我们姐 3 个了。我八九岁的时候八路军就过来了。

刘晓欣：您就说说这块的事儿吧，把您知道的、您怎么听说的、当时发生了什么样的故事说说。

尹洪英：我爸爸是村长，八路军一来就找我爸爸。白天他们在大沟蹲着，晚上就进村。我娘带着我们住厢房，他们做饭，煮一锅高粱米，盛出来一盆又盖上了。反正天天晚上去我家，我爸爸把做活的牛倌、羊倌都撵回去了。

刘晓欣：您家还有牛倌、羊倌，那您家是大户人家？

尹洪英：他们哥四个没分家。我爸爸把屋子腾出来，就让八路军晚上在那儿住，八路军吃完饭就在那儿住下了，天一蒙亮就都走了。

刘晓欣：一般他们几个人去啊？

尹洪英：一开始去 4 个人，后来去 8 个人，最后更多了。

刘晓欣：那您知道这些人都是干嘛的吗？

尹洪英：我爸爸说这都是八路军。反正我也不害怕他们，他们也不凶也不打人，也不拿枪，一帮人就去了。我们家当时有两条大狗，那可厉害，我爸爸说它怎么就不咬他们呢，来了不咬，进去也不咬。先头从墙上跳，后来开开大门进了。

刘晓欣：那阵就叫村吗？

尹洪英：那时候就叫村了，杨树沟那个营子。

刘晓欣：那是您的出生地吗？

尹洪英：是啊，我就在那儿生的。

刘晓欣：那个地方全称叫什么？

尹洪英：从有就叫杨树沟了。

刘晓欣：再往大了说，那个村叫杨树沟村？

尹洪英：往大了说就是观儿坟大队。

刘晓欣：这是现在的说法叫观儿坟大队，那阵呢？

尹洪英：那阵是叫店子村公所，我是听说的。

刘晓欣：叫店子村公所，这是当时的名字。您刚才说您父亲是村长，实际上是村公所的头儿？

尹洪英：反正村公所的人来了就找他，就像队长似的，就是一个头。我们这个营子要是有啥事就找他，让他去安排。打官司告状就让他去前面，就是这么个意思。

刘晓欣：那您再接着说，这些人到您家之后又发生了什么样的事呢？

尹洪英：到后来他们来的人就不少了。我爸爸让我去送干粮，反正认识久了，我也就不害怕他们了，就找个大褂子一穿，有的时候就装一个白布缝的小口袋，那时候没丝袋子。给我弄个绳子这么一搭，让我把这两包干粮都挎在大褂子里头，害怕被人看到，让我给送去。他们没人看我，我是小孩子。

刘晓欣：您那时候是几岁？

尹洪英：8岁啊，我还知道跑了。

刘晓欣：您说送饭，您往什么地方送饭？

尹洪英：我们这个地方都管它叫余家沟，白天他们在那大沟里。

刘晓欣：这个沟离你们家多远？

尹洪英：离我们家有个三四里地。

刘晓欣：道好走吗？

尹洪英：好走啊，上几个梁再下去就到了。

刘晓欣：就那种小道，翻大梁，下去就到地方了？

尹洪英：梁也不大，都是漫漫坡的梁。

刘晓欣：您从你们家走到那儿需要多长时间？

尹洪英：我们都上那儿种地去，我走到那儿用不了多长时间，跑得快啊，颠颠地跑。

刘晓欣：大约多长时间呢？

尹洪英：那阵用不了一个点我就跑到地方了，半个多小时。

刘晓欣：为什么要您去送饭呢？您刚才说他们翻过墙也好，从大门进也好，不是在你们家住吗？

尹洪英：他们晚上在这儿住，白天就不在这儿了。

刘晓欣：您是白天给他们送饭？

尹洪英：我这不是小孩子嘛，不显眼啊，大人送怕露馅儿呢。

刘晓欣：当时与八路军来往，敌人是不允许的，所以您得避开别人干这些事。

尹洪英：就是藏着不让别人知道。我穿着个大褂子扎上腰，谁知道里面有东西？也碰不上敌人，我颠颠跑了，挎着个小筐假装挖菜。

刘晓欣：那您都送的什么饭？

尹洪英：就干粮，这么大的白高粱干粮饼子，搁锅里贴一圈的大饼子。有的时候他们人多，我一个小孩子也拿不了多少，送过去，你吃一口他掰两块就分散着吃了。

刘晓欣：您一般能带几个饼子呢？

尹洪英：没准。有的时候带个八九个，就跟系腰带似的把大褂子给系上，找个口袋一装，一边塞上几个，就这样跑去了，也没人知道。我们老家住的地方，我爸爸他们哥三个在一个滩上住。上梁，就顺着这儿悄悄上去了，别人不知道干啥去。

刘晓欣：也就是您上梁的路途当中没有人家？

尹洪英：没有人家，都是地头。

刘晓欣：你爸他们哥几个在那儿住的有左邻右舍吗，当时是怎么个环境？

尹洪英：那就是一个滩，别人没有在那儿住的。

刘晓欣：所以相对是个独立的地方。

尹洪英：对，要不咋净去那儿吃饭？

刘晓欣：你们杨树沟有多少户人家？

尹洪英：那时候有40多户，叫这营那营。我们在这边叫西营，多数人家都在那边。

刘晓欣：人多的地方在东营，你们家在西营。

尹洪英：我们家就住在一片土地上，跟个滩似的。

刘晓欣：所以便于同当时的八路军和共产党联系，比较隐蔽。

尹洪英：对，就这么个事。

刘晓欣：这些八路军到了你们家，持续了多长时间被发现的？

尹洪英：七八个月吧，他们是十月的时候来的，天冷了来的。

刘晓欣：十月天冷的时候到你们家找您父亲？

尹洪英：接的头。第二年春天的时候，四月份犯事儿了，然后抓的我爸爸。

刘晓欣：犯事儿了，当时是怎么个情况？

尹洪英：当时有个警察到店子村公所就告了。当时不知道他告了，那时候谁寻思这个，让人来抓我爸爸。这回没抓住，跑了。

刘晓欣：您父亲当时干什么去了，当时去了多少人来抓您父亲？您把这个详细地说一说。

尹洪英：那天中午开着窗户，我父亲在屋里给我们剃头呢，我娘抬头一看梁上全是人，黑压压地上来了，说这是干啥呢？我们也不知道。没等出去看呢，他们提着枪进院子了，一开始先去我婶子院子了；我婶子说，我三哥他们在那个院子住呢，他们没从大门走，我们院墙挺高的，他们直接从墙上跳过来了。到屋一看，这屋就是三银匠屋吗？我娘说这是三银匠屋，他也没在家啊。知道他拿着枪不是好事。

刘晓欣：发现有人提着枪来，这时候您父亲干什么呢？

尹洪英：正在那儿给我妹剃头呢，我姐姐在里面坐着，我在这儿玩。我娘抱着我三妹在那儿剃头呢。我娘一看，就说，不是这院，他们在那个院住呢。

刘晓欣：他不是看到您父亲了吗？

尹洪英：这些警察不认识我爸爸。这么着他们从大门走了，又去那个院了。我娘一看事儿不好，就说你快走吧，这可了不得，我爸到柜上扯下小褂披上，就顺着我们的后院溜了，就下了大沟了。

刘晓欣：你们家后院挨着一条沟，什么沟？

尹洪英：就一条山水冲的大沟。我们住在滩上，前面是个坡，后面是座山，两边是大沟。我爸爸就下这个大沟，这个大沟是山水冲的一个凹槽，上边是大石头，走不了了就钻到这个凹槽底下去了。

刘晓欣：也就是水往下流的时候冲出一个凹槽。

尹洪英：水遇到上边的大石头不是冲不动嘛，底下就冲出了一个凹槽。我爸爸没办法了，就贴到这个凹槽底下了，能看到来回走的警察，警察见人就问你看到三银匠没？有的说看到了，他白天在家做活呢；有的说没看到，他出门了。警察回来以后又问我娘，那三银匠家的呢？我娘说她回她娘家去了，我住这个家给她看两天门，这两个孩子是我的，那孩子（姐姐）是她的丫头。

刘晓欣：这是您母亲说的？

尹洪英：我爸爸不是跑了嘛，警察出去后又回来。趁这空我娘让我挎着小筐快走，时间长了我也就知道了，让我去余家沟。我拿上个小筐走了，她又跟我说，有人问就说挖菜去，实际上让我赶紧告诉八路军哪个地方严实，藏到哪个地方。到那儿我就告诉了。

刘晓欣：因为余家沟是您常去送饭的地方，一让您去余家沟，您就知道要干什么。

尹洪英：反正我去多了也知道那个小道了，噌一下顺着小道就跑了，我过去就说他们来抓我爸爸来了，你们快藏起来。告诉完我就回来了。

刘晓欣：把信儿送到了。

尹洪英：到五月他们也没走。有的时候八路军白天也来找我爸爸。这天白天正来了一个八路军呢，我爸爸看到梁上下来几个人，说这可咋好呢，你往哪藏？藏也藏不起来，这要是抓着你可咋活？因为八路军说话能听出来，口音生，他们说话跟本地的不一样，别人能听出来。这么着我爸爸就说了，叫着我小名，你快领着把他送你二哥那儿去。

刘晓欣：您小名当时叫啥？

尹洪英：我九月的生日，我叫"九月"。（笑）

刘晓欣：就叫"九月"。

尹洪英：对。我就领着他，把他送到我二哥那里藏起来。我二哥他们住个凹槽，那是我三大娘家的小子，我们净上他们那儿玩去。到二哥家，他说这咋好啊？这么着吧，你上炕躺着去，让他装病躺着，他就上炕躺着。警察提着枪进来，转悠着找八路军，问我二哥这谁呀？这是我小舅子，月初来就病着，你可别掀，掀开传染你。这么着警察也没敢掀，这一关又过去了。

到第二年九月左右就解放了，他们几个就乐了。我就记得一个人的名字，他的大号叫闫春山。解放那年他是个大头头了，我14岁，我爸爸本来要领着我们下关东，没走了，他来看我爸爸，临走的时候给我爸爸写了一封信，说三哥，我们走了，东北三省解放了，这封信将来你就有用处。我娘看我们小孩子，也没当回事，把这封信就给失落了。

刘晓欣：那肯定就把你父亲这段革命的经历也给失落了。

尹洪英：那肯定的，他们费了多大劲啊。你想天天晚上上那儿去，在一块人挺多的，就我娘起来给他们做饭。后来解放他们就走了。

刘晓欣：您父亲跑了，跑了之后，俗话说人跑了事儿跑不了，后来又发生了什么样的事呢？

尹洪英：他跑了，后面来的人还在继续抓。我爸爸一看没辙了，就烤了一块大烟，我瞅着搁小铜盆烤的，这么大一块大烟，背着半兜熟谷米，上所长那去了。用新白布包上，送去的。

刘晓欣：烤大烟，为什么要烤？

尹洪英：生大烟抽着呛得慌，熟大烟抽着不呛得慌。就这么着烤熟大烟。

刘晓欣：那用什么东西烤大烟？

尹洪英：铜盆啊，用铜盆烤出来是黄的，铁盆什么的烤出来的大烟是黑的。

刘晓欣：烤出来的颜色还不一样？

尹洪英：不一样。铜盆烤出来的大烟焦黄，颜色好看。

刘晓欣：就是把大烟放在铜盆里？

尹洪英：嗯，放上点儿水，把它烤干了。

刘晓欣：底下架上火？

尹洪英：烤好了翻个儿，用大烟铲子，铜铲子，用它来回翻个儿烤。

刘晓欣：烤的时候大烟是化了，还是怎么的？

尹洪英：化了，就跟开锅似的，化好了，再把它烤干了，烤成饼子，干了就成饼子了。那一块有十来两我琢磨着，少了打不动人心啊。

刘晓欣：那时候十来两大烟能值多少钱？

尹洪英：那时候都说是一斗米换一两大烟。那一块大烟少说换一袋米，那时候都讲斗。

刘晓欣：说起大烟来了，这个事还得问您，因为我们现在，作为我这个年龄的人，对大烟不是太了解。

尹洪英：你都不懂得了。

刘晓欣：你们家为什么有大烟？

尹洪英：种的啊。

刘晓欣：那时候让种吗？

尹洪英：那时候时兴种大烟[①]。

刘晓欣：种大烟一般怎么种？

尹洪英：就跟种地似的，平地能种，山坡也能种。山坡种长得好，就跟现在种庄稼似的。要不怎么把我弄到这来？就为了弄这个大烟地。存金沟全山是大烟。

刘晓欣：那有多少亩呢？

尹洪英：那时候凡是山上，山坡地全种大烟。南边有个沟叫南沟岔，没种庄稼的，一气种到山顶上，全是大烟。

刘晓欣：大烟是不是开花，五颜六色的那种？

尹洪英：那可不，它也开花，长这么大骨朵。

[①] 当时日寇在宁城等地强制推行种植罂粟，制造鸦片，贩卖毒品，所获高额利润用来支持侵略战争，这就是所谓的"以战养战"，给中国人民造成了极大的伤害。

刘晓欣：你们家的大烟地多吗？

尹洪英：不多，我们下边不多，下边就沟趟子有点平地，种点儿。

刘晓欣：烤大烟这活您干过吗？

尹洪英：我没干过，我干不了。我爸爸不让动。

刘晓欣：一般都谁做这个事？

尹洪英：我娘，我爸爸他们两个烤。一般不烤，就这么卖了，夏天割回来就卖那个大烟秆，晒干了弄块大布往上一兜，就拿起来了。这不是送礼去嘛，要不老来抓。

刘晓欣：送完礼之后有效果吗？

尹洪英：有效果啊。

刘晓欣：什么效果？

尹洪英：后来他跟我爸爸就说了，三哥，你也不用害怕，我们也知道八路军来了，我这就要退了，所长我也不当了。

刘晓欣：所长对当时的形势挺明白的。

尹洪英：挺明智的。这么着他想着他要回巴沟了，他家是巴沟的。他说我也要领着孩子回去了，一个小子、一个丫头。

刘晓欣：这所长姓啥，名字呢？

尹洪英：我记得他可能姓卢，那阵我爸爸念叨过，我小，也不记得。

二、新中国成立前的艰苦岁月

刘晓欣：在你小的时候，您父母亲居家过日子，你们家的生活是什么样的情况？

尹洪英：我们家的生活就是一般。

刘晓欣：在这个村子里，你们家的生活是中上等？

尹洪英：不在中上等，就算一般。

刘晓欣：那个村子里生活最好的，在您印象中是什么样子？

尹洪英：最好的生活，我们营子里有一个姓周的，他们家挺好的。

刘晓欣：在您印象中，老周家是怎么个好法？

尹洪英：他们在那院，我那阵小，那都不理会。

刘晓欣：就是比如说吃的穿的和你们有区别吗？

尹洪英：有区别，人家穿得好，孩子吃得也好。

刘晓欣：具体点，他们穿的啥，你们穿的啥？

尹洪英：人家穿得好，咱们就穿大粗布呗。早时候粗布是小窄面，人家就穿洋布。

刘晓欣：您刚说8岁的时候您父亲给你剃头，您当时是梳的什么样的头，剃完了是什么样的？

尹洪英：梳成个小辫，扎两个小辫在这儿，底下都剃了，剃一圈。（笑）

刘晓欣：那时候您穿的什么衣服？

尹洪英：底下就穿个蓝裤子，也有时候穿个青裤子，上边在春天、夏天就穿白褂子。

刘晓欣：上边的衣服是白色的褂子，没染色的白布做的？

尹洪英：白布还是那种粗白大线，窄面子，就是这么宽。好也好不了多少的，早时候叫粗白大线，做个那种褂子穿。

刘晓欣：这个裤子是？

尹洪英：染的，煮个蓝的或者煮个青的。

刘晓欣：也用这个白布染？

尹洪英：对，就穿那个衣裳。到冬天上边就染个红的做棉袄，下边就染个青的做棉裤穿，就过那个生活。

刘晓欣：那时候您父母一般穿什么样的衣服？

尹洪英：一般也穿青的、蓝的，早时候那叫青大线。

刘晓欣：日本侵略时候修过"围子"还是什么建筑？

尹洪英：他们那说是圈个"围子"，就在山上圈着个院子似的。我去的时候那个山头上还有呢，"围子"上有大炮楼，就把南沟、北沟人家全圈起来，都上这一个营子来；你要不来，就给你点着。

刘晓欣：就是日本人的那种"圈地"行动。

尹洪英：嗯。

刘晓欣：当时圈的这个地有多大？

尹洪英：不小呢，在山上圈起来的，在墙旁边弄一个大炮楼，我去的时候还有呢。

刘晓欣：几个炮楼？

尹洪英：一个，靠东头。上边人就在大炮楼站着，下边人一往上去就知道了。

刘晓欣：这个"围子"是土围子，还是什么？

尹洪英：垛的大墙，炮楼子也是跟泥垛的似的。

刘晓欣：这个"围子"有多大？

尹洪英：这"围子"可挺大的呢。

刘晓欣：里头圈了有多少户人家呢？

尹洪英：他们那个营子，我去的时候有40多户。

刘晓欣：都在里头？

尹洪英：嗯。新中国成立以后就都搬回去了，又上南北沟了。

刘晓欣：您当时去的时候，那个"围子"里还有人住吗？

尹洪英：有啊，那一个营子呢。

刘晓欣：一个营子都在那儿住，也就跟城墙似的在那儿围起来，这个"围子"有多高？

尹洪英：那个墙有3米多高。

刘晓欣：这个"围子"有多厚呢？

尹洪英：那个墙有一米多厚，和泥垛上去的大墙。在头上弄个大炮楼，滴溜圆的。

刘晓欣：滴溜圆的一个楼子，这个楼子比墙还高？

尹洪英：高啊。

刘晓欣：是几层楼，您上去过吗？

尹洪英：没上去过，我去的时候就被扒成半个的了，有的地方就塌了。

刘晓欣：这个楼子也是泥垒的，还是砖砌的？

尹洪英：泥的，全是泥的。底下是石头垒的，上头是泥做的。

刘晓欣：城墙也都是这样吗？

尹洪英：也都是，底下是石头，上头是泥垛的。

刘晓欣：有没有大门？

尹洪英：就是在山上这么圈下来的，下边就是河套营子。

刘晓欣：河套是敞着口的？

尹洪英：敞着口的。

刘晓欣：这个口有多大？

尹洪英：那是一个大道。

刘晓欣：也就是不存在有一个门，就是挺宽的一个河套。

尹洪英：前边就是河套，在这个"围子"前面就是营子，这个"围子"就在山上垛的。

刘晓欣：您结婚就结在那儿了？

尹洪英：我结婚就在"围子"后边。那时候解放了，随便了。

刘晓欣：您在"围子"那住了多少年搬这村来的？

尹洪英：我一去，他们就在那盖房子住，在后边住的。

三、新中国成立后的幸福生活

刘晓欣：后来您家生活怎样了？

尹洪英：后来我妈也没了，我姐姐也出门子了，就我、两个妹子、一个哥哥，我们几个过了。我给他们做饭吃。

刘晓欣：10月1日那天中华人民共和国成立，这个事您清楚吗？

尹洪英：当时听说了，但是我小。

刘晓欣：当时没有广播，也没有报纸？

尹洪英：啥都没有，再说有，我也不识字。

刘晓欣：您是什么时候知道国家的名称变了？

尹洪英：我那时候小，不懂得。后来知道国家太平，好了。

刘晓欣：感觉到是发生变化了？

尹洪英：那可不。

刘晓欣：整个的生活、精神状态都不一样了，说的做的也都不一样了。

尹洪英：都不一样了。那年八路军走的时候跟我爸爸说，他们也乐了，三哥，东北三省解放了，临走时候就写了封信。

刘晓欣：给您父亲留下了一封信，说东北三省解放了，这封信将来有用处，也就是对您父亲支援革命，掩护八路军战士这个事是一个证明，证明他为革命做的一些工作。那这封信肯定能派上用场，派上用场了吗？

尹洪英：不知道。

刘晓欣：那这封信哪去了？

尹洪英：我不是说小孩子也没拿它当回事，遗失了。

刘晓欣：要有这封信在，可能你们家又发生变化了。新中国成立之后，您父亲又做什么工作了？

尹洪英：就是进小队，当会计，打算盘子这些事，算账这些事他都干。

刘晓欣：在您印象中您父亲是个什么样的人？

尹洪英：能说会道这么个人。

刘晓欣：您父亲是啥样的人，长啥样？

尹洪英：个不高，长的是不丑，长的是挺好的。他有个相片在我们家，在老丫头（小女儿）那儿呢。我三妹子、四妹子那时候就时兴照相了，我那阵就出门走了，我结婚了。他就领着老丫头跑到八里罕照的相，他们3个。

刘晓欣：这是老照片。您父亲最老的照片能找到吗？

尹洪英：反正他就留下这张照片。他去世的时候我也离得远，就没回去。

刘晓欣：您年轻时的照片有吗？

尹洪英：我年轻时也没照过相啊。

刘晓欣：那您第一次照相是什么时候？

尹洪英：最早照相是有大小子了，我在八里罕照了个相，在他二姐那放着的，结果放来放去放丢了。

刘晓欣：您父亲为革命做了很多工作。把您父亲的照片找一找，将来咱们拍点儿资料。

尹洪英：谢谢你们。

刘晓欣：您的经历非常丰富，从小就为革命做贡献，经历了很多事。

尹洪英：后来我就嘱咐我这些孩子，我说你们都好好过，你看那时候困难成啥样了。

刘晓欣：您这些孩子都听您话吗？

尹洪英：听，哪个都听。我说了都算。

刘晓欣：您这是最有权威了。您一共几个孩子？

尹洪英：6个，4个姑娘，两个小子。

刘晓欣：您这几个孩子都做啥的？

尹洪英：大的在这儿开个照相馆，弄个出租车；二的当幼师；大姑娘在上边开个药店，她学的赤脚医生；二姑娘、三姑娘都在这儿开批发部门市；小姑娘在赤峰念书，又供她在呼和浩特读书。

刘晓欣：您看您这老人家多幸福啊，孩子都有出息。

尹洪英：幸福，这都是共产党给咱们老百姓打的江山。

刘晓欣：关键是您以前做得好。没有像您这样支持革命的具体行动，国家发生不了这么些变化。

尹洪英：那阵小，也没少给他们跑去送信，小孩子不在乎啊。

刘晓欣：后来您的这段经历对您有什么影响吗？

尹洪英：对我没啥影响。那阵我是小孩子，也不太懂得。以后大了，就觉得这国家真好啊，共产党真好。

刘晓欣：大娘，今天咱们就到这儿，改天再找您唠。您是革命的功臣，8岁就为国家做了这么些工作,"赤峰记忆"要留存您刚才讲述的这段经历。也祝您老越来越健康。

尹洪英:谢谢!

后 记

2018年6月,习近平总书记指出:"当前,我国处于近代以来最好的发展时期,世界处于百年未有之大变局,两者同步交织、相互激荡。"我们所处的时代,正是中华民族走向伟大复兴的时代,这是一个伟大的时代。大江南北,大河上下,城市乡村,各行各业,生机盎然、朝气蓬勃……这样的时代需要我们以专业的态度去认真记录。

伟大的时代需要伟大的记录者。在中华民族发展的历史上,曾经涌现过以孔子、司马迁、司马光等为代表的一大批伟大记录者,他们本着"究天人之际,通古今之变,成一家之言""为天地立心,为生民立命,为往圣继绝学,为万世开太平"的伟大理想和情怀,用自己的笔和心血书写、记录着时代的变化与发展,保存和传承了中华文化,使得几千年后的今天,我们仍然可以通过这些作品了解我们的祖先和文化,了解他们如何筚路蓝缕一路走来……

"赤峰记忆"就是这样一项记录赤峰地区优秀历史文化的口述历史数字工程。为保证项目的质量,北京碧虚文化有限公司和赤峰市图书馆抽调精干力量组成项目组。在赤峰市文化新闻出版广电局(现赤峰市文化和旅游局)指导下，本着"我们，为未来保存现在"的初心，项目组认真研究赤峰地区悠久的历史和灿烂的文化，特别是100多年来党领导赤峰地区人民群众为创造美好生活进行的波澜壮阔的伟大斗争，精心策划。从2016年到2022年，先后确立了文化、乌兰牧骑、非物质文化遗产、杰出女性、图书馆、文化旅游6个专题以及烽火草原鲁艺人、清格尔泰这两个特别专题，以便系统反映赤峰地区优秀传统文化、革命文化和社会主义先进文化。在此基础上，我们制定了《"赤峰记忆"人物遴选标准》，从思想品德、个人经历、社会影响、行业分布等多个方面对人物进行遴选，最终遴选出100多位奋战在赤峰市各条战线、有重要影响的人物。在生产环节，制定了包括前期沟通、拟定提纲、录制、视频剪辑、导出音频、音频转字幕、字幕初校、视频加字幕、视频校对、被采访者校对、终审、最终定稿等12个环节在内的生产流程，精心打磨，高质量完成了320多集5700多分钟的视频资源。

为使项目成果多样化呈现，满足人民群众需要，赤峰市图书馆决定对"赤峰记忆"项目成果进行二次挖掘和创作，编辑出版《赤峰记忆》图书。第一，项目组将不带标点符号的一行行字幕文字加上标点符号、划分段落、设置小标题，使其初步成为一篇篇访谈性文章；第二，对访谈初稿进行修改完善，在保证口述历史文本特点的基础上，将一些太过口语化、重复、啰嗦的字词和片段删掉，并配上与内容相关的图片；第三，将稿件发给每位被采访者进行审阅，被采访者审阅后的文章，最后由编委会再统一把关。另外，为增加本书的可读性，我们为被采访者增加了个人介绍，还为他们画了速写，放在每篇访谈内容的篇首；同时，还对一些难以理解的词语添加了注释。因此，与视频版"赤峰记忆"相比，《赤峰记忆》图书在内容上丰富了不少。

希望本书的出版，能够助力于传承赤峰市优秀地方文化，弘扬北疆文化，坚定文化自信，铸牢中华民族共同体意识。由于编者水平有限，书中难免有错漏之处，敬请读者朋友多多包涵。

刘锦山

2024 年 12 月 18 日